Materialbedarfsplanung und Ressourcenbelegungsplanung

Frank Herrmann · Michael Manitz

Materialbedarfsplanung und Ressourcen- belegungsplanung

Durchführung in Produktionsplanungs- und -steuerungssystemen und ihre Analyse

Frank Herrmann
Regensburg, Deutschland

Michael Manitz
Duisburg, Deutschland

ISBN 978-3-658-12542-4   ISBN 978-3-658-12543-1   (eBook)
DOI 10.1007/978-3-658-12543-1

Die Deutsche Nationalbibliothek verzeichnet diese Publikation in der Deutschen Nationalbibliografie; detaillierte bibliografische Daten sind im Internet über http://dnb.d-nb.de abrufbar.

Springer Gabler
© Springer Fachmedien Wiesbaden GmbH 2017

Gedruckt auf säurefreiem und chlorfrei gebleichtem Papier

Springer Gabler ist Teil von Springer Nature
Die eingetragene Gesellschaft ist Springer Fachmedien Wiesbaden GmbH
Die Anschrift der Gesellschaft ist: Abraham-Lincoln-Str. 46, 65189 Wiesbaden, Germany

Vorwort

Sehr umfangreich werden Industrieunternehmen durch Softwaresysteme zum *Enterprise Resource Planning* (ERP) und *Supply Chain Management* (SCM) unterstützt. In diesen Systemen erfolgt die operative Produktionsplanung und -steuerung (PPS) primär durch die Materialbedarfsplanung und die Ressourcenbelegungsplanung. Damit wird letztlich entschieden, wann welcher Arbeitsgang auf welcher Maschine bzw. Anlage durch welches Personal gefertigt wird. Das in kommerziell verfügbaren Systemen implementierte Vorgehen wird im ersten Kapitel vorgestellt und in einen Referenzprozess, der in sehr vielen Unternehmen auftritt, eingeordnet. Die Algorithmen werden anhand von Pseudocode dargestellt, und ihre Anwendung auf eine repräsentative Fallstudie wird durch die Angabe von sehr vielen Berechnungsschritten im Detail erläutert. Die Ergebnisse werden in Form von Ablaufplänen (Gantt-Diagramme) dargestellt und mittels wichtiger Kennzahlen wie dem Ausmaß an Verspätungen bzw. Fehlmengen und der Höhe zurechenbarer Kosten bewertet.

In den folgenden Buchkapiteln werden charakteristische Eigenschaften der Materialbedarfs- und Ressourcenbelegungsplanung anhand von Fallstudien konkret aufgezeigt. Im zweiten Kapitel wird die im ersten Kapitel aufgezeigte notwendige Erweiterung der Materialbedarfsplanung um eine Berücksichtigung der Knappheit der Ressourcenkapazitäten analysiert. Dabei wird deren Vorteilhaftigkeit ebenso gezeigt wie ihre strukturelle Schwäche. Oftmals verursacht die (gängige) Art und Weise der Materialbedarfsplanung Verspätungen. Zu ihrer Vermeidung werden in der Literatur mehrere Maßnahmen vorgeschlagen. Die nichtorganisatorischen lassen sich in die Materialbedarfsplanung mit Kapazitätsberücksichtigung integrieren und werden im dritten Kapitel analysiert. Im letzten Kapitel wird eine gegenseitige Beeinflussung zwischen Losbildung und Ressourcenbelegungsplanung aufgezeigt, und es werden Lösungen vorgestellt. Für die in den einzelnen Kapiteln auftretenden Optimierungsprobleme werden (i. d. R. gemischt-ganzzahlige) lineare Optimierungsmodelle angegeben. Die strukturelle Schwäche der kommerziell genutzten Planungsverfahren wird durch den Vergleich ihrer Lösungen der Fallstudien mit den optimalen Lösungen aufgezeigt.

Alle Fallstudien sind so elementar, dass sie auch als Übungsaufgaben für entsprechende Lehrveranstaltungen an Hochschulen und Universitäten eingesetzt werden können. Auf eine detaillierte Beschreibung ihrer Lösung haben wir großen Wert gelegt. Um den Leser zu einer eigenständigen Bearbeitung dieser Aufgaben zu ermuntern, haben wir entsprechende Aufgabenbeschreibungen in den Text eingebaut.

Daher wendet das Buch sich an Studierende mit Interesse an der Materialbedarfs- und Ressourceneinsatzplanung in kommerziell verfügbaren Softwaresystemen und deren Diskrepanz zu optimalen Lösungen. Die aktuelle Forschung entwickelt und analysiert bessere Verfahren. So möge dieses Buch entsprechende Vorlesungen und einen Einstieg in die Forschung in die operative Produktionsplanung und -steuerung unterstützen. Experten aus der industriellen Praxis möge es dienen, die Verfahren ihrer ERP- bzw. PPS-Systeme besser zu verstehen und besser einzustellen. Mit seiner Fokussierung soll und kann das Buch jedoch sicherlich nicht die Lektüre grundlegender Lehr- und Übungsbücher zur operativen Produktionsplanung und -steuerung ersetzen.

Dem Verlag Springer Gabler danken wir für die sehr bereitwillige Aufnahme des Buchs und Frau Hasenbalg sowie Frau Meisenheimer für die gute Zusammenarbeit, insbesondere beim Lektorieren. Bei Frau Müller bedanken wir uns für das Korrekturlesen. Die Verantwortung für eventuelle Fehler verbleibt bei uns. Schließlich danken wir unseren Familien für das Verständnis für den hohen Zeitaufwand, der mit dem Erstellen dieses Buches verbunden war.

Regensburg und Duisburg, im Januar 2017   Frank Herrmann und Michael Manitz

Inhaltsverzeichnis

1 Programmorientierte Materialbedarfsplanung und Ressourcenbelegungsplanung im Enterprise Resource Planning

Gegenstand von diesem Kapitel ist die in kommerziell verfügbaren Enterprise-Resource-Planning-Systemen (ERP-Systemen) bzw. Produktionsplanungs- und steuerungssystemen (PPS-Systemen) implementierte Materialbedarfsplanung und Ressourcenbelegungsplanung. ERP-Systeme sollen die Planung der Abläufe von Aktivitäten in Produktionsbetrieben unterstützen. In einer Gesamtbetrachtung mehrstufiger Erzeugnisstrukturen liegen damit aus Sicht der Material-Logistik Prozessketten vor, auf die im Abschnitt 1.1 eingegangen wird. Die mehr oder weniger tauglichen konkreten Algorithmen zur Materialbedarfs- und Ressourcenbelegungsplanung werden im Abschnitt 1.2 im Detail dargestellt. Sie werden auf eine durchgehende Fallstudie angewandt.

1.1 Einordung in die logistische Prozesskette

Für alle möglichen Fertigungsstrategien und -prozesse sind in den produzierenden Unternehmen Geschäftsprozessketten für die zugehörige Material-Logistik implementiert. So existieren Serien- und Massenfertiger – die Produktpalette reicht von der Waschmaschine bis zur Büroklammer –, oder Unternehmen fertigen kundenauftragsorientiert. Dazu gehört ein Projektfertiger, der ein großes Schiff baut, genauso wie ein Automobilhersteller, der kundenindividuell konfigurierte Produkte am Fließband fertigen lässt. Alle diese logistischen Prozessketten haben eine einheitliche Grundstruktur, die in [Herr11] im Detail beschrieben ist und in Abbildung 1.1 visualisiert ist.

In den allermeisten Unternehmen erfolgt keine auftragsorientierte Produktion (*make-to-order*), bei der zu Produktionsbeginn ein konkreter Kundenauftrag vorliegt, der die herzustellenden Produkte art- und mengenmäßig festlegt und konkrete Produktions- und Liefertermine vorsieht. Stattdessen werden wenigstens Komponenten eines Endprodukts vorproduziert und auf ein Lager gelegt (*make-to-stock*). So kann beispielsweise die Montage eines Endprodukts aus vorproduzierten Einzelteilen vorgenommen werden. Erfolgt diese Lagerproduktion auch für Endprodukte, so wird „für einen anonymen" Markt produziert; in diesem Fall wird die Marktnachfrage durch Nachfrageprognosen geschätzt. Im Regelfall treten also die lager- und die auftragsorientierte Produktion nebeneinander in demselben Produktionsbetrieb auf. Um die Leistungspotentiale eines Produktionssystems möglichst gut auszuschöpfen, wird im Rahmen einer Produktionsprogrammplanung das zukünftige Produktionsprogramm für Enderzeugnisse oder wichtige Baugruppen – für einen mittel- bis kurzfristigen Planungszeitraum bzw. Planungshorizont (typischerweise ein Jahr) mit einer längeren Periode (typischerweise Quartale oder Monate) festgelegt. Eine Grundlage hierzu ist die Infrastruktur des Produktionssystems in Form von seinen physischen Gegebenheiten. Hierunter fallen unter anderem die Produktionsanlagen mit ihren Kapazitäten und verfahrenstechnischen Möglichkeiten sowie die Lagerungs-, Materialfluss- und Handlingseinrichtungen, durch die die Produktionsanlagen miteinander verbunden sind. Getragen wird die Infrastruktur von Arbeitskräften, die auch dispositiv in der Produktion tätig sind. Die andere wesentliche Grundlage besteht in den am Markt vorhandenen Absatzmöglichkeiten, die durch eine Prognose identifiziert werden. Aus beidem, also den zur Verfügung stehenden Kapazitäten in der Fertigung und den am Markt bestehenden Absatzmöglichkeiten werden für Produktgruppen oder einzelne Erzeugnisse je Periode eine Produktionsmenge festgelegt; diese werden im Folgenden – wie auch im SAP®-System – als Planprimärbedarfe bezeichnet. Da in dieser Phase noch kein konkreter Kundenbezug besteht, wird deswegen auch von einer anonymen Planung gesprochen.

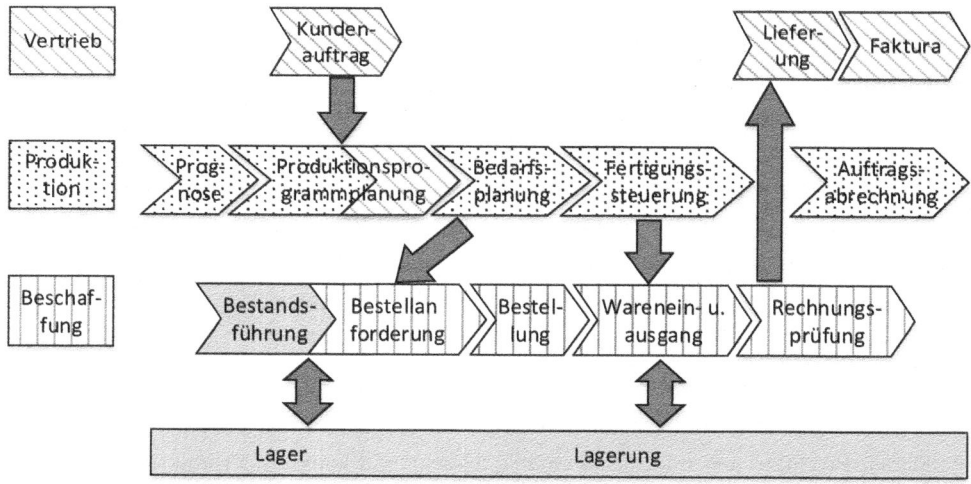

Abbildung 1.1: Logistischer Prozess zu Beschaffung, Produktion und Vertrieb.

Im zeitlichen Verlauf treffen Kundenaufträge ein. Hierbei handelt es sich um eine vertragliche Vereinbarung zwischen einer Verkaufsorganisation und einem Auftraggeber über die Lieferung einer bestimmten Menge von Materialien (oder Dienstleistungen) zu einem bestimmten Termin. Sind die Kundenaufträge exakt die gleichen wie die für die

Produktionsprogrammplanung angenommenen, so ersetzen die Kundenaufträge die Planprimärbedarfe (aus der Produktionsprogrammplanung); dies ist durch den schräg schraf-
fierten Bereich innerhalb der Produktionsprogrammplanung in Abbildung 1.1 visualisiert
Tatsächlich dürften diese zeitlich versetzt und in anderen Mengen auftreten. Um dies aus-
zugleichen enthält das SAP®-System eine sogenannte Verrechnung. Diese Verrechnung
entscheidet auch, was bei einem höheren und was bei einem niedrigeren Kundenbedarf
passieren soll. Wie im SAP®-System werden diese Produktionsmengen in den einzelnen
Perioden als Primärbedarfe bezeichnet. Diese Ersetzung ist durch den schräg schraffier-
ten Bereich innerhalb der Produktionsprogrammplanung in Abbildung 1.1 visualisiert.
Ein solches Produktionsprogramm aus Primärbedarfen wird durch die nachfolgende (Ma-
terial-)Bedarfsplanung und (Ressourcenbelegungsplanung) Fertigungssteuerung geplant.

Aus den Bedarfen der Produktionsprogrammplanung erstellt die (Material-)Bedarfspla-
nung (MRP) Planaufträge, mit denen die Materialverfügbarkeit sichergestellt wird. Gegenüber der Produktionsprogrammplanung sind der Planungshorizont und die Perioden
kleiner (typischerweise mehrere Tage) und es werden detaillierte Informationen über die
Erzeugnisse berücksichtigt. Anders formuliert, besteht die zentrale Aufgabe der Bedarfsplanung aus der termingerechten Beschaffung aller im Unternehmen benötigten Materialien. Neben den verkaufsfähigen Erzeugnissen sind dabei auch ihre Komponenten zu
betrachten. Hierzu sind die Überwachung der Bestände sowie die Erstellung von Beschaf-
fungsvorschlägen erforderlich. Wegen der Intention dieses Buchs wird von einer Eigenpro-
duktion ausgegangen. Alternativ erfolgt eine Fremdbeschaffung in dem Verantwortungs-
bereich der Beschaffung, worauf hier nicht näher eingegangen wird (s. [Herr11]).

Die Beschaffungsvorschläge aus der Bedarfsplanung für die Eigenfertigung werden als
Planaufträge bezeichnet. In der industriellen Praxis handelt es sich bei der Bedarfspla-
nung um eine Mengenplanung aus Stücklistenauflösung und Losbildung für die einzelnen
Erzeugnisse und Komponenten, die die in der Regel vorliegende begrenzte Kapazität un-
berücksichtigt lässt. Dadurch kommt es regelmäßig zu einer Ressourcenkonkurrenz, wodurch manche Planaufträge erst später als geplant begonnen werden können und dadurch
wiederum einige von diesen verspätet erst beendet werden können. Durch eine Terminplanung, die oftmals aus einer Durchlaufterminierung mit anschließendem Kapazitätsabgleich
besteht, werden die möglichen Starttermine mancher Planaufträge in zeitlich frühere Perioden gelegt, so dass genügend Kapazität für eine Bearbeitung ohne Verspätung vorliegt
– dies setzt voraus, dass es zeitlich frühere Perioden mit genügend freier Kapazität gibt.
Hierauf wird in Abschnitt 3.2 genauer eingegangen.

Das Ergebnis ist ein mengen- und zeitmäßig fixierter Grobplan für einen längeren Zeitraum. Im Zeitablauf ändern sich vor allem die Kundenbedarfe – in der Regel dürften welche hinzukommen; andere Planungsgrößen können sich ebenfalls ändern. Dem wird durch eine rollende Planung begegnet, bei der nach einer Periode (oder nach mehreren Perioden) eine Neuplanung erfolgt. Folglich werden nicht sofort alle Planaufträge in der anschließenden Fertigungssteuerung berücksichtigt. Konkret werden durch eine Auftragsfreigabe Planaufträge für einen kürzeren Zeitraum ab dem aktuellen Zeitpunkt in Produktionsaufträge umgewandelt.

Die Fertigungssteuerung plant die einzelnen Arbeitsgänge (bzw. Operationen) dieser Produktionsaufträge (bzw. Fertigungsaufträge) auf einzelnen Arbeitsstationen von einem Produktionssystem ein. Der allgemeinste Organisationstyp in einem Produktionssystem ist die Werkstattfertigung. Sie folgt dem Funktionsprinzip nach dem funktional gleichartige Arbeitssysteme (die gleichartige Operationen bzw. Arbeitsgänge bearbeiten) räumlich in einer Werkstatt zusammengefasst werden – mehrere Werkstätten bilden ein Werkstattproduktionssystem und die Produktion selber wird als Werkstattfertigung bezeichnet. Werkstücke sind zu den einzelnen Arbeitssystemen zu transportieren, wozu flexibel einsetzbare Transportmittel, wie ein Transportwagen, eingesetzt werden. Ein Layout einer möglichen Werkstatt ist im rechten Teil der Abbildung 1.2 abgebildet.

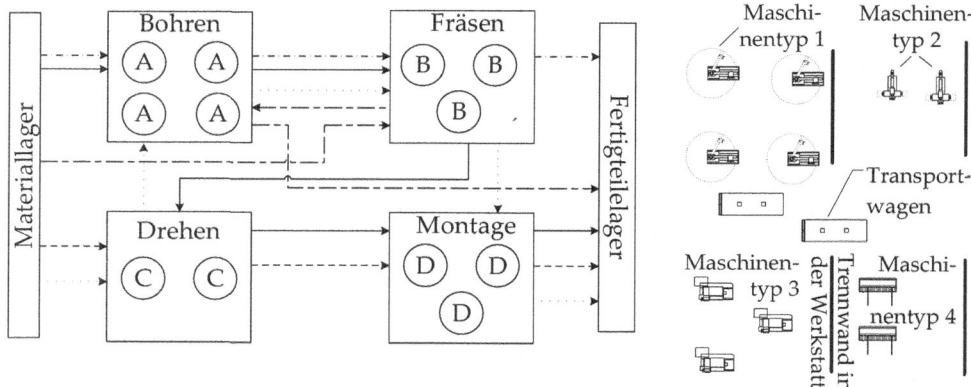

Abbildung 1.2: Materialfluss bei der Werkstattfertigung (links), durch Pfeile gekennzeichnet, und ein mögliches Layout (rechts).

Die durch eine Werkstattfertigung produzierten Produkte haben unterschiedliche Arbeitspläne und durchlaufen daher die einzelnen Werkstätten in unterschiedlichen Reihenfolgen. So werden in dem im linken Teil der Abbildung 1.2 dargestellten Beispiel fünf Produkte durch individuelle Arbeitspläne, wobei jeder Arbeitsplan durch eigenes Pfeilmuster dargestellt ist, in einer Werkstatt für Bohrarbeiten (die einzelnen Bohrmaschinen sind durch A gekennzeichnet), einer Werkstatt für Fräsarbeiten (die einzelnen Fräsmaschinen sind durch B gekennzeichnet), einer Werkstatt für Dreharbeiten (die einzelnen Drehmaschinen sind durch C gekennzeichnet) und einer Montage (deren identische Arbeitsplätze durch D gekennzeichnet sind) gefertigt. Aus dem Materiallager werden die Eingangsmaterialien für die einzelnen Produktionsprozesse entnommen und die Fertigerzeugnisse werden im Fertigteilelager eingelagert. Das Beispiel demonstriert, dass der Materialfluss im Allgemeinen stark vernetzt ist. Es kann auch vorkommen, dass ein Auftrag mehrfach zu derselben Werkstatt transportiert werden muss.

Diese Pläne bilden den Rahmen für die detaillierte Veranlassung der Produktion auf der Ressourcen- bzw. Anlagenebene; es sei angemerkt, dass diese in der Abbildung 1.1 nicht eingezeichnet ist. Die fertiggestellten Mengeneinheiten werden in ein Lager eingelagert. Aus diesem werden sie für die Fertigung eines Produktionsauftrags oder für die Auslieferung entnommen. Oftmals ist die Zeit für die Einlagerung und die Entnahme nicht vernachlässigbar. Daher wird in dieser Untersuchung primär davon ausgegangen, dass die fertiggestellten Mengeneinheiten zum Periodenende eingelagert sind und frühestens zu Beginn der nächsten Periode zur Verfügung stehen. Dabei fallen für die Periode, zu deren Ende die Einlagerung erfolgt, keine Lagerkosten an. Parallel zur eigentlichen Auftragsbearbeitung werden sowohl die Termine und Mengen als auch die Werte der einfließenden Materialien und Leistungen im Fertigungsauftrag gesammelt. Damit ist der Fertigungsauftrag auch ein wichtiges Objekt für die Kostenrechnung.

Die Fertigstellung eines Produkts ermöglicht gegebenenfalls die Auslieferung der von einem Kunden bestellten Ware durch eine Lieferung. Bei der Lieferung handelt es sich um das zentrale Objekt des Versandprozesses. Mit seinem Anlegen werden Versandaktivitäten wie die auftragsbezogene Zusammenstellung gleichartiger Packstücke (Kommissionierung) oder die Versandterminierung eingeleitet. Ein Fertigungsauftrag wird mit seiner Abrechnung abgeschlossen, und mit der Fakturierung wird ein Geschäftsvorgang im Vertrieb abgeschlossen.

1.2 Algorithmen und Fallstudie

Die Algorithmen zur Materialbedarfsplanung und Ressourcenbelegungsplanung werden auf eine (durchgehende) Fallstudie angewandt und dabei detailliert dargestellt. Die in der

Fallstudie genannten Begriffe werden (kurz) erläutert und sind in [Herr09] und in [Herr11] im Detail erläutert. Nach der logistischen Prozesskette sind das Ergebnis der Produktions-programmplanung die Eingabewerte für die (Material-)Bedarfsplanung, deren Resultate ihrerseits die Eingabewerte der Fertigungssteuerung sind; gerade in der Forschung und deswegen auch in diesem Buch wird die Fertigungssteuerung als Ressourcenbelegungspla-nung bezeichnet. Die Produktionsprogrammplanung bestimmt für Produktgruppen oder einzelne Erzeugnisse je Periode einen Primärbedarf (also eine terminierte Produktions-menge). In der Fallstudie existieren zwei Endprodukte P und P'. Deren Primärbedarfe in Mengeneinheiten (ME), die zu Beginn einer Periode zu decken sind, enthält die folgen-de Tabelle 1.1. Der Planungszeitraum (T) besteht aus zehn Perioden (von Periode 1 bis Periode 10).

Periode t	1	2	3	4	5	6	7	8	9	10
Primärbedarf P [ME]	0	0	0	0	0	0	0	70	80	100
Primärbedarf P' [ME]	0	0	0	0	0	0	0	80	80	70

Tabelle 1.1: Primärbedarfe der Endprodukte P und P' in Mengeneinheiten (ME).

Beide Endprodukte haben jeweils eine eingehende Komponente, die bei Produkt P einfach und bei Produkt P' zweifach eingeht; ausgedrückt durch Direktbedarfskoeffizienten 1 und 2. Solche Direktbedarfskoeffizienten beschreiben den Zusammenhang zwischen den Pro-dukten, der als Gozintograph bezeichnet wird. Er kann durch einen Graphen visualisiert werden, bei dem die Produkte als Knoten dargestellt werden und für jeden Direktbe-darfskoeffizienten zwischen zwei Produkten P_1 und P_2 ein Pfeil zwischen den Knoten zu diesen beiden Produkten P_1 und P_2 existiert, der durch eben diesen Direktbedarfskoeffizi-enten bewertet ist. Für diese Fallstudie ist der Gozintograph in der folgenden Abbildung 1.3 als Graph dargestellt. Seine algorithmische Erzeugung ist im nächsten Abschnitt im Algorithmus 1.1 angegeben.

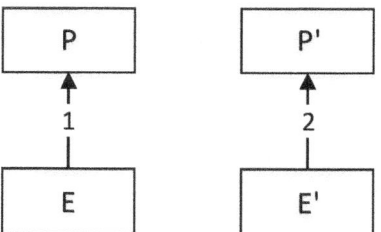

Abbildung 1.3: Gozintograph zu den beiden Endprodukten.

Die beiden Endprodukte werden auf einem Produktionssystem, das auch als Produktionssegment bezeichnet wird, gefertigt, welches im weiteren Verlauf mit PS1 bezeichnet wird. PS1 besteht aus der Station S und für jedes Endprodukt k ist die Stückbearbeitungszeit $(tb_{k,1})$ zu seinem Arbeitsgang bzw. seiner Operation mit Nummer 1 in Zeiteinheiten (ZE) pro Mengeneinheit (ME) – eben Stückbearbeitungszeit – in Tabelle 1.2 angegeben. Die Komponenten werden auf einem anderen Produktionssystem PS2 produziert. Das Produktionssystem PS2 ist eine Produktionslinie aus zwei Stationen S1 und S2. Der Arbeitsplan zu einer Komponente ist folglich linear – in diesem Buch werden generell nur lineare Arbeitspläne betrachtet - und besteht aus zwei Operationen mit den Nummern 1 und 2. Für jede Komponente k ist die Stückbearbeitungszeit $(tb_{k,j})$ zu jeder ihrer beiden Operationen mit Nummer j in der folgenden Tabelle 1.2 angegeben.

Produkt (k)	Operationsnummer (j)	Produktionssystem	Station	$tb_{k,j}$
P	1	PS1	S	$1 \frac{ZE}{ME}$
P'	1	PS1	S	$1 \frac{ZE}{ME}$
E	1	PS2	S1	$1 \frac{ZE}{ME}$
E	2	PS2	S2	$1.5 \frac{ZE}{ME}$
E'	1	PS2	S1	$1 \frac{ZE}{ME}$
E'	2	PS2	S2	$1.5 \frac{ZE}{ME}$

Tabelle 1.2: Arbeitspläne der Endprodukte und Komponenten.

Beide Produktionssysteme PS1 und PS2 haben eine Kapazität von jeweils 500 ZE je Periode. Welche Zeiteinheiten (ZE) die einzelnen Perioden enthalten, ergibt sich aus Folgendem: Die erste Periode beginnt mit 0 ZE und geht bis zur 499 ZE (Periodenkapazität -1) einschließlich, endet also mit dem Zeitpunkt 500 ZE (Periodenkapazität). Damit beginnt Periode 9 mit 4000 ZE $((9-1) \cdot$ Periodenkapazität) und geht bis zur 4499 ZE $(9 \cdot$ Periodenkapazität -1) einschließlich, endet also mit dem Zeitpunkt 4500 ZE $(9 \cdot$ Periodenkapazität). Zeiteinheiten sind im Grunde Mikroperioden von diesen (Makro-) Perioden. Solche werden später eingeführt und in ihrem Zusammenspiel erläutert; s. dazu Abbildung 2.6.

Um auf der Ebene der Produktionssysteme die beschränkte Kapazität berücksichtigen zu können, ist eine Stückbearbeitungszeit für die einzelnen Produkte festzulegen. Da eine Station (S) das Produktionssystem PS1 bildet, wird deren Stückbearbeitungszeit für die Endprodukte auch als Stückbearbeitungszeit für PS1 verwendet. Bei der Produktionslinie (aus S1 und S2) wird eine gewisse überlappende Abarbeitung von zwei aufeinanderfolgenden Aufträgen dadurch berücksichtigt, dass die Stückbearbeitungszeit für beide Komponenten jeweils 2 ZE beträgt; also 0.5 ZE weniger als die jeweilige kumulierte Nettobearbeitungszeit. Für jedes Produkt enthält Tabelle 1.3 das zu verwendende Produktionssystem, die geschätzte Durchlaufzeit (Vorlaufzeit) in Perioden (, mit der die Bearbeitungsdauer eines Planauftrags, der durch die Materialbedarfsplanung erstellt wird, abgeschätzt wird, worauf im Weiteren noch näher eingegangen wird), die Stückbearbeitungszeit in Zeiteinheiten (ZE) sowie die Rüst- und Lagerkostensätze in Geldeinheiten (GE) und GE je Mengeneinheit (ME) und Periode; Tabelle 1.3 enthält auch die im Folgenden verwendete Bezeichnung dieser Parameter. Rüstzeiten fallen keine an.

Produkt k	P	P'	E	E'
Produktionssystem	PS1	PS1	PS2	PS2
Vorlaufzeit (z_k)	1 Periode	1 Periode	2 Perioden	2 Periode
Stückbearbeitungszeit (tb_k)	$1 \frac{ZE}{ME}$	$1 \frac{ZE}{ME}$	$2 \frac{ZE}{ME}$	$2 \frac{ZE}{ME}$
Lagerkostensatz (h_k)	$2 \frac{GE}{ME \cdot Periode}$	$4 \frac{GE}{ME \cdot Periode}$	$1 \frac{GE}{ME \cdot Periode}$	$3 \frac{GE}{ME \cdot Periode}$
Rüstkostensatz (s_k)	300 GE	300 GE	300 GE	300 GE

Tabelle 1.3: Planungsparameter der Produkte und Komponenten.

Nach der logistischen Prozesskette, s. Abschnitt 1.1, besteht die Materialbedarfsplanung mit anschließender Ressourcenbelegungsplanung aus den Verfahren Mengenplanung ((programmorientierte) Materialbedarfsplanung (MRP)), die aus der erzeugnisspezifischen Bedarfsrechung gefolgt von einer erzeugnisspezifischen Losbildung besteht, Terminplanung und Fertigungssteuerung bzw. Ressourcenbelegungsplanung wie diese in ihrem Ablauf in Abbildung 1.4 dargestellt ist.

Entsprechend dem Ablauf in Abbildung 1.4 wird zunächst die Materialbedarfsplanung betrachtet. Nach der logistischen Prozesskette, s. Abschnitt 1.1 bestimmt diese die Planaufträge. Im Kern arbeitet die programmorientierte Materialbedarfsplanung wie folgt: Durch eine Bedarfsrechnung werden für ein Produkt P aus den bereits bestimmten Planaufträgen für die Produkte, in denen P direkt eingeht, Bedarfe ermittelt. Unter Berücksichtigung der Bestandsentwicklung im Zeitablauf ergeben sich dann Nettobedarfe über den Planungszeitraum für P. Eine Losbildung erfolgt durch ein einstufiges Losgrößenverfahren. Das Ganze wird iteriert – und zwar entlang des Gozintographen, bis für jedes Produkt Lose (Planaufträge) bestimmt sind. Zunächst wird der Algorithmus zur Bedarfsrechnung beschrieben. Die Losbildung ist ein Teilverfahren, welches anschließend beschrieben wird. Für eine umfangreiche Beschreibung mit Beispielen sei unter anderem auf [Herr09] und [Herr11] verwiesen. Für die programmorientierte Materialbedarfsrechnung werden die folgenden Parameter verwendet. Es sei betont, dass Termine stets am Beginn einer Periode liegen. In diesem Sinne liegen die Entscheidungzeitpunkte am Periodenbeginn.

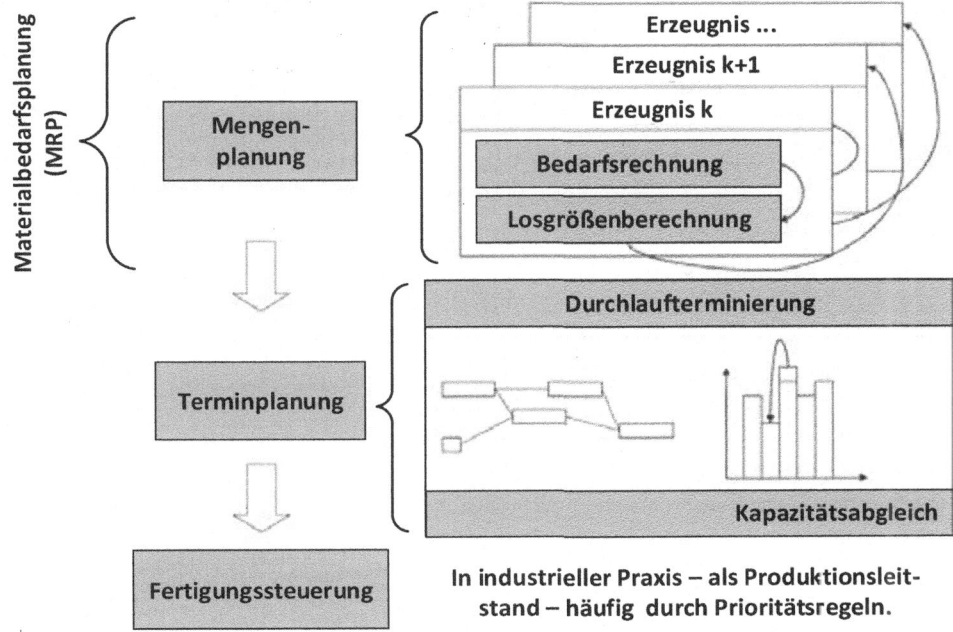

Abbildung 1.4: Ablauf von Materialbedarfsplanung und Ressourcenbelegungsplanung.

Parameter:

k Produkt.

t Periode.

T Anzahl an zu planenden Perioden; damit geht ein Planungszeitraum bzw. -horizont von z.B. 1 bis T oder t_a – Startperiode – bis $t_a + T - 1$.

$a_{i,j}$ Für die Herstellung von einer Mengeneinheit von Produkt j werden $a_{i,j}$ Mengeneinheiten von Produkt i benötigt; $a_{i,j}$ heißt Direktbedarfskoeffizient zwischen Produkt i und j.

$Physisch_{k,t}^A$ Physischer Lagerbestand für Produkt k zu Beginn von Periode t.

$Sicher_{k,t}$ Sicherheitsbestand für Produkt k in Periode t; für die gesamte Periode.

$Vormerk_{k,t}^A$ Vormerkungen bzw. Reservierungen für Produkt k zu Beginn von Periode t.

$Bestell_{k,t}^A$ Kumulierte Menge von den zu Beginn der Periode t für Produkt k eintreffenden Bestellungen.

LA_k Anfangslagerbestand für Produkt k.

$LZ_{k,t}^A$ Lagerzugang für Produkt k zu Beginn von Periode t.

$Dispon_{k,t}^A$	Disponibler Bestand für Produkt k zu Beginn von Periode t.
$Netto_{k,t}^A$	Nettobedarf für Produkt k zu Beginn von Periode t.
$Brutto_{k,t}^A$	Bruttobedarf für Produkt k zu Beginn von Periode t.
$\mathcal{N}_k$	Indexmenge der Nachfolger des Produkts k.
$y_{k,t}^A$	Sekundärbedarf für Produkt k zu Beginn von Periode t.
$d_{k,t}^A$	Primärbedarf für Produkt k zu Beginn von Periode t.
$PlAuf_{k,t}^A$	Planauftrag für Produkt k zu Beginn von Periode t (als möglicher Starttermin (kurz Starttermin)).
z_k	Vorlaufzeit für Produkt k. (Für einen Planauftrag $PlAuf_{k,t}^A$, mit t als (möglichen) Starttermin, ist $t + z_k$ sein Endtermin, der auch an einem Periodenbeginn liegt.)
$PB_{k,t}^A$	Prognostizierter Bedarf für Produkt k zu Beginn von Periode t.
$ZB_{k,t}^A$	Zusätzlicher Bedarf für Produkt k zu Beginn von Periode t.

Die Produkte mit ihren Mengenbeziehungen in Form von Direktbedarfskoeffizienten lassen sich durch einen Gozintographen darstellen, der durch den folgenden Algorithmus 1.1 ermittelt wird:

Algorithmus 1.1: Gozintograph.

Eingabe: Menge an Produkten und $a_{i,j}$.

Anweisungen:
Bilde für jedes Produkt einen Knoten, mit der Knotenmenge V als Ergebnis. Bilde für jeden Direktbedarfskoeffizienten $a_{i,j}$ einen Pfeil von dem Knoten zum Produkt i zu dem Knoten zum Produkt j mit der Bewertung $a_{i,j}$. Das Ergebnis ist die Pfeilmenge E.

Ausgabe: Graph G (V,E).

Den Produkten (Knoten im Gozintographen) werden Dispositionsstufen u_k durch den folgenden Algorithmus 1.2 zugeordnet:

Algorithmus 1.2: Dispositionsstufen.

Eingabe: K Produkte mit Direktbedarfskoeffizienten $(a_{i,j})$ zwischen ihnen. $\mathcal{N}_k$ ist die Indexmenge der Nachfolger eines Produkts k.

Anweisungen:

Ordne jedem Produkt k eine Dispositionsstufe u_k so zu, dass die folgenden Formeln erfüllt sind (es sei angemerkt, dass genau eine Lösung existiert):

$$u_k = \begin{cases} \max_{j \in \mathcal{N}_k}\{u_j\} + 1, & \mathcal{N}_k \neq \emptyset \quad \text{(untergeordnete Produkte)} \\ 0, & \mathcal{N}_k = \emptyset \quad \text{(Endprodukte)} \end{cases} \quad \forall\, 1 \leq k \leq K.$$

Ausgabe: Produkte mit Dispositionsstufe.

Zur Lösung eines einstufigen Losgrößenproblems werden in der industriellen Praxis verschiedene Heuristiken eingesetzt. Diese, s. z.B. [Herr11], bestimmen ein Los in einer Periode τ aus dem Bedarf in dieser Periode und den Bedarfen der nächsten n Perioden – i.e. bis zur Periode $t = \tau + n$ –, wodurch dieses Los eine Reichweite von $(n+1)$ hat. Dabei wird t, beginnend mit τ, schrittweise erhöht und für jede diese Periode t wird entschieden, ob der Bedarf in dieser Periode t noch zu dem Los in Periode τ hinzugefügt werden soll. Dadurch unterscheiden sich die einzelnen Heuristiken in ihren Entscheidungskriterien. Sie haben die folgende Grundstruktur:

Algorithmus 1.3: Grundstruktur einer Heuristik zu einem einstufigen Losgrößenproblem.

Eingabe: k, T und $d_{k,t}^A$ (auch als $PlAuf_{k,t}^A$ aufgrund der programmorientierten Materialbedarfsplanung).

Anweisungen:

Schritt 1:   Setze $\tau = 1$ und $t = \tau + 1$.

Schritt 2:   Berechne (heuristik-spezifisch) ein Kostenkriterium $C_{k,t}$ und eine Vergleichsgröße $V_{k,t}$.

Schritt 3:   Bilde einen (heuristik-spezifischen) Vergleich zwischen $C_{k,t}$ und $V_{k,t}$ mit dem Ergebnis b.

Schritt 4:   Ist b erfüllt und $t < T$, so setze $t = t + 1$ und gehe zu Schritt 2.

Schritt 5:   Ist b nicht erfüllt, so bilde das aktuelle Los (für die Periode τ) durch $PlAuf_{k,\tau}^A = \sum_{i=\tau}^{t-1} d_{k,i}^A$, setze $\tau = t$ und $t = \tau + 1$ und gehe zu Schritt 2, falls $t \leq T$ ist, sonst setze $PlAuf_{k,T}^A = d_{k,T}^A$.

Schritt 6:   Ist b erfüllt und $t = T$, so bilde das Los $PlAuf_{k,\tau}^A = \sum_{i=\tau}^{T} d_{k,i}^A$ (für die Periode τ).

Ausgabe: $PlAuf_{k,t}^A$ für $1 \leq t \leq T$.

Für Bedarfsfolgen mit einem festen Planungshorizont (T) wurde in [Wemm81] und [Wemm82] gezeigt, dass die Gesamtkosten beim Anwenden von dem Silver-Meal und von dem Groff-Verfahren im Mittel nur um etwa 1% über den durch ein optimales Verfahren verursachten Gesamtkosten liegen, und dass die in der Praxis favorisierten Verfahren der gleitenden wirtschaftlichen Losgröße und das Stückperiodenausgleichsverfahren erheblich schlechtere Lösungen ergeben. Daher ist das Groff-Verfahren, welches auch im SAP®-System angeboten wird, ein sehr gutes Verfahren. In diesem Buch wird es stets verwendet. Nach dem Grundverfahren ist für eine Periode $t = \tau + j$, mit $1 \leq j < T - \tau$, zu entscheiden, ob sein Periodenbedarf $d_{k,t}^A$ noch in das Los aus den Bedarfen der Perioden τ bis $\tau + j - 1$ aufgenommen wird oder nicht. Das Groff-Verfahren hat das Kostenkriterium $C_{k,t} = d_{k,t}^A \cdot j \cdot (j+1)$ und das Vergleichskriterium $V_{k,t} = 2 \cdot \frac{s_k}{h_k}$ sowie $C_t \leq V_t$ als Vergleichskriterium (b), s. [Herr11]. Weitere Heuristiken für einstufige Losgrößenprobleme und eine grundsätzliche Einführung in diese finden sich beispielsweise in [Herr11] und in [Herr09] findet sich eine detaillierte Erläuterung der Formulierung von einem einstufigen Losgrößenproblem als lineares Optimierungsmodell.

Damit wird die programmorientierte Materialbedarfsplanung durch den folgenden Algorithmus 1.4 realisiert. Die resultierenden Planaufträge decken Primärbedarfe und die Bedarfe durch (andere) Planaufträge (Sekundärbedarfe). Durch welche Planaufträge dies im Detail geschieht, lässt sich durch eine Peggingstruktur darstellen, die zugleich erstellt wird. Bei der Peggingstruktur handelt es sich um einen Graphen zwischen Planaufträgen und zwischen Planaufträgen und Primärbedarfen, wobei eine Pfeilbewertung angibt, wie viele Mengeneinheiten von dem Zielknoten (Planauftrag bzw. Primärbedarf) durch den Startknoten (stets ein Planauftrag) abgedeckt werden; diese Definition einer Peggingstruktur ist nicht auf das Ergebnis der Materialbedarfsplanung beschränkt; worauf nach dem Algorithmus eingegangen wird.

Algorithmus 1.4: Programmorientierte Materialbedarfsplanung.

Eingabe: Gozintograph mit Dispositionsstufen, Planungszeitraum aus Anzahl an Perioden T (von 1 bis T) sowie (mit Produkt k und Periode t) $Sicher_{k,t}$, $Vormerk_{k,t}^A$, $Bestell_{k,t}^A$, LA_k, $LZ_{k,t}^A$, $d_{k,t}^A$, z_k, $PB_{k,t}^A$ und $ZB_{k,t}^A$ $\forall$ $1 \leq k \leq K$ und $1 \leq t \leq T$ sowie $Sicher_{k,0}$ und $Vormerk_{k,0}^A$.

Anweisungen:

- Initialisierung: $d_{k,0}^A = 0$, $PB_{k,0}^A = 0$, $ZB_{k,0}^A = 0$ und $PlAuf_{k,0}^A = 0 \ \forall \ 1 \leq k \leq K$.
- In der Peggingstruktur wird für jeden Bedarf $d_{k,t}^A$ ein Knoten (kn) eingefügt.
- Durchlaufe die Dispositionsstufen (u) von 0 bis zur höchsten Dispositionsstufe:

    Für jedes Produkt (k) auf der Dispositionstufe u:

    1. Durchlaufe die Perioden (t) von Periode 0 bis zu der Endperiode T und berechne (Periode 0 dient der Initialisierung):

        − Berechnung des Bruttobedarfs :
        $$Brutto_{k,t}^A = d_{k,t}^A + y_{k,t}^A + PB_{k,t}^A + ZB_{k,t}^A$$
        mit Sekundärbedarf $y_{k,t}^A = \sum_{j \in \mathcal{N}_k} a_{k,j} \cdot PlAuf_{j,t}^A$,

        − Berechnung des physischen Bestandes :
        $$Physisch_{k,t}^A = \begin{cases} max\{Dispon_{k,t-1}^A - Brutto_{k,t-1}^A; 0\}+ \\ Sicher_{k,t-1} + Vormerk_{k,t-1}^A, & t > 0 \\ LA_k, & t = 0, \end{cases}$$

        − Berechnung des disponiblen Bestandes :
        $$Dispon_{k,t}^A = \begin{cases} Physisch_{k,t}^A + LZ_{k,t}^A - Sicher_{k,t}- \\ Vormerk_{k,t}^A + Bestell_{k,t}^A, & t > 0 \\ Physisch_{k,0}^A, & t = 0, \end{cases}$$

        − Berechnung des Nettobedarfes :
        $$Netto_{k,t}^A = max\{Brutto_{k,t}^A - Dispon_{k,t}^A; 0\} \text{ und}$$

        − Berechnung des Planauftrages – ohne Losbildung (Kennzeichnung: „oL"):
        $$PlAuf_{k,t-z_k}^{oL,A} = Netto_{k,t}^A.$$

        ($PlAuf_{k,t-z_k}^A$ bedeutet, dass der Auftrag zu Beginn der Periode $t - z_k$ beginnen kann (aber nicht muss) und bei einer geschätzten Durchlaufzeit von z_k ist er zu Beginn von Periode t beendet; ein Planauftrag ist also terminiert.)

    2. Löse das einstufige Losgrößenproblem aus diesen $PlAuf_{k,t}^{oL,A}$; die Lose bilden die $PlAuf_{k,t}^A$.

        Erweitere die Peggingstruktur durch (die gerade ermittelten Lose):

        − In der Peggingstruktur wird für einen (gerade ermittelten) $PlAuf_{k,t}^A$ ein Knoten (kn) eingefügt.

13

- Das Los $PlAuf^A_{k,t}$ mit Knoten kn deckt ein oder mehrere $PlAuf^{oL,A}_{k,t}$ – je nach Losbildung eventuell nur teilweise. Ein $PlAuf^{oL,A}_{k,t}$ deckt seinerseits einen Sekundärbedarf sowie eventuell einen Primärbedarf $d^A_{k,t}$ mit Knoten kn_d in der Peggingstruktur und w_d ist der Teil von $d^A_{k,t}$, der dadurch durch den Planauftrag zum Knoten kn ($PlAuf^A_{k,t}$) gedeckt wird, – also ein Wert. Jeder dieser Sekundärbedarfe wird zur Produktion für einen oder mehrere $PlAuf^A_{k',t}$ (Los) mit Knoten kn_1 bis kn_n in der Peggingstruktur verwendet; beachte, dass das Produkt k' ein direkter Nachfolger vom Knoten k im Gozintographen ist. Damit ermöglicht der Planauftrag zu dem Knoten kn ($PlAuf^A_{k,t}$) die Produktion des Planauftrags zu dem Knoten kn_i ($PlAuf^A_{k',t}$) – ganz oder teilweise – und w_i ist der Anteil an der Produktionsmenge von $PlAuf^A_{k',t}$, der dadurch produziert werden kann, und in diesem Sinne durch den Knoten kn gedeckt wird; beachte: Bei einem Direktbedarfskoeffizienten größer als 1 ist die verbrauchte Menge vom Planauftrag $PlAuf^A_{k,t}$ höher als die Menge, die durch den (dann verbrauchenden) Planauftrag $PlAuf^A_{k',t}$ produziert werden soll (also w_i). Nun wird in die Peggingstruktur ein Pfeil von kn zu kn_i mit der Bewertung w_i und eventuell ein Pfeil zu kn_d (falls kn_d vorhanden ist) mit der Bewertung w_d eingefügt; kn_1 bis kn_n und eventuell kn_d sind Nachfolger von kn und – quasi umgekehrt – kn ist Vorgänger von kn_1 bis kn_n und eventuell kn_d.

Ausgabe: Planauftrag $PlAuf^A_{k,t}$ für ein Produkt k und eine Periode t und Peggingstruktur zwischen den Planaufträgen und zwischen den Planaufträgen und den Primärbedarfen. Dabei sind auch Planaufträge mit einer Produktionsmenge von 0 möglich, die in einer Peggingstruktur jedoch nicht berücksichtigt werden.

Es sei angemerkt, dass die Berücksichtigung der geschätzten Durchlaufzeit vor der Losbildung erfolgt. Auch nach der Losbildung wäre es möglich. Dieses Vorgehen soll betonen, dass die geschätzte Durchlaufzeit produktspezifisch und unabhängig von der Produktionsmenge ist.

Statt durch die programmorientierte Materialbedarfsplanung können auch durch andere Verfahren Lose gebildet werden; u.a. durch die Lösung eines Optimierungsproblems. In jedem Fall deckt ein Planauftrag $PlAuf^A_{k,t}$ ein oder mehrere Planaufträge zu direkten Nachfolgern vom Produkt k in einem Gozintographen, eventuell auch lediglich teilweise, und bzw. oder Primärbedarfe, auch hier eventuell auch lediglich teilweise, ab. Diese Elemente werden wieder durch Knoten in der Peggingstruktur repräsentiert und diese

Knoten werden, wie bisher, durch Pfeile verbunden, wobei die Bewertung wieder den Anteil an dem Planauftrag zum Zielknoten angibt, der durch den Planauftrag zum Startknoten produzierbar ist.

Das Ergebnis der Anwendung der programmorientierten Materialbedarfsplanung, s. Algorithmus 1.4, auf die Fallstudie befindet sich in Tabelle 1.4 und die Peggingstruktur in Abbildung 1.5. Das Vorgehen wird im Folgenden kurz erläutert: Für jeden der sechs Bedarfe wird ein Knoten für die Peggingstruktur gebildet. Zunächst werden für die beiden Endprodukte P und P', da diese und nur diese die Dispositionsstufe 0 haben, (im Folgenden ist k gleich P oder P') die Größen $\text{Brutto}_{k,t}^{A}$, $\text{Physisch}_{k,t}^{A}$, $\text{Dispon}_{k,t}^{A}$, $\text{Netto}_{k,t}^{A}$ und $\text{PlAuf}_{k,t-z_k}^{oL,A}$ für den gesamten Planungszeitraum berechnet; s. die entsprechenden Zeilen in den Teiltabellen für die Produkte P und P' in Tabelle 1.4. Für jedes der beiden Produkte P und P' bilden seine (jeweils drei) Planaufträge ohne Losbildung ($\text{PlAuf}_{k,t}^{oL,A}$) im Planungszeitraum jeweils ein einstufiges Losgrößenproblem, welches durch die Groff-Heuristik gelöst wird. Die Verfahrensdurchführung für Produkt P befindet sich in Tabelle 1.5 und die für Produkt P' in Tabelle 1.6. Die so ermittelten Planaufträge (zu P und P') sind in Tabelle 1.4 bereits eingetragen. Zur Identifizierung haben alle (mit einer echtpositiven Produktionsmenge) eine Bezeichnung, die jeweils unterhalb der jeweiligen Produktionsmenge steht; z.B. P_1 für den Planauftrag von Produkt P in Periode 7. Es sei erinnert, dass jeder Auftrag einen Starttermin hat, der bei P_1 der Beginn der Periode 7 ist. Sein Endtermin ist zu Beginn von Periode 8 – wegen der geschätzten Durchlaufzeit von 1 Periode für Produkt P. Das Ergebnis dieser Losbildungen sind vier Lose, die zu vier Knoten in der Peggingstruktur führen; sie ist für das Gesamtergebnis der Materialbedarfsplanung in Abbildung 1.5 dargestellt. Ein Knoten zum Los, dessen Starttermin der Beginn der Periode t ist, liegt in der Periode t (zu Beginn). Diese vier Lose decken die sechs Bedarfe aufgrund der Loszusammenfassung der Planaufträge ohne Losbildung ($\text{PlAuf}_{k,t}^{oL,A}$) im Planungszeitraum ab, was durch sechs Pfeile in der Peggingstruktur abgebildet wird; z.B. deckt P_1 die Bedarfe $d_{P,8}$ und $d_{P,9}$. Anschließend bestimmt Algorithmus 1.4 für die beiden Produkte auf Dispositionsstufe 1, nämlich E und E' (die nun k bilden), die Größen $y_{k,t}^{A}$ (Sekundärbedarf), $\text{Brutto}_{k,t}^{A}$, $\text{Physisch}_{k,t}^{A}$, $\text{Dispon}_{k,t}^{A}$, $\text{Netto}_{k,t}^{A}$ und $\text{PlAuf}_{k,t-z_k}^{oL,A}$ für den gesamten Planungszeitraum; s. die entsprechenden Teiltabellen in Tabelle 1.4. Sie bestimmen wieder einstufige Losgrößenprobleme, deren Verfahrensdurchführungen in Tabelle 1.7 für Produkt E und für Produkt E' in Tabelle 1.8 angegeben sind. Auch sind die Ergebnisse wieder in Tabelle 1.4 bereits eingetragen. Das Ergebnis dieser Losbildungen sind drei Lose, die zu drei Knoten in der Peggingstruktur führen. Diese decken die vier zuvor bestimmten Lose wiederum aufgrund der Loszusammenfassung der Planaufträge ohne Losbildung ($\text{PlAuf}_{k,t}^{oL,A}$) im Planungszeitraum ab, was durch vier Pfeile in der Peggingstruktur abgebildet wird; z.B. deckt E_1 die Planaufträge P_1 und P_2. Nach den Losgrößenverfahrenberechnungen in den Tabellen 1.5, 1.6, 1.7 und 1.8 betragen die Gesamtkosten 760 GE + 880 GE + 500 GE + 600 GE = 2740 GE.

Endprodukt P										
Periode t	1	2	3	4	5	6	7	8	9	10
Primärbedarf^A [ME]	0	0	0	0	0	0	0	70	80	100
Brutto^A [ME]	0	0	0	0	0	0	0	70	80	100
Physisch^A [ME]	0	0	0	0	0	0	0	0	0	0
Dispon^A [ME]	0	0	0	0	0	0	0	0	0	0
Netto^A [ME]	0	0	0	0	0	0	0	70	80	100
PlAuf^{oL,A} [ME]	0	0	0	0	0	0	70	80	100	0
PlAuf^A [ME]	0	0	0	0	0	0	150	0	100	0
Bezeichnung PlAuf^A							P_1		P_2	
Endprodukt P'										
Periode t	1	2	3	4	5	6	7	8	9	10
Primärbedarf^A [ME]	0	0	0	0	0	0	0	80	80	70
Brutto^A [ME]	0	0	0	0	0	0	0	80	80	70
Physisch^A [ME]	0	0	0	0	0	0	0	0	0	0
Dispon^A [ME]	0	0	0	0	0	0	0	0	0	0
Netto^A [ME]	0	0	0	0	0	0	0	80	80	70
PlAuf^{oL,A} [ME]	0	0	0	0	0	0	80	80	70	0
PlAuf^A [ME]	0	0	0	0	0	0	80	150	0	0
Bezeichnung PlAuf^A							P'_1	P'_2		
Komponente E										
Periode t	1	2	3	4	5	6	7	8	9	10
Primärbedarf^A [ME]	0	0	0	0	0	0	0	0	0	0
Sekundärbedarf^A [ME]	0	0	0	0	0	0	150	0	100	0
Brutto^A [ME]	0	0	0	0	0	0	150	0	100	0
Physisch^A [ME]	0	0	0	0	0	0	0	0	0	0
Dispon^A [ME]	0	0	0	0	0	0	0	0	0	0
Netto^A [ME]	0	0	0	0	0	0	150	0	100	0
PlAuf^{oL,A} [ME]	0	0	0	0	150	0	100	0	0	0
PlAuf^A [ME]	0	0	0	0	250	0	0	0	0	0
Bezeichnung PlAuf^A					E_1					

Tabelle 1.4: Ergebnis der programmorientierten Materialbedarfsplanung (wird fortgesetzt).

Komponente E'										
Periode t	1	2	3	4	5	6	7	8	9	10
Primärbedarf^A [ME]	0	0	0	0	0	0	0	0	0	0
Sekundärbedarf^A [ME]	0	0	0	0	0	0	160	300	0	0
Brutto^A [ME]	0	0	0	0	0	0	160	300	0	0
Physisch^A [ME]	0	0	0	0	0	0	0	0	0	0
Dispon^A [ME]	0	0	0	0	0	0	0	0	0	0
Netto^A [ME]	0	0	0	0	0	0	160	300	0	0
PlAuf^{oL,A} [ME]	0	0	0	0	160	300	0	0	0	0
PlAuf^A [ME]	0	0	0	0	160	300	0	0	0	0
Bezeichnung PlAuf^A					E'_1	E'_2				

Tabelle 1.4: Ergebnis der programmorientierten Materialbedarfsplanung.

k	τ	t	j	$C_{k,t}$ [ME]	$V_{k,t}$ [ME]	PlAuf^{oL,A} in Periode τ produzieren?
P	7	8	1	$80 \cdot 1 \cdot 2 = 160$	300	Ja, da $160 \leq 300$ ist.
P	7	9	2	$100 \cdot 2 \cdot 3 = 600$	300	Nein, da $600 > 300$ ist.
$q_{P,7} = 70$ ME $+ 80$ ME $= 150$ ME mit Rüstkosten von 300 GE und Lagerkosten von $(70 \cdot 0 \cdot 2)$ GE $+ (80 \cdot 1 \cdot 2)$ GE $= 160$ GE, also in Summe 460 GE.						
P	9	10	1	$0 \cdot 1 \cdot 2 = 0$	300	Ja, da $0 \leq 300$ ist. Mit t = 10 = T terminiert das Verfahren.
$q_{P,9} = 100$ ME $+ 0$ ME $= 100$ ME mit Rüstkosten von 300 GE und Lagerkosten von 0 GE, also in Summe 300 GE.						

Tabelle 1.5: Losbildung für das Endprodukt P nach dem Verfahren von Grcff.

k	τ	t	j	$C_{k,t}$ [ME]	$V_{k,t}$ [ME]	PlAuf^{oL,A} in Periode τ produzieren?
P'	7	8	1	$80 \cdot 1 \cdot 2 = 160$	150	Nein, da $160 > 150$ ist.
$q_{P',7} = 80$ ME mit Rüstkosten von 300 GE und Lagerkosten von 0 GE, also in Summe 300 GE.						
P'	8	9	1	$70 \cdot 1 \cdot 2 = 140$	150	Ja, da $140 \leq 150$ ist.
P'	8	10	2	$0 \cdot 2 \cdot 3 = 0$	150	Ja, da $0 \leq 150$ ist. Mit t = 10 = T terminiert das Verfahren.
$q_{P',8} = 80$ ME $+ 70$ ME $+ 0$ ME $= 150$ ME mit Rüstkosten von 300 GE und Lagerkosten von $(80 \cdot 0 \cdot 4)$ GE $+ (70 \cdot 1 \cdot 4)$ GE $+ (0 \cdot 2 \cdot 4)$ GE $= 280$ GE, also in Summe 580 GE.						

Tabelle 1.6: Losbildung für das Endprodukt P' nach dem Verfahren von Groff.

k	τ	t	j	$C_{k,t}[ME]$	$V_{k,t}[ME]$	PlAuf^{oL,A} in Periode τ produzieren?
E	5	6	1	$0 \cdot 1 \cdot 2 = 0$	600	Ja, da $0 \leq 600$ ist.
E	5	7	2	$100 \cdot 2 \cdot 3 = 600$	600	Ja, da $600 \leq 600$ ist.
E	5	8	3	$0 \cdot 3 \cdot 4 = 0$	600	Ja, da $0 \leq 600$ ist.
E	5	9	4	$0 \cdot 4 \cdot 5 = 0$	600	Ja, da $0 \leq 600$ ist.
E	5	10	5	$0 \cdot 5 \cdot 6 = 0$	600	Ja, da $0 \leq 600$ ist. Mit t = 10 = T terminiert das Verfahren.
$q_{E,5} = 150$ ME + 0 ME + 100 ME + 0 ME + 0 ME + 0 ME = 250 ME mit Rüstkosten von 300 GE und Lagerkosten von $(150 \cdot 0 \cdot 1)$ GE + $(0 \cdot 1 \cdot 1)$ GE + $(100 \cdot 2 \cdot 1)$ GE + $(0 \cdot 3 \cdot 1)$ GE + $(0 \cdot 4 \cdot 1)$ GE + $(0 \cdot 5 \cdot 1)$ GE = 200 GE, also in Summe 500 GE.						

Tabelle 1.7: Losbildung für die Komponente E nach dem Verfahren von Groff.

k	τ	t	j	$C_{k,t}$ [ME]	$V_{k,t}$ [ME]	PlAuf^{oL,A} in Periode τ produzieren?
E'	5	6	1	$300 \cdot 1 \cdot 2 = 600$	200	Nein, da $600 \geq 200$
$q_{E',5} = 160$ ME mit Rüstkosten von 300 GE und Lagerkosten von 0 GE.						
E'	6	7	1	$0 \cdot 1 \cdot 2 = 0$	200	Ja, da $0 \leq 200$ und $7 < 10$
E'	6	8	2	$0 \cdot 1 \cdot 2 = 0$	200	Ja, da $0 \leq 200$ und $8 < 10$
E'	6	9	3	$0 \cdot 1 \cdot 2 = 0$	200	Ja, da $0 \leq 200$ und $9 < 10$
E'	6	10	4	$0 \cdot 2 \cdot 3 = 0$	200	Ja, da $0 \leq 200$ ist. Mit t = 10 = T terminiert das Verfahren.
$q_{E',6} = 300$ ME + 0 ME + 0 ME + 0 ME + 0 ME = 300 ME mit Rüstkosten von 300 GE und Lagerkosten von $(300 \cdot 0 \cdot 3)$ GE + $(0 \cdot 1 \cdot 3)$ GE + $(0 \cdot 2 \cdot 3)$ GE + von $(0 \cdot 3 \cdot 3)$ GE + $(0 \cdot 4 \cdot 3)$ GE = 0 GE, also in Summe 300 GE.						

Tabelle 1.8: Losbildung für die Komponente E' nach dem Verfahren von Groff.

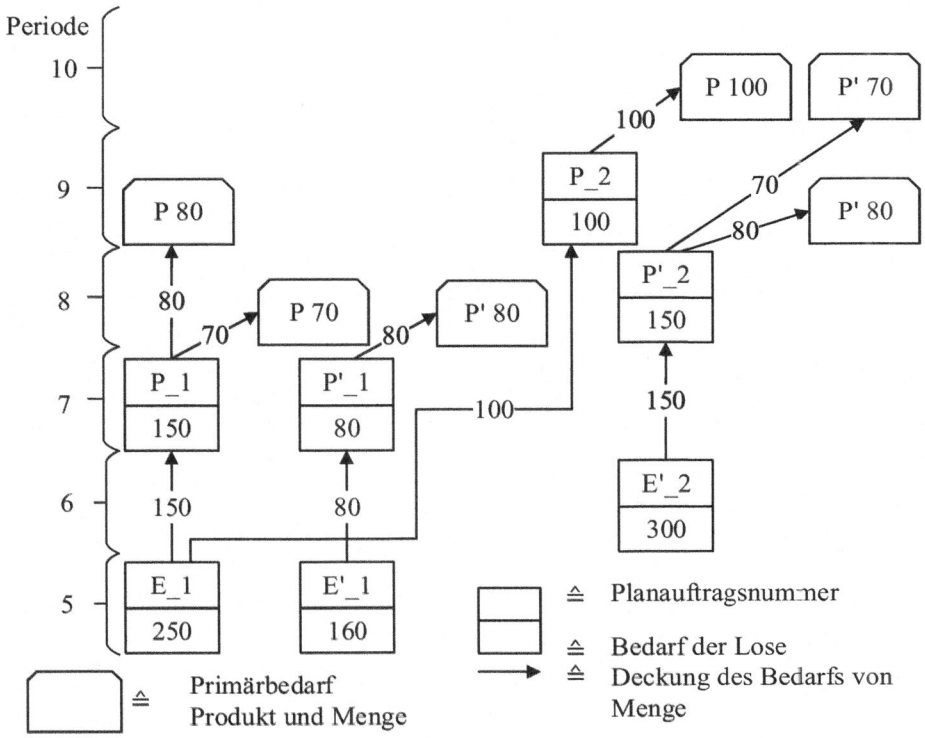

Abbildung 1.5: Ergebnis der Materialbedarfsplanung als Peggingstruktur.

Im Folgenden wird häufig statt der graphischen Darstellung der Peggingstruktur eine tabellarische verwendet. Für die in Abbildung 1.5 ist sie in Tabelle 1.9 angegeben. Dabei sind zu jedem Planauftrag zum einen der- oder diejenigen Planaufträge genannt, die die eingehenden Komponenten produzieren (Vorgänger), und zum anderen sind der- oder diejenigen Planaufträge oder Primärbedarfe genannt, die durch diesen Planauftrag gedeckt werden (Nachfolger). Um das Ergebnis besser nachvollziehen zu können, sind zu jedem Planauftrag das zu produzierende Produkt und die zu produzierenden Mengen angegeben. Ferner ist, wie auch bei der graphischen Darstellung, zu jedem Nachfolger PA' zu einem Planauftrag PA angegeben, entweder welche Produktionsmenge von PA', sofern PA' ein Planauftrag ist, durch PA ermöglicht bzw. gedeckt wird oder welcher Bedarf von PA', sofern PA' ein Primärbedarf ist, durch PA gedeckt wird. Zugleich sind die Start- und Endtermine der Planaufträge aufgrund der Materialbedarfsplanung angegeben; ihre Differenz ist die geschätzte Durchlaufzeit von dem jeweiligen Produkt.

Peggingstruktur						
Planauf-trag	Produkt	Menge [ME]	Starttermin [ZE]	Endtermin [ZE]	Vor-gänger	Nachfolger (gedeckte Menge)
E_1	E	250	2000	3000	—	P_1 (150 ME), P_2 (100 ME)
E'_1	E'	160	2000	3000	—	P'_1 (80 ME)
E'_2	E'	300	2500	3500	—	P'_2 (150 ME)
P_1	P	150	3000	3500	E_1	$d_{P,8}$ (70 ME), $d_{P,9}$ (80 ME)
P'_1	P'	80	3000	3500	E'_1	$d_{P',8}$ (80 ME)
P'_2	P'	150	3500	4000	E'_2	$d_{P',9}$ (80 ME), $d_{P',10}$ (70 ME)
P_2	P	100	4000	4500	E_1	$d_{P,10}$ (100 ME)

Tabelle 1.9: Ergebnis der Materialbedarfsplanung als (tabellarische) Peggingstruktur.

Die Planung ist in Abbildung 1.6 als Gantt-Diagramm veranschaulicht. Dadurch, dass jeder Planauftrag als Balken mit einer Länge proportional zu seiner geschätzten Durchlaufzeit dargestellt ist, aber keine Angabe des zu verwendenden Produktionssystems erfolgt, soll betont werden, dass in der programmorientierten Materialbedarfsplanung Kapazitäten nur grob, eben über geschätzte Durchlaufzeiten, berücksichtigt werden und eine parallele Bearbeitung durch die oftmals zu hohen geschätzten Durchlaufzeiten erlaubt ist. Zu Beginn der Perioden acht, neun und zehn sind die Primärbedarfe zu den beiden Endprodukten ausgewiesen.

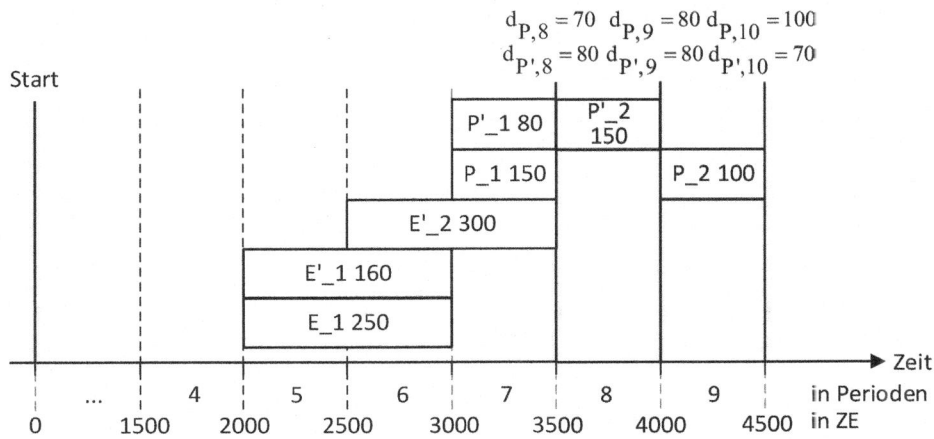

Abbildung 1.6: Grobplanung der Materialbedarfsplanung als Gantt-Diagramm; Anzahlen in Mengeneinheiten.

Wie in der logistischen Prozesskette, s. Abschnitt 1.1, bereits beschrieben, wird in dieser Untersuchung primär davon ausgegangen, dass die in einem Produktionssegment hergestellten Produkte zum Ende einer Periode eingelagert werden und erst zu Beginn der nächsten Periode zur Auslieferung oder zur weiteren Produktion in einem Produktionssegment für ein anderes Produkt im Gozintographen zur Verfügung stehen. Dies wird als Weiterverwendungsbedingung bezeichnet; diese gilt auch für Auslieferungen.

Algorithmisch lässt sich die Weiterverwendungsbedingung beispielsweise durch die folgende Einlagerungsregel implementieren – es sei betont, dass eine konkrete Anwendung eine andere Vorgehensweise erfordern kann.

Algorithmus 1.5: Einlagerungsregel.

  Eingabe: Peggingstruktur von Planaufträgen mit Start- und Endterminen aus einer Planung.

  Anweisungen:
  Planauftrag A' ist ein Nachfolger von Planauftrag A. Der Starttermin ST von Planauftrag A' und der Endtermin ET von Planauftrag A sind so zu setzen, dass für die Periode t', in der ST liegt, und für die Periode t, in der ET liegt, gilt: $t < t'$.

  Ausgabe: Planaufträge, die die Weiterverwendungsbedingung erfüllen.

Bei der programmorientierten Materialbedarfsplanung ist die Einlagerungsregel dadurch realisiert, indem jede Vorlaufzeit mindestens eine Periode beträgt. Es sei angemerkt: Würden Vorlaufzeiten von Null zugelassen, so würde (eher bzw. eigentlich) ein Ressourcenbelegungsplanungsproblem mit Vorgänger- und Nachfolgerbeziehungen vorliegen.

Die periodenspezifischen Gesamtkosten für ein Produkt ergeben sich bereits aus den Kosten, die in den einzelnen Verfahren berechnet wurden. Sie lassen sich auch aus dem Ergebnis der Planung bestimmen. Dies ist im Weiteren relevant, da es aus verschiedenen, im Weiteren noch näher erläuterten, Gründen zu Abweichungen von dem Ergebnis der Materialbedarfsplanung in der Regel kommen wird.

In einer Periode – entsprechend dem Planungsproblem – können Rüstkosten, Lagerkosten und Fehlmengenkosten auftreten. Rüstkosten fallen in der Periode an, in der mit der Produktion des Loses begonnen wird. Der Verbrauch von Bestand erfolgt in einer Periode, weswegen eine Fehlmenge innerhalb einer Periode entstehen kann. Aufgrund der Einlagerungsregel ist der Lagerzugang stets zu Periodenbeginn. Deswegen kann eine Fehlmenge nur zu Periodenbeginn abgebaut werden. Daher ist die Fehlmenge in einer Periode der am Ende dieser Periode nicht verfügbare, also negative, Bestand. Da ein Lagerzugang stets zu einem Periodenbeginn erfolgt (aufgrund der Einlagerungsregel), ist für die Materialbereitstellung innerhalb einer Periode immer so viel Material verfügbar wie zu Periodenbeginn, so dass die Materialbereitstellung auch grundsätzlich zu Periodenbeginn erfolgen kann – so wird in der später beschriebenen Auftragsfreigabe vorgegangen. Daher ist der Lagerbestand, bzw. physische Bestand, in einer Periode der am Ende dieser Periode verfügbare, also positive, Bestand. Wegen der Einlagerungsregel handelt es sich beim Lagerbestand in einer Periode um Material, welches in dieser Periode durchgehend im Lager gelegen hat. Insgesamt sind damit für den Lagerbestand und die Fehlmengen der positive und negative Bestand am Ende einer Periode relevant. Für ein Produkt k und eine Periode t berechnet sich der positive und negative Bestand von k am Ende der Periode t ($\text{Bestand}_{k,t}^{E}$) durch – dabei werden alle Arten von Lagerzugängen wie eintreffende Bestellungen durch $\text{Lagerzugang}_{k,t}^{A}$ zusammengefasst:

$$\text{Bestand}_{k,t}^{E} = \begin{cases} \text{Bestand}_{k,t-1}^{E} + \text{Lagerzugang}_{k,t}^{A} + \text{PlAuf}_{k,t-z_k}^{A} - \text{(Brutto)-Bedarf}_{k,t}^{A}, & t > 0 \\ \text{Anfangslagerbestand}_{k,t}^{A}, & t = 0. \end{cases}$$

Ist der Bestand positiv, so liegt ein physischer Bestand bzw. Lagerbestand vor, und ist er negativ, so liegt eine Fehlmenge vor. Folglich berechnet sich für ein Produkt k und eine Periode t der physische Bestand bzw. Lagerbestand von k am Ende der Periode t

$(\text{Physisch}^{E}_{k,t})$ durch

$$\text{Physisch}^{E}_{k,t} = max\{\text{Bestand}^{E}_{k,t}; 0\}$$

und die Fehlmenge für ein Produkt k und eine Periode t $(\text{Fehlmenge}^{E}_{k,t})$ berechnet sich durch:

$$\text{Fehlmenge}^{E}_{k,t} = |min\{\text{Bestand}^{E}_{k,t}; 0\}|.$$

Da in diesem Buch die Höhe der Fehlmengen oftmals über Perioden und Produkte summiert wird, wird „Fehlmengen" statt $\text{Fehlmenge}^{E}_{k,t}$ verwendet.

Durch die Multiplikation der Lagerbestände am Periodenende mit dem Lagerkostensatz des jeweiligen Produktes ergeben sich die perioden- und produktspezifischen Lagerkosten. Fehlmengenkostensätze sind schwierig zu erheben – beispielsweise weil die finanziellen Implikationen einer Unzufriedenheit mit einer Lieferunfähigkeit schwer zu spezifizieren sind. Diese Schwierigkeit kann dadurch umgangen werden, indem Servicegrade eingeführt werden; das dazu erforderliche Vorgehen ist beispielsweise in [Herr11] oder in [Temp15] im Detail beschrieben. Die genaue Höhe der Fehlmengen, ggf. auch in Relation zu den Beständen, ist für dieses Buch relevanter, weswegen sich hier auf diese Kennzahl beschränkt wird. Damit ergeben sich die periodenspezifischen Gesamtkosten aus der Summe der Rüst- und Lagerkosten der jeweiligen Periode. Für die Fallstudie sind diese Größen in Tabelle 1.10 angegeben.

Endprodukt P									
Periode	...	5	6	7	8	9	10	$\sum_{ME}$	$\sum_{GE}$
Rüstvorgang		0	0	1	0	1	0	2	600
$\text{Physisch}^{E}_{P,t}$		0	0	0	80	0	0	80	160
Gesamtkosten		0	0	300	160	300	0		760
Fehlmengen		0	0	0	0	0	0	0	0
Endprodukt P'									
Periode	...	5	6	7	8	9	10	$\sum_{ME}$	$\sum_{GE}$
Rüstvorgang		0	0	1	1	0	0	2	600
$\text{Physisch}^{E}_{P',t}$		0	0	0	0	70	0	70	280
Gesamtkosten		0	0	300	300	280	0		880
Fehlmengen		0	0	0	0	0	0	0	0

Tabelle 1.10: Periodenspezifische Kosten in Geldeinheiten (GE) aus Rüstvorgängen sowie Lagerbeständen und Fehlmengen (beides in Mengeneinheiten (ME)) (wird fortgesetzt).

Komponente E									
Periode	...	5	6	7	8	9	10	$\sum_{ME}$	$\sum_{GE}$
Rüstvorgang		1	0	0	0	0	0	1	300
Physisch$_{E,t}^{E}$		0	0	100	100	0	0	200	200
Gesamtkosten		300	0	100	100	0	0		500
Komponente E'									
Periode	...	5	6	7	8	9	10	$\sum_{ME}$	$\sum_{GE}$
Rüstvorgang		1	1	0	0	0	0	2	600
Physisch$_{E',t}^{E}$		0	0	0	0	0	0	0	0
Gesamtkosten		300	300	0	0	0	0		600
Über alle Produkte									
Gesamtkosten		600	300	700	560	580	0		2740
Fehlmengen		0	0	0	0	0	0	0	

Tabelle 1.10: Periodenspezifische Kosten in Geldeinheiten (GE) aus Rüstvorgängen sowie Lagerbeständen und Fehlmengen (beides in Mengeneinheiten (ME)).

Entsprechend dem Ablauf von Materialbedarfsplanung und Ressourcenbelegungsplanung, der in Abbildung 1.4 dargestellt ist, erfolgt nun die Terminplanung. Dazu werden die Nettobearbeitungszeiten der Planaufträge anstelle der, bisher verwendeten, geschätzten Durchlaufzeiten betrachtet. Diese sind in der Regel ein Bruchteil einer Periodengröße und werden in Zeiteinheiten (ZE) angegeben. Ihre Berechnung – durch die Multiplikation der Stückbearbeitungszeiten mit den zu produzierenden Mengeneinheiten – ist im folgenden Algorithmus 1.6 angegeben.

Algorithmus 1.6: Durchlaufzeiten aufgrund von Stückbearbeitungszeiten.

Eingabe: Produkt k, Stückbearbeitungszeit tb_k in $\dfrac{\text{Zeiteinheiten}}{\text{Mengeneinheit}}$ für Produkt k und Planaufträge $PlAuf(k)$ zu einem Produkt k.

Anweisungen:
Weise jedem Planauftrag $PlAuf(k)$ mit Menge $M(PlAuf(k))$ in Mengeneinheiten die Dauer $tb_k \cdot M(PlAuf(k))$ in Zeiteinheiten zu.

Ausgabe: Planaufträge mit Dauern bzw. Durchlaufzeiten in Zeiteinheiten.

Für die Fallstudie sind die neuen Dauern der Planaufträge aufgrund ihrer Produktionsmengen in Mengeneinheiten (ME) in der folgenden Tabelle angegeben; die Tabelle enthält zum Vergleich auch die geschätzte Durchlaufzeit (Vorlaufzeit) in Zeiteinheiten (ZE) – zur Erinnerung: Eine Periode hat 500 ZE.

Plan-auftrag	Produkt (k)	Menge	tb_k	Dauer	Geschätzte Durchlaufzeit	Produk-tionssystem
E_1	E	250 ME	$2\,\frac{ZE}{ME}$	500 ZE	1000 ZE	PS2
E'_1	E'	160 ME	$2\,\frac{ZE}{ME}$	320 ZE	1000 ZE	PS2
E'_2	E'	300 ME	$2\,\frac{ZE}{ME}$	600 ZE	1000 ZE	PS2
P_1	P	150 ME	$1\,\frac{ZE}{ME}$	150 ZE	500 ZE	PS1
P'_1	P'	80 ME	$1\,\frac{ZE}{ME}$	80 ZE	500 ZE	PS1
P'_2	P'	150 ME	$1\,\frac{ZE}{ME}$	150 ZE	500 ZE	PS1
P_2	P	100 ME	$1\,\frac{ZE}{ME}$	100 ZE	500 ZE	PS1

Tabelle 1.11: Dauern der Planaufträge aufgrund der Stückbearbeitungszeiten.

Diese Dauern bzw. Nettobearbeitungszeiten können sowohl länger als auch kürzer als die bisher verwendeten geschätzten Durchlaufzeiten sein und sie schwanken. Aufgrund der Ressourcenkonkurrenz bei der Abarbeitung der Aufträge in der Produktion – wegen der beschränkten Kapazität – kommt es zu Wartezeiten für einige Planaufträge. Dies wird oftmals in den geschätzten Durchlaufzeiten berücksichtigt – bei diesen handelt es sich in der industriellen Praxis oftmals um gemessene mittlere Durchlaufzeiten. Folglich müssen diese Dauern bzw. Nettobearbeitungszeiten eher deutlich geringer als die geschätzten Durchlaufzeiten sein, um Dispositionsspielräume für eine präzise Einplanung aller Planaufträge der Peggingstruktur – zur Auflösung der Ressourcenkonkurrenz bei der Abarbeitung dieser Aufträge in der Produktion – zu schaffen. Die konkrete Höhe dieser Dispositionsspielräume für die komplette Peggingstruktur lässt sich mit Methoden der Netzplantechnik im Rahmen der Durchlaufterminierung bestimmen. Dazu werden die frühesten und spätesten Anfangs- und Endtermine der Planaufträge ohne Beachtung der Kapazitäten bestimmt; s. dazu auch [Herr09] und [GüTe12]. Dabei werden die spätesten Termine durch eine Rückwärtsterminierung, s. Algorithmus 1.7, und die frühesten durch eine Vorwärtsterminierung, s. Algorithmus 1.8, bestimmt.

Grundlage der Durchlaufterminierung ist die Peggingstruktur. Nach den bisherigen Überlegungen ergibt sie sich durch die programmorientierte Materialbedarfsplanung. Sie kann auch durch ein anderes Verfahren entstanden sein, weswegen für das Folgende von der weiter oben genannten Definition der Peggingstruktur ausgegangen wird. Für die Durchlaufterminierung werden die folgenden Bezeichnungen verwendet; dabei handelt es sich um Parameter sowie Variablen für (Zwischen-)Ergebnisse.

Bezeichnungen:

A	Planauftrag.
t_A	Dauer vom Planauftrag A in Zeiteinheiten.
FAZ_A	Frühester (möglicher) Anfangstermin vom Planauftrag A in Zeiteinheiten.
FEZ_A	Frühester (möglicher) Endtermin vom Planauftrag A in Zeiteinheiten.
SAZ_A	Spätester (möglicher) Anfangstermin vom Planauftrag A in Zeiteinheiten.
SEZ_A	Spätester (möglicher) Endtermin vom Planauftrag A in Zeiteinheiten.
$Puffer_A$	Puffer zum Planauftrag A in Zeiteinheiten.

Für die Rückwärtsterminierung sind die spätesten Endtermine der Planaufträge, mit denen die Primärbedarfe gedeckt werden, durch deren Endtermine aufgrund der programmorientierten Materialbedarfsplanung (im Allgemeinen ist auch ein anderes Verfahren möglich) vorgegeben. Es sei betont: Für die anderen Planaufträge erfolgt keine Festlegung. Die weitere Berechnung erfolgt durch die beiden folgenden Regeln zu einem Planauftrag A: Der späteste Anfangstermin von A ist der späteste Endtermin von A minus die Dauer von A. Der späteste Endtermin von A ist der kleinste späteste Anfangstermin von allen direkten Nachfolgern von A. Dass diese endgültig vorliegen, ist ein wesentlicher Teil des Algorithmus 1.7 zur Rückwärtsterminierung. Die Einlagerungsregel, s. Algorithmus 1.5, wird durch die folgende Erweiterung der Rückwärtsterminierung implementiert: Liegt der kleinste späteste Anfangstermin von allen direkten Nachfolgern von einem Planauftrag A in Periode t, so ist der späteste Endtermin von A am Ende der Periode t − 1; beachte: und damit zu Beginn von Periode t.

Algorithmus 1.7: Durchlaufterminierung: Rückwärtsterminierung.

Eingabe: Peggingstruktur von Planaufträgen mit spätesten (möglichen) Endterminen aus einer Planung, die Dauer t_A von einem Planauftrag A sowie die Periodendauer τ.

Anweisungen:
1. Für einen Planauftrag A enthält $\mathcal{N}_A$ seine (direkten) Nachfolger in der Peggingstruktur.
2. Setze für jeden Planauftrag A, der einen Primärbedarf deckt, SEZ_A gleich seinem Endtermin aufgrund der programmorientierten Materialbedarfsplanung und $SAZ_A = SEZ_A - t_A$.

3. Bestimme für jeden Planauftrag A, dessen SAZ_A noch zu bestimmen ist, die Anzahl seiner Nachfolger NF_A^{SAZ}, bei denen SAZ_A noch zu bestimmen ist, durch: NF_A^{SAZ} ist gleich der Anzahl von $\mathcal{N}_A \setminus \{$Planauftrag B; SAZ_B und SEZ_B liegen aufgrund von (Schritt) 2 schon endgültig fest$\}$.

4. Speichere die Planaufträge mit $NF_A^{SAZ} = 0$ in der Menge $\mathcal{M}$.

5. Für jeden Planauftrag A aus $\mathcal{M}$:

   - Berechne $SEZ_A = \min \{j \in \mathcal{N}_A; SAZ_j\}$.
     Berücksichtige die Einlagerungsbedingung durch Abrunden auf ein Vielfaches der Periodendauer. (Mit $SEZ_A = PN \cdot \tau + r$ mit $0 \leq r < \tau$ korrigiere SEZ_A zu $PN \cdot \tau$).
   - Berechne $SAZ_A = SEZ_A - t_A$.
   - Für jeden Vorgänger (A') von A in der Peggingstruktur: Reduziere $NF_{A'}^{SAZ}$ um 1.
   - Lösche A aus $\mathcal{M}$.

6. Gehe zu (Schritt) 4., sofern noch nicht alle Planaufträge behandelt wurden.

Ausgabe: Planaufträge mit (möglichen) spätesten Anfangs- und Endterminen.

Es sei angemerkt, dass statt einer programmorientierten Materialbedarfsplanung auch ein anderes Verfahren verwendet werden kann. Ferner sei daran erinnert, dass die Peggingstruktur neben den Planaufträgen auch zu deckende Primärbedarfe enthält. Dazu sei die folgende Änderung in der Durchlaufterminierung betrachtet. Die Primärbedarfe bekommen eine künstliche Produktionszeit von 0 Zeiteinheiten. In Schritt 2 wird für ein Peggingelement ohne Nachfolger, also einen Primärbedarf, der SEZ als Termin für diesen Primärbedarf festgelegt. Im Schritt 3 entfällt die Berücksichtigung von Schritt 2. Da die Materialbedarfsplanung jedem Planauftrag, der (mindestens) einen Primärbedarf deckt, einen Endtermin gibt, der mit einem Primärbedarfstermin übereinstimmt, führt dies zu den gleichen Terminen für alle Planaufträge.

Das Ergebnis der Rückwärtsterminierung für diese Fallstudie ist in Tabelle 1.12 angegeben, die auch bereits das Ergebnis zur Vorwärtsterminierung enthält. Zur besseren Nachvollziehbarkeit enthält sie auch die Dauern der Planaufträge. Zum Vergleich mit der programmorientierten Materialbedarfsplanung möge die Tabelle 1.13 dienen. Sie enthält die Termine nach der Materialbedarfsplanung, das in Tabelle 1.12 angegebene Ergebnis der Rückwärts- und Vorwärtsterminierung sowie den auftretenden Puffer und zwar auch das Ergebnis ohne Weiterverwendungsbedingung (also ohne Realisierung der Einlagerungsregel). Auf diese Tabellen wird nach der Erläuterung der Vorwärtsterminierung noch näher eingegangen.

Bei der Vorwärtsterminierung wird quasi umgekehrt zur Rückwärtsterminierung vorgegangen. Daher werden für die Planaufträge ohne Vorgänger Festlegungen benötigt; es sei betont, dass auch hier, wie bei der Rückwärtsterminierung, für die anderen Planaufträge keine Festlegung erfolgt. Eine Möglichkeit sind die Ergebnisse der Rückwärtsterminierung. Dazu werden ihre frühesten (möglichen) Anfangstermine gleich ihren spätesten Anfangsterminen aufgrund der Rückwärtsterminierung gesetzt; dieses Vorgehen wird in der Literatur häufig vorgeschlagen. Unter der Prämisse, dass die geschätzte Durchlaufzeit für die programmorientierte Materialbedarfsplanung auch dazu dient, Ressourcenkonkurrenz auflösen zu können, bietet es sich an, ihre frühesten (möglichen) Anfangstermine gleich ihren Startterminen aufgrund der Materialbedarfsplanung zu setzen. So wird im Folgenden verfahren – statt der Materialbedarfsplanung kann im Allgemeinen auch ein anderes Verfahren verwendet werden. Die weitere Berechnung erfolgt durch die beiden Regeln zu einem Planauftrag A: Der früheste Endtermin zu A ist der früheste Anfangstermin von A plus die Dauer von A. Der früheste Anfangstermin von A ist der größte früheste Endtermin von allen direkten Vorgängern von A. Dass diese endgültig vorliegen ist ein wesentlicher Teil des Algorithmus 1.8 zur Vorwärtsterminierung. Die Einlagerungsregel, s. Algorithmus 1.5, wird durch die folgende Erweiterung der Vorwärtsterminierung implementiert: Liegt der größte früheste Endtermin von allen direkten Vorgängern von einem Planauftrag A in Periode t, so ist der früheste Anfangstermin von A zu Beginn der Periode t + 1; beachte: und damit zum Ende von Periode t.

Algorithmus 1.8: Durchlaufterminierung: Vorwärtsterminierung.

Eingabe: Peggingstruktur von Planaufträgen mit frühesten (möglichen) Anfangsterminen aus einer Planung, die Dauer t_A von einem Planauftrag A sowie die Periodendauer τ.

Anweisungen:

1. Für einen Planauftrag A enthält $\mathcal{V}_A$ seine (direkten) Vorgänger in der Peggingstruktur.
2. Setze für jeden Planauftrag A ohne Vorgänger in der Peggingstruktur FAZ_A gleich seinem Starttermin aufgrund der programmorientierten Materialbedarfsplanung und $FEZ_A = FAZ_A + t_A$.
3. Bestimme für jeden Planauftrag A, dessen FEZ_A noch zu bestimmen ist, die Anzahl seiner Vorgänger VG_A^{FEZ}, bei denen FEZ_A noch zu bestimmen ist, durch: VG_A^{FEZ} ist gleich der Anzahl von $\mathcal{V}_A \setminus \{$Planauftrag B; FAZ_B und FEZ_B liegen aufgrund von (Schritt) 2 schon endgültig fest$\}$.

4. Speichere die Planaufträge mit $VG_A^{FEZ} = 0$ in der Menge $\mathcal{M}$.

5. Für jeden Planauftrag A aus $\mathcal{M}$:
   - Berechne $FAZ_A = \max\{j \in \mathcal{V}_A; FEZ_j\}$.
     Berücksichtige die Einlagerungsbedingung durch Aufrunden auf ein Vielfaches der Periodendauer. (Mit $FAZ_A = PN \cdot \tau + r$ und $0 \leq r < \tau$ korrigiere FAZ_A zu $PN \cdot (\tau + 1)$).
   - Berechne $FEZ_A = FAZ_A + t_A$.
   - Für jeden Nachfolger (A') von A in der Peggingstruktur: Reduziere $VG_{A'}^{FEZ}$ um 1.
   - Lösche A aus $\mathcal{M}$.

6. Gehe zu (Schritt) 4., sofern noch nicht alle Planaufträge behandelt wurden.

Ausgabe: Planaufträge mit (möglichen) frühesten Anfangs- und Endterminen.

Die Anmerkungen nach dem Algorithmus 1.7 zur Rückwärtsterminierung gelten auch für diesen Algorithmus 1.8 zur Vorwärtsterminierung.

Das Ergebnis der Vorwärtsterminierung für diese Fallstudie befindet sich in Tabelle 1.12 und mit der im Anschluss an die Rückwärtsterminierung angegebenen Ergänzung zusätzlich auch in Tabelle 1.13. Dass die Vorgabe an (möglichen) frühesten und spätesten Anfangs- und Endterminen nur für einen Planauftrag ohne Vorgänger bzw. mit einem Primärbedarf als Nachfolger erfolgt, zeigt sich beispielsweise in der Abweichung vom Starttermin aufgrund der Materialbedarfsplanung (s. MRP-Starttermin in Tabelle 1.13) für Planauftrag P_2 von seinem FAZ in Tabelle 1.13 – P_2 hat E_1 als Vorgänger. Letztere Tabelle enthält auch den Puffer der jeweiligen Planaufträge. Es handelt sich dabei um die Differenz zwischen seinem frühesten und spätesten Anfangstermin bzw. Endtermin – diese beiden Differenzen sind identisch. Formal lautet dieser Algorithmus 1.9.

Algorithmus 1.9: Pufferzeit.

Eingabe: Planaufträge mit (möglichen) frühesten und spätesten Anfangs- und Endterminen.

Für jeden Planauftrag A berechne seine Pufferzeit (PZ_A) durch:
$$PZ_A = SEZ_A - FEZ_A = SAZ_A - FAZ_A.$$

Ausgabe: Planaufträge mit Pufferzeit.

Plan-auftrag	Dauer [ZE]	Vorgänger	Nachfolger	FAZ [ZE]	FEZ [ZE]	SAZ [ZE]	SEZ [ZE]
E_1	500	-	P_1 und P_2	2000	2500	2500 (2850)	3000 (3350)
E'_1	320	-	P'_1	2000	2320	2680 (3100)	3000 (3420)
E'_2	600	-	P'_2	2500	3100	2900 (3250)	3500 (3850)
P_1	150	E_1	$d_{P,8}$ und $d_{P,9}$	2500	2650	3350	3500
P'_1	80	E'_1	$d_{P',8}$	2500 (2320)	2580 (2400)	3420	3500
P'_2	150	E'_2	$d_{P',9}$ und $d_{P',10}$	3500 (3100)	3650 (3250)	3850	4000
P_2	100	E_1	$d_{P,10}$	2500	2600	4400	4500

Tabelle 1.12: Rückwärts- und Vorwärtsterminierung zur Materialbedarfsplanung (in Klammern Werte ohne Einlagerungsregel nur, wenn diese abweichen).

Plan-auftrag	Dauer [ZE]	MRP-Start-termin [ZE]	MRP-End-termin [ZE]	FAZ [ZE]	FEZ [ZE]	SAZ [ZE]	SEZ [ZE]	Puffer [ZE]
E_1	500	2000	3000	2000	2500	2500 (2850)	3000 (3350)	500 (850)
E'_1	320	2000	3000	2000	2320	2680 (3100)	3000 (3420)	680 (1100)
E'_2	600	2500	3500	2500	3100	2900 (3250)	3500 (3850)	400 (750)
P_1	150	3000	3500	2500	2650	3350	3500	850
P'_1	80	3000	3500	2500 (2320)	2580 (2400)	3420	3500	920 (1100)
P'_2	150	3500	4000	3500 (3100)	3650 (3250)	3850	4000	350 (750)
P_2	100	4000	4500	2500	2600	4400	4500	1900

Tabelle 1.13: Durchlaufterminierung und Materialbedarfsplanung (in Klammern Werte ohne Einlagerungsregel nur, wenn diese abweichen).

Werden die Planaufträge mit ihren Nettobearbeitungszeiten so früh wie möglich eingeplant, so ergibt sich das in der folgenden Abbildung 1.7 angegebene Gantt-Diagramm. Es enthält die Puffer der einzelnen Planaufträge.

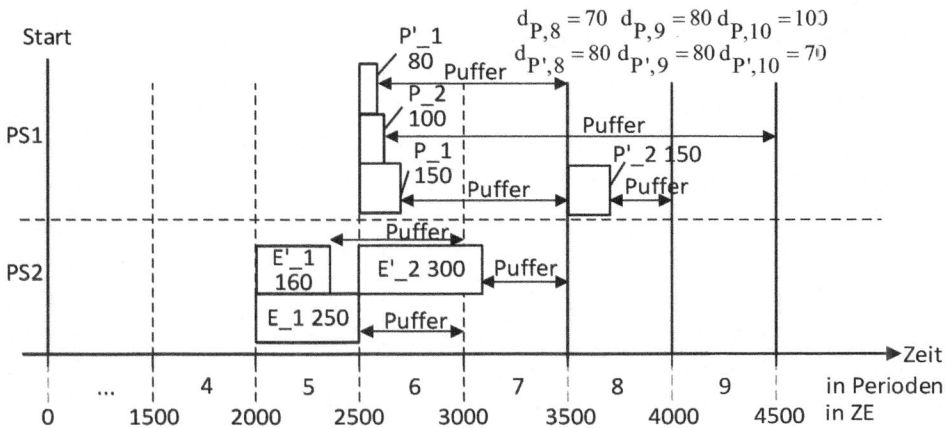

Abbildung 1.7: Früheste mögliche Anfangstermine nach der Terminplanung der Materialbedarfsplanung als Gantt-Diagramm; Anzahlen in Mengeneinheiten.

Da die Endtermine nicht überschritten werden sollen, wird in der Durchlaufterminierung in der Regel als erstes die Rückwärtstermininerung, also Algorithmus 1.7, und anschließend die Vorwärtsterminierung, also Algorithmus 1.8, durchgeführt. Dabei entsteht häufig, wie in dieser Fallstudie, ein Dispositionsspielraum, dargestellt durch die Puffer, der genutzt werden kann, um die Planaufträge unter der Berücksichtigung der beschränkten Kapazität einzuplanen. Hierzu dient, wie in dem Ablauf von Materialbedarfsplanung und Ressourcenbelegungsplanung, s. Abbildung 1.4, bereits dargestellt ist, ein Kapazitätsabgleich. Eine Realisierung besteht in einer Ablaufsimulation, bei der startbereite Planaufträge abgearbeitet werden – ein Planauftrag ist startbereit, sofern sein frühester Anfangstermin bereits erreicht wurde und seine etwaigen Vorgänger bereits abgearbeitet worden sind. (Es sei angemerkt: Dass genügend Material für einen Planauftrag verfügbar ist, ist dadurch gesichert, dass durch eine Planung (bisher durch die Materialbedarfsplanung oder im Allgemeinen durch ein anderes Verfahren) seiner Vorgänger sein Bedarf kumuliert gedeckt wird; dies belegt die zugehörige Peggingstruktur.) Eine etablierte und einfache Möglichkeit zur Auflösung der dabei auftretenden Zuteilungskonflikte (bei denen ein Produktionssystem frei wird und mehrere Planaufträge zugeteilt werden können) besteht in der Errechnung einer Prioritätskennzahl für jeden Auftrag und der Zuteilung von dem Auftrag mit der höchsten Priorität. Dieses Vorgehen wird in der Literatur als Prioritätsregel-Verfahren bezeichnet und wurde vielfach untersucht; s. z.B. [Herr11] oder

[FFS09]. Die Verwendung von dem „First-In-First-Out"-Prinzip (dem FIFO-Prinzip bzw. der FIFO-Prioritätsregel) wird als Werkstattsimulation bezeichnet.

Die Zuteilung von dem Planauftrag mit der kürzesten Bearbeitungszeit, was als KOZ-Regel bezeichnet wird, führt bei dieser Fallstudie zu den folgenden Zuteilungsentscheidungen – das Ergebnis ist in Tabelle 1.14 angegeben und in Abbildung 1.8 visualisiert. Zu Beginn von Periode 5, also zum Zeitpunkt 2000 ZE, sind die Planaufträge E'_1 und E_1 startbereit, von denen E'_1 die kleinere Bearbeitungszeit hat und daher zugeteilt wird. Unmittelbar nach seiner Fertigstellung nach 320 ZE (also zum Zeitpunkt 2320 ZE) beginnt – noch in dieser Periode (5) – Planauftrag E_1, der zum Zeitpunkt 2820 ZE beendet ist. Durch die Fertigstellung vom Planauftrag E'_1 in Periode 5 ist der Planauftrag P'_1 zu Beginn von Periode 6 startbereit, aber kein anderer Planauftrag für das Produktionssystem PS1. Planauftrag P'_1 ist zum Zeitpunkt 2580 ZE beendet. Zu Beginn von Periode 6 ist Planauftrag E'_2 der einzige startbereite Planauftrag für das Produktionssystem PS2. Wegen der Belegung dieses Produktionssystems bis zum Zeitpunkt 2820 ZE wird ab dann mit seiner Fertigung begonnen und diese ist zum Zeitpunkt 3420, also in Periode 7, beendet. Damit sind alle Planaufträge für das Produktionssystem PS2 beendet. Durch die Fertigstellung von Planauftrag E_1 in Periode 6 sind die beiden Planaufträge P_1 und P_2 zu Beginn der Periode 7 startbereit. Der noch verbleibende Planauftrag P'_2 ist jedoch erst ab dem Beginn von Periode 8 (da sein Vorgänger, Planauftrag E'_2, in Periode 7 beendet ist) startbereit. Aufgrund der Bearbeitungszeiten der beiden Planaufträge P_1 und P_2 wird – in Periode 7 – zuerst Planauftrag P_2 und dann Planauftrag P_1 gefertigt. Zum Zeitpunkt 3250 ZE sind beide beendet, also noch in der Periode 7. Damit kann mit dem Planauftrag P'_2 zu Beginn von Periode 8 begonnen werden und dieser ist zum Zeitpunkt 3650 ZE beendet. Eine Fertigstellung eines Planauftrags von m Mengeneinheiten in Periode n bewirkt, dass diese m Mengeneinheiten zu Beginn von Periode n+1 zur Verfügung stehen – insbesondere zur Deckung von Bedarf zu Beginn von Periode n+1. Dadurch sind die Lagerbestände ausreichend, um die Primärbedarfe in der zeitlichen Reihenfolge ihrer Termine decken zu können – dies zeigt sich auch in dem für jeden Primärbedarf vorhandenen Puffer für die Auslieferung in Abbildung 1.8, und eine zulässige Lösung liegt vor. Im Allgemeinen werden die Primärbedarfe in der zeitlichen Reihenfolge ihrer Termine gedeckt bzw. ausgeliefert und es sind Teillieferungen möglich. Im Falle von Verspätungen erfolgt zunächst deren Auslieferung und zwar in der Reihenfolge ihrer (monoton) abnehmender Verspätungen.

Zum leichteren Nachvollziehen von diesem Ergebnis in Tabelle 1.14 ist zu jedem

Planauftrag auch seine (Netto-)Bearbeitungszeit angegeben und die Nummern zu den Planaufträgen geben die Reihenfolge ihrer Abarbeitung (aufgrund der Kapazitätsplanung) an. Abbildung 1.8 und Tabelle 1.14 enthalten auch die Puffer. Diese ergeben sich aus Algorithmus 1.9 – mit den durch diese Kapazitätsplanung bestimmten frühesten Anfangs- und Endterminen, während die spätesten Anfangs- und Endtermine weiterhin diejenigen aus der Durchlaufterminierung sind.

Nr.	Planauf- trag	Bearbeitungs- zeit [ZE]	Starttermin (FAZ) [ZE]	Endtermin (FEZ) [ZE]	SAZ [ZE]	SEZ [ZE]	Puffer [ZE]
1	E'_1	320	2000	2320	2680	3000	680
2	E_1	500	2320	2820	2500	3000	180
3	P'_1	80	2500	2580	3420	3500	920
4	E'_2	600	2820	3420	2900	3500	80
5	P_2	100	3000	3100	4400	4500	1400
6	P_1	150	3100	3250	3350	3500	250
7	P'_2	150	3500	3650	3850	4000	350

Tabelle 1.14: KOZ-Kapazitätsplanung: Termine und Puffer in Zeiteinheiten (ZE).

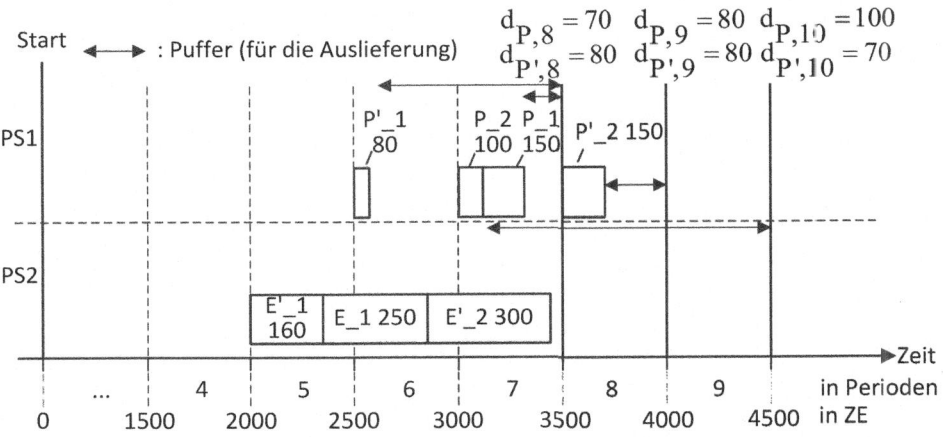

Abbildung 1.8: Ergebnis der Kapazitätsplanung nach der KOZ-Regel als Gantt- Diagramm; Anzahlen in Mengeneinheiten.

Das gerade exemplarisch beschriebene Vorgehen führt im Detail zu dem folgenden Algorithmus 1.10. Die Einlagerungsregel (s. Algorithmus 1.5) zur Einhaltung der Weiter- verwendungsbedingung ist integriert.

Algorithmus 1.10: Kapazitätsplanung mit einer Prioritätsregel.

Eingabe: Peggingstruktur von Planaufträgen mit frühesten (möglichen) Anfangsterminen aus einer Terminplanung und einer Prioritätsregel.

Anweisungen:

1. Jeder Planauftrag erhält einen frühesten Starttermin. Initialisiere diesen mit seinem
   frühesten (möglichen) Anfangstermin.
2. Markiere alle Planaufträge ohne Vorgänger als startbereit.
3. Setze den aktuellen Zeitpunkt t auf den kleinsten frühesten Starttermin von allen
   startbereiten Planaufträgen.
4. Für jedes Produktionssegment (PS):
   - Bilde aus den zum Zeitpunkt t (auf PS) startbereiten Planaufträgen eine Menge.
     Wende auf diese die Prioritätsregel an, wodurch diese Menge nach ihrer Priorität
     sortiert ist und somit eine Warteschlange bildet. Von dieser Warteschlange teile
     den ersten Planauftrag A (auf PS) zu. t_A sei sein Endtermin – i.e. $t_A = t +$
     Bearbeitungsdauer von A.
   - Korrigiere die Termine von A durch: Ersetze den frühesten Anfangstermin von A
     durch t und den frühesten Endtermin von A durch t_A.
   - Keiner der restlichen Planaufträge auf PS darf vor t_A beginnen; aber ab t_A. Dies
     wird erreicht durch: Für jeden Planauftrag auf PS setze seinen frühesten Start-
     termin auf das Maximum aus seinem bisherigen frühesten Starttermin und t_A.
     (Damit kann t wieder wie in (Schritt) 3. bestimmt werden; s. (Schritt) 5..)
   - Modifiziere die frühesten Starttermine der Nachfolger von A durch:
     Ist t_A nicht der Beginn einer Periode, so runde t_A auf den Beginn der nächsten Pe-
     riode auf (dies dient zur Realisierung der Einlagerungsregel). Für jeden Nachfolger
     von A setze seinen frühesten Starttermin auf das Maximum aus seinem bisherigen
     frühesten Starttermin und t_A.
   - Setze jeden noch nicht eingeplanten Planauftrag, dessen Vorgänger alle schon ein-
     geplant sind, auf startbereit. (Es sei betont, es kann nur ein Planauftrag hinzu-
     kommen, dessen frühester Starttermin zeitlich (echt) nach t liegt (also > t ist).)
5. Sofern noch ein Planauftrag noch nicht eingeplant wurde, gehe zu (Schritt) 3.

Ausgabe: Eingeplante Planaufträge mit aktualisierten frühesten Anfangs- und Endterminen.

Zum Algorithmus sei angemerkt: Wegen der Einlagerungsregel wird durch eine Einplanung zum Zeitpunkt t in Periode n nur eine Warteschlange in Periode n' mit n' > n

erhöht – und zwar durch einen Planauftrag, der durch die produzierte Menge (von dem eingeplanten Planauftrag) nun startbereit ist. Dadurch liegen die Warteschlangen zu Beginn einer Periode für jedes Produktionssystem fest, und ihre gegenseitige Beeinflussung ist ausgeschlossen. Daher können die Produktionssysteme in Schritt 4 in einer beliebigen Reihenfolge bearbeitet werden.

Für die Auswertung des Ergebnisses einer Kapazitätsplanung sind auch die Puffer interessant. Wie oben schon genannt, ergeben sich diese aus Algorithmus 1.9 mit den durch diese Kapazitätsplanung bestimmten Anfangs- und Endterminen als früheste (mögliche) Anfangs- und Endtermine, während die spätesten (möglichen) Anfangs- und Endtermine weiterhin diejenigen aus der Durchlaufterminierung sind. Im Allgemeinen Fall sind dadurch negative Puffer möglich. Solche implizieren eine verspätete Auslieferung von (mindestens) einem Bedarf, wodurch eine unzulässige Lösung (i.e. Produktionsplan) vorliegt; ein Beispiel dazu befindet sich in Abschnitt 2.1.

Die Durchführung einer Werkstattsimulation für diese Fallstudie – also die Verwendung der FIFO-Regel in der Kapazitätsplanung (im Algorithmus 1.10) – befindet sich in Tabelle 1.15 und ist in Abbildung 1.9 visualisiert. Zum leichteren Nachvollziehen des Ergebnisses des Algorithmus, enthält in Tabelle 1.15 auch jeder Planauftrag seine Nummer aufgrund seiner Erzeugung durch die Materialbedarfsplanung (als MRP-Nr. bezeichnet). Diese Nummern bewirken, dass zu Beginn von Periode 5 der Planauftrag E_1 bevorzugt wird und zu Beginn von Periode 6 der Planauftrag E'_1, wodurch sich die in Abbildung 1.9 dargestellte Reihenfolge ergibt. Dadurch werden zu Beginn von Periode 6 die Planaufträge P_1 und P_2 startbereit und die MRP-Nr. führt zu der in Abbildung 1.9 dargestellten Reihenfolge. Durch die Fertigstellung von Planauftrag E'_1 in Periode 6 ist Planauftrag P'_1 eine Periode später startbereit, nämlich in Periode 7, und ebendort produziert. Die Einplanung von Planauftrag P'_2 ist wie bei der Kapazitätsplanung nach der KOZ-Regel. Da die Bedarfe termingerecht gedeckt werden, liegt eine zulässige Lösung vor. Abbildung 1.9 und Tabelle 1.15 enthalten auch die Puffer für die Auslieferungen.

Planauf-trag	Einpla-nungs-Nr.	MRP-Nr.	Starttermin (FAZ) [ZE]	Endtermin (FEZ) [ZE]	SAZ [ZE]	SEZ [ZE]	Puffer [ZE]
E_1	1	5	2000	2500	2500	3000	500
E'_1	2	6	2500	2820	2680	3000	180
E'_2	3	7	2820	3420	2900	3500	80
P_1	4	1	2500	2650	3350	3500	850

Tabelle 1.15: FIFO-Kapazitätsplanung: Termine und Puffer in Zeiteinheiten (ZE) (wird fortgesetzt).

Planauf-trag	Einpla-nungs-Nr.	MRP-Nr.	Starttermin (FAZ) [ZE]	Endtermin (FEZ) [ZE]	SAZ [ZE]	SEZ [ZE]	Puffer [ZE]
P_2	5	2	2650	2750	4400	4500	1750
P'_1	6	3	3000	3080	3420	3500	420
P'_2	7	4	3500	3650	3850	4000	350

Tabelle 1.15: FIFO-Kapazitätsplanung: Termine und Puffer in Zeiteinheiten (ZE).

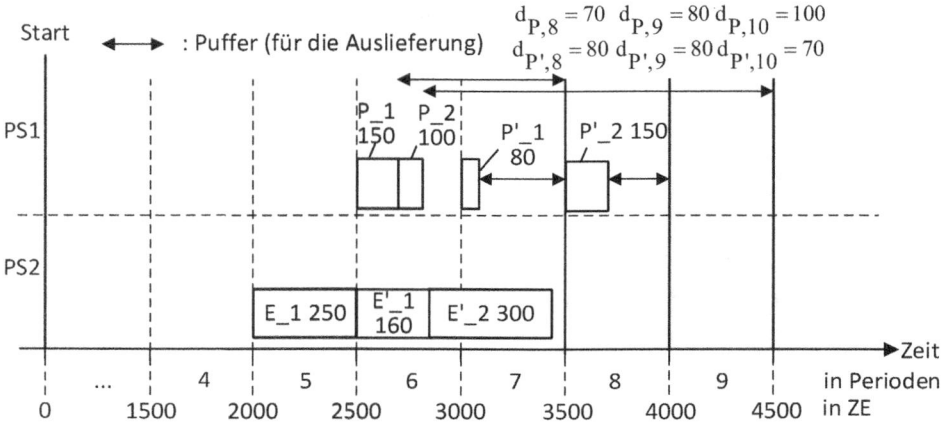

Abbildung 1.9: Ergebnis der Kapazitätsplanung nach dem FIFO-Prinzip als Gantt-Diagramm; Anzahlen in Mengeneinheiten.

Eine detailliertere Analyse des Ergebnisses der Durchlaufterminierung zeigt, dass für eine zulässige Lösung die beiden Planaufträge E_1 und E'_1 vor dem Ende von Periode 6 beendet sein müssen, damit die beiden Planaufträge P_1 und P'_1 (spätestens) noch in Periode 7 produziert werden, wodurch bei der Summe der Nettobearbeitungzeiten von den beiden Planaufträgen P_1 und P'_1 über 330 Zeiteinheiten durch deren Produktion in der Periode 7 keine Verspätung auftritt – auf Planauftrag P_2 wird weiter unten eingegangen. Die Beendigung von den Planaufträgen E_1 und E'_1 vor dem Ende von Periode 6 ist möglich, sofern keiner dieser beiden Planaufträge von dem Planauftrag E'_2 verdrängt wird; dies trifft bei der Verwendung der Prioritätsregeln KOZ und FIFO zu, s. die Abbildungen 1.8 und 1.9. Da die Summe der Bearbeitungszeit von den Planaufträgen E_1, E'_1 und E'_2 1420 Zeiteinheiten beträgt, kann Planauftrag E'_2 nach den beiden Planaufträgen E_1 und E'_1 produziert und noch in Periode 7 beendet werden, so dass Planauftrag P'_2 in Periode 8 beendet werden kann. Für Planauftrag P_2 liegt in jedem Fall in den Perioden 7, 8 und 9 genügend Kapazität vor. Damit existieren mehrere zulässige Lösungen (i.e. Produktionspläne). Sie unterscheiden sich in Lagerbeständen für die einzelnen Produkte – eine Rüstkostenreduktion ergäbe sich nur, wenn direkt aufeinanderfolgende Lose einen Rüstzustand einsparen könnten, was in der aktuellen Formulierung der Fallstudie nicht vorgesehen ist.

Für die beiden hier im Detail betrachteten Kapazitätsplanungen sind die periodenspezifischen Gesamtkosten in Tabelle 1.16 bei Verwendung der KOZ-Regel und in Tabelle 1.17 bei Verwendung der FIFO-Regel angegeben.

Endprodukt P									
Periode	...	5	6	7	8	9	10	$\sum_{ME}$	$\sum_{GE}$
Rüstvorgang		0	0	2	0	0	0	2	600
Physisch$_{P,t}^{E}$		0	0	0	180	100	0	280	560
Gesamtkosten		0	0	600	360	200	0		1160
Fehlmengen		0	0	0	0	0	0	0	0
Endprodukt P'									
Periode	...	5	6	7	8	9	10	$\sum_{ME}$	$\sum_{GE}$
Rüstvorgang		0	1	0	1	0	0	2	600
Physisch$_{P',t}^{E}$		0	0	80	0	70	0	150	600
Gesamtkosten		0	300	320	300	280	0		1200
Fehlmengen		0	0	0	0	0	0	0	0
Komponente E									
Periode	...	5	6	7	8	9	10	$\sum_{ME}$	$\sum_{GE}$
Rüstvorgang		1	0	0	0	0	0	1	300
Physisch$_{E,t}^{E}$		0	0	0	0	0	0	0	0
Gesamtkosten		300	0	0	0	0	0		300
Komponente E'									
Periode	...	5	6	7	8	9	10	$\sum_{ME}$	$\sum_{GE}$
Rüstvorgang		1	1	0	0	0	0	2	600
Physisch$_{E',t}^{E}$		0	0	0	0	0	0	0	0
Gesamtkosten		300	300	0	0	0	0		600
Über alle Produkte									
Gesamtkosten		600	600	920	660	480	0		3260
Fehlmengen		0	0	0	0	0	0	0	0

Tabelle 1.16: Periodenspezifische Kosten in Geldeinheiten (GE) aus Rüstvorgängen sowie Lagerbeständen und Fehlmengen (beides in Mengeneinheiten (ME)) aufgrund der Kapazitätsplanung mit der KOZ-Regel.

Endprodukt P									
Periode	...	5	6	7	8	9	10	$\sum_{ME}$	$\sum_{GE}$
Rüstvorgang		0	2	0	0	0	0	2	600
Physisch$_{P,t}^{E}$		0	0	250	180	100	0	530	1060
Gesamtkosten		0	600	500	360	200	0		1660
Fehlmengen		0	0	0	0	0	0	0	0
Endprodukt P'									
Periode	...	5	6	7	8	9	10	$\sum_{ME}$	$\sum_{GE}$
Rüstvorgang		0	0	1	1	0	0	2	600
Physisch$_{P',t}^{E}$		0	0	0	0	70	0	70	280
Gesamtkosten		0	0	300	300	280	0		880
Fehlmengen		0	0	0	0	0	0	0	0
Komponente E									
Periode	...	5	6	7	8	9	10	$\sum_{ME}$	$\sum_{GE}$
Rüstvorgang		1	0	0	0	0	0	1	300
Physisch$_{E,t}^{E}$		0	0	0	0	0	0	0	0
Gesamtkosten		300	0	0	0	0	0		300
Komponente E'									
Periode	...	5	6	7	8	9	10	$\sum_{ME}$	$\sum_{GE}$
Rüstvorgang		0	2	0	0	0	0	2	600
Physisch$_{E',t}^{E}$		0	0	0	0	0	0	0	0
Gesamtkosten		0	600	0	0	0	0		600
Über alle Produkte									
Gesamtkosten		300	1200	800	660	480	0		3440
Fehlmengen		0	0	0	0	0	0	0	

Tabelle 1.17: Periodenspezifische Kosten in Geldeinheiten (GE) aus Rüstvorgängen sowie Lagerbeständen und Fehlmengen (beides in Mengeneinheiten (ME)) aufgrund der Kapazitätsplanung mit der FIFO-Regel.

Da die Rüstkosten konstant sind, werden unterschiedliche periodenspezifische Kosten durch unterschiedliche Lagerbestände hervorgerufen. Unvermeidlich sind Lagerbestände aufgrund von Losbildungen (s. Tabelle 1.4), also 80 ME durch Planauftrag P_1 in Periode 8, 70 ME von Planauftrag P' in Periode 9 und 100 ME durch Planauftrag E_1 in den Perioden 7 und 8; also werden insgesamt 350 ME gelagert. Die beiden Kapazitätsplanungen zeigen, dass durch geeignete Kapazitätsplanungen der reinen Bearbeitungszeiten auch kleinere Lagerbestände für einzelne Produkte möglich sind — aber, die Gesamtmenge ist bei der Lösung durch die Materialbedarfsplanung am geringsten. So vermeidet die Werkstattsimulation Lagerbestände für die Komponenten E und E'. Allerdings zu lasten der Bestände für das Endprodukt P, da gegenüber der Lösung durch die Materialbedarfsplanung 450 ME mehr gelagert werden – statt 80 ME nun 530 ME. Die Kapazitätsplanung durch die KOZ-Regel vermeidet ebenfalls Lagerbestände für die Komponenten E und E'. Im Vergleich zur Werkstattsimulation werden 250 ME weniger Lagerbestand für Endprodukt P, aber 80 ME mehr Lagerbestand für Endprodukt P' benötigt. In beiden Fällen ist dies durch eine sehr frühe Produktion der Endprodukte hervorgerufen. Sind die Lagerkosten für die Komponenten höher als für die Endprodukte, was ökonomisch unrealistisch ist, so sind sogar geringere Gesamtkosten möglich. Es sei angemerkt, dass durch Spezialfälle ebenfalls geringere Gesamtkosten möglich sind. Beispielsweise, wenn Lose nur für die zu deckenden Primärbedarfe auftreten und die dazugehörenden Planaufträge verspätet sind, da dann die erzeugten Mengenheiten unmittelbar ausgeliefert werden.

Abschließend sei angemerkt, dass die minimalen Lagerkosten erreicht werden, wenn die einzelnen Planaufträge so spät wie möglich beginnen. Also Planauftrag P_2 in Periode 9, Planauftrag P'_2 in Periode 8, Planauftrag P_1 in Periode 7 und Planauftrag P'_1 ebenfalls in Periode 7 sowie Planauftrag E_1, Planauftrag E'_1 und Planauftrag E'_2 in dieser Reihenfolge, so dass Planauftrag E_1 erst in Periode 6 beendet ist. Wegen der Einlagerungsregel liegen dadurch die gleichen Lagerbestände wie bei der Lösung durch die Materialbedarfsplanung vor. Verantwortlich für höhere Kosten bei der Kapazitätsplanung gegenüber der Lösung durch die Materialbedarfsplanung ist somit, dass bei der Materialbedarfsplanung Lagerkosten nur durch eine Losbildung entstehen, während bei der Verwendung von einer Nettobearbeitungszeit als Durchlaufzeit auch (zusätzliche) Lagerkosten auftreten können, wenn diese (Nettobearbeitungszeiten) kleiner als die Vorlaufzeiten (also die geschätzten Durchlaufzeiten in der Materialbedarfsplanung) sind.

Die frühe Einplanung von Planauftrag P_2 in Periode 7 bei der Kapazitätsplanung mit der KOZ-Regel, obwohl eine Einplanung in einer der Perioden 8 und 9 auch möglich ist, könnte sich bei einer engeren Terminsituation für Produkt P als ungünstig erweisen; der Planauftrag P'_1 könnte sich verspäten und dadurch könnte der Planauftrag P_1 erst in Periode 8 beendet werden, wodurch der Bedarf für Produkt P zu Beginn von Periode 8 nicht termingerecht ausgeliefert werden würde. Nach den Untersuchungen von Prioritätsregeln, s. z.B. [Herr11], gibt es eine Vielzahl von Planungssituationen, in denen manche Prioritätsregeln sehr gute und manche relativ schlechte Ergebnisse erzielen. Ist beispielsweise die Verspätung aller Aufträge unvermeidlich, so bewirkt eine Zuteilung nach der kürzesten Bearbeitungszeit eine minimale mittlere Verspätung; für weitere Resultate sei auf [Herr11] verwiesen. Noch bessere Ergebnisse können durch das Lösen von dem dazugehörenden Optimierungsproblem erzielt werden.

Ein Verzicht auf die Einlagerungsregel ermöglicht geringere Durchlaufzeiten. Die folgende Abbildung 1.10 demonstriert dies für den Fall, dass lediglich die Planaufträge P_1, P_2, P'_1, E_1 und E'_1 mit den bisherigen Endterminen zu fertigen sind. Ohne Einlagerungs-regel ist eine Bearbeitung innnerhalb von zwei Perioden möglich. Dies ist in dem unteren Gantt-Diagramm dargestellt. Der dem Planauftrag E'_1 nachfolgende Planauftrag P'_1 wird in der gleichen Periode wie der Planauftrag E'_1 produziert, nämlich in Periode 7. Dies ist zugleich die einzige Verletzung der Einlagerungsregel. Ihre Einhaltung führt zu dem oberen Gantt-Diagramm. Dadurch werden drei Perioden benötigt. Statt mit der Produktion von Planauftrag E_1 – im oberen Gantt-Diagramm – kann auch mit der von Planauftrag E'_1 begonnen werden. (Dann ist sein Nachfolger (von Planauftrag E'_1), also Planauftrag P'_1, in Periode 6 zu produzieren.) Da dadurch der Planauftrag E_1 frühestens erst in Periode 6 beendet werden kann, werden seine beiden Nachfolger, also die Planaufträge P_1 und P_2, in Periode 7 produziert, weswegen ebenfalls drei Perioden benötigt werden.

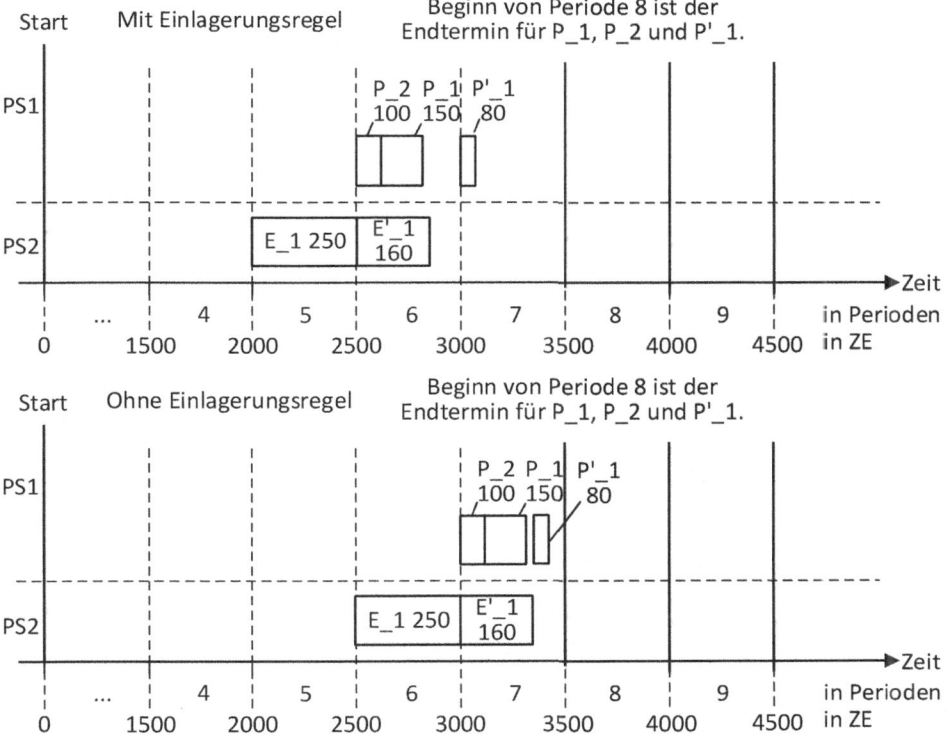

Abbildung 1.10: Reduktion der Durchlaufzeit bei einem Verzicht auf die Einlagerungsregel als Gantt-Diagramm; Anzahlen in Mengeneinheiten.

Nach dem Ablauf von Materialbedarfsplanung und Ressourcenbelegungsplanung, der in Abbildung 1.4 dargestellt ist, folgt nun die Ressourcenbelegungsplanung. Gegenstand der Ressourcenbelegungsplanung sind Produktionsaufträge in einem kleinen Planungszeitraum, typischerweise für eine Periode, wie in dem im Folgenden angegebenen Algorithmus (zur Ressourcenbelegungsplanung) – auch mehr als eine Periode ist möglich, vor allem bei der Verwendung eines Optimierungsmodells für die Ressourcenbelegungsplanung. Solche Produktionsaufträge entstehen, wie im Abschnitt 1.1 über die logistische Prozesskette beschrieben, aus Planaufträgen im Rahmen einer Auftragsfreigabe. Diese arbeitet im Hinblick auf die Belange dieses Buches im Prinzip wie folgt: Zu einem Freigabezeitpunkt wird jeder Planauftrag in einen Produktionsauftrag umgewandelt, dessen Starttermin in oder vor dem Freigabezeitraum liegt und für den genügend Material im Lager liegt. Zur Vereinfachung wird dabei die Bezeichnung (vom Planauftrag für den Produktionsauftrag) übernommen. Wegen der Einlagerungsregel, deren Verwendung weiterhin unterstellt wird, gibt es nur Lagerzugänge zu Periodenbeginn, weswegen

41

innerhalb einer Periode (t) keine Freigabe eines Planauftrags möglich sein kann, die nicht bereits zu Beginn dieser Periode (t) möglich war. Es wird ferner unterstellt, dass der Starttermin eines freigegebenen Auftrags nicht vor dem Freigabezeitpunkt liegt. Dies dient der Vereinfachung und entspricht der Verwendung in der (nachfolgenden) Ressourcenbelegungsplanung, bei der vor einem Freigabetermin keine Einplanung mehr möglich ist. Für die Auftragsfreigabe ist eine Reihenfolge erforderlich, wozu sich die Einplanungsnummern bei der Kapazitätsplanung anbieten – für diese Fallstudie sind dies die Nummern der Planaufträge in Tabelle 1.14. Die Materialverfügbarkeitsbedingung bedeutet in der Regel, dass die jeweiligen Vorgänger-Planaufträge bzw. die dazugehörenden Produktionsaufträge schon produziert worden sind, wodurch die Materialbereitstellung entsprechend der Peggingstruktur erfolgt; möglich ist auch eine Verwendung des Lagerbestands, die von der abweicht, die in der Peggingstruktur angegeben ist. (Möglich ist auch, dass der erforderliche Materialbedarf aus dem physischen Lagerbestand gedeckt wird, der durch andere Lagerzugänge, z.B. durch andere Produktionsaufträge oder durch Bestellungen, entsteht.) Bei der Umwandlung von einem Planauftrag in einen Produktionsauftrag werden die zu produzierenden Mengeneinheiten übernommen. Bei den Terminen kann genauso verfahren werden (, sofern diese nach dem Freigabezeitpunkt liegen). Jedoch verursacht die Bearbeitung von mehreren Operationen auf mehreren Stationen eine Ressourcenkonkurrenz, die in der Regel durch die Bearbeitungszeit auf der Ebene der Produktionssysteme (die in der Kapazitätsplanung verwendet wurde) nur unzureichend abgeschätzt werden kann. Beispielsweise dürfte eine überlappende Abarbeitung von aufeinanderfolgenden Aufträgen auftreten (in dieser Fallstudie bei der Produktionslinie (also beim Produktionssystem PS2)) oder der Bearbeitungsbeginn einer Operation ist deutlich nach dem Bearbeitungsende seiner Vorgängeroperation. Die Untersuchung im Kapitel 4 geht darauf näher ein. Deswegen bietet es sich an, den durch die Kapazitätsplanung bestimmten Starttermin auf den Beginn der Periode, in der er liegt, abzurunden und den durch die Kapazitätsplanung bestimmten Endtermin auf das Ende der Periode, in der er liegt, aufzurunden. Dies korreliert auch mit der periodengenauen Planung der Produktionssegmente. Da die Einhaltung der (Kunden-)Bedarfstermine entscheidend ist, bietet es sich sogar an, als Endtermin den spätesten (möglichen) Endtermin aufgrund der Durchlaufterminierung zu verwenden. Im Detail ist die Auftragsfreigabe zu einem konkreten Beginn einer Periode im Algorithmus 1.11 angegeben; er ist dann Teil eines Algorithmus, hier zu dem zur Ressourcenbelegungsplanung.

Algorithmus 1.11: Auftragsfreigabe.

Eingabe: Planaufträge, jeweils mit einem Starttermin und einem spätesten (möglichen) Endtermin, der Zeitpunkt t zu Beginn einer Periode und die Anzahl der Freigabeperioden T sowie der Lagerbestand für jedes Produkt zum Zeitpunkt t.

Anweisungen:

1. Bestimme die Menge $\mathcal{M}$ aller Planaufträge mit Starttermin kleiner oder gleich $t + T$ – also im Freigabezeitraum.
2. Bestimme eine Reihenfolge für die Planaufträge in $\mathcal{M}$ und erstelle eine entsprechend sortierte Liste L; für den allgemeinen Fall kann ein Verfahren zur Reihenfolgebildung von Planaufträgen vorgegeben werden, hier wird das FIFO-Prinzip realisiert, indem die Einplanungsreihenfolge aus der Kapazitätsplanung verwendet wird.
3. Wähle den ersten Planauftrag A in L und lösche diesen aus L.
4. Prüfe für jede Komponente k von A, ob der Bedarf an k zur Produktion von A durch den verfügbaren Bestand von k zum Zeitpunkt t gedeckt ist. Wenn ja, dann:
   - Gebe A frei, indem A durch einen Produktionsauftrag (PA) mit der gleichen zu produzierenden Menge ersetzt wird. Liegt der früheste (mögliche) Starttermin von A vor t, so ist t der Freigabetermin von PA. Ansonsten ist der Freigabetermin von PA (und damit der früheste (mögliche) Starttermin von PA) der Beginn der Periode, in der der Starttermin von A liegt. Der Endtermin von PA ist – in beiden Fällen – das Ende der Periode, in der der späteste (mögliche) Endtermin (SEZ) von A liegt.
   - Reduziere für jede Komponente k von A den Lagerbestand von k zum Zeitpunkt t durch die von k zur Produktion von A benötigte Menge.
5. Solange L nicht leer ist, gehe zu Schritt 3.

Ausgabe: Freigegebene Produktionsaufträge für den Freigabezeitraum $t + T$ und die Aktualisierung des Lagerbestands für jedes Produkt zum Zeitpunkt t.

Es sei betont, dass es sich um eine einfache Realisierung der Auftragsfreigabe handelt. So enthält sie keine Reservierung von Komponenten, mit denen verhindert wird, dass ein Planauftrag, der einen sehr hohen Bedarf an Komponenten hat, immer wieder nicht freigegeben wird, weil die verfügbaren Komponenten von anderen Planaufträgen mit einer niedrigeren Priorität verbraucht werden und zukünftige Lagerzugänge nicht hoch genug sind, um seinen Bedarf zu decken. Darüber hinaus werden in der Anwendung wie auch in der Forschung Erweiterungen realisiert und analysiert. Eine besonders relevante ist die so genannte belastungsorientierte Auftragsfreigabe; beispielsweise enthält [HeMa15] eine Analyse von Ansätzen, die in der aktuellen Forschung verfolgt werden.

Die Ressourcenbelegungsplanung arbeitet ähnlich wie die Kapazitätsplanung. Statt den Produktionssystemen werden die einzelnen Stationen betrachtet und die Operationen zu den Produktionsaufträgen bilden die Warteschlangen (an den Stationen); dies bedeutet insbesondere, dass nun Operationen (statt Produktionsaufträge) startbereit sind. Ohne Beschränkung der Allgemeinheit wird zur Vereinfachung angenommen, dass jede Operation auf genau einer Station produziert werden kann; eine Verallgemeinerung ist in [Herr11] beschrieben. Zusätzlich enthält die Ressourcenbelegungsplanung die Auftragsfreigabe. Wurde ein Produktionsauftrag beendet, so ist der Lagerbestand zum produzierten Produkt zu aktualisieren. Dies führt zu dem folgenden Algorithmus 1.12. Für seine Beschreibung und auch für das Folgende werden folgende Bezeichnungen verwendet; dabei werden zur Übersichtlichkeit Produktionsaufträge nummeriert und die jeweilige Nummer wird als Index verwendet – natürlich kann auch weiterhin die Bezeichnung eines Produktionsauftrags verwendet werden, was zum Teil erfolgt.

Bezeichnungen:

A_i Produktionsauftrag mit Nummer i.

a_i Freigabetermin vom i-ten Produktionsauftrag A_i in Zeiteinheiten.

f_i Soll-Endtermin vom i-ten Produktionsauftrag A_i in Zeiteinheiten.

F_i Ist-Endtermin vom i-ten Produktionsauftrag A_i in Zeiteinheiten.

V_i Verspätung vom i-ten Produktionsauftrag A_i in Zeiteinheiten.

$tb_{k,j}$ Stückbearbeitungszeit der j-ten Operation vom linearen Arbeitsplan zum Produkt k in Zeiteinheiten pro Mengeneinheit.

$t_{i,j}$ Bearbeitungszeit der j-ten Operation vom i-ten Produktionsauftrag A_i in Zeiteinheiten. Bei einer Produktionsmenge von $M(A_i)$ vom Produktionsauftrag A_i zum Produkt k ist $t_{i,j} = M(A_i) \cdot tb_{k,j}$.

Wie bei der Kapazitätsplanung werden Zuteilungskonflikte (bei denen in diesem Fall eine Station frei wird und mehrere Operationen zugeteilt werden können) durch eine Prioritätsregel aufgelöst, indem für jede wartende Operation eine Prioritätskennzahl berechnet wird und die Operation mit der höchsten Priorität zugeteilt wird. Statt einer

Prioritätsregel kann auch ein aufwendiges Planungsverfahren wie eine Metaheuristik –
z.B. eine lokale Suche oder ein genetischer Algorithmus – verwendet werden; die Lösung
eines Optimierungsmodells ist ebenfalls möglich.

Im Kern arbeitet der Algorithmus 1.12 wie folgt, wobei die Schritte im Algorithmus 1.12
angegeben sind, um die Nachvollziehbarkeit der formalen Beschreibung (von Algorithmus
1.12) zu erleichtern. Der Algorithmus 1.12 erzeugt und durchläuft Zeitpunkte, an denen
eine Einplanung möglich ist. Zunächst werden die möglichen Zuteilungs-Zeitpunkte
initialisiert (1.), der erste mögliche Zuteilungs-Zeitpunkt bestimmt (2.), die früheste
Auftragsfreigabe wird durchgeführt (3.) und die Operationen, deren Bearbeitung begonnen werden können (es sind erste Operationen von Produktionsaufträgen), werden
den Stationen (4.) zugewiesen, auf denen diese produziert werden. Ohne Beschränkung
der Allgemeinheit ist zur Vereinfachung eine Operation auf genau einer Station produzierbar. Für eine einplanbare Station werden die wartenden Operationen bestimmt
(5.(a)), die mit der höchsten Priorität wird bestimmt (5.(b) bis (d)) und eingeplant
(5.(e)), ihr Nachfolger wird bestimmt und dem Ressourcenbelegungsplanungsproblem
hinzugefügt (5.(f)), Kennzahlen werden ggf. ermittelt und der Lagerbestand wird ggf.
aktualisiert (5.(g)). Nach einer Einplanung erfolgen ggf. weitere in der aktuellen Periode
(7. und 8.). Ist dies nicht möglich, so wird das Verfahren mit dem Beginn der nächsten
Periode fortgesetzt, wobei zu Beginn dieser (nächsten) Periode weitere Aufträge freigegeben werden, sofern welche vorhanden sind (9.). Schließlich terminiert das Verfahren (6.).

Algorithmus 1.12: Ressourcenbelegungsplanung mit einer Prioritätsregel.

Eingabe: Terminierte Planaufträge für Produktionssegmente mit linearen Arbeitsplänen (o.B.d.A.: jede Operation wird auf genau einer Station gefertigt) – insbesondere die durch diese Produktionsaufträge gefertigten Produkte –, das Planungsintervall und der Lagerbestand für jedes Produkt
zu jedem Zeitpunkt im Planungsintervall. Für jede Station der Zeitpunkt,
ab dem diese verfügbar ist (i.d.R. der Endtermin der letzten auf dieser
Station eingeplanten Operation).

Variablen:

ZL   Liste an Zeitpunkten. Zu diesen Zeitpunkten ist zu prüfen, ob eine Einplanung
möglich ist. Die Einfügeoperation fügt einen Zeitpunkt nur ein, wenn dieser (ak-
tuell) nicht in der Liste enthalten ist. ZL wird durch die leere Liste initialisiert.

$\mathcal{M}_S$ Menge an Operationen, die auf Station S zu bearbeiten sind, mit deren frühesten Startterminen. $\mathcal{M}_S$ wird durch die leere Menge initialisiert.

W_S Für jede Station S eine Warteschlange mit auf dieser Station zum aktuellen Zeitpunkt (t) startbereiten Operationen. (Die erste Operation hat die höchste Priorität und wird zugeteilt.) W_S wird durch die leere Liste initialisiert.

Anweisungen:

1. Speichere die Starttermine von allen Planaufträgen, die im Planungsintervall beginnen können, in die Zeitpunktliste ZL. Es sei fs der früheste Zeitpunkt in ZL. Speichere ebenfalls in ZL für jede Station S den Zeitpunkt ts, ab dem S verfügbar ist, sofern ts nach fs liegt (also fs < ts gilt); dadurch nimmt dieser Algorithmus zum Zeitpunkt ts eine Zuteilung vor, sofern dies möglich ist.

2. fs sei der erste (also der früheste) Zeitpunkt in ZL. Setze t auf den Beginn der Periode t^P, in der fs liegt. Ist fs innerhalb der Periode und ein Verfügbarkeitszeitpunkt einer Station, so muss er in ZL bleiben, anderenfalls wird er gelöscht. (Dies ist aus folgenden Grund notwendig: Es garantiert, dass zum Verfügbarkeitszeitpunkt dieser Station geprüft wird, ob eine Operation auf dieser Station zugeteilt werden kann.)

3. Führe eine Auftragsfreigabe zum Zeitpunkt t und dem Freigabezeitraum von einer Periode durch mit dem Ergebnis einer Menge $\mathcal{M}$ von Produktionsaufträgen.

4. Für jeden Produktionsauftrag A in $\mathcal{M}$ sei S_A die Station der ersten Operation o_A von A. Dann füge o_A in $\mathcal{M}_{S_A}$ ein und o_A hat den Starttermin von A als frühesten (möglichen) Starttermin (o_A ist ab dann startbereit). Lösche A aus $\mathcal{M}$.

5. Für jede Station S, die zum Zeitpunkt t verfügbar ist (also in der Regel keine Operation bearbeitet), verfahre wie folgt: (Existiert keine solche Station, so wird (Schritt) 5 (automatisch) übersprungen.)

   (a) Füge jede Operation o in $\mathcal{M}_S$, deren frühester (möglicher) Starttermin (t_o^s) nicht nach t liegt (also $t_o^s \leq t$ gilt), am Ende von W_S ein und lösche o aus $\mathcal{M}_S$.

   (b) Ist W_S leer, so überspringe die nächsten Schritte (gehe also zur nächsten Station; i.e. den Beginn von (Schritt) 5.)

   (c) Bestimme durch die vorgegebene Prioritätsregel für jede Operation in der Warteschlange W_S ihre Priorität und sortiere die Operationen in der Warteschlange W_S nach ihrer Priorität.

   (d) Lösche die erste Operation o aus W_S; t_o sei die Bearbeitungszeit von o (auf Station S) und A sei der Produktionsauftrag zu o.

   (e) Setze t als Starttermin von o und $t + t_o$ als Endtermin von o. Füge $t + t_o$ in ZL ein.

(f) Für den Nachfolger o' von o (im Arbeitsplan von dem zugehörigen Produktionsauftrag A – und sofern o nicht die letzte Operation von A ist) setze $t + t_o$ als frühesten (möglichen) Starttermin von o' und füge o' in $\mathcal{M}_S$ ein, wobei S die Station ist, auf der o' zu bearbeiten ist.

(g) Ist o die letzte Operation von dem zu o gehörenden Produktionsauftrag A. Dann setze $t + t_o$ als Endtermin von A. Erhöhe den Lagerbestand von dem durch A produzierten Produkt zu Beginn der Periode $t_A^P + 1$, wobei t_A^P die Periode ist, in der $t + t_o$ liegt. Berechne die Kennzahlen von A, hier nur die Verspätung, und speichere diese im Produktionsauftrag A ab.

6. Ist ZL leer, so beende das Verfahren (; anderenfalls gehe zum nächsten Schritt). (Dann muss jeder Planauftrag in einen Produktionsauftrag umgewandelt worden sein, und jede Operation von diesem muss eingeplant sein.)

7. Sortiere die Zeitpunktliste ZL aufsteigend. Bestimme den frühesten Zeitpunkt fs in ZL.

8. Ist fs in Periode t^P, so setze t auf fs, lösche fs aus ZL und gehe zu (Schritt) 5 (; es erfolgt eine weitere Einplanung (einer Operation) in der aktuellen Periode).

9. Ist fs nicht in Periode t^P, so erhöhe t^P um 1 Periode und setze t auf den Beginn der (neuen) Periode t^P. Gehe zu (Schritt) 3. (Gebe (ggf.) weitere Planaufträge frei. Eventuell sind auch lediglich die angearbeiteten Produktionsaufträge zu beenden.)

Ausgabe: Jede Operation von jedem Planauftrag ist eingeplant, der Lagerbestand von jedem Produkt ist aktualisiert und Kennzahlen wurden ermittelt.

Die Ressourcenbelegungsplanung mit der KOZ-Regel wird auf das Ergebnis der Kapazitätsplanung mit der KOZ-Regel angewandt. Dies führt zu den in den beiden Tabellen 1.19 und 1.20 angegeben Zuteilungsentscheidungen für die Stationen in den beiden Produktionssegmenten PS1 und PS2. Zur besseren Nachvollziehbarkeit ist in Tabelle 1.18 für jede Operation von jedem Produktionsauftrag seine Bearbeitungszeit und die zu verwendende Station angegeben. Die Termine ergeben sich aus der Kapazitätsplanung mit der KOZ-Regel, s. Tabelle 1.14, mit den Auf- und Abrundungen, die im Rahmen der Auftragsfreigabe vorgenommen werden. Die Nummer eines Produktionsauftrags ist zugleich seine Nummer aufgrund der Auftragsfreigabe. Die beiden Tabellen (1.19 und 1.20) geben die Auftragsfreigaben, die Zuteilungsentscheidungen und die Lagerzugänge so genau an, dass diese das Vorgehen im Detail erläutern.

Produktionsauf-trag (Nr. i)	Produkt (k)	Menge [ME]	a_i [ZE]	f_i [ZE]	Operation (Nr. j)	$tb_{k,j}$ [ZE]	$t_{i,j}$ [ZE]	Sta-tion
E'_1 (1)	E'	160	2000	3000	E'_1_1 (1)	1	160	S1
					E'_2_1 (2)	1.5	240	S2
E_1 (2)	E'	250	2000	3000	E_1_1 (1)	1	250	S1
					E_2_1 (2)	1.5	375	S2
E'_2 (3)	E'	300	2500	3500	E'_1_2 (1)	1	300	S1
					E'_2_2 (2)	1.5	450	S2
P'_1 (4)	P	80	2500	3500	P'_1_1 (1)	1	80	S
P_2 (5)	P	100	3000	4500	P_1_2 (1)	1	100	S
P_1 (6)	P	150	3000	3500	P_1_1 (1)	1	150	S
P'_2 (7)	P'	150	3500	4000	P'_1_2 (1)	1	150	S

Tabelle 1.18: Detaillierte Daten in Mengeneinheiten (ME) und Zeiteinheiten (ZE) der Produktionsaufträge für die Ressourcenbelegungsplanung.

Produktionssystem PS2 - Stationen S1 und S2.

Zeit		Bearbeitung				Entscheidung		Einplanung		Kennzahlen			Physisch$_{k,t}^A$ und k ist:			
Perio-de t_P	Zeitpunkt t [ZE]	Sta-tion	Auf-trag i	Opera-tion j	t_{ij} [ZE]	PKZ-j	Zutei-lung	Start	Ende	F_i [ZE]	f_i [ZE]	V_i [ZE]	P [ME]	P' [ME]	E [ME]	E' [ME]
5													verwendbarer Bestand:			
													0	0	0	0
		Vor Periodenbeginn: Auftragsfreigabe von E'_1 und E_1 (in dieser Reihenfolge, also mit den Nummern 1 und 2) ohne Verbrauch an Bestand.														
	2000	S1	E'_1	E'_1_1	160	160	Ja	2000	2160		3000					
		S2	E_1	E_1_1	250	250					3000					
	2160	S1	E_1	E_1_1	250	250	Ja	2160	2410		3000					
		S2	E'_1	E'_2_1	240	240	Ja	2160	2400	2400	3000	0				
	2400	Ab Zeitpunkt 2400 ZE erfolgt ein Transport von 160 ME von E' ins Lager.														
	2410	S1														
		S2	E_1	E_2_1	375	375	Ja	2410	2785	2785	3000	0				
6													verwendbarer Bestand:			
													0	0	0	160
		Vor Periodenbeginn: Auftragsfreigabe von E'_2 (mit Nummer 4) ohne Verbrauch an Bestand.														
	2500	S1	E'_2	E'_1_2	300	300	Ja	2500	2800		3500					
		S2														
	2785	Ab Zeitpunkt 2785 ZE erfolgt ein Transport von 250 ME von E ins Lager.														
	2800	S1														
		S2	E'_2	E'_2_2	450	450	Ja	2800	3250	3250	3500	0				

Tabelle 1.19: Entscheidungstabelle nach der KOZ-Regel für Produktionssystem PS2 (wird fortgesetzt).

Produktionssystem PS2 - Stationen S1 und S2.

Zeit		Bearbeitung				Entscheidung		Einplanung		Kennzahlen			Physisch $A_{k,t}$ und k ist:			
Perio-de t_P	Zeitpunkt t [ZE]	Sta-tion	Auf-trag i	Opera-tion j	$t_{i,j}$ [ZE]	PKZ-j	Zutei-lung	Start	Ende	F_i [ZE]	f_i [ZE]	V_i [ZE]	P [ME]	P' [ME]	E [ME]	E' [ME]
		Alle Planaufträge für PS2 sind bereits freigegeben.											verwendbarer Bestand:			
													0	80	250	0
7	3250	Ab Zeitpunkt 3250 ZE erfolgt ein Transport von 300 ME von E' ins Lager. Alle Planaufträge für PS2 sind produziert.														

Tabelle 1.19: Entscheidungstabelle nach der KOZ-Regel für Produktionssystem PS2.

Produktionssystem PS1 - Station S.

Periode t_P	Zeitpunkt t [ZE]	Station	Auftrag i	Operation j	t_{ij} [ZE]	PKZ_j	Zuteilung	Start	Ende	F_i [ZE]	f_i [ZE]	V_i [ZE]	P [ME]	P' [ME]	E [ME]	E' [ME]
6		Vor Periodenbeginn: Auftragsfreigabe von P'_1 mit der Nummer 3 und Verbrauch an Bestand von 160 ME von E'.											verwendbarer Bestand:			
													0	0	0	160
	2500	S	P'_1	P'_1-1	80	80	Ja	2500	2580	2580	3500	0				
	2580	Ab Zeitpunkt 2580 ZE erfolgt ein Transport von 80 ME von P' ins Lager.														
7		Vor Periodenbeginn: Auftragsfreigabe von P_2 und P_1 mit den Nummern 5 und 6 sowie ein Bestandsverbrauch von 100 ME von E für P_2 und von 150 ME von E für P_1:											verwendbarer Bestand:			
													0	80	250	0
	3000	S	P_2	P_1-2	100	100	Ja	3000	3100	3100	4500	0				
		S	P_1	P_1-1	150	150					3500					
	3100	Ab Zeitpunkt 3100 ZE erfolgt ein Transport von 100 ME von P ins Lager.														
		S	P_1	P_1-1	150	150	Ja	3100	3250	3250	3500	0				
	3250	Ab Zeitpunkt 3250 ZE erfolgt ein Transport von 150 ME von P ins Lager.														
8		Vor Periodenbeginn: (Termingerechte) Auslieferung der Bedarfe: für Produkt P von 70 ME und für Produkt P' von 80.											verwendbarer Bestand:			
													250	80	0	300
		Vor Periodenbeginn: Auftragsfreigabe von P'_2 mit der Nummer 7 und ein Bestandsverbrauch von 300 ME von E' und damit sind alle Planaufträge für PS1 freigegeben.											verwendbarer Bestand:			
													180	0	0	300
	3500	S	P'_2	P_1-2	150	150	Ja	3500	3650	3650	4000	0				
	3650	Ab Zeitpunkt 3650 ZE erfolgt ein Transport von 150 ME von P' ins Lager. Alle Planaufträge für PS1 sind produziert.														

Tabelle 1.20: Entscheidungstabelle nach der KOZ-Regel für Produktionssystem PS1 (wird fortgesetzt).

Produktionssystem PS1 - Station S.

Zeit		Bearbeitung				Entscheidung		Einplanung		Kennzahlen			Physisch$^A_{k,t}$ und k ist:			
Perio-de t_P	Zeitpunkt t [ZE]	Sta-tion	Auf-trag i	Opera-tion j	t_{ij} [ZE]	PKZ-j	Zutei-lung	Start	Ende	F_i [ZE]	f_i [ZE]	V_i [ZE]	P [ME]	P' [ME]	E [ME]	E' [ME]
9	Vor Periodenbeginn: (Termingerechte) Auslieferung der Bedarfe: jeweils 80 ME für die Produkt P und P'.												verwendbarer Bestand: 180	150	0	0
	Vor Periodenbeginn: Keine Auftragsfreigabe, da alle Planaufträge produziert sind.												verwendbarer Bestand: 100	70	0	0
10	Vor Periodenbeginn: (Termingerechte) Auslieferung der Bedarfe: für Produkt P von 100 ME und für Produkt P' von 70 ME.												verwendbarer Bestand: 100	70	0	0
	Vor Periodenbeginn: Keine Auftragsfreigabe.												verwendbarer Bestand: 0	0	0	0

Tabelle 1.20: Entscheidungstabelle nach der KOZ-Regel für Produktionssystem PS1.

Das Ergebnis der Einplanung (und damit die Abarbeitung) ist in der Abbildung 1.11 visualisiert. Alle Bedarfe werden termingerecht gedeckt und wie aus den beiden Tabellen 1.19 und 1.20 zu entnehmen ist, treten keine Verspätungen und damit keine Fehlmengen auf. Die periodenspezifischen Kosten sind in der Tabelle 1.21 angegeben. Da die gleichen periodenspezifischen Lagerbestände (und gleich viele Rüstvorgänge) wie bei der Kapazitätsplanung nach der KOZ-Regel, s. Tabelle 1.14 und Abbildung 1.8, vorliegen, stimmen die Gesamtkosten überein.

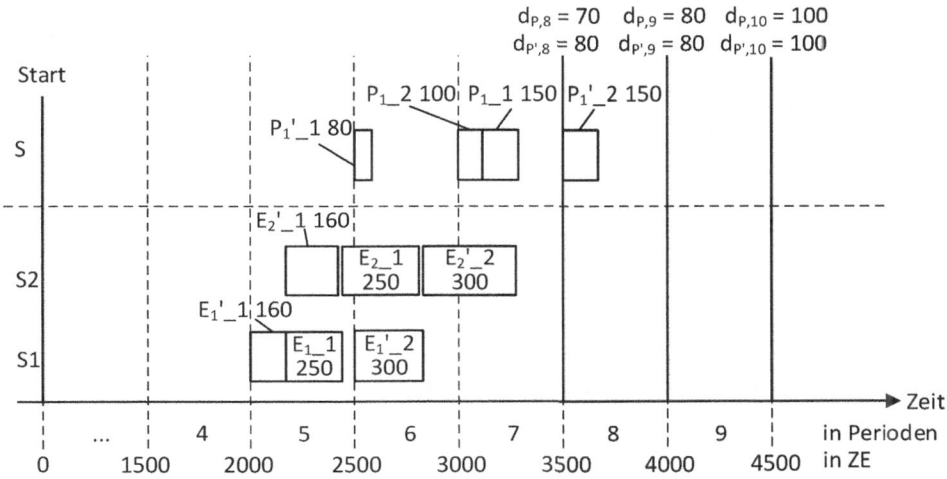

Abbildung 1.11: Gantt-Diagramm zur Ressourcenbelegungsplanung nach der KOZ-Regel; Anzahlen in Mengeneinheiten.

Endprodukt P									
Periode	...	5	6	7	8	9	10	$\sum_{ME}$	$\sum_{GE}$
Rüstvorgang		0	0	2	0	0	0	2	600
Physisch$_{P,t}^{E}$	0	0	0		180	100	0	280	560
Gesamtkosten		0	0	600	360	200	0		1160
Fehlmengen		0	0	0	0	0	0	0	0

Tabelle 1.21: Periodenspezifische Kosten in Geldeinheiten (GE) aus Rüstvorgängen sowie Lagerbeständen und Fehlmengen (beides in Mengeneinheiten (ME)) nach der Ressourcenbelegungsplanung nach der KOZ-Regel (wird fortgesetzt).

Endprodukt P'									
Periode	...	5	6	7	8	9	10	$\sum_{ME}$	$\sum_{GE}$
Rüstvorgang		0	1	0	1	0	0	2	600
Physisch$_{P',t}^{E}$		0	0	80	0	70	0	150	600
Gesamtkosten		0	300	320	300	280	0		1200
Fehlmengen		0	0	0	0	0	0	0	0
Komponente E									
Periode	...	5	6	7	8	9	10	$\sum_{ME}$	$\sum_{GE}$
Rüstvorgang		1	0	0	0	0	0	1	300
Physisch$_{E,t}^{E}$		0	0	0	0	0	0	0	0
Gesamtkosten		300	0	0	0	0	0		300
Komponente E'									
Periode	...	5	6	7	8	9	10	$\sum_{ME}$	$\sum_{GE}$
Rüstvorgang		1	1	0	0	0	0	2	600
Physisch$_{E',t}^{E}$		0	0	0	0	0	0	0	0
Gesamtkosten		300	300	0	0	0	0		600
Über alle Produkte									
Gesamtkosten		600	600	920	660	480	0		3260
Fehlmengen		0	0	0	0	0	0	0	

Tabelle 1.21: Periodenspezifische Kosten in Geldeinheiten (GE) aus Rüstvorgängen sowie Lagerbeständen und Fehlmengen (beides in Mengeneinheiten (ME)) nach der Ressourcenbelegungsplanung nach der KOZ-Regel.

Das Ergebnis der Anwendung der Ressourcenbelegungsplanung mit der FIFO-Prioritätsregel auf das Ergebnis der Materialbedarfsplanung ist in der Abbildung 1.12 dargestellt. Die Freigabe der Planaufträge E_1 und E'_1 in Periode 5 und Planauftrag E'_2 erst in Periode 6 bewirkt (, wie bei der Ressourcenbelegungsplanung nach der KOZ-Regel), dass die oben angesprochene einzige Möglichkeit für das Auftreten einer Verspätung, nämlich der Verdrängung von einem der beiden Planaufträge E_1 und E'_1 durch Planauftrag E'_2, vermieden wird. Die unterschiedliche Reihenfolge der Planaufträge auf Station S bewirkt gegenüber dem Ergebnis durch die Ressourcenbelegungsplanung nach der KOZ-Regel, dass die über alle Perioden kumulierte Lagerung für P statt 280 Mengeneinheiten (ME) nur 80 ME beträgt, für P' beträgt die kumulierte Lagerung statt 150 ME lediglich 70 ME und für E tritt statt keiner Lagerung eine kumulierte Lagerung von 200 ME auf. Dies führt zu einer Reduktion an Lagerkosten von 520 Geldeinheiten auf 2740 Geldeinheiten.

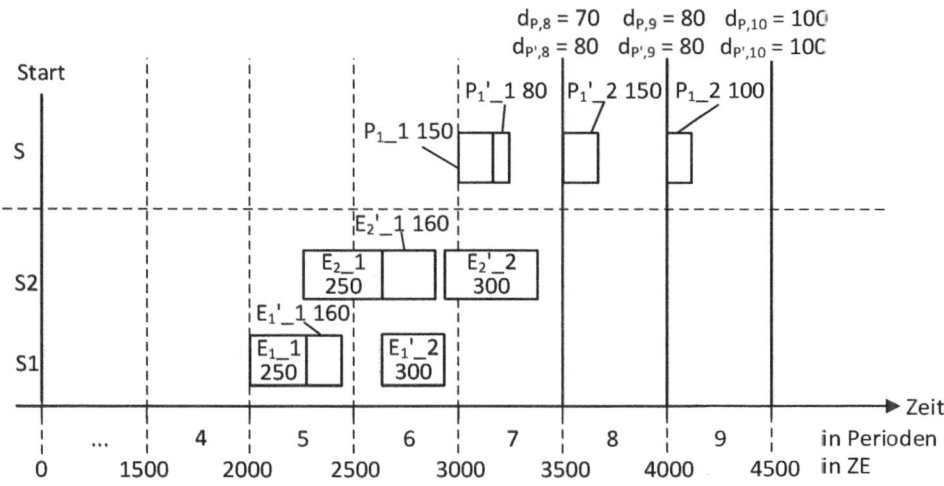

Abbildung 1.12: Gantt-Diagramm zur Ressourcenbelegungsplanung nach der FIFO-Regel; Anzahlen in Mengeneinheiten.

Es sei angemerkt, dass ein Verzicht auf die Einlagerungsregel geringere Durchlaufzeiten ermöglicht, und zwar genauso wie bei der Kapazitätsplanung.

2 Nutzen einer Kapazitätsplanung nach der programmorientierten Materialbedarfsplanung

Im Abschnitt 1 wurde aufgezeigt, dass die programmorientierte Materialbedarfsplanung die Konkurrenz um beschränkte Ressourcen nicht berücksichtigt. Würden die Planaufträge einer programmorientierten Materialbedarfsplanung mit ihren Nettobearbeitungszeiten ohne weitere Planung umgesetzt – also zwangsläufig nach dem FIFO-Prinzip, also im Rahmen einer Werkstattsimulation – so treten in der Regel Verspätungen auf. In vielen Fällen kann dies durch eine Kapazitätsplanung nach Algorithmus 1.10 im Abschnitt 1.2 vermieden werden. Diese Erweiterung der konventionellen programmorientierten Materialbedarfsplanung (aus den 1960er-Jahren) um eine Kapazitätsplanung wird in der Literatur als MRP II bezeichnet. Ihre Anwendung auf die Fallstudie im Abschnitt 1.2 belegt den Nutzen noch nicht. Dies wird nun anhand einer Fallstudie im Abschnitt 2.1 nachgeholt. Sie zeigt, das die Kapazitätsplanung dann besonders vorteilhaft ist, wenn eine simultane Planung der Produktionssegmente erfolgt. Dennoch gibt es Probleme, in denen eine solche Planung ohne Verspätung möglich ist, aber durch diese Kombination aus programmorientierter Materialbedarfsplanung und selbst optimaler Kapazitätsplanung nicht gefunden wird. Ein solches Problem wird im Abschnitt 2.2 analysiert.

2.1 Vorteilhaftigkeit einer Kapazitätsplanung

In der Fallstudie existieren drei Endprodukte A, B und C. Deren Primärbedarfe in Mengeneinheiten (ME), die zu Beginn einer Periode zu decken sind, enthält die folgende Tabelle 2.1. Der Planungszeitraum besteht aus zehn Perioden (von Periode 1 bis Periode 10).

Periode t	1	2	3	4	5	6	7	8	9	10
Primärbedarf A [ME]	0	0	0	0	0	0	0	0	0	10
Primärbedarf B [ME]	0	0	0	0	0	0	0	0	0	10
Primärbedarf C [ME]	0	0	0	0	0	0	0	0	0	10

Tabelle 2.1: Primärbedarfe der Endprodukte A, B und C in Mengeneinheiten (ME).

Die Endprodukte haben jeweils zwei bzw. drei direkt eingehende Komponenten, die jeweils einfach eingehen. Der dazugehörende Gonzintograph ist in Abbildung 2.1 angegeben.

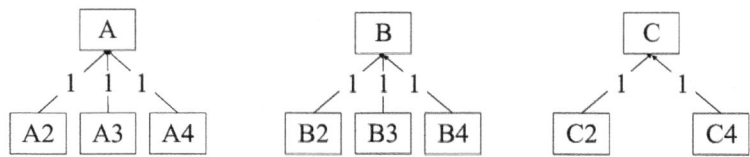

Abbildung 2.1: Gozintograph zu den drei Endprodukten.

Die einzelnen Produkte werden direkt auf einem Produktionssystem gefertigt; wodurch keine Arbeitspläne vorliegen. Damit entfällt die Ressourcenbelegungsplanung bzw. fällt mit der Kapazitätsplanung zusammen. Für jedes Produkt enthält Tabelle 2.2 das zu verwendende Produktionssystem, die geschätzte Durchlaufzeit (Vorlaufzeit) in Perioden sowie die Stückbearbeitungszeit in Zeiteinheiten (ZE) pro Mengeneinheit (ME). Rüstzeiten fallen keine an. Da lediglich ein Bedarf je Endprodukt zu decken ist, kann keine Losbildung erfolgen, so dass sich Rüst- und Lagerkostensätze erübrigen. Alle vier Produktionssysteme haben jeweils eine Kapazität von 100 ZE je Periode.

Produkt k	A	B	C	A2	A3	A4	B2	B3	B4	C2	C4
Produktions-system	PS	PS	PS	PS1	PS2	PS3	PS1	PS2	PS3	PS1	PS3
Vorlaufzeit (z_k) [Perioden]	3	3	3	4	4	4	4	4	4	4	4
Stückbearbeitungs-zeit (tb_k) $\left[\frac{ZE}{ME}\right]$	10	10	10	30	20	10	10	40	20	20	30

Tabelle 2.2: Planungsparameter der Produkte und Komponenten.

Die Aufgabe zu dem Folgenden lautet:
Wenden Sie die programmorientierte Materialbedarfsplanung auf diese Fallstudie an. Geben Sie die resultierende Peggingstruktur (tabellarisch) an. Stellen Sie die zeitliche Anordnung der erhaltenen Planaufträge als Gantt-Diagramm dar. Bestimmen Sie die frühesten und spätesten möglichen Endtermine sowie Puffer der Planaufträge aufgrund der Durchlaufterminierung und stellen eine früheste mögliche Abarbeitung als Gantt-Diagramm dar. Führen Sie eine Kapazitätsplanung nach der KOZ-Regel durch. Erstellen Sie eine Kapazitätsplanung ohne Verspätung. Halten Sie sich hier und im Folgenden an der im Abschnitt 1.2 erläuterten Vorgehensweise, insbesondere berücksichtigen Sie die Einlagerungsregel, sofern nicht anders vorgegangen werden soll.

Das Ergebnis der Anwendung der programmorientierten Materialbedarfsplanung, s. Algorithmus 1.4, auf die Fallstudie befindet sich in Tabelle 2.3. Da in der Fallstudie keine Lagerzugänge auftreten – der entsprechende Parameter LZ in der programmorientierten Materialbedarfsplanung stets 0 ist –, wurden lediglich die Bedarfe und die Planaufträge einschließlich ihrer Bezeichnungen angegeben – die Reihenfolge der Darstellung entspricht nicht der Erstellung durch den Algorithmus 1.4, sondern die über Direktbedarfskoeffizienten verbundenen Produkte sind untereinander angegeben – in diesem Algorithmus 1.4 werden nach der Dispositionsstufe sortiert die Planaufträge erstellt. Da keine Kostensätze existieren, sind auch keine Kosten angebbar. Die (tabellarische) Peggingstruktur befindet sich in Tabelle 2.4; ebenfalls sind die miteinander verbundenen Planaufträge untereinander angegeben. Diese Tabelle enthält auch die Start- und Endtermine aufgrund der Materialbedarfsplanung.

Endprodukt A										
Periode t	1	2	3	4	5	6	7	8	9	10
Primärbedarf^A [ME]	0	0	0	0	0	0	0	0	0	10
PlAuf^A [ME]	0	0	0	0	0	0	10	0	0	0
Bezeichnung PlAuf^A							PA			
Komponente A2										
Periode t	1	2	3	4	5	6	7	8	9	10
Sekundärbedarf^A [ME]	0	0	0	0	0	0	10	0	0	0
PlAuf^A [ME]	0	0	10	0	0	0	0	0	0	0
Bezeichnung PlAuf^A			PA2							
Komponente A3										
Periode t	1	2	3	4	5	6	7	8	9	10
Sekundärbedarf^A [ME]	0	0	0	0	0	0	10	0	0	0
PlAuf^A [ME]	0	0	10	0	0	0	0	0	0	0
Bezeichnung PlAuf^A			PA3							
Komponente A4										
Periode t	1	2	3	4	5	6	7	8	9	10
Sekundärbedarf^A [ME]	0	0	0	0	0	0	10	0	0	0
PlAuf^A [ME]	0	0	10	0	0	0	0	0	0	0
Bezeichnung PlAuf^A			PA4							

Tabelle 2.3: Ergebnis der programmorientierten Materialbedarfsplanung (wird fortgesetzt).

Endprodukt B										
Periode t	1	2	3	4	5	6	7	8	9	10
Primärbedarf^A [ME]	0	0	0	0	0	0	0	0	0	10
PlAuf^A [ME]	0	0	0	0	0	0	10	0	0	0
Bezeichnung PlAuf^A							PB			
Komponente B2										
Periode t	1	2	3	4	5	6	7	8	9	10
Sekundärbedarf^A [ME]	0	0	0	0	0	0	10	0	0	0
PlAuf^A [ME]	0	0	10	0	0	0	0	0	0	0
Bezeichnung PlAuf^A			PB2							
Komponente B3										
Periode t	1	2	3	4	5	6	7	8	9	10
Sekundärbedarf^A [ME]	0	0	0	0	0	0	10	0	0	0
PlAuf^A [ME]	0	0	10	0	0	0	0	0	0	0
Bezeichnung PlAuf^A			PB3							
Komponente B4										
Periode t	1	2	3	4	5	6	7	8	9	10
Sekundärbedarf^A [ME]	0	0	0	0	0	0	10	0	0	0
PlAuf^A [ME]	0	0	10	0	0	0	0	0	0	0
Bezeichnung PlAuf^A			PB4							
Endprodukt C										
Periode t	1	2	3	4	5	6	7	8	9	10
Primärbedarf^A [ME]	0	0	0	0	0	0	0	0	0	10
PlAuf^A [ME]	0	0	0	0	0	0	10	0	0	0
Bezeichnung PlAuf^A							PC			
Komponente C2										
Periode t	1	2	3	4	5	6	7	8	9	10
Sekundärbedarf^A [ME]	0	0	0	0	0	0	10	0	0	0
PlAuf^A [ME]	0	0	10	0	0	0	0	0	0	0
Bezeichnung PlAuf^A			PC2							
Komponente C4										
Periode t	1	2	3	4	5	6	7	8	9	10
Sekundärbedarf^A [ME]	0	0	0	0	0	0	10	0	0	0
PlAuf^A [ME]	0	0	10	0	0	0	0	0	0	0
Bezeichnung PlAuf^A			PC4							

Tabelle 2.3: Ergebnis der programmorientierten Materialbedarfsplanung.

Peggingstruktur						
Planauf-trag	Produkt	Menge [ME]	Starttermin [ZE]	Endtermin [ZE]	Vor-gänger	Nachfolger (gedeckte Menge)
PA2	A2	10	200	600	—	PA (10 ME)
PA3	A3	10	200	600	—	PA (10 ME)
PA4	A4	10	200	600	—	PA (10 ME)
PA	A	10	600	900	PA2 PA3 PA4	$d_{A,10}$ (10 ME)
PB2	B2	10	200	600	—	PB (10 ME)
PB3	B3	10	200	600	—	PB (10 ME)
PB4	B4	10	200	600	—	PB (10 ME)
PB	B	10	600	900	PB2 PB3 PB4	$d_{B,10}$ (10 ME)
PC2	C2	10	200	600	—	PC (10 ME)
PC4	C4	10	200	600	—	PC (10 ME)
PC	C	10	600	900	PC2 PC4	$d_{C,10}$ (10 ME)

Tabelle 2.4: Ergebnis der Materialbedarfsplanung als (tabellarische) Peggingstruktur.

Aufgrund der geschätzten Durchlaufzeit von 4 Perioden je Komponente und der geschätzten Durchlaufzeit von 3 Perioden je Endprodukt, sind die 8 Komponenten in den Perioden 3 bis 6 und die drei Endprodukte in den Perioden 7 bis 9 zu produzieren. (Nur dies würde die Darstellung des Ergebnisses der Materialbedarfsplanung als Gantt-Diagramm aussagen, weswegen darauf hier verzichtet wurde.) Im nächsten Planungsschritt erfolgt die Durchlaufterminierung nach Abschnitt 1.2 mit Methoden der Netzplantechnik. Dazu sind zunächst die Dauern der Planaufträge aufgrund der Stückbearbeitungszeiten zu errechnen. Tabelle 2.5 enthält das Ergebnis. Da die Nettobearbeitungszeiten ganzzahlige Vielfache von der Periodengröße sind, wird im Folgenden ausschließlich mit Perioden als Zeiteinheit gerechnet.

Plan-auftrag	Pro-dukt (k)	Menge [ME]	tb_k $\left[\frac{ZE}{ME}\right]$	Dauer	Geschätzte Durchlaufzeit	Produkti-onssystem
PA2	A2	10	30	300 ZE = 3 Perioden	4 Perioden	PS1

Tabelle 2.5: Dauern der Planaufträge aufgrund der Stückbearbeitungszeiten (wird fort-gesetzt).

Planauftrag	Produkt (k)	Menge [ME]	tb_k $\left[\frac{ZE}{ME}\right]$	Dauer	Geschätzte Durchlaufzeit	Produktionssystem
PA3	A3	10	20	200 ZE = 2 Perioden	4 Perioden	PS2
PA4	A4	10	10	100 ZE = 1 Periode	4 Perioden	PS3
PA	A	10	10	100 ZE = 1 Periode	3 Perioden	PS
PB2	B2	10	10	100 ZE = 1 Periode	4 Perioden	PS1
PB3	B3	10	40	400 ZE = 4 Perioden	4 Perioden	PS2
PB4	B4	10	20	200 ZE = 2 Perioden	4 Perioden	PS3
PB	B	10	10	100 ZE = 1 Periode	3 Perioden	PS
PC2	C2	10	20	200 ZE = 2 Perioden	4 Perioden	PS1
PC4	C4	10	30	300 ZE = 3 Perioden	4 Perioden	PS3
PC	C	10	10	100 ZE = 1 Periode	3 Perioden	PS

Tabelle 2.5: Dauern der Planaufträge aufgrund der Stückbearbeitungszeiten.

Werden die Planaufträge mit ihren Nettobearbeitungszeiten so früh wie möglich eingeplant, so ergibt sich das in der folgenden Abbildung 2.2 angegebene Gantt-Diagramm. Die spätesten möglichen Endtermine sind die in Tabelle 2.3 angegebenen. Daraus ergeben sich die Puffer, die in Abbildung 2.2 ebenfalls eingezeichnet sind. Tabelle 2.6 enthält die konkreten Puffer sowie die frühesten möglichen und spätesten möglichen Endtermine in Zeiteinheiten (ZE).

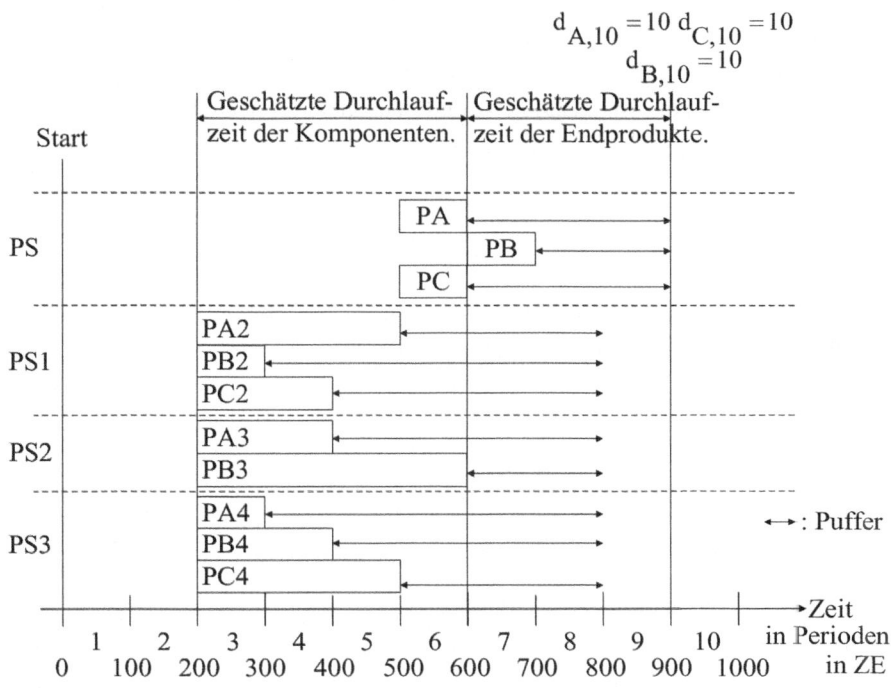

Abbildung 2.2: Früheste mögliche Anfangstermine nach der Terminplanung der Materialbedarfsplanung als Gantt-Diagramm.

	PA	PA2	PA3	PA4	PB	PB2	PB3	PB4	PC	PC2	PC4
FEZ [ZE]	600	500	400	300	700	300	600	400	600	400	500
SEZ [ZE]	900	800	800	800	900	800	800	800	900	800	800
Puffer [ZE]	300	300	400	500	200	500	200	400	300	400	300

Tabelle 2.6: Früheste und späteste mögliche Endtermine sowie Puffer der Planaufträge aufgrund der Durchlaufterminierung.

Die Anwendung der Kapazitätsplanung, also Algorithmus 1.10, mit der KOZ-Regel führt zu dem in der folgenden Abbildung 2.3 angegebenen Ergebnis. Die Bedarfe der beiden Endprodukte B und C können nicht termingerecht erfüllt werden, wodurch eine kumulierte Verspätung von 3 Perioden und eine kumulierte Fehlmenge von 30 Mengeneinheiten entsteht. Abbildung 2.4 zeigt, dass eine termingerechte Kapazitätsplanung möglich ist. Diese wird durch eine simultane Planung der Planaufträge gefunden. Da die geschätzte Durchlaufzeit für die drei Endprodukte (von drei Perioden) ausreichend ist, ist dafür sicherzustellen, dass zu Beginn von jeder dieser drei Perioden (also Perioden 7, 8 und 9) ein Planauftrag zu einem Endprodukt begonnen werden kann – also zu Ende von den Perioden 6, 7 und 8 alle Vorgänger-Planaufträge von (mindestens) einem Planauftrag zu einem Endprodukt beendet sind. Dadurch gibt es neben der in Abbildung 2.4 aufgezeigten Lösung noch verschiedene weitere zulässige Lösungen.

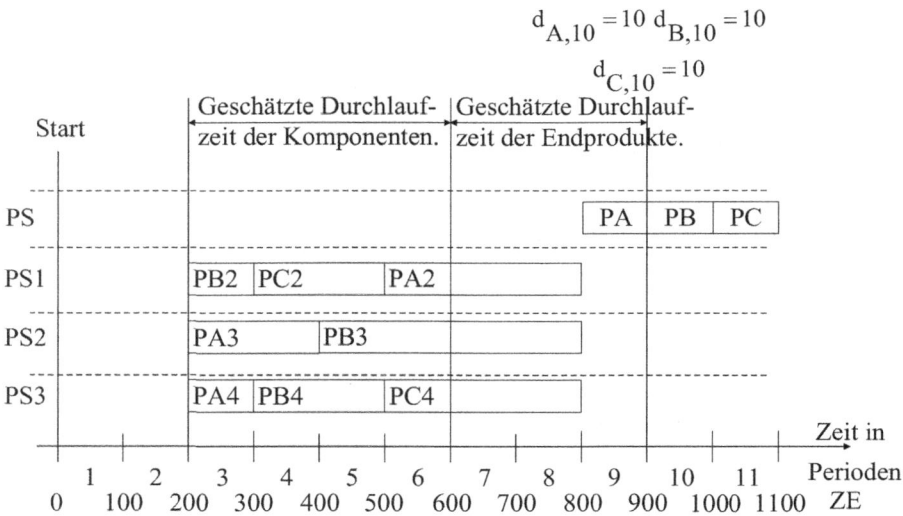

Abbildung 2.3: Ergebnis der Kapazitätsplanung nach dem KOZ-Prinzip als Gantt-Diagramm.

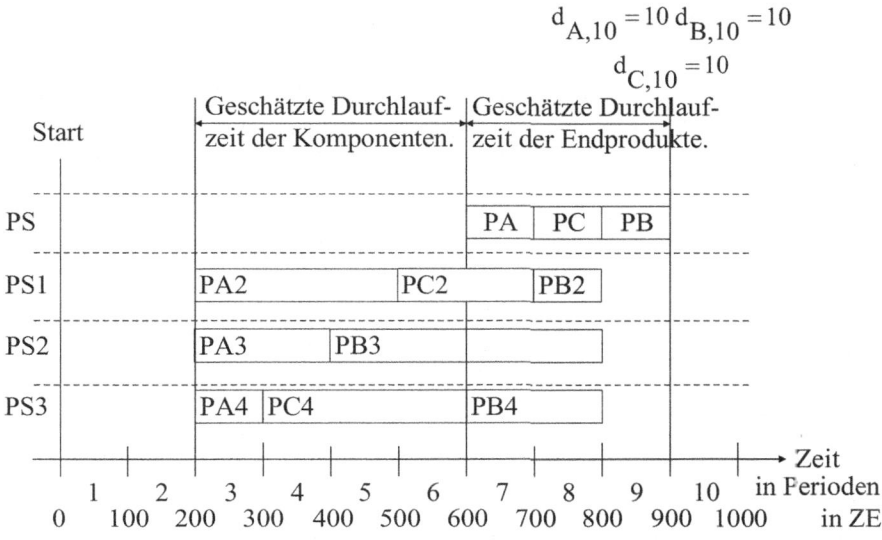

Abbildung 2.4: Ergebnis der Kapazitätsplanung ohne Verspätung als Gantt-Diagramm.

Die grundsätzliche Schwäche der Kapazitätsplanung durch die KOZ-Regel besteht darin, dass für jeden Planauftrag eines Endprodukts ein Vorgänger-Planauftrag erst am Ende von Periode 8 beendet ist. Dieses Verhalten ist typisch für eine isolierte Betrachtung der einzelnen Produktionssysteme und keineswegs eine Eigenschaft der Verwendung der KOZ-Regel – die Verwendung einer Prioritätsregel impliziert generell eine isolierte Betrachtung der einzelnen Produktionssysteme. Unproblematisch ist dies dann, wenn die Endtermine aufgrund der geschätzten Durchlaufzeiten durch die Materialbedarfsplanung eingehalten werden können. Also in dieser Fallstudie, wenn alle Planaufträge der Komponenten bis zum Ende von Periode 6 beendet sind oder ein Start der Fertigung ab dem Beginn der Periode 9 ausreicht, um die Bedarfe der Endprodukte termingerecht zu decken. Eine Erhöhung der geschätzten Durchlaufzeit der Komponenten auf 6 Perioden würde bedeuten, dass die Planaufträge der Komponenten zu Beginn von Periode 1 beginnen, zum Ende von Periode 6 beendet sind und damit die Planaufträge der Endprodukte in den Perioden 7 bis 9 gefertigt werden, wodurch die Bedarfe der Endprodukte termingerecht gedeckt werden; dies ist in Abbildung 2.5 angegeben. Gegenüber einer zulässigen Lösung, s. Abbildung 2.4, erhöht sich die Dauer vom Beginn der Produktion auf einem Produktionssystem (also zu Beginn von Periode 1) bis zum Zeitpunkt, an dem die Produktion von jedem Planauftrag beendet ist (also dem Ende von Periode 9) um zwei Perioden – gegenüber dem Zeitraum vom Beginn von Periode 3 bis (ebenfalls) zum Ende von Periode

9. Die in Abbildung 2.4 angegebene Lösung wird auch erreicht, indem das KOZ-Prinzip auf die kumulierte Dauer aller Planaufträge zur Deckung eines Bedarfs angewandt wird; sie beträgt für $d_{A,10}$ 3 Perioden (für PA2) + 2 Perioden (für PA3) + 1 Periode (für PA4) + 1 Periode (für PA) = 7 Perioden, für $d_{B,10}$ 1 Periode (für PB2) + 4 Perioden (für PB3) + 2 Perioden (für PB4) + 1 Periode (für PB) = 8 Perioden und für $d_{C,10}$ 2 Perioden (für PC2) + 3 Perioden (für PC4) + 1 Periode (für PC)= 6 Perioden. Nach dem KOZ-Prinzip lautet nun die Reihenfolge, zuerst die Produktion für Bedarf $d_{C,10}$, dann für Bedarf $d_{A,10}$ und als letztes für Bedarf $d_{B,10}$. Mit der einzigen Ausnahme, dass stets die Planaufträge zu C vor denen zu A kommen, ist durch diese neue Priorität die Einplanungsreihenfolge der Planaufträge auf den 4 Produktionssystemen wie bei der optimalen Lösung, s. die Abbildung 2.4.

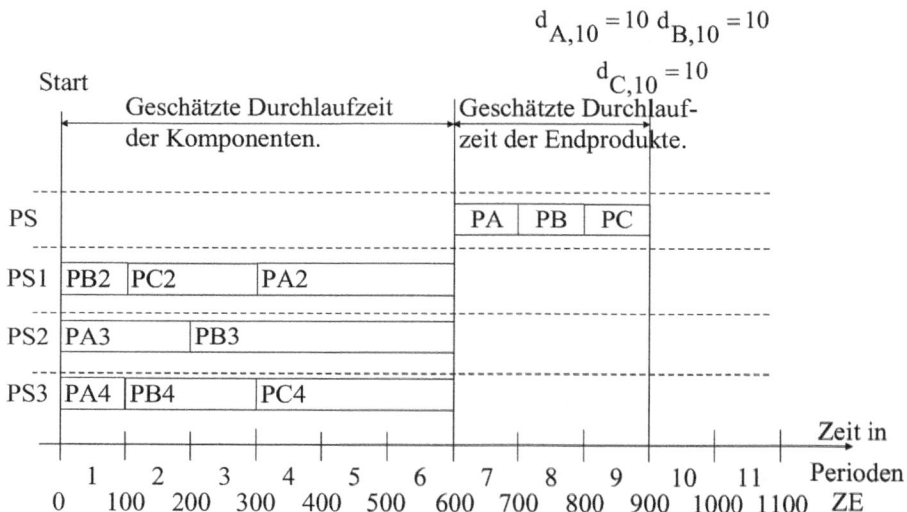

Abbildung 2.5: Ergebnis der Kapazitätsplanung nach dem KOZ-Prinzip bei um zwei Perioden erhöhter geschätzter Durchlaufzeit für die Komponenten als Gantt-Diagramm.

Aus den Überlegungen ergibt sich ein Spektrum an Lösungsmöglichkeiten, an dessen Rändern zwei extreme Alternativen stehen. Bei der einen Alternative können die Endtermine aufgrund der geschätzten Durchlaufzeiten durch die programmorientierte Materialbedarfsplanung eingehalten werden. Ist zugleich die Einlagerungsregel einzuhalten, dann ist eine isolierte Planung der einzelnen Produktionssysteme ausreichend. (Es sei betont, dass nicht durch jede Permutation der Aufträge diese Endtermine eingehalten werden. Es gibt Fälle, bei denen eine derartige zulässige Lösung nur sehr schwer zu finden ist, da die Ressourcenbelegungsplanung eines Einstationenproblems (bereits) NP-vollständig ist.) Die andere Alternative erfordert eine simultane Planung der einzelnen Produktionssysteme. Ein solcher Fall kann in die zuerst genannte Alternative überführt werden, indem die geschätzte Durchlaufzeit erhöht wird. Dies ist ähnlich der früheren Auftragsfreigabe, die in Abschnitt 3.2 im Detail behandelt wird; es ist nur möglich, solange die programmorientierte Materialbedarfsplanung keine Starttermine in die Vergangenheit legt; beispielsweise wäre dies in dieser Fallstudie bei einer Erhöhung der Durchlaufzeit der Komponenten (von den Endprodukten) auf 7 Perioden der Fall (s. Abbildung 2.5). Wie im Abschnitt 3.2.3 noch aufgezeigt werden wird, und bereits in dieser Fallstudie (in diesem Abschnitt) zu beobachten ist, ist die mittlere Durchlaufzeit höher als nötig. Dies impliziert einen höheren Bestand an angearbeiteten Produkten, wodurch in der Regel noch höhere Durchlaufzeiten erforderlich sind.

Die Aufgabe zu dem Folgenden lautet:
Erstellen Sie ein Optimierungsmodell für die Kapazitätsplanung ohne Verspätung.

Die simultane Planung von Produktionssystemen erfolgt durch die Lösung eines Optimierungsmodells zur Kapazitätsplanung mit der Minimierung der Verspätung; darauf, dass die Verspätung der Planaufträge minimiert wird, wird am Ende dieses Abschnitts 2.1 noch näher eingegangen – da bei dieser Aufgabe eine Verspätung generell ausgeschlossen werden soll, ist eine Minimierung der Verspätung der Planaufträge ausreichend. Unter der Bezeichnung Resource-Constrained Project Scheduling Problem (RCPSP) ist es in der Literatur angegeben. Es hat sich in den letzten Jahrzehnten als Standardmodell für die Ablaufplanung von Projekten etabliert und ist in [CHM15] beschrieben. Das RCPSP wird im Folgenden komprimiert dargestellt; für Details sei auf [BrSö15] verwiesen. Wegen den etwas anderen Anforderungen bei der Kapazitätsplanung wurde es etwas modifiziert und um die Weiterverwendungsbedingung bzw. die Einlagerungsregel erweitert. So kann zu einem Zeitpunkt ein Produktionssystem höchstens mit einem Planauftrag belegt werden. (Im Allgemeinen erlaubt ein RCPSP einen bestimmten Kapazitätsverbrauch eines Arbeitsgangs auf einer Ressource j je Periode, aufgrund einer Periodenkapazität dieser Ressource j.) Relevant sind nur die Überschreitungen der spätesten (möglichen) Endtermine der Planaufträge, mit denen die Primärbedarfe gedeckt werden. Die frühesten (möglichen) Anfangstermine der Planaufträge sind einzuhalten. (Es sei angemerkt, dass eine Beschränkung auf diejenigen ohne Vorgänger ausreichend ist. Diese erfolgt aufgrund der Festlegung der frühesten (möglichen) Anfangstermine durch die Durchlaufterminierung allerdings ohnehin.) Mit den Restriktionen ist die Einhaltung der Reihenfolge der Planaufträge zu sichern und dass eine Ressource stets höchstens einmal belegt wird. In dieser Fallstudie ist die Dauer jedes Planauftrags ein Vielfaches der Periodendauer. Wie die durchgehende Fallstudie in dem Abschnitt 1, genauer in dem Unterabschnitt 1.2, zeigt, trifft dies in der Regel nicht zu. Deswegen ist im allgemeinen eine Zeiteinheit (ZE) als Periodendauer notwendig. Die Weiterverwendungsbedingung bzw. die Einlagerungsregel lässt sich dadurch realisieren, indem zusätzlich Makroperioden mit einer Periodendauer, die auf der Ebene der Materialbedarfsplanung üblich ist, in dieser Fallstudie eben 100 ZE, existieren. Die anderen Perioden mit einer Zeiteinheit als Periodendauer werden als Mikroperioden bezeichnet. Zur Verdeutlichung dieses Zusammenhangs möge die folgende Abbildung 2.6 dienen. Diese erläutert auch exemplarisch einige Auswirkungen auf die Abarbeitung eines Auftrags. Der erste benötigt die erste Makroperiode komplett. Er geht von 0 ZE bis 10 ZE. Dies bedeutet, dass er zu Beginn von Mikroperiode 1 beginnt und mit dem Ende von Mikroperiode 10 endet. Der zweite liegt in der zweiten Makroperiode. Er beginnt mit dem Beginn von Mikroperiode 14 und endet mit dem Ende von Mikroperiode 16. Damit geht dieser von 13 ZE bis 16 ZE.

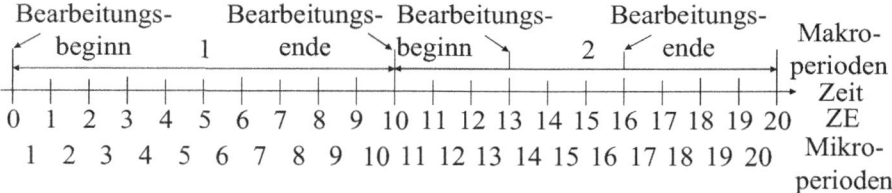

Abbildung 2.6: Makroperioden versus Mikroperioden und Zeiteinheiten (ZE).

Die Termine der Planaufträge sind somit für Mikroperioden anzugeben - wie bisher liegen diese am Beginn einer Makroperiode. Da alle Primärbedarfe und damit alle Planaufträge gleichwertig sind, wird die mittlere Verspätung minimiert. Das Modell mit der Bezeichnung Resource-Constrained Project Scheduling Problem mit Mikroperioden und Einlagerungsregel (RCPSP-MP-E) hat nun die folgende Gestalt:

Parameter:

T   Mikroperiode an dem jeder Planauftrag (spätestens) beendet sein wird
         ($1 \leq t \leq T$). (Bei einem Planungszeitraum von 1 bis T ist es die letzte Periode,
         die durch den Planauftrag belegt sein kann.)

MP   Anzahl an Mikroperioden in einer Makroperode.

$\mathcal{K}$ Menge an Planaufträgen (bzw. Knoten in der Peggingstruktur ohne Primär-
         bedarfe) ($k \in \mathcal{K}$).

$\mathcal{K}_E$ Menge an Planaufträgen, die jeweils mindestens einen Primärbedarf decken; deren Verspätungen minimiert werden sollen.

$\mathcal{V}_k$ Indexmenge der Planaufträge, die in einen Planauftrag k eingehende Produkte produzieren (bzw. die Vorgängerknoten des Knotens k in der Peggingstruktur) $\forall\ k \in \mathcal{K}$.

$\mathcal{J}$ Menge an Produktionssystemen ($j \in \mathcal{J}$).

$\mathcal{K}_j$ Für ein Produktionssystem j die Menge an Planaufträgen, die auf diesem Produktionssystem j gefertigt werden, $\forall\ j \in \mathcal{J}$.

FAZ_k Frühestmöglicher Anfangstermin des Planauftrags k in Mikroperioden $\forall\ k \in \mathcal{K}$.

SEZ_k Spätestzulässiger Endtermin des Planauftrags k in Makroperioden, da Verspätungen in Makroperioden angegeben werden, $\forall\ k \in \mathcal{K}$.

p_k Dauer des Planauftrags k in Mikroperioden $\forall\ k \in \mathcal{K}$.

Variablen:

$x_{k,t}$ Binärvariable, die den Wert 1 annimmt, wenn der Planauftrag k in Periode t beendet wird, $\forall\ k \in \mathcal{K}$ und $\forall\ 1 \le t \le T$.

V_k Verspätung von Planauftrag k, der (mindestens) einen Primärbedarf deckt, also $k \in \mathcal{K}_E$, in Makroperioden, da jeder Termin zu Beginn einer Makroperiode liegt.

Zielfunktion:

$$Z = \sum_{k \in \mathcal{K}_E} V_k.$$

Restriktionen:

Die folgenden Restriktionen weisen jedem Planauftrag k genau einen Fertigstellungstermin zu und zwar zwischen seinem frühesten (möglichen) Endtermin und dem Endtermin von allen Planaufträgen (i.e. T).

$$\sum_{t=FAZ_k+p_k-1}^{T} x_{k,t} = 1 \quad \forall\ k \in \mathcal{K}.$$

Durch diese Restriktionen werden auch die frühest (möglichen) Anfangstermine eingehalten.

Könnten die frühesten (möglichen) und spätesten (möglichen) Endtermine eingehalten werden, so könnte T durch SEZ$_k$ ersetzt werden. Damit wäre gesichert, dass jeder Planauftrag im Planungsintervall produziert werden kann – also keine Verspätungen auftreten.

Mit den folgenden Restriktionen wird eine Reihenfolge zwischen den Planaufträgen erreicht.

$$\sum_{t=FAZ_h+p_h-1}^{T} t \cdot x_{h,t} \leq \sum_{t=FAZ_k+p_k-1}^{T} (t - p_k) \cdot x_{k,t} \quad \forall\, k \in \mathcal{K} \text{ und } \forall\, h \in \mathcal{V}_k.$$

Die Belegung eines Produktionssystems durch Planaufträge darf sich nicht überlappen. Dies bedeutet, da Mikroperioden die Granularität der Betrachtung darstellen, dass in einer Mikroperiode ein Produktionssystem höchstens durch einen Planauftrag belegt ist. Mit der Fertigstellungsperiode F_k vom Planauftrag k (die letzte Periode, die durch k belegt ist) sind die Perioden $F_k - p_k + 1$ bis F_k belegt. Damit ist eine Mikroperiode t durch den Planauftrag k belegt, sofern F_k im Intervall t bis $t + p_k - 1$ liegt. Dann ist $\sum_{t'=t}^{t+p_k-1} x_{k,t'} = 1$. Eine Summierung dieser Summe über alle Aufträge, die von einem Produktionssystem bearbeitet werden, bewirkt einen Wert größer als 1, wenn in einer Mikroperiode dieses Produktionssystem durch mehr als einen (solchen) Planauftrag belegt ist. Es sei angemerkt, dass durch die Formel die Variable $x_{k,t}$ auch für Perioden größer als T definiert sein muss: maximal um die längste Bearbeitungszeit (-1) größer; dies ist in der Implementierung in ILOG, s. das Listing 2.1, umgesetzt – in diesem Sinne ist die obige Definition der Entscheidungsvariablen $x_{k,t}$ unvollständig. Damit lauten die Kapazitätsrestriktionen:

$$\sum_{k \in \mathcal{K}_j} \sum_{t'=t}^{t+p_k-1} x_{k,t'} \leq 1 \quad \forall\, j \in \mathcal{J} \text{ und } \forall\, 1 \leq t \leq T.$$

Für die Einlagerungsregel ist sicherzustellen, dass die Startperiode von einem Planauftrag mit Vorgängern echt größer als jede Fertigstellungsperiode von jedem dieser seiner Vorgänger ist. Für einen Planauftrag k ist die Fertigstellungsperiode von k, durch F_k abgekürzt, bestimmt durch

$$\sum_{t^{MP}=1}^{T^{MP}} t^{MP} \cdot \sum_{t=(t^{MP}-1)\cdot MP+1}^{t^{MP}\cdot MP} x_{k,t}, \text{ wobei } T^{MP} \text{ die Anzahl der Makroperioden ist,}$$

(die innere Summe liefert nur für die Makroperiode, in der k beendet wird eine 1, und die Multiplikation mit der Periode ergibt eben die gesuchte Periode) und entsprechend ist die Startperiode von k, durch S_k abgekürzt, bestimmt durch

$$\sum_{t^{MP}=1}^{T^{MP}} t^{MP} \cdot \sum_{t=(t^{MP}-1)\cdot MP+1}^{t^{MP}\cdot MP} x_{k,t+p_k-1}.$$

Für jeden Vorgängerplanauftrag h von k muss nun gelten: $F_h + 1 \leq S_k$. Damit ergibt sich insgesamt:

$$\sum_{t^{MP}=1}^{T^{MP}} t^{MP} \cdot \sum_{t=(t^{MP}-1)\cdot MP+1}^{t^{MP}\cdot MP} x_{h,t} + 1 \leq \sum_{t^{MP}=1}^{T^{MP}} t^{MP} \cdot \sum_{t=(t^{MP}-1)\cdot MP+1}^{t^{MP}\cdot MP} x_{k,t+p_k-1} \qquad \begin{array}{l} \forall\, k \in \mathcal{K} \text{ und} \\ \forall\, h \in \mathcal{V}_k \end{array}$$

Für die Verspätung (V_k) eines Planauftrags (k) wird die Differenz zwischen seinem Fertigstellungstermin und seinem Sollendtermin in Makroperioden betrachtet. Um negative Verspätungen zu vermeiden, sichert eine Restriktion, dass die Verspätungsvariable (V_k) nicht negativ ist und die andere, dass sie mindestens so groß wie die angegebene Differenz ist. Durch die Minimierung der Summe an diesen Verspätungen – in der Zielfunktion – haben dann alle Verspätungsvariablen den gewünschten Wert.

$$0 \leq V_k \quad \forall\, k \in \mathcal{K}_E \text{ und}$$

$$\sum_{t^{MP}=1}^{T^{MP}} t^{MP} \cdot \sum_{t=(t^{MP}-1)\cdot MP+1}^{t^{MP}\cdot MP} x_{k,t} - SEZ_k \leq V_k \quad \forall\, k \in \mathcal{K}_E \ .$$

Die Aufgabe zu dem Folgenden lautet:
Setzen Sie das RCPSP-MP-E in ILOG um und lösen damit diese Fallstudie. Vergleichen Sie das Ergebnis mit der in Abbildung 2.4 angegebenen Kapazitätsplanung ohne Verspätung.

Das folgenden Listing ist die Umsetzung von diesem Modell in ILOG. Gegenüber der obigen Formulierung ist der Definitionsbereich für die Entscheidungsvariable $x_{k,t}$ hinreichend groß definiert (T_{Max}) – s. die obige Ausführung zu den Kapazitätsrestriktionen – und zwar sowohl auf Mikroperiodenebene als auch auf Makroperiodenebene (beachte: eine Angabe auf Mikroperiodenebene ist ausreichend). Es stellt sicher, dass, die Binärvariable $x_{k,t}$ zu einem Planauftrag k in allen Mikroperioden zwischen seinem frühesten Endtermin F und F plus seiner Bearbeitungszeit minus 1 definiert ist; s. auch die Erläuterung zu den Restriktionen zur Erreichung von einer Reihenfolge der Planaufträge. Ferner enthält das Modell zusätzlich einige Entscheidungsvariablen und Restriktionen primär für Zwischenergebnisse und Ausgaben zur leichteren Verifikation des Ergebnisses – binäre Entscheidungsvariablen für die Start- und Fertigstellungszeitpunkte der Planaufträge in Mikroperioden und Makroperioden sowie Entscheidungsvariablen mit den frühestmöglichen Anfangsterminen und spätestzulässigen Endterminen in Makroperioden. Aus Gründen der Einheitlichkeit sind für einen Planauftrag sein frühestmöglicher Anfangstermine spätestzulässiger Endtermin in Mikroperioden angegeben.

```
1  // Parameter, Teil 1:
2  // Länge des Planungszeitraums:
```

```
 3    // Termin in Mikroperioden an dem jeder Planauftrag
 4    // (spätestens) beendet sein wird:
 5    int T = ...;
 6    // Anzahl an Mikroperioden in einer Makroperiode:
 7    int MP = ...;
 8    // Maximale angenommene Projektdauer in Makroperioden,
 9    // inklusive eines vergrößerten Definitionsbereichs
10    // für die Entscheidungsvariable x, s.u.:
11    int TMP = ...;
12    // Maximaler Definitionsbereich für die Entscheidungsvariable x, über T
13    // für Zusatzwerte in x für Kapazitätsrestriktion:
14    int TMax = ...;
15
16    // Wertebereiche:
17    range B = 0..1;
18    {string} Produktionssysteme = ...;      // Produktionssysteme (PS).
19    {string} Planauftraege = ...;           // Planaufträge.
20    {string} PlanauftraegeE = ...;          // Planaufträge ohne Nachfolger.
21
22    //Variablen:
23    // Binärvariable, die den Wert 1 annimmt, wenn der Planauftrag j in
24    // Periode t beendet wird.
25    dvar int x [Planauftraege][1..TMax] in B;
26    dvar int V [PlanauftraegeE];
27
28    // Parameter, Teil 2:
29    // Dauer des Planauftrags j:
30    int p[Planauftraege] = ...;
31
32    // Frühestmöglicher Anfangstermin des Planauftrags j in Mikroperioden:
33    int FAZ[Planauftraege] = ...;
34    // Spätestzulässiger Endtermin des Planauftrags j in Mikroperioden:
35    int SEZ[Planauftraege] = ...;
36
37    // Indexmenge der Vorgängerknoten der Planaufträge
38    // bzw. der Knoten in der Peggingstruktur:
39    {string} VG [Planauftraege] = ...;
40    // Menge der auf einem Produktionssystem zu produzierenden
41    // Planaufträge:
42    {string} PS_Plauf [Produktionssysteme] = ...;
43
44    // Hilfs-Variablen für Zwischenergebnisse und Ergebniskontrolle:
45    // Start vom Planauftrag in Makroperioden:
46    dvar int xmps [Planauftraege][1..TMP] in B;
47    // Fertigstellung vom Planauftrag in Makroperioden:
```

```
48  dvar int xmpf [Planauftraege][1..TMP] in B;
49  // Fertigstellungszeitpunkt in Mikroperioden:
50  dvar int+ F [Planauftraege];
51  // Startzeitpunkt in Mikroperioden:
52  dvar int+ S [Planauftraege];
53  // Fertigstellungszeitpunkt in Makroperioden:
54  dvar int+ FMP [Planauftraege];
55  // Frühestmöglicher Anfangstermin des Planauftrags j in Makroperioden:
56  dvar int+ FAZMP[Planauftraege];
57  // Spätestzulässiger Endtermin des Planauftrags j in Makroperioden:
58  dvar int+ SEZMP[Planauftraege];
59
60  // Minimierung der Gesamtverspätung:
61  minimize sum (k in PlanauftraegeE) V[k];
62  subject to {
63
64  // Einen Endtermin je Planauftrag, durch:
65  // Binärvariable x darf pro Planauftrag nur einmal gleich 1 gesetzt
66  // sein. Zugleich: Einhaltung der vorgegebenen frühesten Endtermine.
67
68      forall (k in Planauftraege)
69        sum (t in (FAZ[k]+p[k]−1) .. T) x[k,t] == 1;
70
71      forall (k in Planauftraege)
72        sum (t in 1 .. FAZ[k]+p[k]−2) x[k,t] == 0;
73
74  // Jeder Vorgänger h eines Planauftrags k muss beendet sein, bevor k
75  // startet.
76      forall (k in Planauftraege)
77        forall (h in VG[k])
78          sum (t in (FAZ[h]+p[h]−1) .. T) t * x[h,t]
79          <= sum (t in (FAZ[k]+p[k]−1) .. T) (t − p[k]) * x[k,t];
80
81  // Einhaltung der Kapazitätsbedingung
82  // sum (h in Planaufträge) k[h,r] ist Kapazitätsbedarf des Planauftrags
83  // h für Ressource r.
84  // Ist x[h,q] (== 1) für ein q in t .. (t + p[h] − 1)), dann verursacht
85  // x[h,q] in t einen Kapazitätsverbrauch; seine Höhe ist k[h,r].
86
87      forall (r in Produktionssysteme)
88        forall (t in 1..T)
89          sum (h in PS_Plauf[r]) (sum (q in t .. (t + p[h] − 1))
90          x[h,q]) <= 1;
91
92  // Einlagerungsregel: Folgeplanauftrag beginnt frühesten in der
```

```
93  // Makro-Folgeperiode.
94  // Lösung durch:
95  // 1. Bestimme die Start- und Fertigstellungsperioden von den
96  //    Planaufträgen.
97  // 2. Betrachte den Planauftrag k mit einem Vorgänger h.
98  //    Fertigstellungsperiode von h muss vor der Startperiode von
99  //    k liegen. Also die eigentliche Einlagerungsregel.
100 // Zu 1.:
101 // Startperioden von den Planaufträgen
102     forall (k in Planauftraege)
103         forall (tmp in 1 .. TMP)
104         xmps[k,tmp] == sum (t in (tmp-1) * MP + 1 .. tmp * MP)
105         x[k, t + p[k] - 1];
106 // Fertigstellungsperioden von den Planaufträgen
107     forall (k in Planauftraege)
108         forall (tmp in 1 .. TMP)
109         xmpf[k,tmp] == sum (t in ((tmp-1) * MP + 1) .. tmp * MP) x[k,t];
110
111 // Eine Startperiode und eine Endperiode je Planauftrag, durch:
112 // Binärvariable x darf pro Planauftrag nur einmal gleich 1 gesetzt
113 // sein.
114     forall (k in Planauftraege)
115         sum (tmp in 1 .. TMP) xmps[k,tmp] == 1;
116     forall (k in Planauftraege)
117         sum (tmp in 1 .. TMP) xmpf[k,tmp] == 1;
118
119 // Zu 2.:
120     forall (k in Planauftraege)
121         forall (h in VG[k])   // Einlagerungsregel
122         sum (tmp in 1 .. TMP) tmp * xmpf[h,tmp] + 1
123             <= sum (tmp in 1 .. TMP) tmp * xmps[k,tmp];
124
125 // Hilfs-Variablen für Verspätungsberechnung (und Ergebniskontrolle):
126     // Spätestzulässiger Endtermin in Makroperioden:
127     forall (k in Planauftraege) {
128     (SEZMP[k]+1) * MP >= SEZ[k];
129     SEZMP[k]  * MP <= SEZ[k];
130     }
131
132 // Verspätungen:
133     forall (k in PlanauftraegeE) {
134         V[k] >= sum (tmp in 1 .. TMP) tmp*xmpf[k,tmp] - SEZMP[k];
135         V[k] >= 0;
136     }
137
```

```
138   // Ausgabe (zur Kontrolle) von frühestmöglichem Anfangstermin in
139   // Makroperioden (zu spätestzulässigem Endtermin s.o.):
140      forall (k in Planauftraege) {
141         FAZMP[k] * MP >= FAZ[k];
142         (FAZMP[k] −1) * MP <= FAZ[k];
143      }
144
145   // Ausgabe (zur Kontrolle) von Start− und Fertigstellungszeitpunkt in
146   // Mikroperioden:
147      forall (k in Planauftraege) {
148         F[k] == sum (t in FAZ[k] .. T) t * x[k,t];
149         S[k] == sum (t in FAZ[k] .. T) (t − p[k] + 1) * x[k,t];
150      }
151   // Ausgabe (zur Kontrolle) von Fertigstellungszeitpunkt in
152   // Makroperioden:
153      forall (k in Planauftraege) {
154         FMP[k] == sum (tmp in 1 .. TMP) tmp * xmpf[k,tmp];
155      }
156   };
```

Listing 2.1: Implementierung vom Modell RCPSP-MP-E in ILOG.

Die Parameter für die Fallstudie sind in der folgenden „dat"-Datei angegeben.

```
1    T = 900;          // Maximaler angenommener Fertigstellungszeitpunkt.
2    MP = 100;         // Anzahl an Mikroperioden in einer Makroperiode.
3    TMP = 9;          //TMP = T / MP;
4    // Erhöhung von T für Zusatzwerte in x für Kapazitatsrestriktion:
5    TMax = 1300;
6    Planauftraege = {PA, PA2, PA3, PA4, PB, PB2, PB3, PB4, PC, PC2, PC4};
7    PlanauftraegeE = {PA, PB, PC};
8    Produktionssysteme = {PS, PS1, PS2, PS3};
9    p = #[          // Dauer eines Planauftrags j in Mikroperioden.
10      PA:   100
11      PA2:  300
12      PA3:  200
13      PA4:  100
14      PB:   100
15      PB2:  100
16      PB3:  400
17      PB4:  200
18      PC:   100
19      PC2:  200
20      PC4:  300
21   ]#;
22   // Frühestmöglicher Anfangstermin des Planauftrags j in Mikroperioden:
23   FAZ =  #[
```

```
24   PA:   601
25   PA2:  201
26   PA3:  201
27   PA4:  201
28   PB:   601
29   PB2:  201
30   PB3:  201
31   PB4:  201
32   PC:   601
33   PC2:  201
34   PC4:  201
35   ]#;
36   // Spätestzulässiger Endtermin des Planauftrags j in Mikroperioden:
37   SEZ =  #[
38   PA:   900
39   PA2:  600
40   PA3:  600
41   PA4:  600
42   PB:   900
43   PB2:  600
44   PB3:  600
45   PB4:  600
46   PC:   900
47   PC2:  600
48   PC4:  600
49   ]#;
50   VG =  #[      // Vorgänger.
51   PA: {PA2, PA3, PA4}
52   PB: {PB2, PB3, PB4}
53   PC: {PC2, PC4}
54   ]#;
55   PS_Plauf
56   = #[      // Planaufträge auf einer Ressource.
57   PS: {PA, PB, PC}
58   PS1: {PA2, PB2, PC2}
59   PS2: {PA3, PB3}
60   PS3: {PA4, PB4, PC4}
61   ]#;
```

Listing 2.2: Verwendete ILOG Parameter.

Die in Abbildung 2.4 visualiserte Lösung ist ein mögliches Ergebnis der Lösung von dem ILOG-Modell im Listing 2.1 mit den ILOG-Daten im Listing 2.2 durch ILOG.

Die Verwendung von Zeiteinheiten als Periodengröße könnte zu sehr vielen Entscheidungsvariablen führen. Lassen sich die Bearbeitungszeiten der Planaufträge durch ein ganzzahliges Vielfaches einer größeren Periodendauer als eine ZE ausdrücken, so kann diese als Dauer einer Mikroperiode verwendet werden, wodurch eine Reduktion der Anzahl an Entscheidungsvariablen erreicht wird; dazu dient in dem Optimierungsmodell die Möglichkeit, die Anzahl an Mikroperioden je Makroperiode anzugeben.

Es wird die mittlere Verspätung der Planaufträge, die (mindestens) einen Primärbedarf decken, minimiert und nicht die mittlere Verspätung der Auslieferung der Bedarfe. Hierzu sind die Primärbedarfe in das Optimierungsmodell RCPSP-MP-E zu integrieren, indem die Bedarfe als Planaufträge mit einer (Bearbeitungs-)Dauer von 0 Zeiteinheiten aufgefasst werden. Allerdings wird nach dem Ablauf von der Materialbedarfsplanung und Ressourcenbelegungsplanung die Durchlaufterminierung auf das Ergebnis der Materialbedarfsplanung angewendet, also auf die durch die Materialbedarfsplanung erstellten Planaufträge. Ferner berücksichtigt eine Minimierung der (mittleren) Verspätung nicht die Höhe der Fehlmenge. So könnte bei unterschiedlichen hohen Bedarfen die gleiche mittlere Verspätung durch unterschiedlich hohe Fehlmengen hervorgerufen werden. Zur Vermeidung ist die Fehlmenge zu minimieren. Eine weitere Modellerweiterung betrifft die auftretenden Lagerbestände, deren Minimierung ökonomisch sinnvoll ist. Modelle mit mehreren simultan zu berücksichtigen Zielkriterien werden in der Literatur als multikriterielle Optimierungsmodelle bezeichnet.

2.2 Kapazitätsplanung nicht ausreichend

In Abschnitt 2.1 wird durch eine Kapazitätsplanung erreicht, dass die durch eine programmorientierte Materialbedarfsplanung ohne Berücksichtigung von beschränkter Kapazität ermittelten Planaufträge, deren unmittelbare Umsetzung, die zwangsläufig nach dem FIFO-Prinzip erfolgt, wobei Planaufträge zu Produkt A und seinen Komponenten eine höhere Priorität als die zu Produkt B und seinen Komponenten haben, welche ihrerseits eine höhere Priorität als die zu Produkt C und seinen Komponenten haben, zu einer kumulierten Verspätung von einer Periode führt so angeordnet werden können, dass keine Verspätung auftritt. Es sei angemerkt, dass die gesamte Verspätung aus folgender Anpassung von Abbildung 2.4 ersichtlich ist. Wegen dem FIFO-Prinzip ist die Reihenfolge von PC2 und PB3 auf PS1 sowie von PC4 und PB4 auf PS3 zu vertauschen. Dadurch kann mit der Produktion der Planaufträge PB und PC erst zu Beginn von Periode 9 begonnen werden. Anhand einer einfachen Fallstudie wird im Folgenden demonstriert, dass selbst bei einer optimalen Kapazitätsplanung Verspätungen auftreten, obwohl eine Lösung ohne Verspätungen existiert.

In der Fallstudie existieren drei Endprodukte P1, P2 und P3. Deren Primärbedarfe in Mengeneinheiten (ME), die zu Beginn einer Periode zu decken sind, enthält die folgende Tabelle 2.7. Der Planungszeitraum besteht aus sechs Perioden (von Periode 3 bis Periode 8).

Periode t	3	4	5	6	7	8
Primärbedarf P1 [ME]	0	0	0	0	100	100
Primärbedarf P2 [ME]	0	0	0	0	50	50
Primärbedarf P3 [ME]	0	0	0	0	70	55

Tabelle 2.7: Primärbedarfe der Endprodukte P1, P2 und P3 in Mengeneinheiten (ME).

Die einzelnen Endprodukte haben unterschiedlich viele eingehende Komponenten, die in Abbildung 2.7 als Gozintograph dargestellt sind. Dabei hat Endprodukt P1 insgesamt drei eingehende Komponenten über zwei Fertigungsstufen, nämlich B2 und B3 auf einer Fertigungsstufe, die mit einen Direktbedarfskoeffizienten von 4 und 1 jeweils direkt in P1 eingehen sowie Komponente B1 auf einer früheren Fertigungsstufe, die in B3 zweifach eingeht, Endprodukt P2 besitzt lediglich eine einfach eingehende Komponente C und Endprodukt P3 sogar keine.

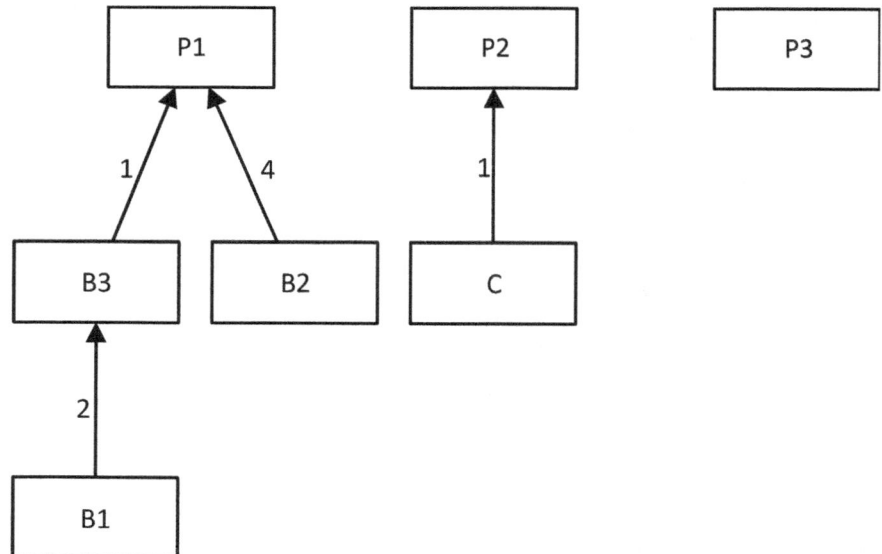

Abbildung 2.7: Gozintograph zu den drei Endprodukten.

Die einzelnen Produkte werden direkt auf einem Produktionssystem gefertigt; wodurch keine Arbeitspläne vorliegen. Damit entfällt die Ressourcenbelegungsplanung bzw. fällt mit der Kapazitätsplanung zusammen. Für jedes Produkt enthält Tabelle 2.8 das zu verwendende Produktionssystem, die geschätzte Durchlaufzeit (Vorlaufzeit) in Perioden, die Stückbearbeitungszeit in Zeiteinheiten (ZE) pro Mengeneinheit (ME) sowie die Rüst- und Lagerkostensätze in Geldeinheiten (GE) und GE je Mengeneinheit (ME) und Periode; Tabelle 2.8 enthält auch die im Folgenden verwendete Bezeichnung dieser Parameter. Rüstzeiten fallen keine an. Beide Produktionssysteme haben jeweils eine Kapazität von 200 ZE je Periode.

Produkt k	P1	P2	P3	B1	B2	B3	C
Produktionssystem	PS2	PS2	PS2	PS1	PS1	PS1	PS1
Vorlaufzeit (z_k) [Perioden]	1	1	1	1	1	1	1
Stückbearbeitungszeit (tb_k) $\left[\frac{ZE}{ME}\right]$	1	2	1.6	0.5	0.25	1	2
Rüstkostensatz (s_k) [GE]	200	200	200	200	200	200	200
Lagerkostensatz (h_k) $\left[\frac{GE}{ME\cdot Periode}\right]$	2	2	2	2	2	2	2

Tabelle 2.8: Planungsparameter der Produkte und Komponenten.

Die Aufgabe zu dem Folgenden lautet:
Wenden Sie die programmorientierte Materialbedarfsplanung auf diese Fallstudie an. Lösen Sie die dabei auftretenden einstufigen Losgrößenprobleme durch die Groff-Heuristik. Geben Sie die resultierende Peggingstruktur (tabellarisch) an Stellen Sie die zeitliche Anordnung der erhaltenen Planaufträge als Gantt-Diagramm dar. Halten Sie sich hier und im Folgenden an der im Abschnitt 1.2 erläuterten Vorgehensweise, insbesondere berücksichtigen Sie die Einlagerungsregel, sofern nicht anders vorgegangen werden soll.

Das Ergebnis der Anwendung der programmorientierten Materialbedarfsplanung, s. Algorithmus 1.4, mit der Verwendung der Groff-Heuristik zur Lösung einstufiger Losgrößenprobleme auf die Fallstudie befindet sich in Tabelle 2.9; da in der Fallstudie weder Anfangslagerbestände vorliegen noch Lagerzugänge auftreten, treten keine disponiblen Bestände auf (dadurch ist bei den Endprodukten der Nettobedarf gleich dem Primärbedarf und bei der Komponente ist der Nettobedarf gleich dem Sekundärbedarf), weswegen lediglich die Bedarfe und die Planaufträge einschließlich ihrer Bezeichnungen angegeben sind. Das Groff-Verfahren fasst für alle Endprodukte die beiden echt positiven aufeinanderfolgenden Bedarfe zu einem Los zusammen. Dadurch können für die Komponenten keine Lose auftreten.

Endprodukt P1						
Periode t	3	4	5	6	7	8
Primärbedarf^A [ME]	0	0	0	0	100	100
PlAuf^{oL,A} [ME]	0	0	0	100	100	0
PlAuf^A [ME]	0	0	0	200	0	0
Bezeichnung PlAuf^A				P1_5		
Endprodukt P2						
Periode t	3	4	5	6	7	8
Primärbedarf^A [ME]	0	0	0	0	50	50
PlAuf^{oL,A} [ME]	0	0	0	50	50	0
PlAuf^A [ME]	0	0	0	100	0	0
Bezeichnung PlAuf^A				P2_6		
Endprodukt P3						
Periode t	3	4	5	6	7	8
Primärbedarf^A [ME]	0	0	0	0	70	55
PlAuf^{oL,A} [ME]	0	0	0	70	55	0
PlAuf^A [ME]	0	0	0	125	0	0
Bezeichnung PlAuf^A				P3_7		
Endprodukt B3						
Periode t	3	4	5	6	7	8
Sekundärbedarf^A [ME]	0	0	0	200	0	0
PlAuf^{oL,A} [ME]	0	0	200	0	0	0
PlAuf^A [ME]	0	0	200	0	0	0
Bezeichnung PlAuf^A			B3_2			
Endprodukt B2						
Periode t	3	4	5	6	7	8
Sekundärbedarf^A [ME]	0	0	0	800	0	0
PlAuf^{oL,A} [ME]	0	0	800	0	0	0
PlAuf^A [ME]	0	0	800	0	0	0
Bezeichnung PlAuf^A			B2_3			

Tabelle 2.9: Ergebnis der programmorientierten Materialbedarfsplanung (wird fortgesetzt).

Endprodukt B1						
Periode t	3	4	5	6	7	8
Sekundärbedarf^A [ME]	0	0	400	0	0	0
PlAuf^{oL,A} [ME]	0	400	0	0	0	0
PlAuf^A [ME]	0	400	0	0	0	0
Bezeichnung PlAuf^A	0	B1_1	0	0	0	0
Endprodukt C						
Periode t	3	4	5	6	7	8
Sekundärbedarf^A [ME]	0	0	0	100	0	0
PlAuf^{oL,A} [ME]	0	0	100	0	0	0
PlAuf^A [ME]	0	0	100	0	0	0
Bezeichnung PlAuf^A	0	0	C_4	0	0	0

Tabelle 2.9: Ergebnis der programmorientierten Materialbedarfsplanung.

Die Peggingstruktur zur Darstellung der Deckung der Planaufträge und Bedarfe befindet sich in Tabelle 2.10.

Peggingstruktur						
Planauf-trag	Produkt	Menge [ME]	Starttermin [ZE]	Endtermin [ZE]	Vor-gänger	Nachfolger (gedeckte Menge)
B1_1	B1	400	600	800	—	B3_2 (200 ME)
B3_2	B3	200	800	1000	B1_1	P1_5 (200 ME)
B2_3	B2	800	800	1000	—	P1_5 (200 ME)
C_4	C	100	800	1000	—	P2_6 (_00 ME)
P1_5	P1	200	1000	1200	B3_2, B2_3	d$_{P1,7}$ (_00 ME) d$_{P1,8}$ (_00 ME)
P2_6	P2	100	1000	1200	C_4	d$_{P2,7}$ (50 ME) d$_{P2,8}$ (50 ME)
P3_7	P3	125	1000	1200	—	d$_{P3,7}$ (70 ME) d$_{P3,8}$ (55 ME)

Tabelle 2.10: Ergebnis der Materialbedarfsplanung als (tabellarische) Peggingstruktur.

Die Planung ist in Abbildung 2.8 als Gantt-Diagramm veranschaulicht.

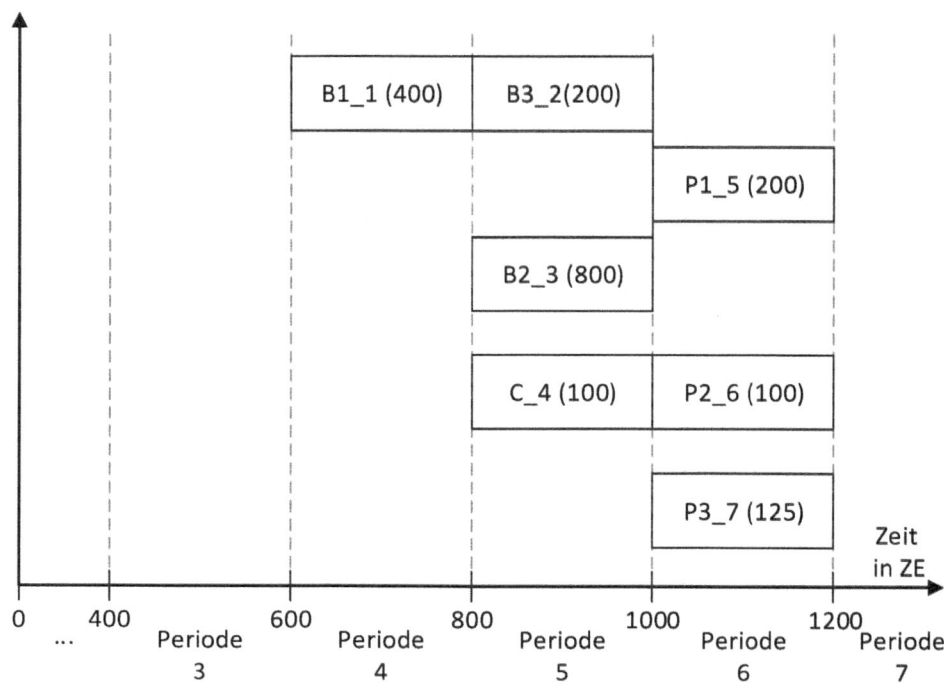

Abbildung 2.8: Grobplanung der Materialbedarfsplanung als Gantt-Diagramm; Anzahlen in Mengeneinheiten.

Die Aufgabe zu dem Folgenden lautet:

Führen Sie eine Durchlaufterminierung mit möglichst frühem Start der Planaufträge durch und geben die dabei entstehenden Puffer an. Unterstellen Sie einen frühesten möglichen Start der Planaufträge zu Beginn der dritten Periode. Bestimmen Sie eine früheste mögliche und eine späteste mögliche Abarbeitung von dem Ergebnis der Materialbedarfsplanung und stellen Sie beides als Gantt-Diagramm dar. Geben Sie im letzten Fall die periodenspezifische Kapazitätsbelastung an. Führen Sie eine Kapazitätsplanung mit minimaler mittlerer Verspätung der Bedarfe und minimaler Summe an Fehlmengen zu den Bedarfen durch und geben das Ergebnis als Gantt-Diagramm an.

Die Stückbearbeitungszeiten sind so (gewählt), dass die Dauer der einzelnen Planaufträge, nämlich die Multiplikation aus Menge und Stückbearbeitungszeit, s. auch den Algorithmus 1.6, stets eine Periode, also 200 Zeiteinheiten beträgt. Dies ist in der folgenden Tabelle 2.11 angegeben.

Planauftrag	B1_1	B3_2	B2_3	C_4	P1_5	P2_6	P3_7
Menge [ME]	400	800	200	100	200	100	125
Stückbearbeitungszeit (tb_k) $\left[\frac{ZE}{ME}\right]$	0.5	0.25	1	2	1	2	1.6
Dauer [ZE]	200	200	200	200	200	200	200
Geschätzte Durchlaufzeit [Perioden]	1	1	1	1	1	1	1

Tabelle 2.11: Dauern der Planaufträge zum Ergebnis der Materialbedarfsplanung.

Nach dem Vorgehen im Abschnitt 1.2 erfolgt nun eine Rückwärts- und Vorwärtsterminierung im Rahmen der Durchlaufterminierung nach Methoden der Netzplantechnik – s. Algorithmen 1.7 und 1.8 – auch unter Berücksichtigung der Einlagerungsregel. Da die Dauern der Planaufträge mit den geschätzten Durchlaufzeiten identisch sind, stimmen die frühesten und spätesten (möglichen) Endtermine überein und sind identisch mit den jeweiligen Endterminen aufgrund der Materialbedarfsplanung – dadurch stimmen die frühesten und spätesten (möglichen) Anfangstermine ebenfalls überein und sind ebenfalls identisch mit den jeweiligen Startterminen aufgrund der programmorientierten Materialbedarfsplanung. Folglich tritt kein Puffer auf – mit dem eine etwaige Konkurrenz um eine (beschränkte) Kapazität eines Produktionssystems im Rahmen der Kapazitätsplanung aufgelöst werden kann. Um dies zu ermöglichen, wird unterstellt, dass jeder Planauftrag zu Beginn der dritten Periode, also zum Zeitpunkt 400 Zeiteinheiten starten kann. Dieser im Folgenden als „heute"bezeichnete Zeitpunkt ist zugleich der früheste Anfangstermin von allen Planaufträgen, die keinen Vorgänger – in ihrer Peggingstruktur – haben; also die Planaufträge B1_1, B2_3, C_4 und P3_7; dies ist deren Starttermin bei der frühesten möglichen Abarbeitung von dem Ergebnis der Materialbedarfsplanung, die in Abbildung 2.9 dargestellt ist. Dadurch liefert die Vorwärtsterminierung nach Algorithmus 1.8 ein anderes Ergebnis. Das Gesamtergebnis enthält Tabelle 2.12.

Plan-auftrag	Dauer [ZE]	Vorgän-ger	Nachfol-ger	FAZ [ZE]	FEZ [ZE]	SAZ [ZE]	SEZ [ZE]	Puffer [ZE]
B1_1	200	-	B3_2	400	600	600	800	200
B2_3	200	-	P1_5	400	600	800	1000	400
B3_2	200	B1_1	P1_5	600	800	800	1000	200
C_4	200	-	P2_6	400	600	800	1000	400
P1_5	200	B3_2, B2_3	$d_{P1,7}$ und $d_{P1,8}$	800	1000	1000	1200	200

Tabelle 2.12: Rückwärts- und Vorwärtsterminierung zur Materialbedarfsplanung (wird fortgesetzt).

Plan-auftrag	Dauer [ZE]	Vorgän-ger	Nachfol-ger	FAZ [ZE]	FEZ [ZE]	SAZ [ZE]	SEZ [ZE]	Puffer [ZE]
P2_6	200	C_4	$d_{P2,7}$ und $d_{P2,8}$	600	800	1000	1200	400
P3_7	200	-	$d_{P3,7}$ und $d_{P3,8}$	400	600	1000	1200	600

Tabelle 2.12: Rückwärts- und Vorwärtsterminierung zur Materialbedarfsplanung.

Werden die Planaufträge so früh wie möglich eingeplant, so ergibt sich bei unendlicher Kapazität die in Abbildung 2.9 angegebene Abarbeitung mit den in Tabelle 2.12 genannten Puffern; diese sind teilweise auch in Abbildung 2.9 eingezeichnet.

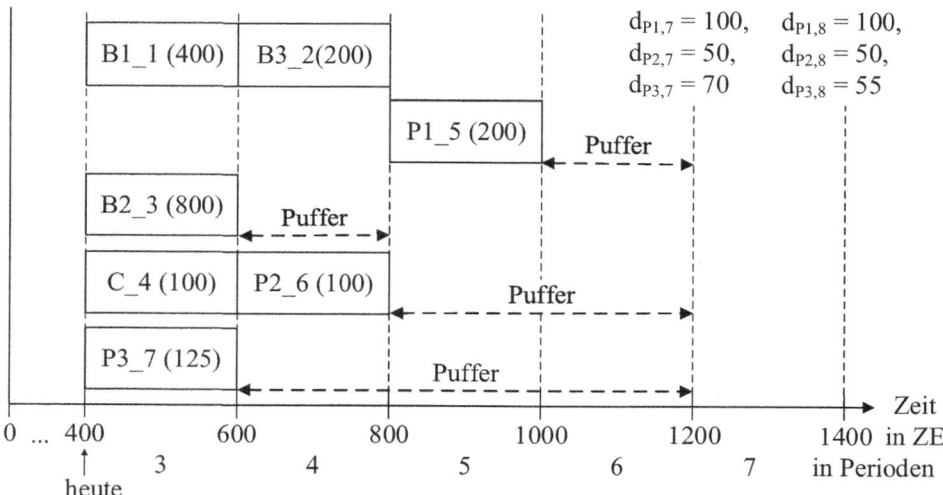

Abbildung 2.9: Früheste mögliche Abarbeitung von dem Ergebnis der Materialbedarfsplanung als Gantt-Diagramm; Anzahlen in Mengeneinheiten.

Eine möglichst späte Einplanung der Planaufträge ist in der folgenden Abbildung 2.10 dargestellt. Diese Abbildung zeigt auch die Auswirkungen aufgrund der beschränkten Kapazität. Es treten signifikante Überbelastungen auf: In Periode 5 ist beim Produktionssystem PS1 die benötigte Kapazität dreimal so hoch wie die dann verfügbare Kapazität und beim Produktionssystem PS2 ist der Kapazitätsbedarf in Periode 6 dreimal so hoch wie die dann verfügbare Kapazität.

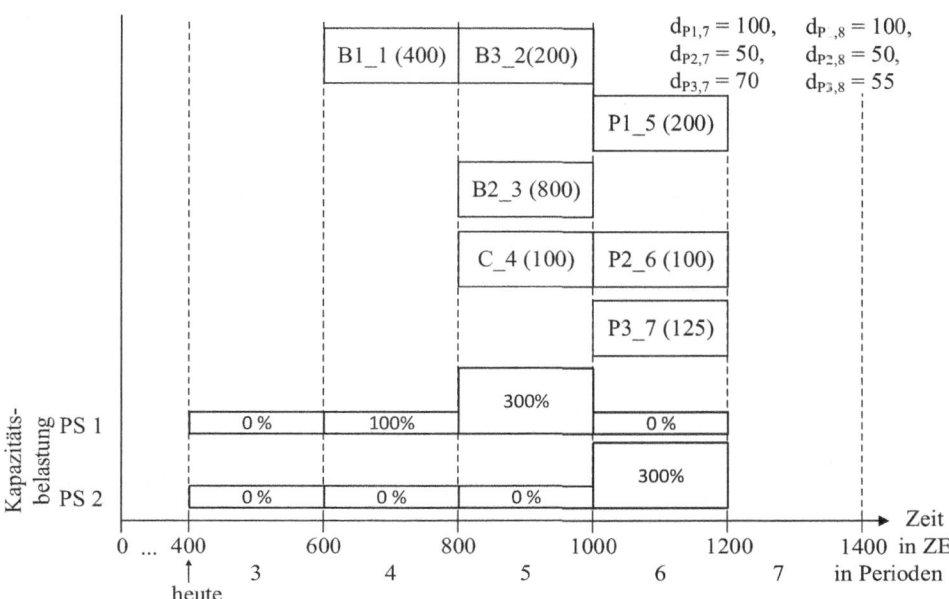

Abbildung 2.10: Spätest mögliche Abarbeitung von dem Ergebnis der Materialbedarfsplanung als Gantt-Diagramm; Anzahlen in Mengeneinheiten.

Beim Ausnutzen des vollen Planungsintervalls werden 4 Perioden benötigt um alle
Komponenten für die beiden Planaufträge der beiden Endprodukte P1 und P2 zu
fertigen. Deswegen ist einer der beiden Planaufträge (i.e. P1_5 oder P2_6) in Periode
7 zu fertigen und die dadurch verursachte Verspätung ist unvermeidlich. Exemplarisch
ist dies für den Planauftrag P2_6 in der folgenden Abbildung 2.11 dargestellt und die
Verspätung von 1 Periode für einen Planauftrag und zugleich für einen Bedarf ist die
minimal mögliche. Zur Verdeutlichung ist in Abbildung 2.11 der mögliche Puffer für
Planauftrag P3_7 maximiert, zu Lasten von Lagerkosten, die durch eine möglichst späte
Fertigung von Planauftrag P3_7 minimiert werden – ferner sei angemerkt, dass diese
Lösung eine um 50 Mengeneinheiten (ME) geringere Fehlmenge (zu den Bedarfen) als
diejenige hat, bei der Planauftrag P1_5 in Periode 7 produziert wird (ihre Fehlmenge ist
100 ME gegenüber der von 50 ME in Abbildung 2.11). Es sei angemerkt: Wird diese
Fallstudie als ein RCPSP-MP-E aufgefasst und, wie im Abschnitt 2.1 beschrieben, gelöst,
so ist diese Lösung, s. Abbildung 2.11, eine zulässige bzw. optimale Lösung.

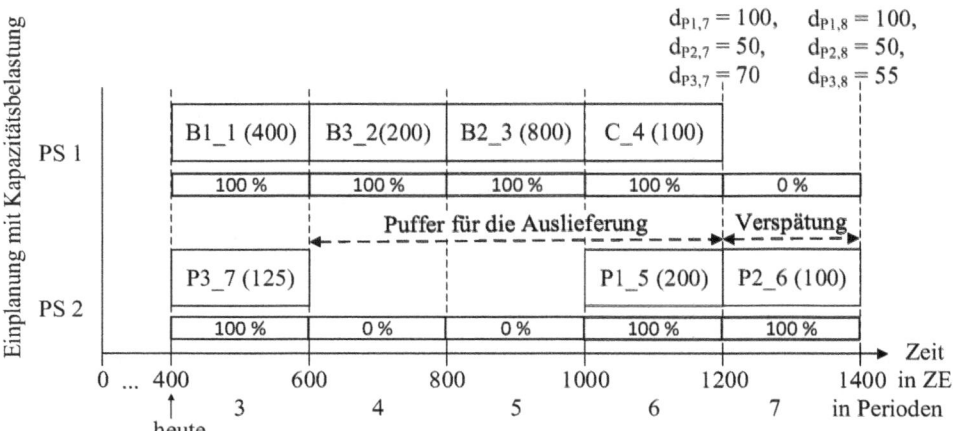

Abbildung 2.11: Einplanung von dem Ergebnis der Materialbedarfsplanung mit minimaler mittlerer Verspätung als Gantt-Diagramm; Anzahlen in Mengeneinheiten.

Die Aufgabe zu dem Folgenden lautet:

Finden Sie eine zulässige Lösung durch Verwenden einer Zusatzschicht und stellen das Ergebnis als Gantt-Diagramm an.

Könnten zwei Komponenten parallel produziert werden, so könnten diese in drei statt vier Perioden fertiggestellt werden. Dies ist durch eine Zusatzschicht in einer der Perioden 3 bis 5 möglich. Beispielsweise in Periode 5, da in einer weiter entfernten Zukunft sich oftmals leichter die notwendige Kapazität organisieren lässt. Eine Lösung ist in der folgenden Abbildung 2.12 dargestellt.

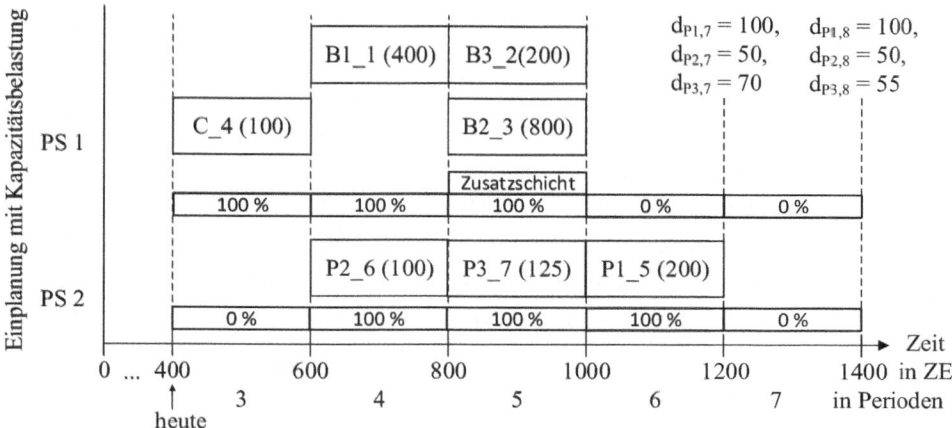

Abbildung 2.12: Einplanung von dem Ergebnis der Materialbedarfsplanung ohne Verspätung als Gantt-Diagramm; Anzahlen in Mengeneinheiten.

Die Aufgabe zu dem Folgenden lautet:

Finden Sie eine zulässige Lösung, indem Sie Lose ändern dürfen, und stellen das Ergebnis als Gantt-Diagramm dar.

Tatsächlich existiert eine Lösung ohne Verspätung. Die drei Bedarfe der drei Endprodukte zu Beginn der Periode 8 können teilweise in Periode 7 produziert werden. Die Loszusammenfassung auf Endproduktebene reduziert somit die verfügbare Kapazität des Produktionssystems PS2 um eine Periode, s. die Abbildung 2.12. Ausgehend von der in Abbildung 2.11 dargestellten Abarbeitung wird in Periode 6 von Endprodukt P1 nur die benötigte Menge produziert. Die benötigten 100 Mengeneinheiten zur Deckung des Bedarfs zu Beginn von Periode 7 haben eine Produktionsdauer von 100 Zeiteinheiten – dieser Planauftrag wird durch P1_5 1 bezeichnet und die Kapazität von Produktionssystem PS2 in Periode 6 ist zu 50% verbraucht. Die verbleibende Zeit (bzw. Kapazität) reicht aus, um die vom Endprodukt P2 zur Deckung seines Bedarfs zu Beginn von Periode 7 benötigten 50 Mengeneinheiten (in Periode 6) produzieren zu können – dieser Planauftrag wird durch P2_6 1 bezeichnet. Dazu sind 50 Mengeneinheiten von der Komponente C (von Endprodukt P2) zu produzieren. Dies dauert 100 Zeiteinheiten – dieser Planauftrag wird durch C_4 1 bezeichnet – und ist auf Produktionssystem PS1 vor der Produktion von Endprodukt P2 – durch den Planauftrag P2_6 1 – in Periode 6 möglich. Allerdings verletzt diese Lösung die Einlagerungsregel, wonach die von Komponente C produzierten Mengeneinheiten erst einzulagern sind und frühesten zu Beginn der nächsten Periode (also in Periode 6) verwendet werden dürfen, weswegen die Produktion von Planauftrag C_4 1 spätestens in Periode 5 zu beenden ist. Die für den Planauftrag

87

P1_5 1 benötigten Mengeneinheiten von der Komponente B2 können in 100 Zeiteinheiten hergestellt werden – dieser Planauftrag wird durch B2_3 1 bezeichnet. Damit können die für die beiden Planaufträge P1_5 1 und P2_6 1 benötigten Mengeneinheiten von den beiden Komponenten B2 und C in Periode 5 produziert werden (durch die Planaufträge C_4 1 und B2_3 1) und stehen unter Beachtung der Einlagerungsregel zu Beginn von Periode 6 zur Verfügung. Dies ist in der folgenden Abbildung 2.13 dargestellt. Auf die gleiche Art und Weise wird der Bedarf für diese beiden Endprodukte P1 und P2 zu Beginn von Periode 8 gedeckt, durch entsprechende Planaufträge mit dem Postfix 2 statt 1, die in den Perioden 6 (für die Komponenten) und 7 (für die Endprodukte) produziert werden. Weiterhin werden die anderen beiden Planaufträge B1_1 und B3_2 wie bisher produziert. Zur Vermeidung von unnötigen Lagerbeständen wird Planauftrag P3_7 in Periode 5 produziert.

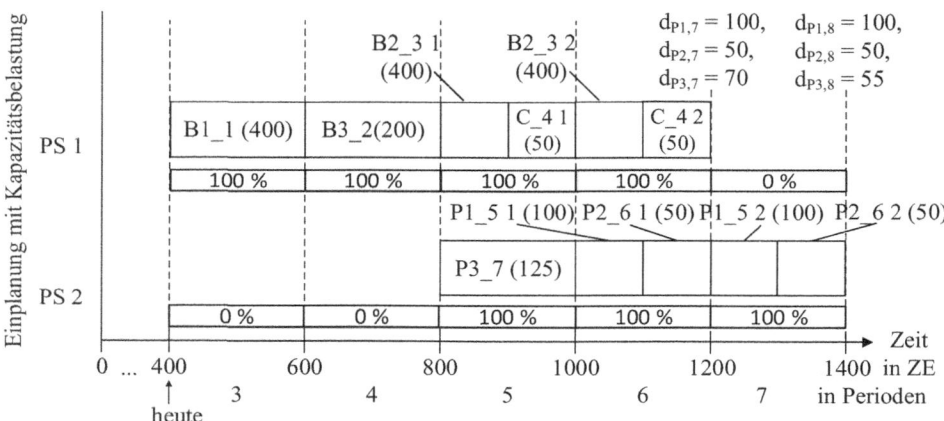

Abbildung 2.13: Lösung ohne Verspätung durch Splittung von Losen von dem Ergebnis der Materialbedarfsplanung als Gantt-Diagramm; Anzahlen in Mengeneinheiten.

Die Fallstudie zeigt, dass die Nichtberücksichtigung von beschränkter Kapazität in der programmorientierten Materialbedarfsplanung zu Planaufträgen führt, die nicht ohne eine Verspätung eingeplant (und damit produziert) werden können. Hierbei handelt es sich um eine strukturelle Schwäche des Gesamtansatzes, die nur durch die Lösung eines Optimierungsmodells behoben werden kann; dies ist beispielsweise in [Temp03] und in [Herr09] im Detail erläutert und das Modell ist im Abschnitt 3.1.3 angegeben. Obwohl somit eine optimale nachgelagerte Kapazitätsplanung im Allgemeinen nicht ausreichend ist, belegen Fallstudien in der Literatur, stellvertretend sei das Buch von Lasch und Schulte [LaSc11] genannt, und der Unternehmensalltag, dass eine Kapazitätsplanung – oftmals bereits bei der Verwendung von einfachen Prioritätsregeln – eine signifikarte Verringerung der Verspätung gegenüber einer Kapazitätsplanung nach dem FIFO-Prinzip – also eine Werkstattsimulation – bewirkt.

3 Programmorientierte Materialbedarfsplanung und Terminplanung

Nach Kapitel 2.2 existieren Planungsprobleme, bei denen die durch eine programmorientierte Bedarfsplanung festgelegten Planaufträge nicht so eingeplant (und damit produziert) werden können, dass alle Bedarfe termingerecht gedeckt werden. Eine Lösung existiert, sofern eine Überlastung von einem Produktionssystems zugelassen wird. Zu ihrer Vermeidung wurden in der Literatur verschiedene Maßnahmen vorgeschlagen, die – entsprechend – als Kapazitätsbelastungsausgleich bezeichnet werden; s. [Herr11] oder [Kurb05]. Mit ihnen wird zum einen der Kapazitätsbedarf an das -angebot angepasst, indem Planaufträge zeitlich in andere Perioden verlagert werden oder indem Planaufträge ganz oder teilweise zu anderen Betrieben verlagert werden. Zum anderen wird das Kapazitätsangebot an den -bedarf angepasst, indem zeitliche Anpassungen vorgenommen werden, die mit oder ohne Zeitveränderungen, intensitätsmäßig oder quantitativ stattfinden. Eine Übersicht dieser Maßnahmen ist in der Abbildung 3.1 dargestellt; s. [Herr11]. Sie werden im Folgenden vorgestellt und anhand von Fallstudien mit zulässigen Lösungen analysiert – also Planungsprobleme, bei denen Planaufträge zur termingerechten Deckung von Bedarfen existieren, die ohne Kapazitätsüberschreitungen produziert werden können.

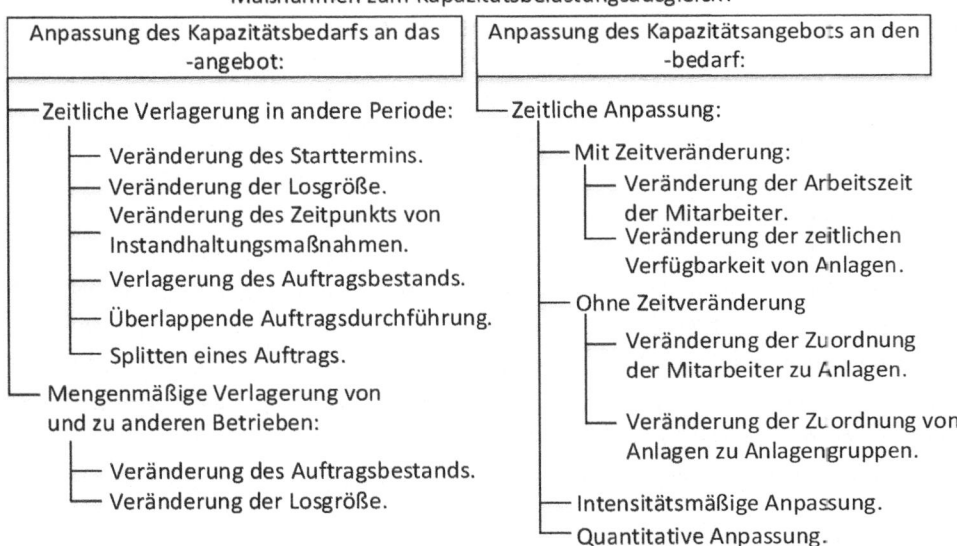

Abbildung 3.1: Maßnahmen zum Kapazitätsbelastungsausgleich

Bei den vorgeschlagenen Anpassungen von dem Kapazitätsangebot an den -bedarf handelt es sich im Kern um eine Erhöhung der Kapazität. Dem Prinzip einer „atmenden" Fabrik folgend, liegt temporär eine höhere Verfügbarkeit an Personal (durch Arbeits-zeitveränderung oder Anlagenzuordnung) und Anlagen (durch Anlagen-Verfügbarkeit und Anlagengruppen-Zuordnung) für bestimmte Produkte vor oder diese Ressourcen als Ganzes stehen länger zur Verfügung. Neben einem „schnelleren" Arbeiten (inten-sitätsmäßige Anpassung) kann auch ein Reserve-Produktionssystem genutzt werden. Diese Maßnahmen bedeuten einen Dispositionsspielraum, der jedoch außerhalb des (eigentlich) zu lösenden Planungsproblems liegt. Bei den vorgeschlagenen Anpassungen von dem Kapazitätsbedarf an das -angebot trifft dies bei der mengenmäßigen Verlagerung von und zu andern Betrieben auch zu. Demgegenüber sind die vorgeschlagenen zeitlichen Verlagerungen in andere Perioden im Prinzip algorithmisch umsetzbar. Mit Ausnahme der Veränderung des Zeitpunkts von Instandhaltungsmaßnahmen liegen diese auch innerhalb des (eigentlich) zu lösenden Planungsproblems. Deswegen werden diese im Folgenden analysiert. Dabei ist von dem Ergebnis der programmorientierten Bedarfspla-nung auszugehen – da diese Analyse auf der Basis des grundsätzlichen Vorgehens von der Planung in kommerziell verfügbaren ERP-Systemen erfolgen soll. Dies schließt eine neue Losbildung ebenso aus wie eine völlig neue Zusammensetzung des Auftragsbestands. Deswegen werden das Splitten eines Auftrags (zur Realisierung des gleichnamigen Vorschlags in Abbildung 3.1 und damit auch der Veränderung der Losgröße, s. Abbildung 3.1), die frühere Auftragsfreigabe (zur Umsetzung der Veränderung des Starttermins und der Verlagerung des Auftragsbestands in Abbildung 3.1) und die überlappende Auftragsdurchführung (s. den gleichnamigen Vorschlags in Abbildung 3.1) untersucht.

Mit Splitten eines Planauftrags wird eine Verkürzung der Durchlaufzeit erreicht, indem die Gesamtmenge in mehrere Teile aufgeteilt wird. Liegen Rüstzeiten vor, so fallen diese für jedes Teillos an. Ein Beispiel befindet sich in Abbildung 3.2. Ein für das Produkti-onssystem PS1 vorgesehener Planauftrag wird auf die drei Produktionssysteme PS1, PS2 und PS3 aufgeteilt. Dadurch entsteht eine Reduktion seiner Bearbeitungszeit auf dem Produktionssystem PS1, zu Lasten von zusätzlicher Bearbeitungszeit auf den beiden Pro-duktionssystemen PS2 und PS3. Durch die produktionssystem-spezifischen Rüstzeiten liegt nun eine höhere Gesamtrüstzeit vor. Produktionssystem-spezifische Bearbeitungs-zeiten haben den gleichen Effekt. Vor allem die stets auftretende zusätzliche Rüstzeit reduziert die verfügbare Gesamtkapazität.

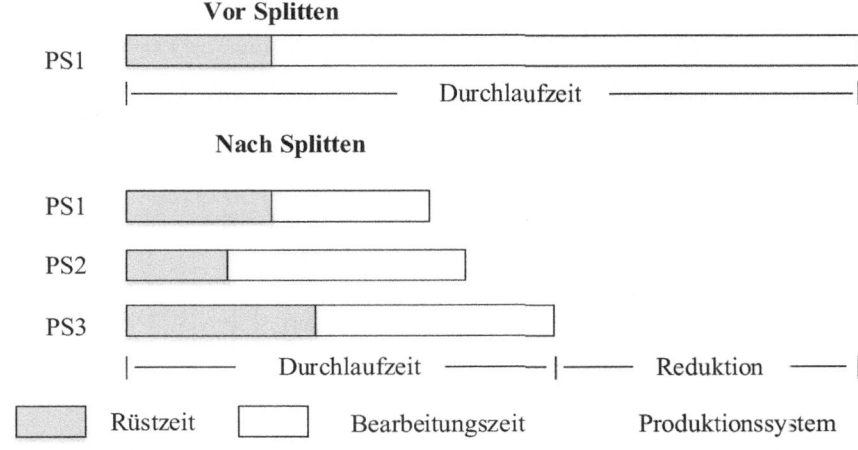

Abbildung 3.2: Verkürzung der Durchlaufzeit durch Splitten eines Loses

Das Prinzip der früheren Auftragsfreigabe ist in Abbildung 3.3 dargestellt. Aufgrund der Durchlaufterminierung sind zwei Planaufträge auf ein Produktionssystem in Periode 5 zu fertigen – s. das linke Gantt-Diagramm in Abbildung 3.3. Eine frühere Auftragsfreigabe zu Beginn von Periode 4 erlaubt, einen der beiden Planaufträge in Periode 4 zu produzieren, sofern kein anderer Planauftrag in dieser Periode gefertigt wird – s. das rechte Gantt-Diagramm in Abbildung 3.3.

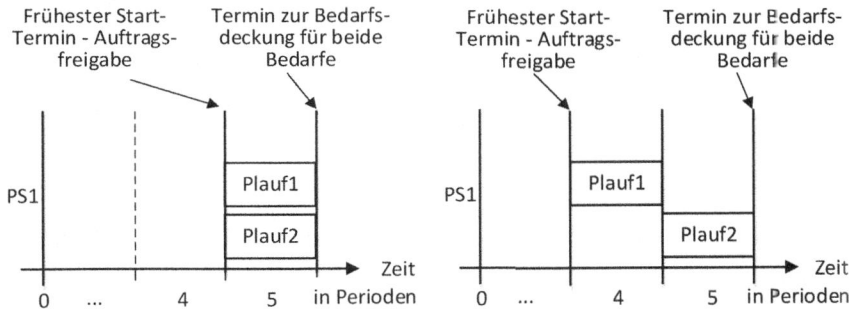

Abbildung 3.3: Verlagerung durch eine frühere Auftragsfreigabe.

Abbildung 3.4 zeigt das Prinzip der Überlappung. Nach der Kapazitätsplanung ist Plauf1 in den Perioden 3 bis zur Mitte von Periode 5 zu produzieren; s. das linke Gantt-Diagramm in Abbildung 3.4. Zu Beginn von Periode 6 beginnt sein Nachfolger, nämlich Planauftrag Plauf2; wegen der Einlagerungsregel ist ein früherer Beginn nicht erlaubt. Planauftrag Plauf2 dient zur Deckung von einem Bedarf zu Beginn von Periode 6. Dadurch entsteht eine Verspätung von zwei Perioden; s. das linke Gantt-Diagramm in Abbildung 3.4. Durch die überlappende Produktion beginnt Plauf2 bereits zu Beginn von Periode 4 und wird zum Ende von Periode 5 fertiggestellt. Dies bewirkt eine termingerechte Deckung des Bedarfs zu Beginn von Periode 6; s. das rechte Gantt-Diagramm in Abbildung 3.4.

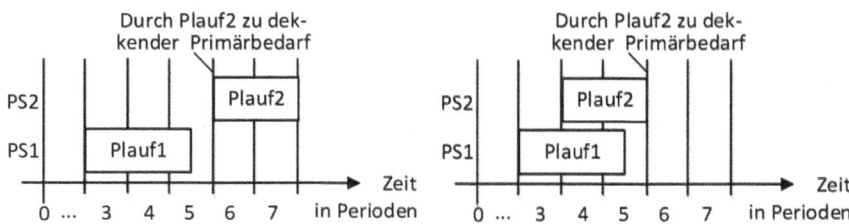

Abbildung 3.4: Termineinhaltung durch eine überlappende Produktion.

3.1 Durchlaufterminierung mit Lossplittung

Die folgende Abbildung enthält die in diesem Abschnitt betrachteten Planungsvarianten und das grundsätzliche Vorgehen. Lossplittungen mit und ohne Berücksichtigung von beschränkter Kapazität werden vorgeschlagen; s. 2) und 3) in Abbildung 3.5. Die Analyse bei beschränkter Kapazität erfolgt durch eine Umsetzung von dem jeweiligen Planungsergebnis. Die Ergebnisse werden mit denen der programmorientierten Materialbedarfsplanung verglichen – also 1) in Abbildung 3.5. MLCLSP, s. 4) in Abbildung 3.5, bezeichnet eine optimale Lösung des Problems – es wird im Abschnitt 3.1.3 im Detail erläutert.

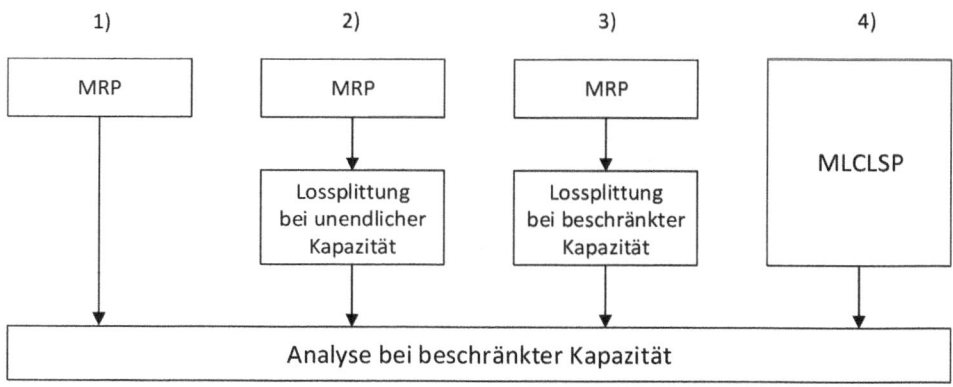

Abbildung 3.5: Übersicht über die zu untersuchenden Planungsvarianten.

In der Fallstudie existieren zwei Endprodukte P1 und P2. Deren Primärbedarfe in Mengeneinheiten (ME), die zu Beginn einer Periode zu decken sind, enthält die folgende

Tabelle 3.1. Der Planungszeitraum besteht aus zehn Perioden (von Periode 1 bis Periode 10).

Periode t	1	2	3	4	5	6	7	8	9	10
Primärbedarf P1 [ME]	0	0	0	0	0	0	0	70	40	50
Primärbedarf P2 [ME]	0	0	0	0	0	0	0	30	20	40

Tabelle 3.1: Primärbedarfe der Endprodukte P1 und P2 in Mengeneinheiten (ME).

Die Endprodukte haben jeweils ein bzw. zwei direkt eingehende Komponenten, die jeweils einfach eingehen und eine Komponente hat eine weitere einfach eingehende Komponente. Der dazugehörende Gonzintograph ist in Abbildung 3.6 angegeben.

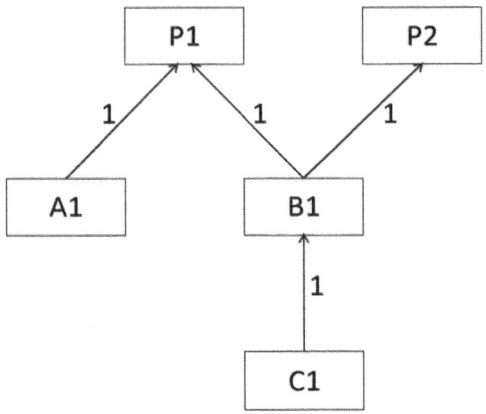

Abbildung 3.6: Gozintograph zu den drei Endprodukten.

Die einzelnen Produkte werden direkt auf zwei Produktionssysteme – PS1 und PS2 – gefertigt; wodurch keine Arbeitspläne vorliegen. Damit entfällt die Ressourcenbelegungsplanung bzw. fällt mit der Kapazitätsplanung zusammen. Für jedes Produkt enthält Tabelle 3.2 das zu verwendende Produktionssystem, die geschätzte Durchlaufzeit (Vorlaufzeit) in Perioden, die Stückbearbeitungszeit in Zeiteinheiten (ZE) sowie die Rüst- und Lagerkostensätze in Geldeinheiten (GE) und GE je Mengeneinheit (ME) und Periode. Rüstzeiten fallen keine an. Beide Produktionssysteme haben jeweils eine Kapazität von 100 ZE je Periode.

Produkt k	P1	P2	A1	B1	C1
Produktionssystem	PS1	PS1	PS2	PS2	PS2
Vorlaufzeit (z_k) [Perioden]	1	1	1	1	1
Stückbearbeitungszeit (tb_k) $\left[\frac{ZE}{ME}\right]$	1	1	1	1	1
Rüstkostensatz (s_k) [GE]	100	100	80	80	80
Lagerkostensatz (h_k) $\left[\frac{GE}{ME \cdot Periode}\right]$	2	2	15	15	15

Tabelle 3.2: Planungsparameter der Produkte und Komponenten.

Die Aufgabe zu dem Folgenden lautet:
Wenden Sie die programmorientierte Materialbedarfsplanung auf diese Fallstudie an. Lösen Sie die dabei auftretenden einstufigen Losgrößenprobleme durch die Groff-Heuristik. Geben Sie die resultierende Peggingstruktur (tabellarisch) an. Stellen Sie die zeitliche Anordnung der erhaltenen Planaufträge als Gantt-Diagramm dar. Geben Sie die periodenspezifischen Kosten und etwaige auftretende Fehlmengen an. Führen Sie eine Durchlaufterminierung mit möglichst frühem Start der Planaufträge durch und geben die dabei entstehenden Puffer an. Bestimmen Sie für das Ergebnis wiederum die periodenspezifischen Kosten und etwaige auftretende Fehlmengen. Führen Sie eine Kapazitätsplanung mit minimaler Summe an Fehlmengen durch, geben das Ergebnis als Gantt-Diagramm an und geben die auftretenden Puffer an. Bestimmen Sie dafür ebenfalls die periodenspezifischen Kosten und etwaige auftretende Fehlmengen. Halten Sie sich hier und im Folgenden an der im Abschnitt 1.2 erläuterten Vorgehensweise, insbesondere berücksichtigen Sie die Einlagerungsregel, sofern nicht anders vorgegangen werden soll.

Das Ergebnis der Anwendung der programmorientierten Materialbedarfsplanung, s. Algorithmus 1.4, mit der Verwendung der Groff-Heuristik zur Lösung einstufiger Losgrößenprobleme auf die Fallstudie befindet sich in Tabelle 3.3. Da keine Lagerzugänge außerhalb der programmorientierten Materialbedarfsplanung (also Parameter LZ) auftreten, wurden lediglich die Bedarfe und die Lose einschließlich ihrer Bezeichnungen angegeben; um das Produkt in die Bezeichnung zu integrieren, enthält diese es als Präfix mit „_" von der eigentlichen Bezeichnung abgetrennt, wobei es entfällt, wenn das Produkt klar ist, wie in Tabelle 3.3 – z.B. ist PA7 mit Präfix gerade B1_PA7. Die (tabellarische) Peggingstruktur befindet sich in Tabelle 3.4; die Planaufträge sind nach ihrer Erzeugung durch die Materialbedarfsplanung sortiert.

Endprodukt P1										
Periode t	1	2	3	4	5	6	7	8	9	10
Primärbedarf^A [ME]	0	0	0	0	0	0	0	70	40	50
PlAuf^A [ME]	0	0	0	0	0	0	110	0	50	0
Bezeichnung PlAuf^A							PA1		PA2	

Endprodukt P2										
Periode t	1	2	3	4	5	6	7	8	9	10
Primärbedarf^A [ME]	0	0	0	0	0	0	0	30	20	40
PlAuf^A [ME]	0	0	0	0	0	0	50	0	40	0
Bezeichnung PlAuf^A							PA3		PA4	

Komponente A1										
Periode t	1	2	3	4	5	6	7	8	9	10
Sekundärbedarf^A [ME]	0	0	0	0	0	0	110	0	50	0
PlAuf^A [ME]	0	0	0	0	0	110	0	50	0	0
Bezeichnung PlAuf^A						PA5		PA6		

Komponente B1										
Periode t	1	2	3	4	5	6	7	8	9	10
Sekundärbedarf^A [ME]	0	0	0	0	0	0	160	0	90	0
PlAuf^A [ME]	0	0	0	0	0	160	0	90	0	0
Bezeichnung PlAuf^A						PA7		PA8		

Komponente C1										
Periode t	1	2	3	4	5	6	7	8	9	10
Sekundärbedarf^A [ME]	0	0	0	0	0	160	0	90	0	0
PlAuf^A [ME]	0	0	0	0	160	0	90	0	0	0
Bezeichnung PlAuf^A					PA9		PA10			

Tabelle 3.3: Ergebnis der programmorientierten Materialbedarfsplanung.

Aufgrund der Lager- und Rüstkostensätze in dieser Fallstudie liefert das Groff-Verfahren die gleichen Ergebnisse wie die Silver-Meal-Heuristik. Die Primärbedarfe zu Beginn der Periode 8 und 9 werden für beide Endprodukte zu jeweils einem Los zusammengefasst und die beiden Bedarfe zu Beginn der Periode 10 bilden jeweils ein eigenes Los. Die abgeleiteten Bedarfe (Sekundärbedarfe) zu allen Komponenten werden bedarfssynchron produziert.

Plan-auftrag	Menge [ME]	Starttermin [ZE]	Endtermin [ZE]	Vor-gänger	Nachfolger (gedeckte Menge)
P1_PA1	110	600	700	A1_PA5, B1_PA7	$d_{P1,8}$ (70 ME), $d_{P1,9}$ (40 ME)
P1_PA2	50	800	900	A1_PA6, B1_PA8	$d_{P1,10}$ (50 ME)
P2_PA3	50	600	700	B1_PA7	$d_{P2,8}$ (30 ME), $d_{P2,9}$ (20 ME)
P2_PA4	40	800	900	B1_PA8	$d_{P2,10}$ (40 ME)
A1_PA5	110	500	600	—	P1_PA1
A1_PA6	50	700	800	—	P1_PA2
B1_PA7	160	500	600	C1_PA9	P1_PA1, P2_PA3
B1_PA8	90	700	800	C1_PA10	P1_PA2, P2_PA4
C1_PA9	160	400	500	—	B1_PA7
C1_PA10	90	600	700	—	B1_PA8

Tabelle 3.4: Ergebnis der Materialbedarfsplanung als (tabellarische) Peggingstruktur.

Die zeitliche Anordnung der Planaufträge aufgrund der Materialbedarfsplanung als Gantt-Diagramm befindet sich in Abbildung 3.7. Da die Abschätzung des Kapazitätsverbrauchs in der Materialbedarfsplanung in Form einer geschätzten Durchlaufzeit als zutreffend angesehen wird, können keine Verspätungen bzw. Fehlmengen anfallen. (Es sei erinnert, dass unterstellt wird, dass eine geschätzte Durchlaufzeit gegenüber einer reinen Bearbeitungszeit auch Leerzeiten enthält, wodurch ein Planauftrag die Kapazität eines Produktionssystems in seiner (geschätzten) Durchlaufzeit nicht vollständig verbraucht und eine simultane Produktion mehrerer Planaufträge möglich ist.) Die auftretenden produkt- und periodenspezifischen Rüst- und Lagerkosten sind in Tabelle 3.5 angegeben. Kumuliert betragen diese 1000 GE.

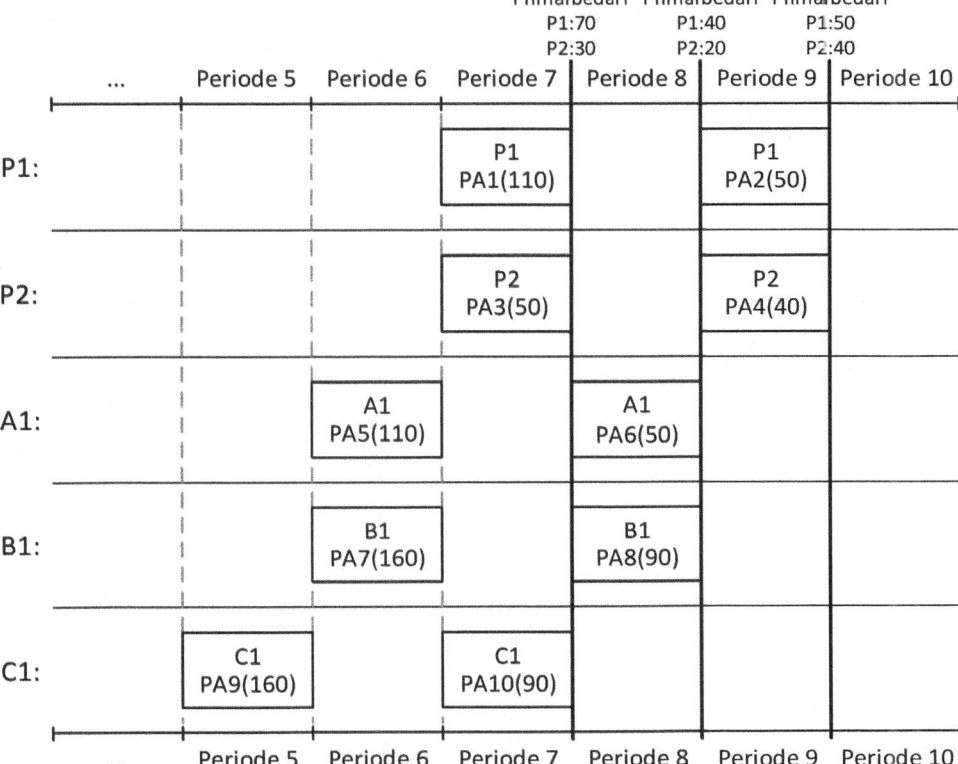

Abbildung 3.7: Grobplanung der Materialbedarfsplanung als Gantt-Diagramm; in Klammern die zu produzierende Menge in Mengeneinheiten.

Endprodukt P1									
Periode	...	5	6	7	8	9	10	$\sum_{ME}$	$\sum_{GE}$
Rüstvorgang		0	0	1	0	1	0	2	200
Physisch$_{P1,t}^{E}$		0	0	0	40	0	0	40	80
Gesamtkosten		0	0	100	80	100	0		280
Fehlmengen		0	0	0	0	0	0	0	

Tabelle 3.5: Periodenspezifische Kosten in Geldeinheiten (GE) aus Rüstvorgängen sowie Lagerbeständen und Fehlmengen (beides in Mengeneinheiten (ME)) bei der Grobplanung der Materialbedarfsplanung (wird fortgesetzt).

Endprodukt P2									
Periode	...	5	6	7	8	9	10	$\sum_{ME}$	$\sum_{GE}$
Rüstvorgang		0	0	1	0	1	0	2	200
Physisch$^{E}_{P2,t}$		0	0	0	20	0	0	20	40
Gesamtkosten		0	0	100	40	100	0		240
Fehlmengen		0	0	0	0	0	0	0	
Komponente A1									
Periode	...	5	6	7	8	9	10	$\sum_{ME}$	$\sum_{GE}$
Rüstvorgang		0	1	0	1	0	0	2	160
Physisch$^{E}_{A1,t}$		0	0	0	0	0	0	0	0
Gesamtkosten		0	80	0	80	0	0		160
Komponente B1									
Periode	...	5	6	7	8	9	10	$\sum_{ME}$	$\sum_{GE}$
Rüstvorgang		0	1	0	1	0	0	2	160
Physisch$^{E}_{A1,t}$		0	0	0	0	0	0	0	0
Gesamtkosten		0	80	0	80	0	0		160
Komponente C1									
Periode	...	5	6	7	8	9	10	$\sum_{ME}$	$\sum_{GE}$
Rüstvorgang		1	0	1	0	0	0	2	160
Physisch$^{E}_{C1,t}$		0	0	0	0	0	0	0	0
Gesamtkosten		80	0	80	0	0	0		160
Über alle Produkte									
Periode	...	5	6	7	8	9	10	$\sum_{ME}$	$\sum_{GE}$
Gesamtkosten		80	160	280	280	200	0		1000
Fehlmengen		0	0	0	0	0	0	0	

Tabelle 3.5: Periodenspezifische Kosten in Geldeinheiten (GE) aus Rüstvorgängen sowie Lagerbeständen und Fehlmengen (beides in Mengeneinheiten (ME)) bei der Grobplanung der Materialbedarfsplanung.

Die Durchlaufzeiten aufgrund der Stückbearbeitungszeiten sind wegen der Stückbearbeitungszeit von 1 Zeiteinheit (ZE) je Mengeneinheit (ME) für alle Produkte identisch mit den zu produzierenden Mengen – formal berechnen sie sich durch Algorithmus 1.6 — und sie sind in der folgenden Tabelle 3.6 angegeben; die Tabelle enthält zum Vergleich auch die geschätzte Durchlaufzeit (Vorlaufzeit) in ZE – zur Erinnerung: Eine Periode hat 100 ZE.

Plan-auftrag	Produkt (k)	Menge	tb_k	Dauer	Geschätzte Durchlaufzeit	Produktionssystem
P1_PA1	P1	110 ME	$1\frac{ZE}{ME}$	110 ZE	100 ZE	PS1
P1_PA2	P1	50 ME	$1\frac{ZE}{ME}$	50 ZE	100 ZE	PS1
P2_PA3	P2	50 ME	$1\frac{ZE}{ME}$	50 ZE	100 ZE	PS1
P2_PA4	P2	40 ME	$1\frac{ZE}{ME}$	40 ZE	100 ZE	PS1
A1_PA5	A1	110 ME	$1\frac{ZE}{ME}$	110 ZE	100 ZE	PS2
A1_PA6	A1	50 ME	$1\frac{ZE}{ME}$	50 ZE	100 ZE	PS2
B1_PA7	B1	160 ME	$1\frac{ZE}{ME}$	160 ZE	100 ZE	PS2
B1_PA8	B1	90 ME	$1\frac{ZE}{ME}$	90 ZE	100 ZE	PS2
C1_PA9	C1	160 ME	$1\frac{ZE}{ME}$	160 ZE	100 ZE	PS2
C1_PA10	C1	90 ME	$1\frac{ZE}{ME}$	90 ZE	100 ZE	PS2

Tabelle 3.6: Dauern der Planaufträge aufgrund der Stückbearbeitungszeiten.

Die Durchlaufterminierung (s. die beiden Algorithmen 1.7 – Rückwärtstermininerung – und 1.8 Vorwärtstermininerung) ergibt das in der folgenden Abbildung 3.8 angegebene Gantt-Diagramm. Da nur 100 Mengeneinheiten je Periode produzierbar sind, erweisen sich einige Vorlaufzeiten (geschätzte Durchlaufzeiten) als zu klein. So ist es für Planauftrag C1_PA9 im Vergleich zum Vorgehen durch die Materialbedarfsplanung nicht mehr möglich die geplanten 160 Stück bis zum Beginn der Periode 6 zu produzieren. Dadurch kann mit der Produktion der 160 Mengeneinheiten von der Baugruppe B1 – durch den Planauftrag B1_PA7 – erst ab der Periode 7 und nicht schon – wie zuvor – am Anfang der Periode 6 begonnen werden; beachte die Einlagerungsregel. Als Folge davon verschiebt sich auch der Produktionsbeginn der 110 Mengeneinheiten des Endproduktes P1 – durch den Planauftrag P1_PA1 – um zwei Perioden in die Periode 9. Auch dieser Planauftrag P1_PA1 überschreitet die geschätzte Durchlaufzeit von einer Periode, da 110 Mengeneinheiten produziert werden müssen. Durch die zu späte Produktionsbeendigung des Planauftrags B1_PA7 kann der Planauftrag P2_PA3 erst in der Periode 9 begonnen werden. Insgesamt können nur zwei von vier Planaufträgen für die Produkte P1 und P2 termingerecht abgeschlossen werden. Es treten die in Tabelle 3.7 angegeben negativen Puffer auf. Fünf Planaufträge (P1_PA2, P2_PA4, A1_PA6, B1_PA8 und C1_PA10) haben positive Puffer und sie beginnen zu den durch die Materialbedarfsplanung bestimmten Zeitpunkten. Die genauen Start- und Endzeitpunkte aller Planaufträge sowie ihre spätesten (möglichen) Endzeitpunkte für ihre Pufferberechnungen sind in Tabelle 3.7 angegeben. Zur besseren Nachvollziehbarkeit enthält diese auch ihre Vorgänger und Nachfolger. Die Primärbedarfe werden in der zeitlichen Reihenfolge ihrer Termine gedeckt bzw. ausgeliefert und es sind Teillieferungen möglich – im Falle von Verspätungen erfolgt zunächst deren Auslieferung und zwar in der Reihenfolge ihrer (monoton) abnehmender Verspätungen. Für jeden Bedarf ist seine Auslieferungsperiode in Abbildung 3.8 angegeben. Für jeden Bedarf ist seine Auslieferungsperiode in Abbildung 3.8 angegeben.

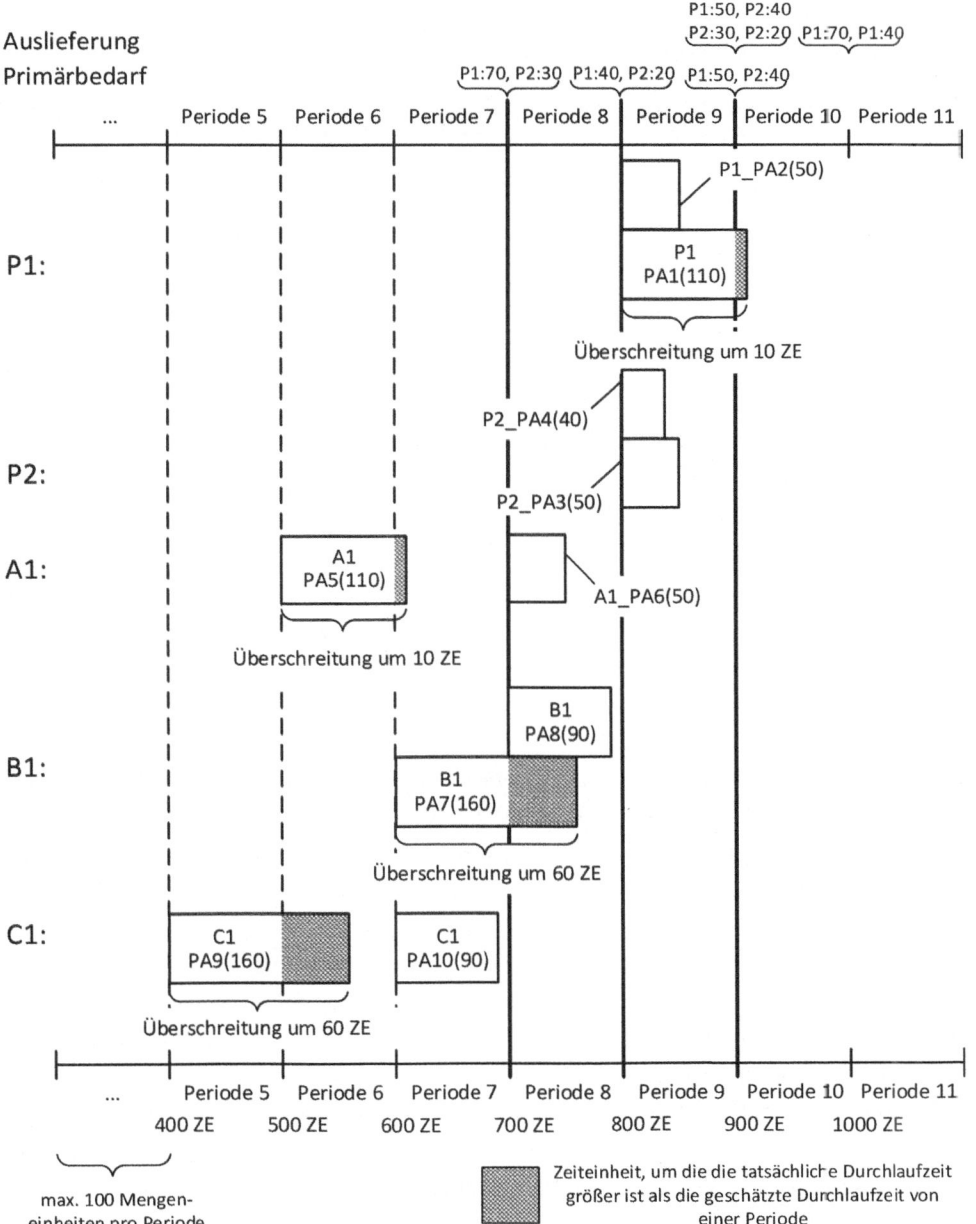

Abbildung 3.8: Früheste mögliche Anfangstermine nach der Durchlaufterminierung der Materialbedarfsplanung als Gantt-Diagramm; in Klammern die zu produzierende Menge in Mengeneinheiten.

Plan-auftrag	Dauer [ZE]	Start-termin FAZ [ZE]	End termin FEZ [ZE]	SEZ [ZE]	Puffer [ZE]	Vor-gänger	Nachfolger (gedeckte Menge)
P1_PA1	110	800	910	700	-210	A1_PA5, B1_PA7	$d_{P1,8}$ (70 ME), $d_{P1,9}$ (40 ME)
P1_PA2	50	800	850	900	50	A1_PA6, B1_PA8	$d_{P1,10}$ (50 ME)
P2_PA3	50	800	850	700	-150	B1_PA7	$d_{P2,8}$ (30 ME), $d_{P2,9}$ (20 ME)
P2_PA4	40	800	840	900	60	B1_PA8	$d_{P2,10}$ (40 ME),
A1_PA5	110	500	610	500	-110	—	P1_PA1
A1_PA6	50	700	750	800	50	—	P1_PA2
B1_PA7	160	600	760	500	-260	C1_PA9	P1_PA1, P2_PA3
B1_PA8	90	700	790	800	10	C1_PA10	P1_PA2, P2_PA4
C1_PA9	160	400	560	300	-260	—	B1_PA7
C1_PA10	90	600	690	700	10	—	B1_PA8

Tabelle 3.7: Ergebnis der Durchlaufterminierung.

Für jeden Primarbedarf ergibt sich aus seinem Termin und seiner Auslieferungsperiode seine Terminabweichung. Nach Abbildung 3.8 eben ausschließlich Verspätungen – da verspätete Primärbedarfe bevorzugt ausgeliefert werden. Für jede verspätete Periode fallen entsprechende Fehlmengen an. Diese sind im Detail in Tabelle 3.8 angegeben.

Die einzelnen Kosten ergeben sich wie folgt. Da die Planaufträge C1_PA9, A1_PA5, B1_PA7 und P1_PA1 jeweils eine Losgröße besitzen, welche die maximale Losgröße von 100 Mengeneinheiten für eine Periode überschreitet, fallen zwar für die Produkte P1 und P2 keine Lagerkosten mehr an, jedoch werden durch die zu späte Fertigstellung der Planaufträge P1_PA1 und P2_PA3 290 Fehlmengeneinheiten vom Endprodukt P1 und 80 Fehlmengeneinheiten vom Endprodukt P2 verursacht. Als Folge davon, dass der Starttermin des Planauftrags P1_PA1 erst in der Periode 9 ist, müssen die 110 Mengeneinheiten des Planauftrags A1_PA5 in der Periode 8 gelagert werden. Die Lagerkosten des Materials A1 belaufen sich somit auf 1650 Geldeinheiten (GE), da der Lagerkostensatz für alle Baugruppen 15 GE je Periode beträgt. Für die Baugruppen B1 und C1 fallen keine Lagerkosten an, da bei diesen kein physischer Bestand auftritt. Gegenüber den Kosten aufgrund der Materialbedarfsplanung erhöhen sich dadurch die Lagerkosten um 1530 GE und die Fehlmengen erhöhen sich (von 0) auf 370 ME – da die Anzahl der Planaufträge unverändert ist, treten die gleichen Rüstkosten auf.

Endprodukt P1									
Periode	...	5	6	7	8	9	10	$\sum_{ME}$	$\sum_{GE}$
Rüstvorgang		0	0	0	0	2	0	2	200
Physisch$_{P1,t}^{E}$		0	0	0	0	0	0	0	0
Gesamtkosten		0	0	0	0	200	0		200
Fehlmengen		0	0	0	70	110	110	290	

Endprodukt P2									
Periode	...	5	6	7	8	9	10	$\sum_{ME}$	$\sum_{GE}$
Rüstvorgang		0	0	0	0	2	0	2	200
Physisch$_{P2,t}^{E}$		0	0	0	0	0	0	0	0
Gesamtkosten		0	0	0	0	200	0		200
Fehlmengen		0	0	0	30	50	0	80	

Komponente A1									
Periode	...	5	6	7	8	9	10	$\sum_{ME}$	$\sum_{GE}$
Rüstvorgang		0	1	0	1	0	0	2	160
Physisch$_{A1,t}^{E}$		0	0	0	110	0	0	110	1650
Gesamtkosten		0	80	0	1730	0	0		1810

Komponente B1									
Periode	...	5	6	7	8	9	10	$\sum_{ME}$	$\sum_{GE}$
Rüstvorgang		0	0	1	1	0	0	2	160
Physisch$_{A1,t}^{E}$		0	0	0	0	0	0	0	0
Gesamtkosten		0	0	80	80	0	0		160

Komponente C1									
Periode	...	5	6	7	8	9	10	$\sum_{ME}$	$\sum_{GE}$
Rüstvorgang		1	0	1	0	0	0	2	160
Physisch$_{C1,t}^{E}$		0	0	0	0	0	0	0	0
Gesamtkosten		80	0	80	0	0	0		160
Gesamtkosten		80	80	160	1810	400	0		2530
Fehlmengen		0	0	0	100	160	110	370	

Tabelle 3.8: Periodenspezifische Kosten in Geldeinheiten (GE) aus Rüstvorgängen sowie Lagerbeständen und Fehlmengen (beides in Mengeneinheiten (ME)) nach der Durchlaufterminierung bei frühester Einplanung der Planaufträge.

Eine Kapazitätsplanung mit einer möglichst geringen Summe an Fehlmengen ergibt sich wie folgt: Zu Beginn von Periode 5 wird nur der Planauftrag C1_PA9 freigegeben und mit seiner Bearbeitung begonnen; diese und alle anderen Einplanungen sind in Abbildung 3.9 dargestellt. Seine Fertigstellung in Periode 6 ermöglicht die Freigabe von Planauftrag B1_PA7 zu Beginn von Periode 7. Zuvor wird zu Beginn von Periode 6 der Planauftrag A1_PA5 freigegeben und zu Beginn von Periode 7 wird Planauftrag C1_PA10 freigegeben. Deren Bearbeitung ist zugunsten von Planauftrag B1_PA7 zurückzustellen, da nach Fertigstellung von Planauftrag B1_PA7 zu Beginn der nächsten Periode, nämlich Periode 9, mit der Produktion vom Endprodukt P2 begonnen werden kann, nämlich durch den Planauftrag P2_PA3. Wird mit Planauftrag A1_PA5 bereits in Periode 6 begonnen, so kann Planauftrag B1_PA7 frühestens in Periode 9 beendet werden. Dadurch kann mit der Produktion der beiden Endprodukte frühestens in Periode 10 begonnen werden. Eine Bevorzugung von Planauftrag C1_PA10 führt zu einem verspätetem Produktionsbeginn von Planauftrag P1_PA1 gegenüber der in Abbildung 3.9 angegebenen Lösung – und zwar um eine Periode. Die Fertigstellung von Planauftrag B1_PA7 führt zu der Freigabe von P2_PA3 zu Beginn von Periode 9 und seinem unmittelbaren Produktionsbeginn. Die Bevorzugung von Planauftrag A1_PA5 vor Planauftrag C1_PA10 – nach der Fertigstellung von Planauftrag B1_PA7 in Periode 8 – ermöglicht den Produktionsbeginn von Planauftrag P1_PA1 in Periode 10; im umgekehrten Fall könnte mit Planauftrag P1_PA1 erst in Periode 11 begonnen werden, wodurch sich die Auslieferung der durch den Planauftrag P1_PA1 zu deckenden Bedarfe um eine weitere Periode verzögert. Eine bevorzugte Produktion von Planauftrag A1_PA6, der bereits in Periode 8 freigegeben wird, bewirkt, dass der Planauftrag P1_PA1 erst in Periode 13 fertiggestellt wird. Die dadurch deutlich erhöhte Fehlmenge wird nicht durch eine um eine Periode früher Fertigstellung von Planauftrag P2_PA4 kompensiert. Die Fertigstellung von Planauftrag C1_PA10 in Periode 10 erlaubt den Produktionsbeginn von Planauftrag B1_PA8 zu Beginn von Periode 11. Die dadurch entstehende Leerzeit ist für die Produktion von Planauftrag A1_PA6 zu nutzen. Dadurch beginnt zwar der Planauftrag B1_PA8 um 10 ZE später, aber er wird weiterhin in der Periode 11 beendet. Dadurch können beide Planaufträge P1_PA2 und P2_PA4 in der Periode 12 beendet werden. Wie erwähnt ist das Ergebnis in der folgenden Abbildung 3.9 dargestellt. Es enthält wieder für jeden Bedarf seine Auslieferungsperiode. Es sei angemerkt, dass bei der Kapazitätsplanung sowohl mit der FIFO-Regel als auch mit der KOZ-Regel eine höhere Summe an Fehlmengen und Summe an Verspätungen auftreten; dies trifft übrigens auch auf die Bevorzugung von Planaufträgen mit einem kleineren Puffer zu. Diese Kapazitätsplanung hat zugleich eine minimale Summe an Verspätungen.

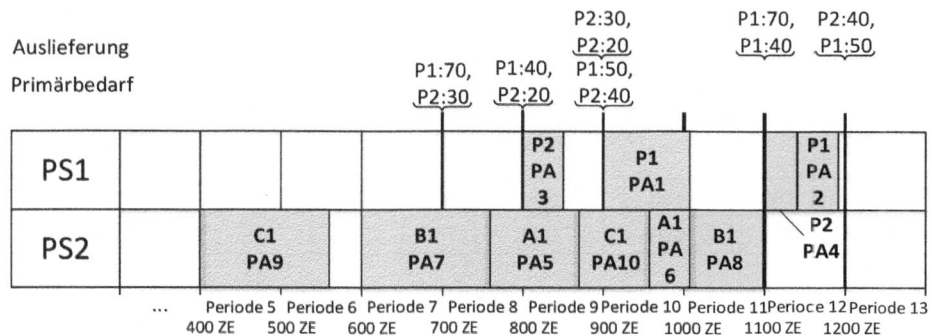

Abbildung 3.9: Produktionsplan mit minimaler Summe an Fehlmengen und minimaler mittlerer Verspätung.

Wiederum kann insgesamt dadurch kein Planauftrag für die Produkte P1 und P2 termingerecht abgeschlossen werden. Nun hat sogar jeder Planauftrag einen negativen Puffer, die in Tabelle 3.9 angegeben sind. Tabelle 3.9 enthält die genauen Start- und Endzeitpunkte aller Planaufträge sowie ihre spätesten (möglichen) Endzeitpunkte für ihre Pufferberechnungen. Zur besseren Nachvollziehbarkeit enthält diese auch ihre Vorgänger und Nachfolger. Die Primärbedarfe werden in der zeitlichen Reihenfolge ihrer Termine gedeckt. Für jeden Bedarf ist seine Auslieferungsperiode in Abbildung 3.9 angegeben.

Plan-auftrag	Dauer [ZE]	Start-termin FAZ [ZE]	End termin FEZ [ZE]	SEZ [ZE]	Puffer [ZE]	Vor-gänger	Nachfolger (gedeckte Menge)
P1_PA1	110	900	1010	700	-310	A1_PA5, B1_PA7	$d_{P1,8}$ (70 ME), $d_{A1,9}$ (40 ME)
P1_PA2	50	1140	1190	900	-290	A1_PA6, B1_PA8	$d_{P1,10}$ (50 ME)
P2_PA3	50	800	850	700	-150	B1_PA7	$d_{P2,8}$ (30 ME), $d_{P2,9}$ (20 ME)
P2_PA4	40	1100	1140	900	-240	B1_PA8	$d_{P2,10}$ (40 ME),
A1_PA5	110	760	870	500	-370	—	P1_PA1
A1_PA6	50	960	1010	800	-210	—	P1_PA2
B1_PA7	160	600	760	500	-260	C1_PA9	P1_PA1, P2_PA3

Tabelle 3.9: Ergebnis der Kapazitätsplanung (wird fortgesetzt).

107

Plan-auftrag	Dauer [ZE]	Start-termin FAZ [ZE]	End termin FEZ [ZE]	SEZ [ZE]	Puffer [ZE]	Vor-gänger	Nachfolger (gedeckte Menge)
B1_PA8	90	1010	1100	800	-300	C1_PA10	P1_PA2, P2_PA4
C1_PA9	160	400	560	300	-260	—	B1_PA7
C1_PA10	90	870	960	700	-260	—	B1_PA8

Tabelle 3.9: Ergebnis der Kapazitätsplanung.

Diese Kapazitätsplanung führt zu den in der folgenden Tabelle 3.10 angegebenen Fehlmengen und periodenspezifischen Kosten. Die über die einzelnen Planaufträge produzierten Mengeneinheiten werden zum frühesten möglichen Zeitpunkt in anderen Planaufträgen verwendet, wodurch, mit einer Ausnahme, physische Bestände vermieden werden – die Ausnahme wird durch den Planauftrag B1_PA7 bewirkt. Alle Planaufträge für die Endprodukte werden verspätet beendet, so dass die produzierten Mengeneinheiten unmittelbar ausgeliefert werden; wodurch physische Bestände vermieden werden – dadurch fallen trotz Losbildung keine physischen Bestände an. Insgesamt wird mehr als bei der Materialbedarfsplanung gelagert, aber genauso viel wie bei der Durchlaufterminierung. Die substantiell höheren Gesamtkosten im Vergleich zu denen bei der Materialbedarfsplanung bewirkt der deutlich höhere Lagerkostensatz bei Komponenten gegenüber dem bei Endprodukten. Die Fehlmengen sind substantiell höher als bei der Durchlaufterminierung – nämlich um 380 Mengeneinheiten und damit um 102.703 %.

Endprodukt P1											
Periode	...	5	6	7	8	9	10	11	12	$\sum_{ME}$	$\sum_{GE}$
Rüstvorgang		0	0	0	0	0	1	0	1	2	200
Physisch$^E_{P1,t}$		0	0	0	0	0	0	0	0	0	0
Gesamtkosten		0	0	0	0	0	100	0	100		200
Fehlmengen		0	0	0	70	110	160	160	50	550	

Tabelle 3.10: Periodenspezifische Kosten in Geldeinheiten (GE) aus Rüstvorgängen sowie Lagerbeständen und Fehlmengen (beides in Mengeneinheiten (ME)) bei der Kapazitätsplanung (wird fortgesetzt).

Endprodukt P2										
Periode	...	5	6	7	8	9	10	11	12	$\sum_{ME}$	$\sum_{GE}$
Rüstvorgang		0	0	0	0	1	0	0	1	2	200
Physisch$^E_{P2,t}$		0	0	0	0	0	0	0	0	0	0
Gesamtkosten		0	0	0	0	100	0	0	100		200
Fehlmengen		0	0	0	30	50	40	40	40	200	

Komponente A1										
Periode	...	5	6	7	8	9	10	11	12	$\sum_{ME}$	$\sum_{GE}$
Rüstvorgang		0	0	0	1	0	1	0	0	2	160
Physisch$^E_{A1,t}$		0	0	0	0	0	0	0	0	0	0
Gesamtkosten		0	0	0	80	0	80	0	0		160

Komponente B1										
Periode	...	5	6	7	8	9	10	11	12	$\sum_{ME}$	$\sum_{GE}$
Rüstvorgang		0	0	1	0	0	0	1	0	2	160
Physisch$^E_{A1,t}$		0	0	0	0	110	0	0	0	0	1650
Gesamtkosten		0	0	80	0	0	0	80	0		1810

Komponente C1										
Periode	...	5	6	7	8	9	10	11	12	$\sum_{ME}$	$\sum_{GE}$
Rüstvorgang		1	0	0	0	1	0	0	0	2	160
Physisch$^E_{C1,t}$		0	0	0	0	0	0	0	0	0	0
Gesamtkosten		80	0	0	0	80	0	0	0		160

Über alle Produkte										
Periode	...	5	6	7	8	9	10	11	12	$\sum_{ME}$	$\sum_{GE}$
Gesamtkosten		80	0	80	80	1830	180	80	200		2530
Fehlmengen		0	0	0	100	160	200	200	90	750	

Tabelle 3.10: Periodenspezifische Kosten in Geldeinheiten (GE) aus Rüstvorgängen sowie Lagerbeständen und Fehlmengen (beides in Mengeneinheiten (ME)) bei der Kapazitätsplanung.

3.1.1 Lossplittung bei unendlicher Kapazität

Die Durchlaufterminierung führt bei dieser Fallstudie zu negativen Puffern. Verantwortlich dafür ist, dass die Lose im Vergleich zu den Vorlaufzeiten der Produkte – also ihren geschätzten Durchlaufzeiten – zu groß sind. Dies kann durch deren Limitierung auf die in einer Vorlaufzeit mögliche Losgröße behoben werden. Da weiterhin eine parallele Bearbeitung der Planaufträge erlaubt ist, wird von Lossplittung bei unendlicher Kapazität gesprochen.

Wie zu Beginn vom Abschnitt 3.1 dargestellt wurde, soll die Lossplittung bei unendlicher Kapazität auf das Ergebnis einer programmorientierten Materialbedarfsplanung angewendet werden. Dadurch sind die durch die programmorientierte Materialbedarfsplanung bestimmten Planaufträge (Lose) der Endprodukte die (Primär-)Bedarfe für diesen Planungsschritt. Zur Abgrenzung zum Ausgangsproblem wird dieses Problem als MRP-Problem bezeichnet.

Ein einfaches Vorgehen besteht im Kern darin, eine maximale Losgröße für die Vorlaufzeit zu einem Produkt einzuführen und zu große Lose in ein maximales Los und ein Restlos aufzuspalten, wobei das Restlos in eine zeitlich frühere Periode gelegt wird.

Die Aufgabe zu dem Folgenden lautet:
Präzisieren Sie diesen Ansatz für die Lossplittung für die durchgehende Fallstudie in diesem Gesamtabschnitt 3.1 und bestimmen damit für das MRP-Problem von dieser Fallstudie die resultierenden Lose. Geben Sie die periodenspezifischen Kosten und etwaige auftretende Fehlmengen an.

In dieser Fallstudie ist die Vorlaufzeit stets eine Periode, weswegen der einfache Lossplit für Perioden präzisiert wird – eine Verallgemeinerung ist entsprechend vorzunehmen. Somit wird ein zu großes Los in einer Periode t zerlegt, indem das maximale Los in Periode t gebildet wird und der Rest wird in Periode t − 1 vorgezogen – um seinen Termin einzuhalten. Ist dieses Los – in Periode t − 1 – ebenfalls zu groß, so wird dieses Vorgehen auf dieses Los erneut angewandt. Dies wird iteriert, bis das verbleibende Los nicht mehr zu groß ist. Um jede Periode zu einem Produkt nur einmal zu betrachten, sind die Perioden von dem Ende des Horizonts bis zum Anfang des Horizonts (z.B. von T bis 1) zu durchlaufen. Da das Ganze auch auf ihre Sekundärbedarfe, hervorgerufen durch eine Stücklistenauflösung (wie die, die in der programmorientierten Materialbedarfsplanung realisiert ist) anzuwenden ist, wird wie bei der programmorientierten Materialbedarfsplanung vorgegangen. Auf die resultierenden Planaufträge wird der gerade vorgestellte Lossplit ebenfalls angewandt. Das Ganze wird fortgesetzt, wobei, wie bei der programmorientierten Materialbedarfsplanung, die Dispositionsstufen von 0 bis zur höchsten Dispositionsstufe durchlaufen werden. Die Produkte auf einer Dispositionsstufe können wieder in einer beliebigen Reihenfolge betrachtet werden.

Für diese Fallstudie sind die Lose aufgrund der Materialbedarfsplanung, s. Tabelle 3.3, als Primärbedarfe in der folgenden Tabelle 3.11 angegebenen und die Tabelle 3.11 enthält zugleich das Ergebnis von diesem einfachen Lossplit. Folgende Losbildungen mögen beispielhaft die Arbeitsweise des einfachen Lossplits erläutern. Der für Periode 8 zu große Bedarf für Produkt P1 über 110 Mengeneinheiten (ME) führt durch den Lossplit zu dem maximalen Los über 100 Mengeneinheiten (ME) in Periode 7 und zu dem Restlos von 10 ME in Periode 6. Die Stücklistenauflösung (wie die, die in der programmorientierten Materialbedarfsplanung realisiert ist) für die Komponente B1 führt zu den folgenden (Sekundär-)Bedarfen: einem Bedarf von 10 ME in Periode 6, einem von 150 ME in Periode 7 und einem von 90 ME in Periode 9. Diese (Sekundär-)Bedarfe werden durch die Planaufträge (für die Komponente B1) über 10 ME in Periode 5, über 150 ME in Periode 6 und über 90 ME in Periode 8 gedeckt. Das (obige) Verfahren zum Lossplit verändert den Planauftrag über 90 ME in Periode 8 nicht. Den Planauftrag über 150 ME in Periode 6 spaltet es auf in einen über 100 ME in Periode 6 und einen über 50 ME in Periode 5. Zusammen mit dem Planauftrag über 10 ME in Periode 5 bewirkt dies einen Planauftrag über 60 ME in Periode 5.

Endprodukt P1										
Periode t	1	2	3	4	5	6	7	8	9	10
Primärbedarf^A [ME]	0	0	0	0	0	0	0	110	0	50
PlAuf^A [ME]	0	0	0	0	0	10	100	0	50	0
Endprodukt P2										
Periode t	1	2	3	4	5	6	7	8	9	10
Primärbedarf^A [ME]	0	0	0	0	0	0	0	50	0	40
PlAuf^A [ME]	0	0	0	0	0	0	50	0	40	0
Komponente A1										
Periode t	1	2	3	4	5	6	7	8	9	10
Sekundärbedarf^A [ME]	0	0	0	0	0	10	100	0	50	0
PlAuf^A [ME]	0	0	0	0	10	100	0	50	0	0
Komponente B1										
Periode t	1	2	3	4	5	6	7	8	9	10
Sekundärbedarf^A [ME]	0	0	0	0	0	10	150	0	90	0
PlAuf^A [ME]	0	0	0	0	60	100	0	90	0	0
Komponente C1										
Periode t	1	2	3	4	5	6	7	8	9	10
Sekundärbedarf^A [ME]	0	0	0	0	60	100	0	90	0	0
PlAuf^A [ME]	0	0	0	60	100	0	90	0	0	0

Tabelle 3.11: Ergebnis zum einfachen Lossplit.

Die durch diese Lösung entstehenden periodenspezifischen Kosten sind in Tabelle 3.12 angegeben.

Endprodukt P1										
Periode	...	4	5	6	7	8	9	10	$\sum_{ME}$	$\sum_{GE}$
Rüstvorgang		0	0	1	1	0	1	0	3	300
Physisch$_{P1,t}^{E}$		0	0	0	10	0	0	0	10	20
Gesamtkosten		0	0	100	120	0	100	0		320
Fehlmengen		0	0	0	0	0	0	0	0	
Endprodukt P2										
Periode	...	4	5	6	7	8	9	10	$\sum_{ME}$	$\sum_{GE}$
Rüstvorgang		0	0	0	1	0	1	0	2	200
Physisch$_{P2,t}^{E}$		0	0	0	0	0	0	0	0	0
Gesamtkosten		0	0	0	100	0	100	0		200
Fehlmengen		0	0	0	0	0	0	0	0	
Komponente A1										
Periode	...	4	5	6	7	8	9	10	$\sum_{ME}$	$\sum_{GE}$
Rüstvorgang		0	1	1	0	1	0	0	3	240
Physisch$_{A1,t}^{E}$		0	0	0	0	0	0	0	0	0
Gesamtkosten		0	80	80	0	80	0	0		240
Komponente B1										
Periode	...	4	5	6	7	8	9	10	$\sum_{ME}$	$\sum_{GE}$
Rüstvorgang		0	1	1	0	1	0	0	3	240
Physisch$_{A1,t}^{E}$		0	0	50	0	0	0	0	50	750
Gesamtkosten		0	80	830	0	80	0	0		990
Komponente C1										
Periode	...	4	5	6	7	8	9	10	$\sum_{ME}$	$\sum_{GE}$
Rüstvorgang		1	1	0	1	0	0	0	3	240
Physisch$_{C1,t}^{E}$		0	0	0	0	0	0	0	0	0
Gesamtkosten		80	80	0	80	0	0	0		240
Über alle Produkte										
Periode	...	4	5	6	7	8	9	10	$\sum_{ME}$	$\sum_{GE}$
Gesamtkosten		80	240	1010	300	160	200	0		1990
Fehlmengen		0	0	0	0	0	0	0	0	

Tabelle 3.12: Periodenspezifische Kosten in Geldeinheiten (GE) aus Rüstvorgängen sowie Lagerbeständen und Fehlmengen (beides in Mengeneinheiten (ME)) bei der Grobplanung der Materialbedarfsplanung.

Geben Sie eine kostenminimale Lossplittung an – bei unendlicher Kapazität –, einschließlich der resultierenden periodenspezifischen Kosten und etwaiger auftretender Fehlmengen. Gehen Sie dabei von dem MRP-Problem zu der durchgehenden Fallstudie in diesem Gesamtabschnitt 3.1 aus. Führen Sie eine Durchlaufterminierung mit möglichst frühem Start der Planaufträge durch. Führen Sie eine Kapazitätsplanung mit einer möglichst geringen Summe an Fehlmengen bezogen auf das MRP-Problem von dieser Fallstudie durch, geben das Ergebnis als Gantt-Diagramm an und geben die auftretenden Puffer an. Bestimmen Sie die dadurch beim Ausgangsproblem von dieser Fallstudie auftretenden periodenspezifischen Kosten und etwaige auftretende Fehlmengen. Vergleichen Sie das Ergebnis mit den bisher erzielten Ergebnissen.

Nachteilhaft sind die hohen Kosten durch die Lagerung von 50 Mengeneinheiten (ME) von Komponente B1 in Periode 6 – nämlich von 750 Geldeinheiten. Durch eine simultane Planung der Lose können diese sogar gänzlich vermieden werden. Unter Berücksichtigung der Bedarfe auf den nachfolgenden Dispositionsstufen, auch durch die Bedarfe anderer Produkte, hervorgerufen durch eine Stücklistenauflösung (wie die, die in der programmorientierten Materialbedarfsplanung realisiert ist), wird der (Primär-)bedarf von Endprodukt P1 in Periode 8 über 110 ME gedeckt durch einen Planauftrag über 50 ME in Periode 7 und einen über 60 ME in Periode 6; es sei an eine Vorlaufzeit von 1 Periode (für die Planaufträge) erinnert. Ansonsten werden die Planaufträge für die beiden Endprodukte P1 und P2 aufgrund vom einfachen Lossplit übernommen. Im Detail erzeugt die anschließende Stücklistenauflösung (Sekundär-)Bedarfe – wie bei der programmorientierten Materialbedarfsplanung – Lose, die die maximale Losgröße je Periode nicht überschreiten. Das Ergebnis ist in der folgenden Tabelle 3.13 angegeben. Die dabei hervorgerufenen periodenspezifischen Kosten enthält Tabelle 3.14. Tatsächlich ist diese Losbildung kostenminimal. (Es sei angemerkt: Im Abschnitt 3.1.3 wird ein lineares Optimierungsmodell zur optimalen Lösung dieses Problems unter Berücksichtigung der beschränkten Kapazität vorgestellt. Werden seine Kapazitätsrestriktionen eliminiert und maximale Lose durch Restriktionen erzwungen, so liefert das entstehende Modell diese Lösung. Da dieses Modell für das Weitere nicht relevant ist, wird auf seine Angabe verzichtet.)

Endprodukt P1										
Periode t	1	2	3	4	5	6	7	8	9	10
Primärbedarf^A [ME]	0	0	0	0	0	0	0	110	0	50
PlAuf^A [ME]	0	0	0	0	0	60	50	0	50	0
Bezeichnung PlAuf^A						PA1	PA2		PA3	

Endprodukt P2										
Periode t	1	2	3	4	5	6	7	8	9	10
Primärbedarf^A [ME]	0	0	0	0	0	0	0	50	0	40
PlAuf^A [ME]	0	0	0	0	0	0	50	0	40	0
Bezeichnung PlAuf^A							PA4		PA5	

Komponente A1										
Periode t	1	2	3	4	5	6	7	8	9	10
Sekundärbedarf^A [ME]	0	0	0	0	0	60	50	0	50	0
PlAuf^A [ME]	0	0	0	0	60	50	0	50	0	0
Bezeichnung PlAuf^A					PA6	PA7		PA8		

Komponente B1										
Periode t	1	2	3	4	5	6	7	8	9	10
Sekundärbedarf^A [ME]	0	0	0	0	0	60	100	0	90	0
PlAuf^A [ME]	0	0	0	0	60	100	0	90	0	0
Bezeichnung PlAuf^A					PA9	PA10		PA11		

Komponente C1										
Periode t	1	2	3	4	5	6	7	8	9	10
Sekundärbedarf^A [ME]	0	0	0	0	60	100	0	90	0	0
PlAuf^A [ME]	0	0	0	60	100	0	90	0	0	0
Bezeichnung PlAuf^A				PA12	PA13		PA14			

Tabelle 3.13: Ergebnis zu einem kostenminimalen Lossplit.

Endprodukt P1										
Periode	...	4	5	6	7	8	9	10	$\sum_{ME}$	$\sum_{GE}$
Rüstvorgang		0	0	1	1	0	1	0	3	300
Physisch$^E_{P1,t}$		0	0	0	60	0	0	0	60	120
Gesamtkosten		0	0	100	220	0	100	0		420
Fehlmengen		0	0	0	0	0	0	0	0	

Tabelle 3.14: Periodenspezifische Kosten in Geldeinheiten (GE) aus Rüstvorgängen sowie Lagerbeständen und Fehlmengen (beides in Mengeneinheiten (ME)) zu einem kostenminimalen Lossplit (wird fortgesetzt).

Endprodukt P2										
Periode	...	4	5	6	7	8	9	10	$\sum_{ME}$	$\sum_{GE}$
Rüstvorgang		0	0	0	1	0	1	0	2	200
Physisch$_{P2,t}^{E}$		0	0	0	0	0	0	0	0	0
Gesamtkosten		0	0	0	100	0	100	0		200
Fehlmengen		0	0	0	0	0	0	0	0	

Komponente A1										
Periode	...	4	5	6	7	8	9	10	$\sum_{ME}$	$\sum_{GE}$
Rüstvorgang		0	1	1	0	1	0	0	3	240
Physisch$_{A1,t}^{E}$		0	0	0	0	0	0	0	0	0
Gesamtkosten		0	80	80	0	80	0	0		240

Komponente B1										
Periode	...	4	5	6	7	8	9	10	$\sum_{ME}$	$\sum_{GE}$
Rüstvorgang		0	1	1	0	1	0	0	3	240
Physisch$_{A1,t}^{E}$		0	0	0	0	0	0	0	0	0
Gesamtkosten		0	80	80	0	80	0	0		240

Komponente C1										
Periode	...	4	5	6	7	8	9	10	$\sum_{ME}$	$\sum_{GE}$
Rüstvorgang		1	1	0	1	0	0	0	3	240
Physisch$_{C1,t}^{E}$		0	0	0	0	0	0	0		0
Gesamtkosten		80	80	0	80	0	0	0		240

Über alle Produkte										
Periode	...	4	5	6	7	8	9	10	$\sum_{ME}$	$\sum_{GE}$
Gesamtkosten		80	240	260	400	160	200	0		1340
Fehlmengen		0	0	0	0	0	0	0		

Tabelle 3.14: Periodenspezifische Kosten in Geldeinheiten (GE) aus Rüstvorgängen sowie Lagerbeständen und Fehlmengen (beides in Mengeneinheiten (ME)) zu einem kostenminimalen Lossplit.

Aufgrund der Lossplittung ist die Dauer von jedem Los nicht länger als eine Periode. Deswegen liefert die Rückwärtsterminierung – aufgrund der Einlagerungsregel – die durch die (verwendete) kostenminimale Lossplittung ermittelten Endtermine als späteste (mögliche) Endtermine, die in Tabelle 3.13 angegeben sind; beachte: alle Produkte haben eine Vorlaufzeit von 1. Zugleich sind ihre Starttermine die frühesten (möglichen) Anfangstermine. Die Puffer sind folglich die Differenz aus Vorlaufzeit und Dauer; exemplarisch sind diese in Abbildung 3.10 eingezeichnet. Folglich können bei der Durchlaufterminierung keine negativen Puffer entstehen; also insbesondere nicht der zuvor beobachtete Effekt.

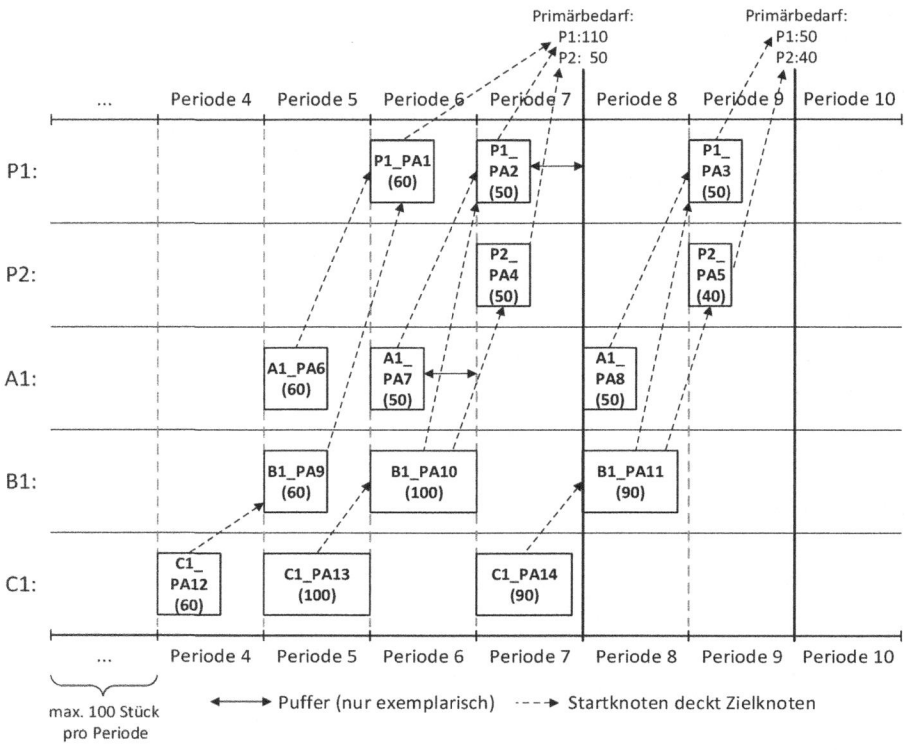

Abbildung 3.10: Grobplanung zu einem kostenminimalen Lossplit als Gantt-Diagramm; in Klammern die zu produzierende Menge in Mengeneinheiten.

Ein Produktionsplan mit einer minimalen Summe an Fehlmengen zum MRP-Problem ist in der folgenden Abbildung 3.11 dargestellt; die zu deckenden Primärbedarfe enthält Tabelle 3.11. Seine Optimalität ergibt sich aus der Betrachtung der Alternativen. Dies erfolgt durch die Analyse von Vertauschungen im Produktionsplan. Die Planaufträge C1_PA12, C1_PA13, B1_PA10, A1_PA7, A1_PA6, B1_PA9 auf Produktionssystem PS2 sowie die Planaufträge P2_PA4, P1_PA2 und P1_PA1 auf Produktionssystem PS1 decken die jeweils beiden Bedarfe der beiden Endprodukte zu Beginn von den beiden Perioden 8 und 9, was als Plan 1 bezeichnet wird, und die Planaufträge C1_PA14, A1_PA8 und B1_PA11 auf Produktionssystem PS2 sowie die Planaufträge P1_PA3 und P2_PA5 auf Produktionssystem PS1 decken die beiden Bedarfe der beiden Endprodukte zu Beginn von Periode 10, was als Plan 2 bezeichnet wird. Ein Vorziehen von einem Planauftrag aus Plan 2 in den Plan 1 bewirkt, dass die Produktion von mindestens einem der Planaufträge aus Plan 1 auf Produktionssystem PS1 (also einer der Planaufträge P1_PA1, P1_PA2 und

P2_PA4) in einer späteren Periode beendet sein wird, wodurch mindestens ein Bedarf in einer späteren Periode gedeckt wird, wodurch sich die kumulierte Fehlmenge erhöht; zum Nachvollziehen sei erwähnt, dass sich dies durch ein Vorziehen der Produktion von einem der Planaufträge auf Produktionssystem PS2 ergibt und ein Vorziehen der Produktion von einem der Planaufträge auf Produktionssystem PS1 ein Vorziehen der Produktion von einem der Planaufträge auf Produktionssystem PS2 impliziert. (Ferner darf kein Planauftrag vor seinem frühesten möglichen Starttermin begonnen werden.) Daher kann Plan 1 isoliert von Plan 2 analysiert werden.

Zunächst werden Vertauschungen im Plan 1 analysiert und die Fehlmengen werden relativ zu den kumulierten Fehlmengen durch Plan 1 angegeben – was im Folgenden nicht immer explizit genannt wird. Der Produktionsplan bewirkt für die Bedarfe zu Beginn von Periode 8 eine Fehlmenge (nur) für Endprodukt P1 und zwar von 110 Mengeneinheiten (ME) in Periode 8 und 60 ME in Periode 9. Statt der Produktion von Planauftrag C1_PA13 in Periode 5 könnte dort mit der Produktion der beiden Planaufträge B1_PA9 und A1_PA6 begonnen werden – ein früherer Beginn ist nicht möglich, da kein Planauftrag vor seinem frühesten möglichen Starttermin begonnen werden darf. Beide sind zusammen vorzuziehen, da ansonsten nicht mit der Produktion von dem Planauftrag P1_PA1 früher begonnen werden kann – die dabei auftretende minimale Fehlmenge ist noch höher als die bei diesem Vorziehen auftretende Fehlmenge. Bei beiden Reihenfolgen der beiden Planaufträge B1_PA9 und A1_PA6 wird die Produktion von Planauftrag P1_PA1 in Periode 7 beendet. Jede Abarbeitungsreihenfolge der restlichen Planaufträge auf Produktionssystem PS2, bei der Planauftrag C1_PA13 vor Planauftrag B1_PA10 ist (, ansonsten liegt keine zulässige Abarbeitungsreihenfolge vor), bewirkt, dass die Produktion sowohl von Planauftrag P1_PA2 als auch von Planauftrag P2_PA4 frühestens in Periode 9 beendet werden kann. In diesen Fällen wird dann Planauftrag B1_PA10 in Periode 8 produziert und verbraucht die komplette Kapazität von Periode 8. Da die kumulierte Nettobearbeitungszeit der Planaufträge im Plan 2 für das Produktionssystem PS2 über zwei Perioden beträgt, kann im günstigsten Fall nur die Produktion von Planauftrag P2_PA5 in Periode 11 beendet werden, während die Produktion von Planauftrag P1_PA3 frühestens in Periode 12 beendet werden kann, wodurch der Bedarf von Endprodukt P1 frühestens zu Beginn von Periode 13 gedeckt wird, anstatt zu Beginn von Periode 12. Dieser Effekt wird als Auswirkung auf Plan 2 bezeichnet. Dieses Vorziehen – von den beiden Planaufträgen B1_PA9 und A1_PA6 – verschlechtert die bisherige kumulierte Fehlmenge durch Plan 1 von 170 ME auf 200 ME; im Detail haben bei diesen alternativen Plänen beide Endprodukte jeweils in jeder der beiden Perioden 8 und 9 Fehlmengen von 50 ME. Wird mit der Produktion der beiden Planaufträge B1_PA9 und A1_PA6 in Periode 6 begonnen, so bewirkt jede der beiden Abarbeitungsreihenfolgen von den beiden Planaufträgen B1_PA10 und A1_PA7, dass die Produktion von Planauftrag P1_PA1 eine Periode früher, nämlich in Periode 8, beendet werden kann – wozu, wie oben erläutert ist, wiederum die Produktion der beiden Planaufträge B1_PA9 und A1_PA6 vorzuziehen ist. Dann kann die Produktion sowohl von Planauftrag P1_PA2 als auch von Planauftrag P2_PA4 in Periode 9 beendet werden. Gegenüber den zuvor genannten alternativen Plänen (zu Plan 1) verursachen diese noch eine zusätzliche Fehlmenge von 60 ME von Endprodukt P1 in Periode 8 und sind daher noch ungünstiger. Bei dieser Änderung der Abarbeitungsreihenfolge, wie auch bei den anderen, können statt der Deckung der Produktionsmengen von nachfolgenden Planaufträgen und Auslieferungen durch die ursprüngliche Peggingstruktur auch der vorliegende Lagerbestand verwendet werden. Exemplarisch sei dies für diesen Fall demonstriert. Bei der Produktion von Planauftrag B1_PA9 zu Beginn von Periode 6 kann Planauftrag P2_PA4 wie bisher produziert werden. Bei jeder Abarbeitungsreihenfolge der Planaufträge A1_PA6, A1_PA7, und B1_PA10 können die Planaufträge P1_PA2 und P1_PA1 frühestens in Periode 9 begonnen werden, wodurch einer von beiden in Periode 10 beendet wird. Die günstigste Variante, bei der der Planauftrag P1_PA2 in Periode 10 beendet wird, bewirkt eine Fehlmenge von 270 ME für Produkt P1 und 0 ME für Produkt P2, wodurch die kumulative Fehlmenge um 10 ME höher als die bei der zuvor diskutierten Einplanung ist – nämlich einer Fehlmenge von 160 ME für Produkt P1 und von 100 ME für Produkt P2. Ein Vorziehen der Produktion von Planauftrag A1_PA6 oder Planauftrag B1_PA9 oder beide Planaufträge vor Planauftrag A1_PA7 bewirkt, dass die Produktion von Planauftrag P1_PA2 frühestens in Periode 9 beendet werden kann, wodurch dann die Produktion von Planauftrag P1_PA1 frühestens in Periode 10 beendet werden kann, wodurch eine höhere kumulierte Fehlmenge auftritt. Diese Reihenfolge der Planaufträge P1_PA2 und P1_PA1 kann auch umgekehrt werden, wodurch die gleichen (zusätzlichen) Fehlmengen auftreten. Ein Vorziehen der Produktion von Planauftrag A1_PA7 in Periode 5 ist nicht möglich, da die Bedingung, dass kein Planauftrag vor seinem frühesten möglichen Starttermin begonnen werden darf, verletzt ist, würde aber ebenfalls zu einer höheren kumulierten Fehlmenge führen. Ein Vorziehen der Produktion von Planauftrag A1_PA7 in Periode 6 bewirkt im günstigsten Fall, dass P2_PA4 eine Periode später beendet wird, wodurch eine um 50 ME höhere Fehlmenge von Endprodukt P2 auftritt. Möglich ist ein späterer Beginn der Produktion von Planauftrag C1_PA12. Erfolgt dieser ab Periode 6, so muss mindestens einer der Planaufträge P2_PA4, P1_PA2 oder P1_PA1 in einer späteren Periode beendet werden, wodurch eine höhere kumulierte Fehlmenge entsteht. Die Vertauschung von den beiden Planaufträgen B1_PA9 und A1_PA6 bewirkt die gleichen Fehlmengen wie (bisher) beim Plan 1. Damit sind alle

Alternativen zum Plan 1 analysiert worden und geringere kumulierte Fehlmengen können nicht erreicht werden.

Nun werden die Vertauschungen im Plan 2 diskutiert. Mit der Produktion der Planaufträge auf Produktionssystem PS2 (also die Planaufträge C1_PA14, B1_PA11 und A1_PA8) kann erst nach der Fertigstellung der Planaufträge C1_PA12, C1_PA13, B1_PA10, A1_PA7, A1_PA6, B1_PA9 auf Produktionssystem PS2 begonnen werden, also nach 370 Zeiteinheiten. Jede Abarbeitungsreihenfolge der Planaufträge C1_PA14, B1_PA11 und A1_PA8 auf Produktionssystem PS2, bei der Planauftrag C1_PA14 vor Planauftrag B1_PA11 ist, bewirkt, dass die Produktion sowohl von Planauftrag P1_PA3 als auch von Planauftrag P2_PA5 frühestens in Periode 11 beendet werden kann. Dadurch ist keine Verringerung von Fehlmengen möglich.

Dieser Produktionsplan, in Abbildung 3.11, ist zugleich eine Lösung für eine minimale mittlere Verspätung der Bedarfe (zum MRP-Problem). Lediglich einer der Planaufträge für die Produkte P1 und P2 kann termingerecht abgeschlossen werden; nämlich P2_PA4. Die Ergebnisse im Detail sind in der Tabelle 3.15 angegeben; mit der gleichen Tabellenstruktur wie bisher. Abbildung 3.11 enthält wieder für jeden Bedarf zu dem Ausgangsproblem seine Auslieferungsperiode. Für die kumulierten (gleich gewichteten) Fehlmengen ist die Reihenfolge, in der die Primärbedarfe gedeckt werden, unerheblich. Werden vollständige Bedarfe bevorzugt ausgeliefert, so können die Ausgangsbedarfe von P1 zu Beginn von Periode 9 und von P2 zu Beginn der Perioden 8 und 9 ohne Verspätung gedeckt werden. Die auftretenden Fehlmengen zum Ausgangsproblem und in Klammern die zum MRP-Problem sind in Tabelle 3.16 im Detail angegeben, wobei eine teilweise Deckung bzw. Teillieferung der Bedarfe erlaubt ist. Dann betragen die kumulierten Fehlmengen 310 Mengeneinheiten – und für das MRP-Problem treten 350 Mengeneinheiten an Fehlmengen auf. Die geringere kumulierte Fehlmenge für das Decken der Ausgangsbedarfe liegt daran, dass der Bedarf von 110 Mengeneinheiten für das MRP-Problem sich aus zwei aufeinanderfolgenden Bedarfen vom Ausgangsproblem zusammensetzt. Folglich muss die kumulierte Fehlmenge wenigstens um den zeitlich späteren Bedarf kleiner sein; es handelt sich dabei um 40 Mengeneinheiten – von Produkt P1 zu Beginn von Periode 9 – und um diese ist die kumulierte Fehlmenge kleiner. In Tabelle 3.16 sind ferner alle periodenspezifischen Kosten angegeben. (Zum Nachvollziehen der Lagerungen in Tabelle 3.16 bietet es sich an, die zeitlichen Abstände zwischen der Fertigstellung eines Planauftrags und dem Beginn seiner Nachfolger nach der Peggingstruktur in Tabelle 3.15 zu erheben. Durch die Angaben über die gedeckte Menge beim Nachfolger ergibt sich, wie lange Mengeneinheiten gelagert werden – dabei ist die Einlagerungsregel zu beachten. Entsprechend kann für die Fehlmengen vorgegangen werden, da Tabelle 3.16 die Bedarfsdeckungen auf die gleiche Art und Weise beschreibt.)

Für das Ausgangsproblem ist dieser Produktionsplan auch optimal für die Summe an Fehlmengen und auch für die mittlere Verspätung der Bedarfe. Die oben vorgestellten alternativen Pläne, die zu einer erhöhten kumulierten Fehlmenge für das MRP-Problem führen, bewirken auch eine erhöhte kumulierte Fehlmenge für das Ausgangsproblem. Die einzige nicht berücksichtigte Vertauschung ist die zwischen den beiden Planaufträgen B1_PA9 und A1_PA6. Sie bewirkt – auch in diesem Fall – die gleichen Fehlmengen wie beim Plan 1.

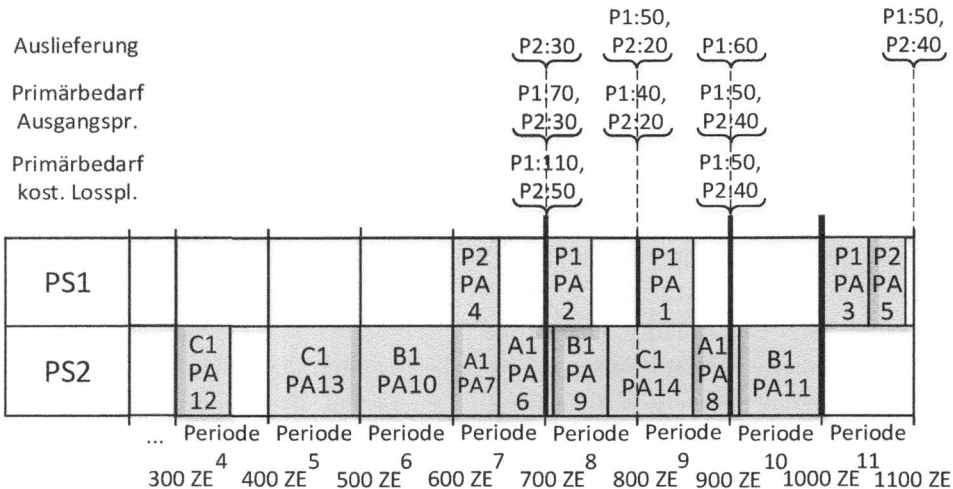

Abbildung 3.11: Produktionsplan mit minimaler Summe an Fehlmengen und minimaler mittlerer Verspätung; mit den Primärbedarfen zu dem MRP-Problem und zu dem Ausgangsproblem und dafür die Auslieferung.

Plan-auftrag	Dauer [ZE]	Start-termin FAZ [ZE]	End termin FEZ [ZE]	SEZ [ZE]	Puffer [ZE]	Vor-gänger	Nachfolger (L: /d): für Periode, gedeckte Menge
P1_PA1	60	800	860	600	-260	A1_PA6, B1_PA9	L, P1: 8, 60 ME, d, P1: 8, 60 ME

Tabelle 3.15: Ergebnis der Kapazitätsplanung zum kostenminimalen Lossplit – L für einen Primärbedarf zum MRP-Problem und d für einen Ausgangsbedarf – (wird fortgesetzt).

Plan-auftrag	Dauer [ZE]	Start-termin FAZ [ZE]	End termin FEZ [ZE]	SEZ [ZE]	Puffer [ZE]	Vor-gänger	Nachfolger (L: /d): für Periode, gedeckte Menge
P1_PA2	50	700	750	700	-50	A1_PA7, B1_PA10	L, P1: 8, 50 ME, d, P1: 9, 40 ME, d, P1: 8, 10 ME
P1_PA3	50	1000	1050	900	-150	A1_PA8, B1_PA11	L und d P1: 10, 50 ME
P2_PA4	50	600	650	700	50	B1_PA10	L, P2: 8, 50 ME, d, P2: 8, 30 ME, d, P2: 9, 20 ME
P2_PA5	40	1050	1090	900	-190	B1_PA11	L und d P2: 10, 40 ME
A1_PA6	60	650	710	500	-210	—	P1_PA1: 9, 60 ME
A1_PA7	50	600	650	600	-50	—	P1_PA2 8, 50 ME
A1_PA8	50	860	910	800	-110	—	P1_PA3 11, 50 ME
B1_PA9	60	710	770	500	-270	C1_PA12	P1_PA1 9, 60 ME
B1_PA10	100	500	600	600	0	C1_PA13	P1_PA2 8, 50 ME, P2_PA4 7, 50 ME
B1_PA11	90	910	1000	800	-200	C1_PA14	P1_PA3 11, 50 ME, P2_PA5 11, 40 ME
C1_PA12	60	300	360	400	40	—	B1_PA9 8, 50 ME
C1_PA13	100	400	500	500	0	—	B1_PA10 6, 50 ME
C1_PA14	90	770	860	700	-160	—	B1_PA11 10, 90 ME

Tabelle 3.15: Ergebnis der Kapazitätsplanung zum kostenminimalen Lossplit – L für einen Primärbedarf zum MRP-Problem und d für einen Ausgangsbedarf.

Endprodukt P1

Periode	...	4	5	6	7	8	9	10	11	$\sum_{ME}$	$\sum_{GE}$
Rüstvorgang		0	0	0	0	1	1	0	1	3	300
Physisch$^E_{P1,t}$		0	0	0	0	0	0	0	0	0	0
Gesamtkosten		0	0	0	0	100	100	0	100		300
Fehlmengen		0	0	0	0	70	60	50	50	230	
		(0)	(0)	(0)	(0)	(110)	(60)	(50)	(50)	(270)	

Endprodukt P2

Periode	...	4	5	6	7	8	9	10	11	$\sum_{ME}$	$\sum_{GE}$
Rüstvorgang		0	0	0	1	0	0	0	1	2	200
Physisch$^E_{P2,t}$		0	0	0	0	20	0	0	0	20	40
Gesamtkosten		0	0	0	100	40	0	0	100		240
Fehlmengen		0	0	0	0	0	0	40	40	80	
		(0)	(0)	(0)	(0)	(0)	(0)	(40)	(40)	(80)	

Komponente A1

Periode	...	4	5	6	7	8	9	10	11	$\sum_{ME}$	$\sum_{GE}$
Rüstvorgang		0	0	0	2	0	1	0	0	3	240
Physisch$^E_{A1,t}$		0	0	0	0	0	0	0	0	0	0
Gesamtkosten		0	0	0	160	0	80	0	0		240

Komponente B1

Periode	...	4	5	6	7	8	9	10	11	$\sum_{ME}$	$\sum_{GE}$
Rüstvorgang		0	0	1	0	1	0	1	0	3	240
Physisch$^E_{A1,t}$		0	0	0	50	0	0	0	0	50	750
Gesamtkosten		0	0	80	750	80	0	80	0		990

Komponente C1

Periode	...	4	5	6	7	8	9	10	11	$\sum_{ME}$	$\sum_{GE}$
Rüstvorgang		1	1	0	0	1	0	0	0	3	240
Physisch$^E_{C1,t}$		0	60	60	60	0	0	0	0	180	2700
Gesamtkosten		80	980	900	900	80	0	0	0		2940

Tabelle 3.16: Periodenspezifische Kosten in Geldeinheiten (GE) aus Rüstvorgängen sowie Lagerbeständen und Fehlmengen (beides in Mengeneinheiten (ME)) bei der Kapazitätsplanung zum Ausgangsproblem und bei den Fehlmengen in Klammern auch zum MRP-Problem (wird fortgesetzt).

Über alle Produkte											
Periode	...	4	5	6	7	8	9	10	11	$\sum_{ME}$	$\sum_{GE}$
Gesamtkosten		80	980	980	1910	300	180	80	200		4710
Fehlmengen		0	0	0	0	70	60	90	90	310	
		(0)	(0)	(0)	(0)	(110)	(60)	(90)	(90)	(350)	

Tabelle 3.16: Periodenspezifische Kosten in Geldeinheiten (GE) aus Rüstvorgängen sowie Lagerbeständen und Fehlmengen (beides in Mengeneinheiten (ME)) bei der Kapazitätsplanung zum Ausgangsproblem und bei den Fehlmengen in Klammern auch zum MRP-Problem.

Durch dieses Vorgehen wurde die Fehlmenge gegenüber derjenigen bei der programmorientierten Materialbedarfsplanung mit anschließender Kapazitätsplanung mit der Minimierung der summierten Fehlmengen als Zielkriterium (im Rahmen der Terminplanung) um $58\frac{2}{3}\%$ reduziert, nämlich von 750 Mengeneinheiten auf 310 Mengenheiten, allerdings zu Lasten von sehr viel höheren Gesamtkosten, die von 2530 Geldeinheiten auf 4710 Geldeinheiten zunahmen, also um $86\frac{42}{253}\%$.

3.1.2 Lossplittung bei beschränkter Kapazität

Nach Abschnitt 3.1.1 vermeidet eine optimale Lossplittung bei unendlicher Kapazität im Allgemeinen keine Fehlmengen. Die Ergebnisse ihrer Anwendung auf die durchgehende Fallstudie in diesem Gesamtabschnitt 3.1 zeigen eine gewisse Berücksichtigung der beschränkten Kapazität, so dass in der Regel weniger Fehlmengen auftreten dürften, allerdings zu Lasten von tendenziell substantiell erhöhten Kosten (primär die Lagerkosten).

Für eine stärkere Berücksichtigung von beschränkter Kapazität wird folgende Beobachtung verwendet: Selbst wenn alle Produkte auf einem Produktionssegment produziert werden, tritt kein Kapazitätsproblem auf, wenn

(a) jeder Planauftrag in einer Periode bearbeitet werden kann – also seine Dauer die Periodenlänge nicht übersteigt – und

(b) in jeder Periode lediglich ein Planauftrag zu fertigen ist.

Die erste Bedingung (a) wurde schon bei der Lossplittung mit unendlicher Kapazität in Abschnitt 3.1.1 erfüllt; und zwar sowohl für den einfachen Lossplit als auch für den kostenminimalen Lossplit bei unendlicher Kapazität. Die zweite Bedingung (b) führt zu einer sehr deutlichen Verlagerung der Planaufträge in frühere Perioden. Diese Perioden dürften dann wenig ausgelastet sein, so dass Planaufträge in zeitlich spätere Perioden verschoben werden können.

Die Aufgabe zu dem Folgenden lautet:
Präzisieren Sie diesen Ansatz für die Berücksichtigung von beschränkter Kapazität für die durchgehende Fallstudie in diesem Gesamtabschnitt 3.1 und bestimmen damit für das MRP-Problem von dieser Fallstudie (es wurde zu Beginn von Abschnitt 3.1.1 eingeführt) die resultierenden Lose. Stellen Sie das Ergebnis als Gantt-Diagramm dar und geben die auftretenden Puffer an. Bestimmen Sie die dadurch beim Ausgangsproblem von dieser Fallstudie auftretenden periodenspezifischen Kosten und etwaige auftretende Fehlmengen. Vergleichen Sie das Ergebnis mit den bisher erzielten Ergebnissen.

Da das Kapazitätsproblem durch Vorziehen von Planaufträgen in frühere Perioden gelöst wird, bietet es sich an, die Perioden von der höchsten – also Periode T – bis zur niedrigsten zu durchlaufen. Ist in einer Periode ein Bedarf, so wird wie folgt vorgegangen. Es werden Planaufträge zur Deckung von diesem Bedarf und von allen seinen direkt und indirekt eingehenden Sekundärbedarfen aufgrund der Stücklistenauflösung wie bei der programmorientierten Materialbedarfsplanung simultan erstellt. Ein Beispiel ist der Bedarf von 50 Mengeneinheiten von Produkt P1 zu Beginn von Periode 10. Dann sind dieser Bedarf Bd1, der Bedarf Bd2 von 50 Mengeneinheiten von Komponente A1 zu Beginn von Periode 9, der Bedarf Bd3 von 50 Mengeneinheiten von Komponente B1 zu Beginn von Periode 9 und der Bedarf Bd4 von 50 Mengeneinheiten von Komponente C1 zu Beginn von Periode 8 zu decken; es sei an die Vorlaufzeit von einer Periode erinnert. Dazu wird zu jedem dieser vier Bedarfe jeweils ein Planauftrag erstellt. Aufgrund der Vorlaufzeit von einer Periode ist derjenige zum Endprodukt P1 (deckt den Bedarf Bd1) in Periode 9 zu fertigen, seine beiden direkten Vorgänger sind in Periode 7 und 8 (decken die Bedarfe Bd2 und Bd3) zu produzieren und schließlich ist derjenige zur Deckung vom Bedarf Bd4 (also zur Komponente C1) in Periode 6 zu fertigen. Folglich sind die Perioden 9 bis 6 belegt – und die obige Bedingung (b) ist eingehalten. Dieses Teilergebnis sowie die im Folgenden erläuterten weiteren Teilergebnisse sind teilweise in Abbildung 3.12 dargestellt, teilweise deswegen, da bei dem Gesamtergebnis, das in Abbildung 3.12 dargestellt ist, Zusammenfassungen von Planaufträgen vorgenommen worden sind. Trotzdem dürfte Abbildung 3.12 das Nachvollziehen der Überlegungen in diesem Abschnitt unterstützen. Mit dem Bedarf von 40 Mengeneinheiten von Produkt P2 zu Beginn von Periode 10 wird genauso verfahren. Neben diesem Bedarf Bd5 sind seine abgeleiteten Bedarfe Bd6 von 40 Mengeneinheiten für Komponente B1 zu Beginn von Periode 9 und der Bedarf Bd7 von 40 Mengeneinheiten für Komponente C1 zu Beginn von Periode 8 zu decken. Wiederum wird zu jedem dieser drei Bedarfe jeweils ein Planauftrag erstellt, die aufgrund der Vorlaufzeit von 1 spätestens in den Perioden 7 bis 9 zu produzieren sind. Da die Perioden 6 bis 9 schon belegt sind, kommen diese, um die obige Bedingung (b) nicht zu verletzen, in die Perioden 6 bis 4. Weil die einzelnen Perioden nicht ausgelastet sind, können Planaufträge in zeitlich spätere Perioden verschoben werden. Dadurch werden die beiden Planaufträge zu den beiden Endprodukten P1 und P2 in Periode 9 produziert. Wegen der Einlagerungsregel kann der Planauftrag zur Deckung von dem Bedarf Bd3 (zur Komponente B1) frühestens in der Periode beginnen, die der Periode folgt, in der der Planauftrag zur Deckung von dem Bedarf Bd4 (zur Komponente C1) beendet ist. Das Gleiche gilt für die Planaufträge zur Deckung von den Bedarfen Bd6 und Bd7. Dann wird die kürzeste Durchlaufzeit von zwei Perioden erzielt, wenn die beiden Planaufträge zur Komponente B1 zu einem Los (Planauftrag) zusammengefasst werden (also die Bedarfe Bd3 und Bd6) und die beiden Planaufträge zur Komponente C1 ebenfalls zu einem Los (Planauftrag) zusammengefasst werden (also die Bedarfe Bd4 und Bd7); letzteres ergibt sich durch die Stücklistenauflösung zu dem einen (zusammengefassten) Planauftrag zur Komponente B1. Dies sind genau die Planaufträge von dem kostenminimalen Lossplit bei unendlicher Kapazität in Abschnitt 3.1.1; eben B1_PA11 und C1_PA14. Es bietet sich an, auch für die Planaufträge zu P1, P2 und A1 die Bezeichnungen bei dem kostenminimalen Lossplit bei unendlicher Kapazität in Abschnitt 3.1.1 zu verwenden; also P1_PA3, P2_PA5 und A1_PA8. Da Planauftrag B1_PA11 frühestens in der Periode beginnen kann, die der Periode folgt, in der der Planauftrag C1_PA14 beendet ist und Planauftrag A1_PA8 keinen Vorgänger hat, bietet es sich an, Planauftrag B1_PA11 in Periode 8 und Planauftrag C1_PA14 in Periode 7 zu legen. Planauftrag A1_PA8 kommt dann in Periode 6, wobei es möglich ist, die 10 Zeiteinheiten an freier Kapazität in Periode 7, aufgrund der Bearbeitung von Planauftrag C1_PA14, mit zu nutzen. Das Ergebnis in Form von den einzelnen Planaufträgen befindet sich in Tabelle 3.17 mit einer Visualisierung in Abbildung 3.12.

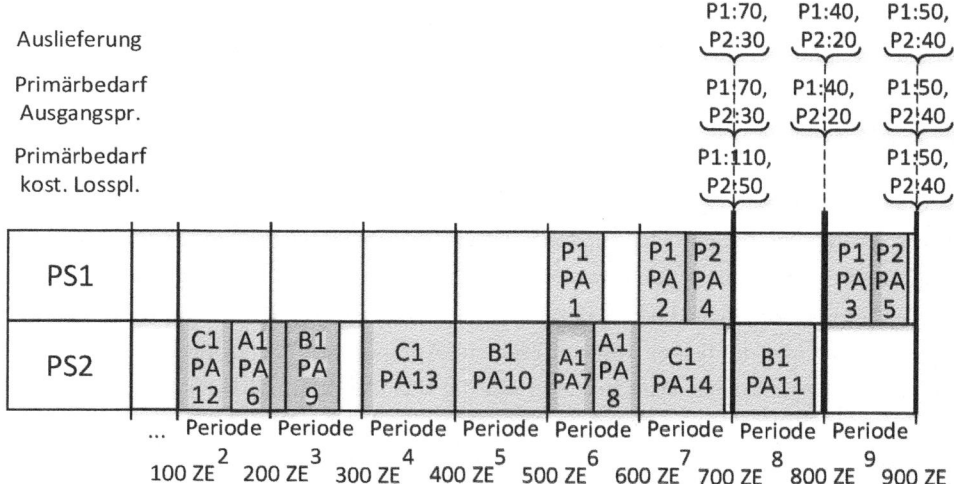

Abbildung 3.12: Produktionsplan durch die Lossplittung bei beschränkter Kapazität; mit den Primärbedarfen durch die kostenminimale Lossplittung und zu dem Ausgangsproblem und dafür die Auslieferung.

Die nächste (und zugleich letzte) Periode mit einem Bedarf für Endprodukte ist zu Beginn von Periode 8 und zwar mit 110 Mengeneinheiten für Endprodukt P1 und 50 Mengeneinheiten für Endprodukt P2. Da maximal 100 Mengeneinheiten in Periode 7 produzierbar sind, ist ein Lossplit – des möglichen Planauftrags über 110 Mengeneinheiten für Endprodukt P1 in Periode 7 – unvermeidbar. Dabei bietet sich der Lossplit in 100 Mengeneinheiten und in 10 Mengeneinheiten an, also so, wie beim einfachen Lossplit in Abschnitt 3.1.1, wobei – wie beim einfachen Lossplit in Abschnitt 3.1.1 gezeigt wurde – die Stücklistenauflösung Sekundärbedarfe für die eingehenden Komponenten zu den beiden Endprodukten liefert, die durch Planaufträge gedeckt werden können, die innerhalb einer Periode produziert werden können, weswegen die Bedingung (a) erfüllt ist. Bei einer von mehreren Alternativen könnte zunächst der Bedarf von P2 – also 50 Mengeneinheiten – durch einen Planauftrag über 50 Mengeneinheiten in Periode 7 gedeckt werden. In der Restkapazität von Periode 7 – zum Produktionssystem PS1 – könnte ein Planauftrag über 50 Mengeneinheiten für Endprodukt P1 produziert werden. Der restliche Bedarf über 60 Mengeneinheiten von Endprodukt P1 würde dann über einen Planauftrag über 60 Mengeneinheiten (für Endprodukt P1) in Periode 6 gedeckt werden. Damit würde genauso wie beim kostenminimalen Lossplit in Abschnitt 3.1.1 vorgegangen werden, wobei – wie beim kostenminimalen Lossplit in Abschnitt 3.1.1 gezeigt wurde – die Stücklistenauflösung Bedarfe für die eingehenden Komponenten zu den beiden Endprodukten liefert, die durch Planaufträge gedeckt werden können, die innerhalb einer Periode produziert werden können, weswegen die Bedingung (a) erfüllt ist. Diese (letzte) Variante wird aus Gründen der Vergleichbarkeit der Ergebnisse mit denen in Abschnitt 3.1.1 gewählt. Dadurch sind die genannten Planaufträge identisch mit denen beim kostenminimalen Lossplit in Abschnitt 3.1.1; es sind die Planaufträge P1_PA2 und P2_PA4 die in Periode 7 produziert werden, und der Planauftrag P1_PA1 mit einer Produktion in Periode 6. Es werden zunächst die Planaufträge P1_PA2 und P2_PA4 betrachtet. Die Stücklistenauflösung bewirkt vier Sekundärbedarfe zu den beiden Komponenten B1 und C1 über jeweils 50 Mengeneinheiten und einen Sekundärbedarf für Komponente A1 über 50 Mengeneinheiten. Wie zuvor wird die kürzeste Durchlaufzeit für die vier Planaufträge zur Deckung dieser Sekundärbedarfe zu den beiden Komponenten B1 und C1 von zwei Perioden erreicht, wenn die beiden Planaufträge zur Komponente B1 zu einem Los (Planauftrag) zusammengefasst werden, und die beiden Planaufträge zur Komponente C1 ebenfalls zu einem Los (Planauftrag) zusammengefasst werden; letzteres ergibt sich (wieder) durch die Stücklistenauflösung zu dem einen (zusammengefassten) Planauftrag zur Komponente B1. Damit liegen erneut die gleichen Planaufträge wie beim kostenminimalen Lossplit bei unendlicher Kapazität in Abschnitt 3.1.1 vor, nämlich C1_PA13 und B1_PA10. Wie beim kostenminimalen Lossplit bei unendlicher Kapazität in Abschnitt 3.1.1 wird der Sekundärbedarf zu A1 durch den Planauftrag A1_PA7 gedeckt. Durch den Planauftrag A1_PA8 in Periode 6 kann in dieser Periode der Planauftrag B1_PA10 (zur Herstellung der Materialverfügbarkeit für die beiden Planaufträge P1_PA2 und P2_PA4) nicht bearbeitet werden – nur durch ein weiteres Vorziehen von Planauftrag A1_PA8, was vermieden werden soll (, es sei angemerkt, dass dies nach den im späteren Teil dieses Abschnitts vorgestellten Lagerbestandsreduktionen vorteilhaft ist). Der Planauftrag B1_PA10 wird dann in Periode 5 und der Planauftrag C1_PA13 – sein Vorgänger – in Periode 4 gefertigt. Der Planauftrag A1_PA7 wird zusammen mit dem Planauftrag A1_PA8 in Periode 6 produziert. Nun wird der bisher zurückgestellte Planauftrag P1_PA1 über 60 Mengeneinheiten betrachtet. Die Stücklistenauflösung bewirkt Sekundärbedarfe für die drei Komponenten A1, B1 und C1 über ebenfalls jeweils 60 Mengeneinheiten. Die deckenden Planaufträge sind diejenigen beim kostenminimalen Lossplit bei unendlicher Kapazität in Abschnitt 3.1.1, nämlich die Planaufträge A1_PA6, B1_PA9 und C1_PA12. Nach dem bisherigen Vorgehen wird Planauftrag B1_PA9 in Periode 3 und Planauftrag C1_PA12 – sein Vorgänger – in Periode 2 produziert. Planauftrag A1_PA6 kann zwischen diesen beiden Planaufträgen produziert werden, da der kumulierte Kapazitätsbedarf dieser drei Planaufträge kleiner als das kumulierte Kapazitätsangebot in diesen beiden Perioden ist – es sei angemerkt, dass keine andere Abarbeitungsreihenfolge zwischen diesen drei Planaufträgen möglich ist.

Plan-auftrag	Dauer [ZE]	Start-termin FAZ [ZE]	End termin FEZ [ZE]	SEZ [ZE]	Puffer [ZE]	Vor-gänger	Nachfolger (L: /d):für Periode, gedeckte Menge
P1_PA1	60	500	560	600	40	A1_PA6, B1_PA9	L, P1: 8, 60 ME, d, P1: 8, 60 ME
P1_PA2	50	600	650	700	50	A1_PA7, B1_PA10	L, P1: 8, 50 ME, d, P1: 8, 10 ME, d, P1: 9, 40 ME
P1_PA3	50	800	850	900	50	A1_PA8, B1_PA11	L und d P1: 10, 50 ME
P2_PA4	50	650	700	700	0	B1_PA10	L, P2: 8, 50 ME, d, P2: 8, 30 ME, d, P2: 9, 20 ME
P2_PA5	40	850	890	900	10	B1_PA11	L und d P2: 10, 40 ME
A1_PA6	60	160	220	500	280	—	P1_PA1: 9, 60 ME
A1_PA7	50	500	550	600	50	—	P1_PA2 8, 50 ME
A1_PA8	50	550	600	800	200	—	P1_PA3 11, 50 ME
B1_PA9	60	220	280	500	220	C1_PA12	P1_PA1 9, 60 ME
B1_PA10	100	400	500	600	100	C1_PA13	P1_PA2 8, 50 ME, P2_PA4 7, 50 ME
B1_PA11	90	700	790	800	10	C1_PA14	P1_PA3 11, 50 ME, P2_PA5 11, 40 ME
C1_PA12	60	100	160	400	240	—	B1_PA9 8, 50 ME
C1_PA13	100	300	400	500	100	—	B1_PA10 6, 50 ME

Tabelle 3.17: Lossplittung bei beschränkter Kapazität – L für einen Primärbedarf zum MRP-Problem und d für einen Ausgangsbedarf – (wird fortgesetzt).

Plan-auftrag	Dauer [ZE]	Start-termin FAZ [ZE]	End termin FEZ [ZE]	SEZ [ZE]	Puffer [ZE]	Vor-gänger	Nachfolger (L: /d):für Periode, gedeckte Menge
C1_PA14	90	600	690	700	10	—	B1_PA11 10, 90 ME

Tabelle 3.17: Lossplittung bei beschränkter Kapazität – L für einen Primärbedarf zum MRP-Problem und d für einen Ausgangsbedarf.

Für die Losplittung bei beschränkter Kapazität zum MRP-Problem sind die perioden-spezifischen Kosten in Geldeinheiten (GE) aus Rüstvorgängen sowie Lagerbeständen zum Ausgangsproblem in Tabelle 3.18 angegeben. Da die Bedarfe bei einem MRP-Problem durch Loszusammenfassungen entstehen können – in dieser Fallstudie bei den Planaufträgen zur Deckung der Bedarfe zum Endprodukt P1 zu Beginn der Perioden 8 und 9 auch tun – können zu dem Ausgangsproblem keine Fehlmengen auftreten. Um eine einheitliche Tabelle für die periodenspezifischen Kosten zu verwenden sind diese in der Tabelle 3.18 angegeben. Aufgrund dieser Loszusammenfassung ist zu erwarten, dass höhere Lagerkosten entstehen, als wenn die Losbildung bei beschränkter Kapazität direkt auf das Ausgangsproblem angewandt wird. In dieser Fallstudie ist dies nicht der Fall, wie folgende Überlegung nachweist; zum Nachvollziehen bietet sich wieder die Abbildung 3.12 an, die wieder Teilergebnisse teilweise enthält. Da die Bedarfe zu Beginn der Periode 10 beim Ausgangsproblem und beim MRP-Problem identisch sind, ergeben sich auch die gleichen (terminierten) Planaufträge. Dann unterscheidet sich das Vorgehen. Beim Ausgangsproblem ist die nächste Periode mit einem Bedarf für Endprodukte die Periode 9 und zwar mit 40 Mengeneinheiten für Produkt P1 und 20 Mengeneinheiten für Produkt P2. Mit der gleichen Argumentation wie zuvor lassen sich die beiden Planaufträge zu den beiden Sekundärbedarfen aufgrund der Stücklistenauflösung zu den beiden Komponenten B1 und C1 zusammenfassen. Da aber Periode 6 bereits belegt ist und der Planauftrag zur Komponente B1 nicht in der Periode 6 vollständig produziert werden kann, ergibt sich dadurch kein Vorteil – in beiden Fällen muss bereits in Periode 4 produziert werden. Auf eine detaillierte Angabe der Einplanung wird verzichtet, da sich durch die nächsten Bedarfe für die beiden Endprodukte zu Beginn von Periode 8 (nämlich 70 Mengeneinheiten für Produkt P1 und 30 Mengeneinheiten für Produkt P2) folgende Loszusammenfassung ergibt. Es bietet sich eine Erhöhung des Planauftrags zu Endprodukt P2 an, um den Bedarf zu Beginn von Periode 8 über 30 Mengeneinheiten mit zu decken. Dieser Planauftrag kann in Periode 7 produziert werden. Die verbleibende Kapazität ermöglicht eine Erhöhung des Planauftrags zu Produkt P1 um 10 Mengeneinheiten. Damit werden diese Bedarfe für die beiden Endprodukte durch die gleichen terminierten Planaufträge wie beim MRP-Problem gedeckt. Folglich ergeben sich für die Komponenten ebenfalls die gleichen terminierten Planaufträge. Wie beim MRP-Problem bleibt der gleiche zu deckende Bedarf, nämlich zum Endprodukt P1 zu Beginn von Periode 8 über 60 Mengeneinheiten. Deswegen werden auch dafür die gleichen terminierten Planaufträge bestimmt. Folglich sind beide Lösungen sogar identisch.

Endprodukt P1											
Periode	...	2	3	4	5	6	7	8	9	$\sum_{ME}$	$\sum_{GE}$
Rüstvorgang		0	0	0	0	1	1	0	1	3	300
Physisch$_{P1,t}^{E}$		0	0	0	0	0	60	40	0	100	200
Gesamtkosten		0	0	0	0	100	220	80	100		500
Fehlmengen		0	0	0	0	0	0	0	0	0	

Endprodukt P2											
Periode	...	2	3	4	5	6	7	8	9	$\sum_{ME}$	$\sum_{GE}$
Rüstvorgang		0	0	0	0	0	1	0	1	2	200
Physisch$_{P2,t}^{E}$		0	0	0	0	0	0	20	0	20	40
Gesamtkosten		0	0	0	0	0	100	40	100		240
Fehlmengen		0	0	0	0	0	0	0	0	0	

Komponente A1											
Periode	...	2	3	4	5	6	7	8	9	$\sum_{ME}$	$\sum_{GE}$
Rüstvorgang		1	0	0	0	2	0	0	0	3	240
Physisch$_{A1,t}^{E}$		0	0	60	60	0	50	50	0	220	3300
Gesamtkosten		80	0	900	900	160	750	750	0		3540

Komponente B1											
Periode	...	2	3	4	5	6	7	8	9	$\sum_{ME}$	$\sum_{GE}$
Rüstvorgang		0	1	0	1	0	0	1	0	3	240
Physisch$_{A1,t}^{E}$		0	0	60	60	100	0	0	0	220	3300
Gesamtkosten		0	80	900	980	1500	0	80	0		3540

Komponente C1											
Periode	...	2	3	4	5	6	7	8	9	$\sum_{ME}$	$\sum_{GE}$
Rüstvorgang		1	0	1	0	0	1	0	0	3	240
Physisch$_{C1,t}^{E}$		0	0	0	0	0	0	0	0	0	0
Gesamtkosten		80	0	80	0	0	80	0	0		240

Tabelle 3.18: Periodenspezifische Kosten in Geldeinheiten (GE) aus Rüstvorgängen sowie Lagerbeständen und Fehlmengen (beides in Mengeneinheiten (ME)) bei der Lossplittung bei beschränkter Kapazität zum Ausgangsproblem (wird fortgesetzt).

Über alle Produkte											
Periode	...	2	3	4	5	6	7	8	9	$\sum_{ME}$	$\sum_{GE}$
Gesamtkosten		160	80	1880	1880	1760	1150	950	200		8060
Fehlmengen		0	0	0	0	0	0	0	0	0	

Tabelle 3.18: Periodenspezifische Kosten in Geldeinheiten (GE) aus Rüstvorgängen sowie Lagerbeständen und Fehlmengen (beides in Mengeneinheiten (ME)) bei der Lossplittung bei beschränkter Kapazität zum Ausgangsproblem.

Wie gezeigt, liegen die gleichen Planaufträge wie bei dem kostenminimalen Lossplit bei unendlicher Kapazität in Abschnitt 3.1.1 vor, s. die Tabelle 3.13. Ihr Vorziehen und eine etwas andere Reihenfolge verhindert Verspätungen bzw. Fehlmengen, s. die Abbildung 3.11. Wird auf ein Vorziehen verzichtet, also die Produktion beginnt wie beim kostenminimalen Lossplit (bei unendlicher Kapazität in Abschnitt 3.1.1) erst mit der Periode 4, wodurch alle Planaufträge, mit Ausnahme vom Planauftrag P1_PA1, genau zwei Perioden später beginnen (Planauftrag P1_PA1 beginnt eine Periode später), so wie dies in der Abbildung 3.13 dargestellt ist, so ist die kumulierte Fehlmenge um 10 Mengeneinheiten höher als beim kostenminimalen Lossplit, s. Tabelle 3.16, – gegenüber den Bedarfen für das Ausgangsproblem. Es sei angemerkt, dass dann Planauftrag A1_PA6 eine Periode früher anfängt, als dies aufgrund der Durchlaufterminierung, s. den Grobplan in Abbildung 3.10, erlaubt ist. Der nächste Abschnitt 3.1.3 wird zeigen, dass es keine Lösung gibt, die mit weniger belegten Perioden (dies ist im Kern die Gesamtdurchlaufzeit) auskommt, weswegen das Verfahren unnötig lange Gesamtdurchlaufzeiten vermeiden dürfte. Gegenüber dem kostenminimalen Lossplit bei unendlicher Kapazität (s. Abschnitt 3.1.1) treten bei diesem Lossplit mit beschränkter Kapazität deutlich höhere Lagerungen auf – kumulativ betrachtet von 250 Mengeneinheiten zu 440 Mengeneinheiten. Dadurch steigen die Lagerkosten von 3490 Geldeinheiten auf 6840 Geldeinheiten, also um $95\frac{345}{349}\%$, und die Gesamkosten steigen von 4710 Geldeinheiten auf 8060 Geldeinheiten, also um $71\frac{59}{471}\%$. Es sei angemerkt, dass eine Lagerkostenreduktion erzielt werden kann, sofern Endprodukte so früh wie möglich produziert werden. Hierauf wird am Ende des folgenden Abschnitts 3.1.3 noch eingegangen werden.

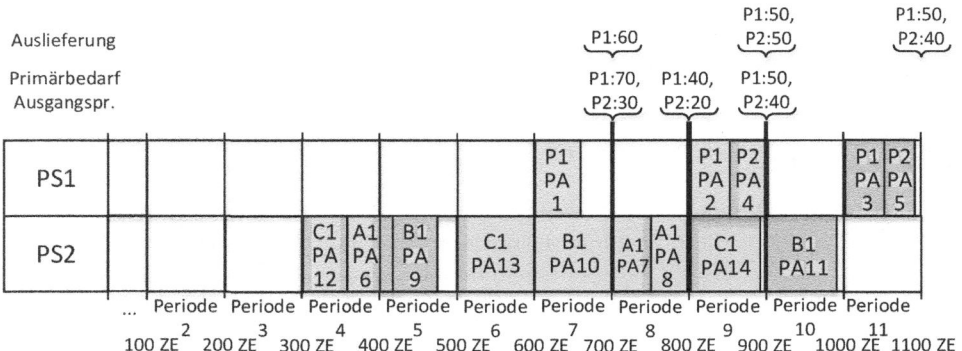

Abbildung 3.13: Produktionsplan durch die Lossplittung bei beschränkter Kapazität
mit einem Produktionsbeginn ab Periode 4; mit den Primärbedarfen
durch die kostenminimale Lossplittung und zu dem Ausgangsproblem
und dafür die Auslieferung.

3.1.3 Optimale Losbildung bei beschränkter Kapazität

Das im Abschnitt 3.1.2 vorgestellte einfache Verfahren zur Berücksichtigung von beschränkten Kapazität bestätigt die plausible Vermutung, dass zur Vermeidung von
Fehlmengen eine Vorratsproduktion notwendig ist. Zur genauen Untersuchung wird ein
lineares Optimierungsmodell betrachtet.

Die Aufgabe zu dem Folgenden lautet:
Erstellen Sie ein lineares Optimierungsmodell zur Lösung der durchgehenden Fallstudie
in diesem Gesamtabschnitt 3.1. Verallgemeinern Sie das lineare Optimierungsmodell
soweit wie möglich.

In der Literatur werden die Optimierungsprobleme, für die die durchgehende Fallstudie
in diesem Gesamtabschnitt 3.1 ein Beispiel ist, als dynamische mehrstufige Mehrprodukt-
Losgrößenprobleme bezeichnet, s. u.a. [Temp15]. Zahlreiche Modellformulierungen
wurden hierfür vorgeschlagen, einige befinden sich in [Temp15]. Die folgende wird in der
Literatur als **Multi-Level Capacitated Lot Sizing Problem** (MLCLSP) bezeichnet, s. u.a.
[Temp15]. Ihre Beschreibung folgt der in [Herr09] – dort finden sich weitere Erläuterungen
und Beispiele. Vor der Angabe vom MLCLSP seien einige ihrer Bestandteile erläutert.

Die Lösung von dem MLCLSP liefert Planaufträge bzw. Lose, die innerhalb einer Periode
bearbeitet werden – durch eine Modellerweiterung können auch Planaufträge erstellt werden, die in mehr als einer Periode bearbeitet werden. Reicht die Kapazität einer Periode

nicht aus, um alle Planaufträge in der spätesten möglichen Periode zu produzieren, so verwendet eine Lösung vom MLCLSP auch frühere Produktionsperioden, wodurch eine problemspezifische Durchlaufzeit bestimmt wird. Folglich wird eine derartige Vorverlegung der zu produzierenden Mengen innerhalb des Modells bei minimalen Gesamtkosten bestimmt. Demgegenüber handelt es sich bei der geschätzten produktspezifischen Durchlaufzeit (Vorlaufzeit) bei der programmorientierten Materialbedarfsplanung um einen vorgegebenen Parameter, der außerhalb des Planungssystems festgelegt wird – eben geschätzt wird. Die Einlagerungsregel verlangt, dass die durch einen Planauftrag in einer Periode t produzierte Menge zum Ende der Periode t eingelagert wird und zu Beginn der Periode t + 1 im Lager zur Bedarfsdeckung zur Verfügung steht. Dadurch hat ein Planauftrag in Periode t den Beginn der Periode t als Starttermin und den Beginn der Periode t + 1 als Endtermin. Damit eine bestimmte zu produzierende Menge zu Beginn der Periode t + 1 im Lager vorliegt, ist folglich diese in Periode t oder früher zu produzieren, weswegen 1 Periode eine Mindestvorlaufzeit ist. Im Allgemeinen ermöglicht eine Mindestvorlaufzeit die Berücksichtigung von nachgelagerten zeitverbrauchenden Prozessen, wie Transportvorgänge von Material von einem Produktionssystem in ein Lager, in einem MLCLSP; s. hierzu u.a. [Temp15] und [Herr09]. Dadurch hat ein Planauftrag PA in Periode t mit einer Mindestvorlaufzeit von z den Beginn der Periode t als Starttermin, den Beginn der Periode t + 1 als Endtermin und zu Beginn der Periode t + z steht die durch PA produzierte Menge im Lager zur Bedarfsdeckung zur Verfügung. Eine Mindestvorlaufzeit von 0 bedeutet, dass ein Planauftrag PA in Periode t zu Beginn von Periode t startet, zu Beginn von Periode t beendet ist und zu Beginn von Periode t die durch PA produzierte Menge im Lager zur Bedarfsdeckung zur Verfügung steht; damit liegt eine unendlich hohe Produktionsgeschwindigkeit vor und eine Kapazitätsbeschränkung existiert nicht. Eine endliche Produktionsgeschwindigkeit oder eine Kapazitätsbeschränkung impliziert eine Fertigstellung eines Planauftrags innerhalb einer Periode. Wegen der einzuhaltenden Einlagerungsregel kann die produzierte Menge erst zu Beginn der Folgeperiode t + 1 verwendet werden – zur weiteren Produktion. Deswegen beträgt die Mindestvorlaufzeit in diesem Buch stets mindestens 1 Periode.

Das MLCLSP lautet nun:

Parameter:

T Länge des Planungszeitraums $(1 \leq t \leq T)$.

K Anzahl der Produkte bzw. Arbeitsgänge $(1 \leq k \leq K)$.

J Anzahl an Ressourcen $(1 \leq j \leq J)$.

M Große Zahl (mindestens so groß wie die größtmögliche Losgröße).

$\mathcal{N}_k$ Indexmenge der Nachfolger des Produkts k $\forall\ 1 \leq k \leq K$.

$b_{j,t}$ Verfügbare Kapazität der Ressource j in Periode t $\forall\ 1 \leq j \leq J$ und $1 \leq t \leq T$.

$d_{k,t}^A$ Primärbedarf für Produkt k zu Beginn von Periode t $\forall\ 1 \leq k \leq K$ und $1 \leq t \leq T$.

$a_{k,i}$ Direktbedarfskoeffizient zwischen Produkt k und i $\forall\ 1 \leq i, k \leq K$.

h_k Lagerkostensatz des Produkts $k\ \forall\ 1 \leq k \leq K$.

s_k Rüstkostensatz des Produkts k $\forall\ 1 \leq k \leq K$.

$tb_{k,j}$ Bearbeitungszeit für eine Mengeneinheit von Produkt k durch Ressource j
$\forall\ 1 \leq k \leq K$ und $1 \leq j \leq J$.

$tr_{k,j}$ Rüstzeit für Produkt k für Ressource j $\forall\ 1 \leq k \leq K$ und $1 \leq j \leq J$.

z_k Mindestvorlaufzeit eines Planauftrags (Loses) für Produkt k mit $z_k \geq 1$
$\forall\ 1 \leq k \leq K$.

LA_k Anfangslagerbestand für Produkt k $\forall\ 1 \leq k \leq K$.

Variablen:

$q_{k,t}$ Planauftrag (Los) für Produkt k in Periode t $\forall\ 1 \leq k \leq K$ und $1 \leq t \leq T$.
(Das Los wird in Periode t produziert. Damit ist der Beginn von Periode
t sein möglicher Starttermin – kurz Starttermin – und sein Endtermin
ist stets zu Beginn von Periode $t + 1$. Seine Produktionsmenge steht zu
Beginn von Periode $t + z_k$ im Lager zur Bedarfsdeckung zur Verfügung.)

$y_{k,t}^E$ Lagerbestand für Produkt k am Ende der Periode t $\forall\ 1 \leq k \leq K$ und $0 \leq t \leq T$.

$\gamma_{k,t}$ binäre Rüstvariable für Produkt k in Periode t mit $\gamma_{k,t} = \begin{cases} 1 & \text{falls } q_{k,t} > 0 \\ 0 & \text{falls } q_{k,t} = 0 \end{cases}$

$\forall\ 1 \leq k \leq K$ und $1 \leq t \leq T$.

Zielfunktion:

$$Z = \sum_{k=1}^{K} \sum_{t=1}^{T} (s_k \cdot \gamma_{k,t} + h_k \cdot y_{k,t}^E).$$

Restriktionen:

$y_{k,t-1}^E - d_{k,t}^A + q_{k,t-z_k} - \sum_{i \in \mathcal{N}_k} a_{k,i} \cdot q_{i,t} = y_{k,t}^E\ \forall\ 1 \leq k \leq K$ und $\forall\ 1 \leq t \leq T$ Lager-

                                                      bilanzgleichungen.

$\sum_{k=1}^{K} (tb_{k,j} \cdot q_{k,t} + tr_{k,j} \cdot \gamma_{k,t}) \leq b_{j,t}\ \forall\ 1 \leq j \leq J$ und $\forall\ 1 \leq t \leq T$ Kapazitätsbedingungen.

$q_{k,t} - M \cdot \gamma_{k,t} \leq 0\ \forall\ 1 \leq k \leq K$ und $\forall\ 1 \leq t \leq T$ Rüstbedingungen.

$y_{k,0}^E = LA_k$ und $y_{k,T}^E = 0\ \forall\ 1 \leq k \leq K$ Lageranfangs- und endbestände.

$q_{k,t}$ und $y_{k,t}^E$ sowie $y_{k,0}^E \geq 0\ \forall\ 1 \leq k \leq K$ und $\forall\ 1 \leq t \leq T$ Nichtnegativität.

$\gamma_{k,t} \in \{0,1\}\ \forall\ 1 \leq k \leq K$ und $\forall\ 1 \leq t \leq T$ binäre Rüstvariable.

Minimierungsproblem:
Minimiere Z.

Die Aufgabe zu dem Folgenden lautet:
Setzen Sie das MLCLSP in ILOG um und lösen damit diese Fallstudie. Stellen Sie die Planaufträge (bzw. Lose) einschließlich ihrer Peggingstruktur geeignet dar und stellen eine zeitliche Anordnung der erhaltenen Planaufträge als Gantt-Diagramm dar. Bestimmen Sie für das Ergebnis die periodenspezifischen Kosten und etwaige auftretende Fehlmengen. Vergleichen Sie das Ergebnis mit den bisher erzielten Ergebnissen.

Die Umsetzung dieses linearen Optimierungsproblems in ILOG ist im folgenden Listing angegeben und zwar als „mod"-Datei. Innerhalb der Mindestvorlaufzeit eines Produkts kann kein Los für dieses Produkt aufgesetzt werden, da dann vor dem Planungsintervall produziert werden müsste. In solchen Fällen wird ein Bedarf durch Lagerbestand gedeckt. Dazu existieren zusätzliche Restriktionen im folgenden Listing 3.1. Es sei erwähnt, dass dies für Endprodukte ebenso wie für Komponenten gilt, wodurch bei keinem Lagerbestand und einer mehrstufigen Produktion eines Endprodukts P der Zeitraum ohne Bedarf für Endprodukt P länger als die Mindestvorlaufzeit von P ist.

```
1   // Parameter, Teil 1:
2   int T = ...;            // Länge des Planungszeitraums.
3   int K = ...;            // Anzahl der Produkte bzw. Arbeitsgänge.
4   int J = ...;            // Anzahl der Ressourcen.
5   int M = ...;            // Große Zahl.
6
7   // Wertebereiche:
8   range Produkt = 1..K;
9   range Ressource = 1..J;
10  range Planungszeitraum = 1..T;
11  range PlanungszeitraumNull = 0..T;
12
13  // Variablen:
14  dvar int+ q[Produkt][Planungszeitraum];        // Losgrößen.
15  dvar int+ y[Produkt][PlanungszeitraumNull];    // Lagerbestände.
16  dvar boolean r[Produkt][Planungszeitraum];     // Rüstvariablen.
17
18  // Parameter, Teil 2:
19  int a[Produkt][Produkt] = ...;                 // Direktbedarfskoeffizienten.
20  float b[Ressource][Planungszeitraum] = ...;    // Kapazitäten.
21  int d[Produkt][Planungszeitraum] = ...;        // Nettobedarfe.
```

```
22  float h[Produkt] = ...;                           // Lagerkostensätze.
23  float s[Produkt] = ...;                           // Rüstkostensätze.
24  float tb[Produkt][Ressource] = ...;               // Stückbearbeitungszeiten.
25  float tr[Produkt][Ressource] = ...;               // Rüstzeiten.
26  int z[Produkt] = ...;                             // Mindestvorlaufzeiten.
27  int y0[Produkt] = ...;                            // Anfangslagerbestände.
28
29  // Modell:
30  // Gesamtkosten:
31  minimize
32    sum (k in Produkt, t in Planungszeitraum)
33    (s[k]*r[k][t] + h[k]*y[k][t]);
34
35  constraints {
36    // Lagerbilanzgleichungen:
37    forall(k in Produkt){
38      forall(t in 1..(z[k])){
39        y[k][t-1] - d[k][t] - sum(i in Produkt)(a[k][i]*q[i][t])
40        == y[k][t];
41      }
42      forall(t in (z[k]+1)..T){
43        y[k][t-1] + q[k][t-z[k]] - d[k][t]
44        - sum(i in Produkt)(a[k][i]*q[i][t])
45        == y[k][t];
46      }
47    }
48    // Kapazitätsbedingungen:
49    forall(j in Ressource, t in Planungszeitraum){
50      sum(k in Produkt)(tr[k][j]*r[k][t] + tb[k][j]*q[k][t]) <= b[j][t];
51    }
52    // Rüstbedingungen:
53    forall(k in Produkt, t in Planungszeitraum){
54      q[k][t] - M*r[k][t] <= 0;
55    }
56    // Lageranfangs- und Lagerendbestände:
57    forall(k in Produkt){
58      y[k][0] == y0[k];
59    }
60    forall(k in Produkt){
61      y[k][T] == 0;
62    }
63  };
```

Listing 3.1: Implementierung vom Modell MLCLSP in ILOG.

Zur Lösung der durchgehenden Fallstudie in diesem Gesamtabschnitt 3.1 sind die

Parameter zu belegen. Sie lauten – als „dat"-Datei:

```
1   T = 10;        // Anzahl an Perioden.
2   K = 5;         // Anzahl an Produkten.
3   J = 2;         // Anzahl an Ressourcen.
4   M = 100000;    // Größer als das größte mögliche Los.
5   // Direktbedarfskoeffizienten:
6   a = #[
7      1:  [0  0  0  0  0]  // P1
8      2:  [0  0  0  0  0]  // P2
9      3:  [1  0  0  0  0]  // A1
10     4:  [1  1  0  0  0]  // B1
11     5:  [0  0  0  1  0]  // C1
12  ]#;
13  // Kapazitäten:
14  b = [[100, 100, 100, 100, 100, 100, 100, 100, 100, 100],
15       [100, 100, 100, 100, 100, 100, 100, 100, 100, 100]
16       ];
17  // Lagerkostensätze:
18  //     P1 P2 A1  B1  C1
19  h = [2,  2,  15, 15, 15];
20  // Rüstkostensätze:
21  //      P1    P2   A1  B1  C1
22  s = [100, 100, 80, 80, 80];
23  // Nettobedarfe:
24  d = [[0, 0, 0, 0, 0, 0, 0, 70, 40, 50], // P1
25       [0, 0, 0, 0, 0, 0, 0, 30, 20, 40], // P2
26       [0, 0, 0, 0, 0, 0, 0,  0,  0,  0], // A1
27       [0, 0, 0, 0, 0, 0, 0,  0,  0,  0], // B1
28       [0, 0, 0, 0, 0, 0, 0,  0,  0,  0]  // C1
29       ];
30  // Stückbearbeitungszeiten:
31  tb = [[1,  0],   // P1
32        [1,  0],   // P2
33        [0,  1],   // A1
34        [0,  1],   // B1
35        [0,  1]];  // C1
36  // Rüstzeiten:
37  tr = [[0,  0],   // P1
38        [0,  0],   // P2
39        [0,  0],   // A1
40        [0,  0],   // B1
41        [0,  0]];  // C1
42  // Mindestvorlaufzeiten:
43  //   P1 P2 A1 B1 C1
```

```
44   z = [1, 1, 1, 1, 1];
45   // Anfangslagerbestände:
46   //    P1 P2 A1 B1 C1
47   y0 = [0, 0, 0, 0, 0];
```

Listing 3.2: Implementierung ILOG Parameter für die Fallstudie.

Die Lösung durch das MLCLSP ist in Tabelle 3.19 angegeben. Pfeile geben an, welcher Planauftrag (z.B. Pl) die Materialverfügbarkeit zu welchem nachfolgenden Planauftrag oder welchen nachfolgenden Planaufträgen (z.B. Pl$_1$ und Pl$_2$) herstellt (in diesem Beispiel ein Pfeil von Pl nach Pl$_1$ sowie ein Pfeil von Pl nach Pl$_2$). Dadurch ist die Peggingstruktur abgebildet.

Endprodukt P1										
Periode t	1	2	3	4	5	6	7	8	9	10
Primärbed.^{A}	0	0	0	0	0	0	0	70	40	50
PlAuf^A	0	0	50	0	50	0	0	10	50	0
Bez. PlAuf^A			PA1		PA2			PA3	PA4	
Endprodukt P2										
Periode t	1	2	3	4	5	6	7	8	9	10
Primärbed.^{A}	0	0	0	0	0	0	0	30	20	40
PlAuf^A	0	0	0	0	0	0	90	0	0	0
Bez. PlAuf^A							PA5			
Komponente A1										
Periode t	1	2	3	4	5	6	7	8	9	10
PlAuf^A	0	50	0	50	0	0	10	50	0	0
Bez. PlAuf^A		PA6		PA7			PA8	PA9		
Komponente B1										
Periode t	1	2	3	4	5	6	7	8	9	10
PlAuf^A	0	50	0	50	0	100	0	50	0	0
Bez. PlAuf^A		P10		PA11		PA12		PA13		
Komponente C1										
Periode t	1	2	3	4	5	6	7	8	9	10
PlAuf^A	50	0	50	0	100	0	50	0	0	0
Bez. PlAuf^A	PA14		PA15		PA16		PA17			

Tabelle 3.19: Optimale Losbildung mit beschränkter Kapazität – Bedarfe und Planaufträge sind in ME (Bez. kürzt Bezeichnung ab sowie Bed. Bedarf); Pfeil gibt den gedeckten Bedarf an.

Wie bereits erläutert, hat, aufgrund der Kapazitätsbedingungen im MLCLSP, jeder Planauftrag den Beginn der Periode, in der er liegt, als frühesten möglichen Starttermin und das Ende dieser Periode (bzw. der Beginn der Folgeperiode) als spätesten möglichen Endtermin. Eine Abarbeitungsreihenfolge liegt weder implizit noch explizit fest, weswegen von einem „big bucket"-Modell gesprochen wird.

Bei einer Mindestvorlaufzeit von (mindestens) einer Periode gilt für jede Lösung L von jedem MLCLSP: Es gibt keine Periode mit zwei Planaufträgen zu zwei Produkten, zwischen denen ein Pfad im Gozintograph existiert. Folglich ist keine Produktionsreihenfolge zwischen (zwei) Planaufträgen einzuhalten. Deswegen führt jede mögliche Abarbeitungsreihenfolge von allen Planaufträgen in jeder Periode zu einer Produktion bzw. Abarbeitung ohne Verspätung und den gleichen Kosten – also den gleichen Rüstaufwänden und die gleichen zu lagernden Mengeneinheiten je Produkt. Dies könnte nur verhindert werden, wenn die Dauer von einem solchen Planauftrag länger als die Periodenlänge ist. Dies kann in der Regel ausgeschlossen werden, so dass es – in der Regel – nicht erforderlich ist, dass die Lösung von einem MLCLSP eine Abarbeitungsreihenfolge enthält. Es sei angemerkt, dass dies im Abschnitt 4.7 ausgenutzt wird – im Abschnitt 4.7 wird die Losbildung und anschließende Ressourcenbelegungsplanung untersucht. Dies gilt (natürlich) auch bei einer höheren Mindestvorlaufzeit. Dass eine Mindestvorlaufzeit notwendig ist, belegt ein Beispiel in [Herr09]. Bei diesem liefert jede Lösung von dem MLCLSP mit einer Mindestvorlaufzeit von 0 Planaufträge, bei denen eine Verspätung unvermeidlich ist.

Für die Fallstudie ist eine mögliche Abarbeitungsreihenfolge in Abbildung 3.14 als Gantt-Diagramm angegeben und Tabelle 3.22 enthält die periodenspezifischen Kosten. Teure Lagerungen für Komponenten werden fast vollständig vermieden, wodurch die Lagerkosten nur noch 860 Geldeinheiten betragen. Da diese Lösung eine Periode mehr benötigt als diejenige durch das einfache Verfahren zur Berücksichtigung von beschränkter Kapazität im Abschnitt 3.1.2 wird auf einen detaillierteren Vergleich der Kosten verzichtet.

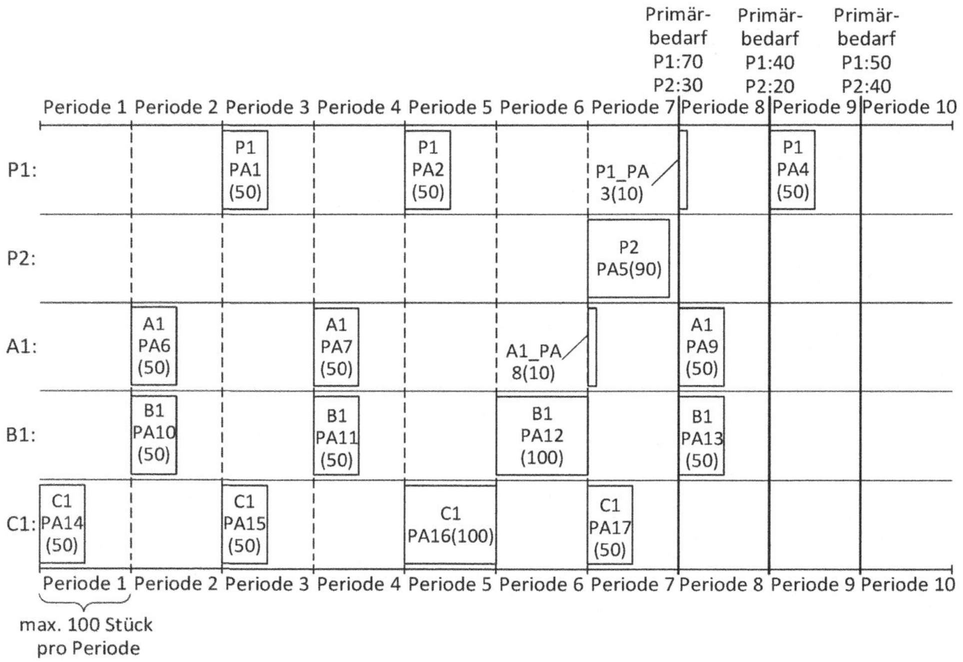

		Primär-bedarf P1:70 P2:30	Primär-bedarf P1:40 P2:20	Primär-bedarf P1:50 P2:40

Periode 1 Periode 2 Periode 3 Periode 4 Periode 5 Periode 6 Periode 7 Periode 8 Periode 9 Periode 10

P1: P1 PA1 (50); P1 PA2 (50); P1_PA3(10); P1 PA4 (50)

P2: P2 PA5(90)

A1: A1 PA6 (50); A1 PA7 (50); A1_PA8(10); A1 PA9 (50)

B1: B1 PA10 (50); B1 PA11 (50); B1 PA12 (100); B1 PA13 (50)

C1: C1 PA14 (50); C1 PA15 (50); C1 PA16(100); C1 PA17 (50)

Periode 1 Periode 2 Periode 3 Periode 4 Periode 5 Periode 6 Periode 7 Periode 8 Periode 9 Periode 10

max. 100 Stück pro Periode

Abbildung 3.14: Eine Abarbeitung der Planaufträge zur Lösung des MLCLSP.

Endprodukt P1											
Periode	1	2	3	4	5	6	7	8	9	$\sum_{ME}$	$\sum_{GE}$
Rüstvorgang	0	0	1	0	1	0	0	1	1	4	400
Physisch$^E_{P1,t}$	0	0	0	50	50	100	100	30	0	330	660
Gesamtkosten	0	0	100	100	200	200	200	160	100	330	1060
Fehlmengen	0	0	0	0	0	0	0	0	0	0	
Endprodukt P2											
Periode	1	2	3	4	5	6	7	8	9	$\sum_{ME}$	$\sum_{GE}$
Rüstvorgang	0	0	0	0	0	0	1	0	0	1	100
Physisch$^E_{P2,t}$	0	0	0	0	0	0	0	60	40	100	200
Gesamtkosten	0	0	0	0	0	0	100	120	80		300
Fehlmengen	0	0	0	0	0	0	0	0	0	0	

Tabelle 3.20: Periodenspezifische Kosten in Geldeinheiten (GE) aus Rüstvorgängen sowie Lagerbeständen und Fehlmengen (beides in Mengeneinheiten (ME)) bei der Kapazitätsplanung (wird fortgesetzt).

Komponente A1											
Periode	1	2	3	4	5	6	7	8	9	$\sum_{ME}$	$\sum_{GE}$
Rüstvorgang	0	1	0	1	0	0	1	1	0	4	320
Physisch$_{A1,t}^{E}$	0	0	0	0	0	0	0	0	0	0	0
Gesamtkosten	0	80	0	80	0	0	80	80	0		320
Komponente B1											
Periode	1	2	3	4	5	6	7	8	9	$\sum_{ME}$	$\sum_{GE}$
Rüstvorgang	0	1	0	1	0	1	0	1	0	4	320
Physisch$_{A1,t}^{E}$	0	0	0	0	0	0	10	0	0	0	150
Gesamtkosten	0	80	0	80	0	80	150	80	0		470
Komponente C1											
Periode	1	2	3	4	5	6	7	8	9	$\sum_{ME}$	$\sum_{GE}$
Rüstvorgang	1	0	1	0	1	0	1	0	0	4	320
Physisch$_{C1,t}^{E}$	0	0	0	0	0	0	0	0	0	0	0
Gesamtkosten	80	0	80	0	80	0	80	0	0		320
Über alle Produkte											
Periode	1	2	3	4	5	6	7	8	9	$\sum_{ME}$	$\sum_{GE}$
Gesamtkosten	80	160	180	260	280	280	610	440	180		2470
Fehlmengen	0	0	0	0	0	0	0	0	0	0	

Tabelle 3.20: Periodenspezifische Kosten in Geldeinheiten (GE) aus Rüstvorgängen sowie Lagerbeständen und Fehlmengen (beides in Mengeneinheiten (ME))
bei der Kapazitätsplanung.

Der Vergleich der Lösung von MLCLSP mit der durch das einfache Verfahren zur
Berücksichtigung von beschränkter Kapazität im Abschnitt 3.1.2 zeigt, dass durch eine
höhere Gesamtdurchlaufzeit – also die Anzahl an belegten Perioden – sich Lagerungen
von Produkten mit hohen Lagerkosten vermeiden lassen, wobei durchaus insgesamt mehr
gelagert werden kann. So werden durch das einfache Verfahren zur Berücksichtigung von
beschränkter Kapazität im Abschnitt 3.1.2 in Summe 310 Mengeneinheiten gelagert,
während durch die Lösung vom MLCLSP kumuliert 430 Mengeneinheiten gelagert
werden. Daher hat eine Lösung von einem MLCLSP nicht die kleinste mögliche Anzahl
an belegten Perioden – es nutzt den gesamten Planungszeitraum, um möglichst geringe
Gesamtkosten zu erreichen. Eine solche frühere (Vorrats-)Produktion wird verhindert,
indem Perioden ausgeschlossen werden.

Zum Vergleich der Lösung durch das einfache Verfahren zur Berücksichtigung von
beschränkter Kapazität im Abschnitt 3.1.2 mit einer optimalen wird im MLCLSP die

erste Periode ausgeschlossen. Zur Umsetzung kann die (verfügbare) Kapazität für die Periode 1 auf Null gesetzt werden (alternativ kann auch die Anzahl der Perioden reduziert werden), wozu in der oben angegebenen „dat"-Datei, s. Listing 3.2, die nachfolgend angegebene Änderung durchzuführen ist.

```
1  b = [[0 ,  100,  100,  100,  100,  100,  100,  100,  100,  100],
2        [0 ,  100,  100,  100,  100,  100,  100,  100,  100,  100]
3        ];
```

Listing 3.3: Eliminierung der verfügbaren Kapazität in Periode 1.

Sind nur die Perioden 3 bis 9, oder sogar nur noch weniger Perioden, erlaubt, so beweist die Anwendung des MLCLSP, dass keine Lösung ohne Fehlmengen möglich ist; in diesem Sinne ist die Lösung aus Abschnitt 3.1.2 durchlaufzeitminimal.

Die Lösung durch das MLCLSP mit den Perioden 2 bis 9 für die Produktion ist in Tabelle 3.21 angegeben und zwar in der gleichen Form wie bei 10 Perioden.

Endprodukt P1									
Periode t	2	3	4	5	6	7	8	9	10
Primärbedarf^A [ME]	0	0	0	0	0	0	70	40	50
PlAuf^A [ME]	0	0	0	35	29	41	18	37	0
Bezeichnung PlAuf^A				PA1	PA2	PA3	PA4	PA5	
Endprodukt P2									
Periode t	2	3	4	5	6	7	8	9	10
Primärbedarf^A [ME]	0	0	0	0	0	0	30	20	40
PlAuf^A [ME]	0	0	64	0	0	0	0	26	0
Bezeichnung PlAuf^A			PA6					PA7	
Komponente A1									
Periode t	2	3	4	5	6	7	8	9	10
PlAuf^A [ME]	0	0	35	29	41	18	37	0	0
Bezeichnung PlAuf^A			PA8	PA9	PA10	PA11	PA12		
Komponente B1									
Periode t	2	3	4	5	6	7	8	9	10
PlAuf^A [ME]	0	64	35	29	41	18	63	0	0
Bezeichnung PlAuf^A		PA13	PA14	PA15	PA16	PA17	PA18		
Komponente C1									
Periode t	2	3	4	5	6	7	8	9	10
PlAuf^A [ME]	64	35	29	41	18	63	0	0	0
Bezeichnung PlAuf^A	PA19	PA20	PA21	PA22	PA23	PA24			

Tabelle 3.21: Optimale Losbildung mit beschränkter Kapazität; Pfeil gibt den gedeckten Bedarf an.

Für die Start- und Endtermine der einzelnen Planaufträge sowie für jede mögliche Abarbeitungsreihenfolge von allen Planaufträgen in jeder Periode gilt das zur Lösung mit 10 Perioden genannte. Abbildung 3.15 enthält eine mögliche Abarbeitungsreihenfolge als Gantt-Diagramm. Ihre periodenspezifischen Kosten sind in Tabelle 3.22 angegeben.

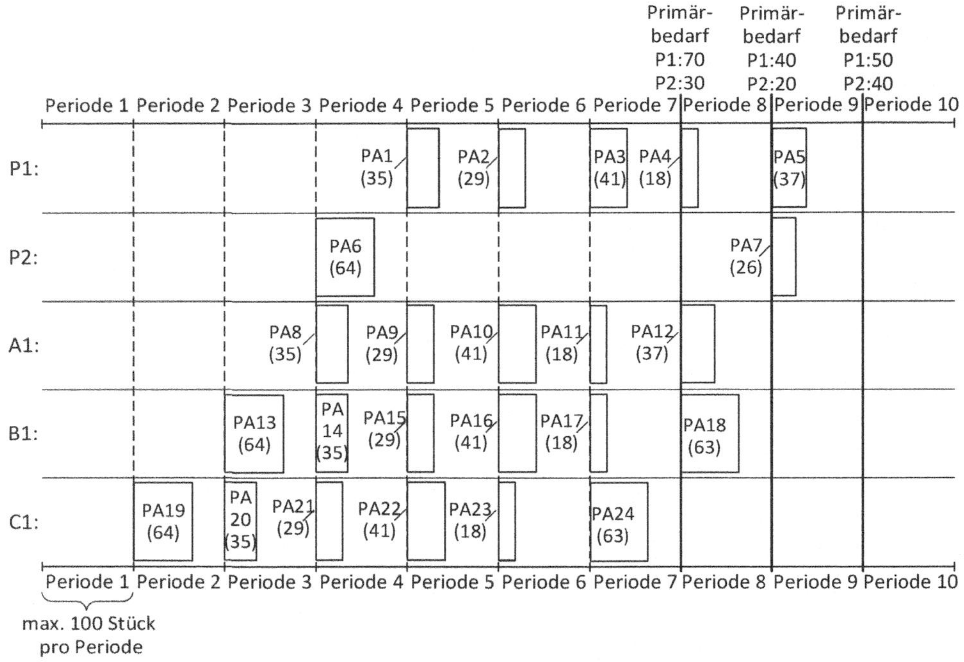
Primär-
bedarf
P1:70
P2:30
Primär-
bedarf
P1:40
P2:20
Primär-
bedarf
P1:50
P2:40
Periode 1 Periode 2 Periode 3 Periode 4 Periode 5 Periode 6 Periode 7 Periode 8 Periode 9 Periode 10
P1:
PA1 (35)
PA2 (29)
PA3 (41)
PA4 (18)
PA5 (37)
P2:
PA6 (64)
PA7 (26)
A1:
PA8 (35)
PA9 (29)
PA10 (41)
PA11 (18)
PA12 (37)
B1:
PA13 (64)
PA 14 (35)
PA15 (29)
PA16 (41)
PA17 (18)
PA18 (63)
C1:
PA19 (64)
PA 20 (35)
PA21 (29)
PA22 (41)
PA23 (18)
PA24 (63)
Periode 1 Periode 2 Periode 3 Periode 4 Periode 5 Periode 6 Periode 7 Periode 8 Periode 9 Periode 10
max. 100 Stück
pro Periode

Abbildung 3.15: Eine Abarbeitung der Planaufträge zur Lösung des MLCLSP.

Endprodukt P1											
Periode	...	2	3	4	5	6	7	8	9	$\sum_{ME}$	$\sum_{GE}$
Rüstvorgang		0	0	0	1	1	1	1	1	5	500
$\text{Physisch}^{E}_{P1,t}$		0	0	0	0	35	64	35	13	147	294
Gesamtkosten		0	0	0	100	170	228	170	126		794
Fehlmengen		0	0	0	0	0	0	0	0	0	
Endprodukt P2											
Periode	...	2	3	4	5	6	7	8	9	$\sum_{ME}$	$\sum_{GE}$
Rüstvorgang		0	0	1	0	0	0	0	1	2	200
$\text{Physisch}^{E}_{P2,t}$		0	0	0	64	64	64	34	14	240	480
Gesamtkosten		0	0	100	128	128	128	68	128		680
Fehlmengen		0	0	0	0	0	0	0	0	0	

Tabelle 3.22: Periodenspezifische Kosten in Geldeinheiten (GE) aus Rüstvorgängen sowie Lagerbeständen und Fehlmengen (beides in Mengeneinheiten (ME)) bei der Kapazitätsplanung (wird fortgesetzt).

Komponente A1										
Periode	...	2	3	4	5	6	7	8	9	$\sum_{ME}$ $\sum_{GE}$
Rüstvorgang		0	0	1	1	1	1	1	0	5 400
Physisch$^E_{A1,t}$		0	0	0	0	0	0	0	0	0 0
Gesamtkosten		0	0	80	80	80	80	80	0	400

Komponente B1										
Periode	...	2	3	4	5	6	7	8	9	$\sum_{ME}$ $\sum_{GE}$
Rüstvorgang		0	1	1	1	1	1	1	0	6 480
Physisch$^E_{A1,t}$		0	0	0	0	0	0	0	0	0 0
Gesamtkosten		0	80	80	80	80	80	80	0	6 480

Komponente C1										
Periode	...	2	3	4	5	6	7	8	9	$\sum_{ME}$ $\sum_{GE}$
Rüstvorgang		1	1	1	1	1	1	0	0	6 480
Physisch$^E_{C1,t}$		0	0	0	0	0	0	0	0	0 0
Gesamtkosten		80	80	80	80	80	80	0	0	480

Über alle Produkte										
Periode	...	2	3	4	5	6	7	8	9	$\sum_{ME}$ $\sum_{GE}$
Gesamtkosten		80	160	340	468	538	596	398	254	2834
Fehlmengen		0	0	0	0	0	0	0	0	0

Tabelle 3.22: Periodenspezifische Kosten in Geldeinheiten (GE) aus Rüstvorgängen sowie Lagerbeständen und Fehlmengen (beides in Mengeneinheiten (ME)) bei der Kapazitätsplanung.

Die Losbildung bei beschränkter Kapazität hat deutlich geringere Gesamtkosten als die durch das einfache Verfahren zur Berücksichtigung von beschränkter Kapazität im Abschnitt 3.1.2 – nämlich eine Abnahme von 8060 Geldeinheiten (GE) auf 2834 GE also um $64\frac{338}{403}\%$; sind 10 Perioden (beim MLCLSP) erlaubt, so ist die Abnahme nur etwas höher, nämlich von 8060 GE auf 2470 GE also um $69\frac{143}{403}\%$. Verantwortlich für diese substantiell geringeren Kosten ist, dass eine Lösung vom MLCLSP Lagerungen von Komponenten zu Lasten von Lagerungen von Endprodukten vermeidet – sind 10 Perioden (beim MLCLSP) erlaubt, so werden lediglich 10 Mengeneinheiten (ME) von Produkt B1 in Periode 7 gelagert.

Durch eine frühere Produktion von den Planaufträgen zu Endprodukten und eine spätere Produktion von Komponenten in der Lösung durch das einfache Verfahren zur Berücksichtigung von beschränkter Kapazität im Abschnitt 3.1.2 werden Komponenten ohne Einlagerung weiter verwendet, wodurch geringere Lagerkosten bei unveränderter

Rüstkosten entstehen.

Die im Abschnitt 3.1.2 vorgestellte Lösung von einem einfachen Verfahren zur Berücksichtigung von beschränkter Kapazität lagert 220 Mengeneinheiten (ME) von Komponente A1 und 220 ME von Komponente B1; s. ihre periodenspezifischen Kosten in Tabelle 3.18 und ihre Abarbeitung ist in Abbildung 3.12 dargestellt. Ein Vorziehen der Produktion von Planauftrag P1_PA1 in Periode 4, wodurch die Abbildung 3.16 entsteht, vermeidet die Lagerung von den beiden Komponente B1 und A1 über 60 ME in den Perioden 4 und 5, allerdings zu Lasten von Lagerungen von 60 ME von Endprodukt P1 in den Perioden 5 und 6. Dies führt zu einer Gesamtkosteneinsparung, da die Kostensätze der Endprodukte mit jeweils 2 Geldeinheiten (GE) deutlich kleiner sind als die der Komponenten mit jeweils 15 GE. Sie lauten $(60 \cdot 4 \cdot 15)$ GE $- (60 \cdot 2 \cdot 2)$ GE $= 3360$ GE, wodurch die Gesamtkosten nur noch 4700 GE betragen. Diese sind weiterhin substantiell höher als die bei der optimalen Lösung, die Steigerung beträgt nämlich $65\frac{1195}{1417}\%$. Dafür verantwortlich ist eine ungünstigere Berücksichtigung der Interdependenzen zwischen den einzelnen Produkten im Gozintograph. Daher dürfte das einfache Verfahren zur Berücksichtigung von beschränkter Kapazität beim Lossplit in der Regel im Vergleich zum Optimum relativ schlechte Pläne liefern.

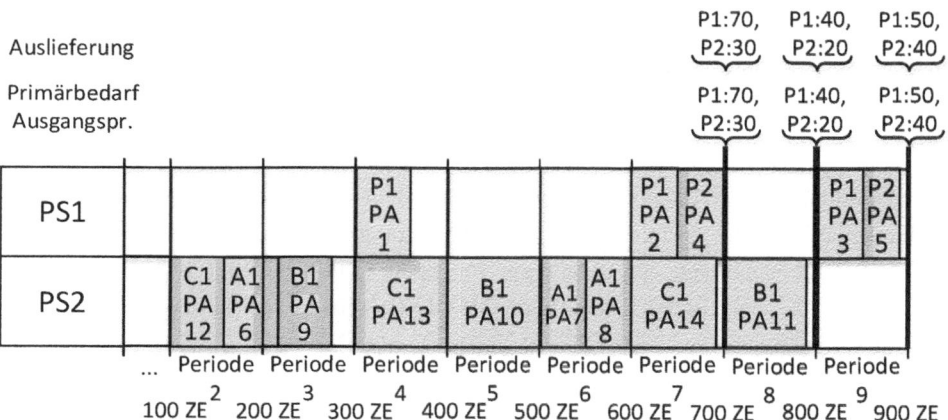

Abbildung 3.16: Verschiebung von Planaufträgen im Produktionsplan durch die Lossplittung bei beschränkter Kapazität; mit den Primärbedarfen zu dem
Ausgangsproblem und dafür die Auslieferung.

Der Vollständigkeit halber sei erwähnt, dass durch geschicktes Vertauschen von Planaufträgen für die Komponenten und deren Produktion über Periodengrenzen hinweg sehr viel geringere Gesamtkosten erzielt werden können.

Die Aufgabe zu dem Folgenden lautet:

Verschieben und Vertauschen Sie Planaufträge in der im Abschnitt 3.1.2 vorgestellten Lösung von einem einfachen Verfahren zur Berücksichtigung von beschränkter Kapazität, so dass minimale Lagerkosten bei unveränderten Rüstkosten vorliegen.

Eine solche – in diesem Sinne optimale Lösung – ist in Abbildung 3.17 dargestellt. Sie bewirkt, dass die von Komponente C1 produzierten ME sofort zur Produktion von Komponenten von B1 verwendet werden können. Da die beiden Planaufträge A1_PA7 und A1_PA8 weniger Komponenten von A1 produzieren als die beiden Planaufträge B1_PA10 und B1_PA11 von Komponente B1, ist es besser diese zu lagern als die anderen. Dies wird erreicht, indem die Planaufträge A1_PA7, B1_PA10, C1_PA13, A1_PA8, B1_PA11 und C1_PA14 in der Reihenfolge produziert werden, wie dies in Abbildung 3.17 angegeben ist; der möglichst späte Beginn von Planauftrag A1_PA8 bewirkt, dass die durch ihn produzierten Komponenten von A1 nicht zu lagern sind.

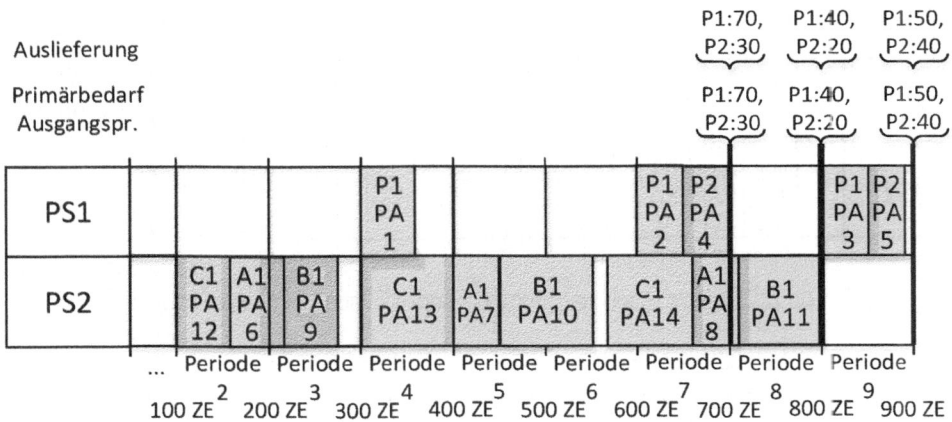

Abbildung 3.17: Verschieben und Vertauschen von Planaufträgen im Produktionsplan durch die Lossplittung bei beschränkter Kapazität; mit den Primärbedarfen zu dem Ausgangsproblem und dafür die Auslieferung.

Durch diese Lösung werden 50 ME von Komponente A1 in der Periode 6 gelagert. Von Endprodukt P1 werden 60 ME in den Perioden 5, 6 und 7 gelagert sowie 40 ME in Periode 8. Schließlich werden von Endprodukt P2 20 ME in Periode 8 gelagert. Dies ergibt Lagerkosten von $(50 \cdot 1 \cdot 15)$ GE + $(60 \cdot 3 \cdot 2)$ GE + $(40 \cdot 1 \cdot 2)$ GE + $(20 \cdot 1 \cdot 2)$ GE = 1230 GE. Aufgrund der Rüstkosten von 1220 GE (9 Planaufträge mit Rüstkosten von 80 GE und 5 Planaufträge mit Rüstkosten von 100 GE) fallen insgesamt 2450 GE Gesamtkosten gegenüber 2834 GE an.

Eine weitere Verbesserung wird erzielt, indem der Planauftrag P1_PA1 in Periode 4 begonnen und in Periode 5 beendet wird, wodurch um 120 GE geringere Lagerkosten anfallen. Die Fertigstellung sowohl des Planauftrags B1_PA10 als auch des Planauftrags A1_PA7 in Periode 6 vermeidet die Lagerung von 50 ME von Komponente A1 in eben der Periode 6, wodurch die Lagerkosten um weitere 750 GE abnehmen; sie betragen nun nur noch 360 GE. Die resultierenden Gesamtkosten betragen damit nur noch 1580 GE gegenüber 2834 GE bei der optimalen Lösung. Zur Bewertung dieses Ergebnisses ist zu berücksichtigen, dass bei einer Lösung durch ein MLCLSP kein Planauftrag sich in zwei (oder mehr) Perioden befinden kann. Durch eine Modellerweiterung, wie sie beispielsweise in [Temp15] angegeben ist, ist dies möglich.

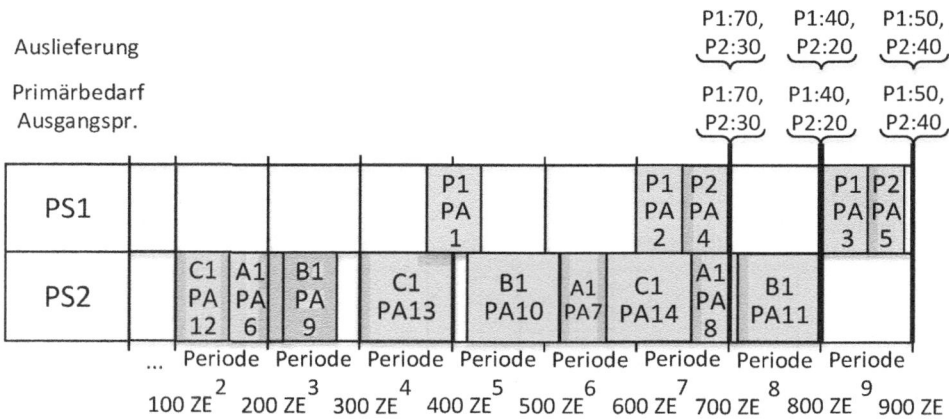

Abbildung 3.18: Verschieben und Vertauschen von Planaufträgen im Produktionsplan durch die Lossplittung bei beschränkter Kapazität mit minimalen Lagerkosten (bei unveränderten Rüstkosten); mit den Primärbedarfen zu dem Ausgangsproblem und deren Auslieferungen.

Die Aufgabe zu dem Folgenden lautet:

Bestimmen Sie Planaufträge innerhalb der 9 Perioden – von Periode 2 bis Periode 9 – so, dass die Primärbedarfe in dieser Fallstudie termingerecht ausgeliefert werden und die Gesamtkosten geringer als 1580 GE sind.

Die bisherige Lösung hat Lagerkosten von 360 Geldeinheiten (GE) und es werden ausschließlich Endprodukte gelagert, in Summe 180 Mengeneinheiten (ME). Sie lassen sich durch einen Lossplit von einem der beiden oder beide Lose in Periode 7, nämlich P1_PA2 und P2_PA4, reduzieren. Dazu sind in Periode 8 die ME für eines der beiden

Produkte P1 oder P2 oder beide Produkte zu produzieren. Dies führt im Fall von P1_PA2 zu einer Einsparung an Lagerkosten von $(40 \cdot 2)$ GE = 80 GE und im Fall von P2_PA4 zu einer Einsparung an Lagerkosten von $(20 \cdot 2)$ GE = 40 GE. In beiden Fällen fallen Rüstkosten von (jeweils) 100 GE an. Eine Einsparung an Gesamtkosten ist somit nicht möglich. Ein Split des Planauftrags P1_PA1 führt zu geringeren Lagerkosten, wenn dieser in einer späteren Periode eingeplant wird. Da keine freie Kapazität in Periode 7 vorliegt, ist Periode 6 die späteste mögliche Periode. Die Produktionsmenge von diesem neuen Planauftrag ist der durch ihn eingesparte Lagerbestand. Aufgrund der zusätzlichen Rüstkosten von 100 GE müssen durch diesen neuen Planauftrag mindestens 50 ME produziert werden. Wegen der Produktionsmenge von 60 ME bei Planauftrag P1_PA1 ist die Lagerbestandsreduktion durch 10 ME limitiert und damit werden weniger als 20 GE = $(10 \cdot 2)$ GE eingespart. Dies ist nur möglich, sofern für die Komponenten A1, B1 und C1 keine zusätzlichen Lagerkosten anfallen. Ist dazu ein zusätzlicher Planauftrag für einer dieser Komponenten nötig, so kann keine Einsparung erfolgen. Da ein zusätzlicher Planauftrag zu einer Komponente nur dann zu einer Einsparung führen kann, wenn auch ein zusätzlicher Planauftrag zu einem der beiden Endprodukte vorliegt, führt ein zusätzlichen Planauftrag zu einer Komponente nicht zu einer Einsparung an Gesamtkosten. Die weitere Betrachtung wird eine höhere Einsparung als 20 GE aufzeigen, so dass die genannte mögliche Reduktion nicht weiter verfolgt wird. Die verbleibende Alternative ist eine Produktionsmengenerhöhung von einem der bisherigen Planaufträge bei einer gleichzeitigen Verminderung der Produktionsmenge eines anderen Planauftrags. Dies ist für die Planaufträge P1_PA3 und P2_PA5 nicht möglich. Bei dem Planauftrag P2_PA4 würde dies zu einem zusätzlichen Lagerbestand in den Perioden 8 und 9 führen, ohne dass durch die Produktionsmengenreduktion von dem Planauftrag P2_PA5 eine Lagerbestandsreduktion erreicht wird. Das Gleiche gilt für die beiden Planaufträge P1_PA2 und P1_PA3. Eine Erhöhung der Produktionsmenge von dem Planauftrag P1_PA1 auf 70 ME ermöglicht die Produktionsmenge von dem Planauftrag P1_PA2 um 10 ME zu vermindern und diesen in Periode 8 zu produzieren. Dies führt zu einer Lagerbestandskostenreduktion von $(-10 \cdot 2)$ GE + $(40 \cdot 2)$ GE = 60 GE. Gelingt es, den resultierenden Planauftrag P1_PA1 in Periode 6 beenden zu lassen, so würde statt einem Lagerbestand von 60 ME sowohl in Periode 6 als auch in Periode 7 nur ein Lagerbestand von 70 ME in Periode 7 vorliegen. Damit betrügen die resultierenden Lagerkosten $(70 \cdot 2)$ GE = 140 GE für Produkt P1 in Periode 7 und $(20 \cdot 2)$ GE = 40 GE für Produkt P2 in Periode 8. Diese Lagerbestandskostenreduktion um 180 GE ist die maximal mögliche. Damit die in einen solchen neuen Planauftrag P1_PA1 eingehenden ME von den Komponenten nicht gelagert werden, sind die beiden Planauftrag A1_PA6 und B1_PA9 in Periode 4 zu beenden. Es sei N die Produktionsmenge von Planauftrag

P1_PA1, sofern diese mindestens 70 ME beträgt. Dann ergibt sich für die kumulierte Bearbeitungszeit der Planaufträge C1_PA13, A1_PA7, B1_PA10, C1_PA14, A1_PA8 und B1_PA11: für P2 jeweils 90 ZE für die Produktion von C1 und B1 und für P1 jeweils $(160 - N)$ ZE (also mindestens 90 ZE) für die Produktion von C1, A1 und B1. Also in Summe $(660 - 3 \cdot N)$ ZE; bei N = 70 ME: 450 ZE. Der späteste Start dieser Planaufträge ist in 350 ZE. Damit können die Planaufträge A1_PA6 und B1_PA9 mit jeweils N = 70 ME nicht in Periode 4 beendet werden. Bei N 90 ME beginnt einer der beiden Planaufträge zu Beginn von Periode 4. Folglich muss N wenigstens 91 ME betragen. Dies bewirkt, dass der Planauftrag P1_PA2 nur noch 19 ME produziert. Zu einem beliebigen N, mit N ME ≤ 70 ME, betragen die resultierenden Lagerkosten $(N \cdot 2)$ GE für Produkt P1 in Periode 7 und $((N - 70) \cdot 2)$ GE für Produkt P1 in Periode 8 und $(20 \cdot 2)$ GE = 40 GE für Produkt P2 in Periode 8. Da die Kosten mit ansteigendem N streng monoton steigen, ist N = 91 ME der optimale Wert. Diese Lösung ist umsetzbar, wie die Abbildung 3.19 zeigt – die Produktionsmengen der Planaufträge C1_PA12, A1_PA6 und B1_PA9 betragen nun jeweils 91 ME, die der Planaufträge C1_PA13 und B1_PA10 betragen nun jeweils 69 ME, die des Planauftrags A1_PA7 sind 19 ME, die der Planaufträge C1_PA14 und B1_PA11 betragen nun jeweils 90 ME sowie die des Planauftrags A1_PA8 sind 40 ME.

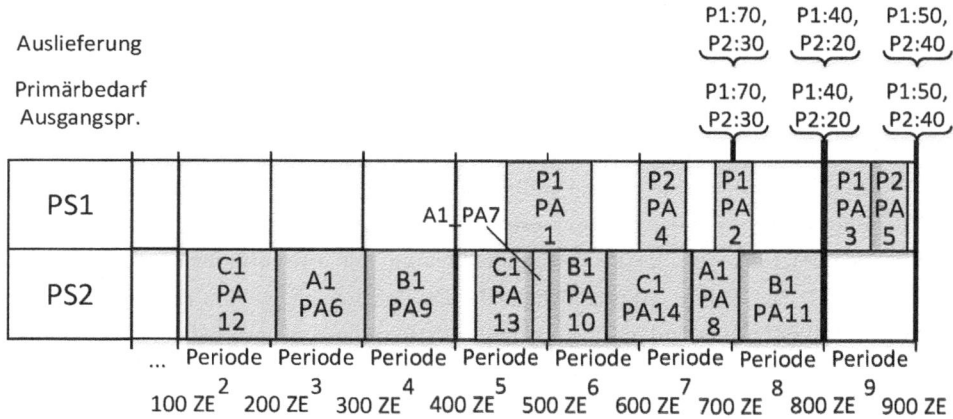

Abbildung 3.19: Planaufträgen mit minimalen Gesamtkosten; mit den Primärbedarfen zu dem Ausgangsproblem und dafür die Auslieferung.

Damit ist durch eine Modellerweiterung – vom MLCLSP durch das Übertragen von Rüstzuständen – auch in dieser Fallstudie eine kostengünstigere Lösung möglich; die Lagerskosten werden substantiell von 360 GE um 96 GE auf 264 GE reduziert, also um $26\frac{2}{3}\%$. Weiterhin werden dadurch im allgemeinen Fall die Interdependenzen zwischen den einzelnen Produkten im Gozintograph besser berücksichtigen als das einfache Verfahren zur Berücksichtigung von beschränkter Kapazität beim Lossplitt.

Bei 10 erlaubten Perioden sind die Losbildungen durch die Lösung vom MLCLSP noch eher einfach, aber trotzdem nicht ganz offensichtlich. Nicht unmittelbar einsichtig erscheinen (den Autoren) diese, sofern nur 9 Perioden erlaubt sind. Da die Fallstudie einen relativ einfachen Gozintographen hat, belegt diese, dass in der industriellen Praxis ein Planer in der Regel überfordert sein dürfte, einen Lossplit bei beschränkter Kapazität zu finden. Die Fallstudie lässt ferner vermuten, dass die durch die programmorientierte Materialbedarfsplanung gebildeten Lose keine guten Anhaltspunkte für gute Lose bilden dürften; ferner weichen ihre Kosten signifikant von den benötigten bei einer termingerechten Auslieferung ab. Aus Sicht eines Planers dürfte im Allgemeinen eine „nahezu beliebige" Aufsplittung notwendig sein.

Abschließend sei die Analyse der Forschung zur programmorientierten Materialbedarfsplanung nach [Temp15] zusammengefasst – weitere Beispiele dazu finden sich in [Herr09] und [Herr11]. Die programmorientierte Materialbedarfsplanung ist eine produktorientierte Dekomposition, bei der das (dynamische) mehrstufige Mehrprodukt-Losgrößenproblem für k Produkte bei abhängigem Bedarf in k voneinander unabhängig behandelte Einprodukt-Losgrößenprobleme für unabhängigen Bedarf zerlegt wird. Dadurch werden die zwischen den Produkten der verschiedenen Erzeugnisstufen bestehenden kostenmäßigen und kapazitätsmäßigen Interdependenzen nicht berücksichtigt. Eine Vernachlässigung der kostenmäßigen Interdependenzen bei der Losgrößenbestimmung kann zur Folge haben, dass die minimalen Gesamtkosten, die bei sachlich korrekter Losgrößenbestimmung erreicht werden könnten, erheblich überschritten werden. Die Lösungsqualität nimmt dabei mit zunehmender Tiefe der Erzeugnisstruktur ab. In den veröffentlichten numerischen Untersuchungen wurden Kostenerhöhungen im Bereich zwischen 2% und 37% (in Abhängigkeit von der Erzeugnisstruktur) festgestellt. Noch viel gravierender ist die Vernachlässigung der kapazitätsmässigen Interdependenzen zwischen den Produkten. Sie bewirkt (häufig), dass keine Produktion der (erstellten) Planaufträge existiert, bei denen die (Kunden-)Bedarfe termingerecht gedeckt werden. Ein Beispiel ist die durchgehende Fallstudie in diesem Gesamtabschnitt 3.1. Sie möge als Beispiel für die von Tempelmeier bereits 2003 in [Temp03] vertretende Ansicht dienen, nach der eine schlechte, aber wenigstens zulässige heuristische Lösung immer noch besser ist, als die in der betrieblichen Praxis erzeugten Lösungen, die in der Regel nicht einmal zulässig sind und die nur durch Aufweichen der Terminrestriktionen akzeptiert werden. Die in den letzten Jahren erzielten Verbesserungen in der exakten Lösung eines Modells vom Typ MLCLSP einerseits und die existierenden heuristischen

Verfahren zur Lösung eines MLCLSP, zu denen viele Literaturquellen existieren und stellvertretend sei die von Almeder und Traxler in [AlTr15] geführte Diskussion heuristischer Verfahren genannt, andererseits lassen vermuten, dass sich die durch ein Vorgehen nach dem MRP II-Prinzip – insbesondere dem hier vorgestellten – bewirkten Lösungen auch unter industriellen Randbedingungen deutlich verbessern lassen.

3.2 Durchlaufterminierung mit früherer Freigabe

In diesem Abschnitt wird aufgezeigt, wie das Auftreten von Verspätungen bei der programmorientierten Materialbedarfsplanung mit anschließender Kapazitätsplanung durch die FIFO-Regel durch eine frühere Freigabe von Planaufträgen vermieden werden kann. Dass dies nicht immer möglich ist, wird durch eine andere Fallstudie demonstriert. In beiden Fällen wird das Problem durch das MLCLSP besser gelöst bzw. überhaupt gelöst.

3.2.1 Vermeidung von Verspätungen durch eine frühere Freigabe

In der Fallstudie existieren zwei Endprodukte P1 und P2. Deren Primärbedarfe in Mengeneinheiten (ME), die zu Beginn einer Periode zu decken sind, enthält die folgende Tabelle 3.23. Der Planungszeitraum besteht aus zwölf Perioden (von Periode 1 bis Periode 12).

Periode t	1	2	3	4	5	6	7	8	9	10	11	12
Primärbedarf P1 [ME]	0	0	0	0	0	0	100	100	100	100	100	100
Primärbedarf P2 [ME]	0	0	0	0	0	0	100	100	100	100	100	100

Tabelle 3.23: Primärbedarfe der Endprodukte P1 und P2 in Mengeneinheiten (ME).

Eine Komponente E geht einfach in beide Endprodukte ein. Der dazugehörende Gonzintograph ist in Abbildung 3.20 angegeben.

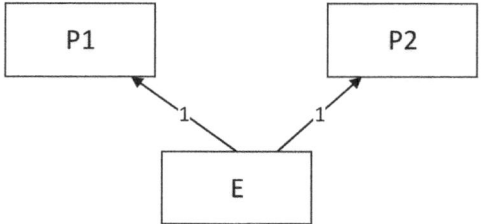

Abbildung 3.20: Gozintograph zu den beiden Endprodukten.

Die einzelnen Produkte werden direkt auf einem Produktionssystem PS gefertigt, wodurch keine Arbeitspläne vorliegen. Damit entfällt die Ressourcenbelegungsplanung bzw. fällt mit der Kapazitätsplanung zusammen. Für jedes Produkt enthält Tabelle 3.24 die geschätzte Durchlaufzeit (Vorlaufzeit) in Perioden, die Stückbearbeitungszeit in Zeiteinheiten (ZE), die Rüstzeit in ZE sowie die Rüst- und Lagerkostensätze in Geldeinheiten (GE) bzw. GE je Mengeneinheit (ME) und Periode. Das Produktionssystem hat eine Kapazität von 600 ZE je Periode.

Produkt k	P1	P2	E
Vorlaufzeit (z_k) [Perioden]	1	1	1
Stückbearbeitungszeit (tb_k) $\left[\frac{ZE}{ME}\right]$	1.5	1.5	1.25
Rüstzeit (s_k) [ZE]	0	0	100
Rüstkostensatz (s_k) [GE]	1500	1500	1
Lagerkostensatz (h_k) $\left[\frac{GE}{ME \cdot Periode}\right]$	1	1	1

Tabelle 3.24: Planungsparameter der Produkte und Komponenten.

Die Aufgabe zu dem Folgenden lautet:
Wenden Sie die programmorientierte Materialbedarfsplanung auf diese Fallstudie an. Lösen Sie die dabei auftretenden einstufigen Losgrößenprobleme durch die Groff-Heuristik. Geben Sie die resultierende Peggingstruktur (tabellarisch) an. Stellen Sie die zeitliche Anordnung der erhaltenen Planaufträge als Gantt-Diagramm dar. Geben Sie die periodenspezifischen Kosten und etwaige auftretende Fehlmengen an. Führen Sie eine Kapazitätsplanung mit minimaler Summe an Fehlmengen durch und geben das Ergebnis als Gantt-Diagramm an. Bestimmen Sie dafür ebenfalls die periodenspezifischen Kosten und etwaige auftretende Fehlmengen. Halten Sie sich hier und im Folgenden an der im Abschnitt 1.2 erläuterten Vorgehensweise, insbesondere berücksichtigen Sie die Einlagerungsregel, sofern nicht anders vorgegangen werden soll.

Das Ergebnis der Anwendung der programmorientierten Materialbedarfsplanung, s. Algorithmus 1.4, mit der Verwendung der Groff-Heuristik zur Lösung einstufiger Losgrößenprobleme auf die Fallstudie befindet sich in Tabelle 3.25. Zu jedem Produkt wird jeweils ein Planauftrag bzw. Los erzeugt, mit dem alle seine Primär- bzw. Sekundärbedarfe produziert werden. Wegen der Vorlaufzeit von einer Periode sind die beiden Planaufträge für die beiden Endprodukte vor der ersten Periode mit einem zu deckenden Bedarf zu fertigen, nämlich in Periode sechs. Das Los zur Deckung des Sekundärbedarfs zur Komponente (E), der aus den beiden Losen zu den beiden Endprodukten besteht und zu Beginn von Periode 6 zu decken ist, wird aufgrund der Vorlaufzeit von einer Periode ebenfalls eine Periode früher, nämlich in Periode 5 produziert; diese Beziehung zwischen den Planaufträgen ist in der Peggingstruktur in Tabelle 3.26 angegeben. Da weder Anfangslagerbestände vorliegen noch Lagerzu- oder abgänge auftreten, treten keine disponiblen Bestände auf (dadurch ist bei den Endprodukten der Nettobedarf gleich dem Primärbedarf und bei der Komponente ist der Nettobedarf gleich dem Sekundärbedarf). Daher wurden – in Tabelle 3.25 – lediglich die Bedarfe und die Lose einschließlich ihrer Bezeichnungen angegeben.

Endprodukt P1										
Periode	4	5	6	7	8	9	10	11	12	13
Primärbedarf^A [ME]				100	100	100	100	100	100	
PlAuf^A [ME]			600							
Bezeichnung PlAuf^A			P1_2							
Endprodukt P2										
Periode	4	5	6	7	8	9	10	11	12	13
Primärbedarf^A [ME]				100	100	100	100	100	100	
PlAuf^A [ME]			600							
Bezeichnung PlAuf^A			P2_3							
Komponente E										
Periode	4	5	6	7	8	9	10	11	12	13
Sekundärbedarf^A [ME]			1200							
PlAuf^A [ME]		1200								
Bezeichnung PlAuf^A		E_1								

Tabelle 3.25: Ergebnis der programmorientierten Materialbedarfsplanung mit Losbildung nach dem Groff-Verfahren.

Die folgende Tabelle 3.26 enthält die Peggingstruktur einschließlich der Termine ihrer Planaufträge.

Peggingstruktur					
Planauftrag	Menge [ME]	Starttermin [ZE]	Endtermin [ZE]	Vorgänger	Nachfolger
E_1	1200	2400	3000	—	P1_2, P2_3
P1_2	600	3000	3600	E_1	$d_{P1,7}$, $d_{P1,8}$, $d_{P1,9}$, $d_{P1,10}$, $d_{P1,11}$, $d_{P1,12}$
P2_3	600	3000	3600	E_1	$d_{P2,7}$, $d_{P2,8}$, $d_{P2,9}$, $d_{P2,10}$, $d_{P2,11}$, $d_{P2,12}$

Tabelle 3.26: Peggingstruktur zur programmorientierten Materialbedarfsplanung mit Losbildung nach dem Groff-Verfahren.

Das Ergebnis der programmorientierten Materialbedarfsplanung mit Losbildung nach dem Groff-Verfahren als Gantt-Diagramm ist in der folgenden Abbildung 3.21 dargestellt.

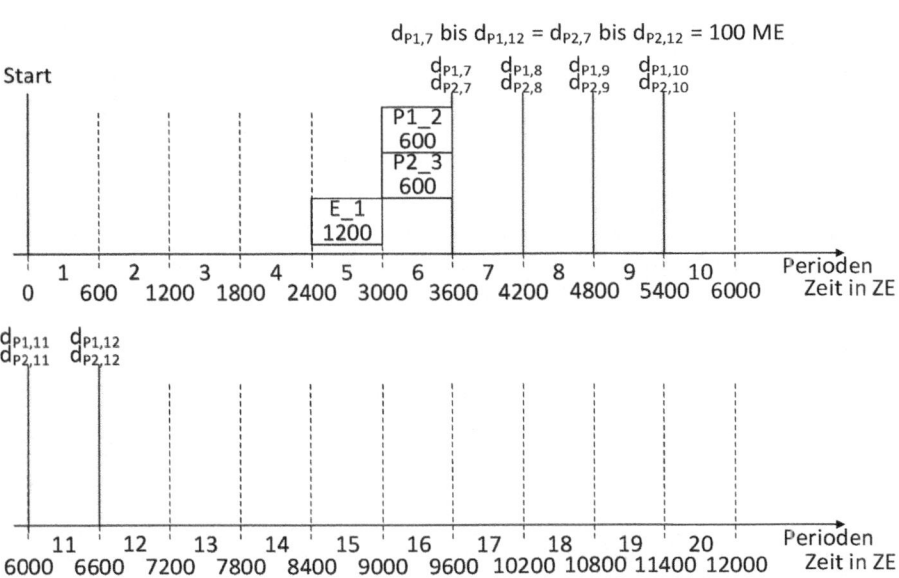

Abbildung 3.21: Gantt-Diagramm zu dem Ergebnis der programmorientierten Material-bedarfsplanung mit Losbildung nach dem Groff-Verfahren.

Die durch diese Lösung entstehenden periodenspezifischen Kosten sind in Tabelle 3.27 angegeben.

Endprodukt P1											
Periode	4	5	6	7	8	9	10	11	12	13	$\sum_{ME}$	$\sum_{GE}$
Rüstvorgang	0	0	1	0	0	0	0	0	0	0	1	1500
Physisch$_{P1,t}^{E}$	0	0	0	500	400	300	200	100	0	0	1500	1500
Gesamtkosten	0	0	1500	500	400	300	200	100	0	0		3000
Fehlmengen	0	0	0	0	0	0	0	0	0	0	0	

Endprodukt P2											
Periode	4	5	6	7	8	9	10	11	12	13	$\sum_{ME}$	$\sum_{GE}$
Rüstvorgang	0	0	1	0	0	0	0	0	0	0	1	1500
Physisch$_{P1,t}^{E}$	0	0	0	500	400	300	200	100	0	0	1500	1500
Gesamtkosten	0	0	1500	500	400	300	200	100	0	0		3000
Fehlmengen	0	0	0	0	0	0	0	0	0	0	0	

Komponente E											
Periode	4	5	6	7	8	9	10	11	12	13	$\sum_{ME}$	$\sum_{GE}$
Rüstvorgang	0	1	0	0	0	0	0	0	0	0	1	1
Physisch$_{P1,t}^{E}$	0	0	0	0	0	0	0	0	0	0	0	0
Gesamtkosten	0	1	0	0	0	0	0	0	0	0	0	1

Über alle Produkte											
Periode	4	5	6	7	8	9	10	11	12	13	$\sum_{ME}$	$\sum_{GE}$
Gesamtkosten	0	1	3000	1000	800	600	400	200	0	0		6001
Fehlmengen	0	0	0	0	0	0	0	0	0	0	0	

Tabelle 3.27: Periodenspezifische Kosten in Geldeinheiten (GE) aus Rüstvorgängen sowie Lagerbeständen und Fehlmengen (beides in Mengeneinheiten (ME)) zu dem Ergebnis der programmorientierten Materialbedarfsplanung mit Losbildung nach dem Groff-Verfahren.

Tatsächlich sind die Bearbeitungszeiten der Planaufträge aufgrund der Größe der Lose länger als die geschätzte Durchlaufzeit von jeweils einer Periode; diese Zeiten enthält die Tabelle 3.28.

Auftrag	Material	Losgröße	tatsächliche Dauer	geschätzte Durchlaufzeit	Freigabetermin
E_1	E	1200 ME	1600 ZE	600 ZE	2400 ZE
P1_2	P1	600 ME	900 ZE	600 ZE	3000 ZE
P2_3	P2	600 ME	900 ZE	600 ZE	3000 ZE

Tabelle 3.28: Start-, End- und Freigabetermine aufgrund von der programmorientierten Materialbedarfsplanung mit Losbildung nach dem Groff-Verfahren.

Für die Kapazitätsplanung existieren nur zwei mögliche Lösungen. In jedem Fall ist der Planauftrag zur Komponente E als erstes zu produzieren und zwar ab seinen Freigabetermin. Anschließend ist entweder der Planauftrag zum Endprodukt P1 und danach der zum Endprodukt P2 zu fertigen oder umgekehrt. Die erste Variante ist in Abbildung 3.22 angegeben.

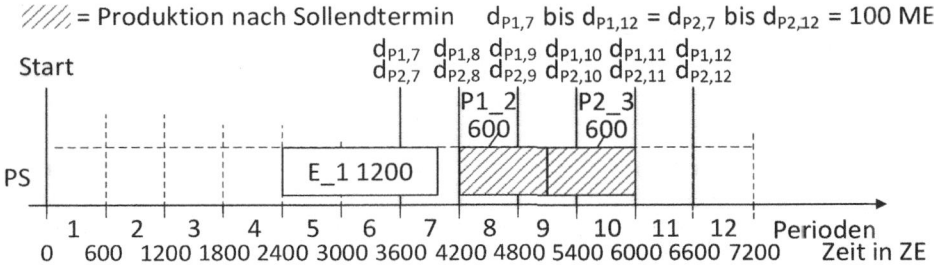

Abbildung 3.22: Ergebnis der Kapazitätsplanung zu dem Ergebnis der programmorientierten Materialbedarfsplanung mit Losbildung nach dem Groff-Verfahren mit minimaler Fehlmenge bzw. Verspätung.

Die durch diesen Produktionsplan entstehenden periodenspezifischen Kosten sind in Tabelle 3.29 angegeben. Er minimiert zugleich die mittlere Verspätung.

Endprodukt P1											
Periode	4	5	6	7	8	9	10	11	12	13	$\sum_{ME}$	$\sum_{GE}$
Rüstvorgang	0	0	0	0	1	0	0	0	0	0	1	1500
Physisch$_{P1,t}^{E}$	0	0	0	0	0	0	200	100	0	0	300	300
Gesamtkosten	0	0	0	0	1500	0	200	100	0	0		1800
Fehlmengen	0	0	0	100	200	300	0	0	0	0	600	
Endprodukt P2											
Periode	4	5	6	7	8	9	10	11	12	13	$\sum_{ME}$	$\sum_{GE}$
Rüstvorgang	0	0	0	0	0	1	0	0	0	0	1	1500
Physisch$_{P1,t}^{E}$	0	0	0	0	0	0	0	100	0	0	100	100
Gesamtkosten	0	0	0	0	0	1500	0	100	0	0		1600
Fehlmengen	0	0	0	100	200	300	400	0	0	0	1000	

Tabelle 3.29: Periodenspezifische Kosten in Geldeinheiten (GE) aus Rüstvorgängen sowie Lagerbeständen und Fehlmengen (beides in Mengeneinheiten (ME)) zu dem Ergebnis der programmorientierten Materialbedarfsplanung mit Losbildung nach dem Groff-Verfahren (wird fortgesetzt).

Komponente E												
Periode	4	5	6	7	8	9	10	11	12	13	$\sum_{ME}$	$\sum_{GE}$
Rüstvorgang	0	1	0	0	0	0	0	0	0	0	1	1
Physisch$^E_{P1,t}$	0	0	0	0	600	0	0	0	0	0	600	600
Gesamtkosten	0	1	0	0	600	0	0	0	0	0		601
Über alle Produkte												
Periode	4	5	6	7	8	9	10	11	12	13	$\sum_{ME}$	$\sum_{GE}$
Gesamtkosten	0	1	0	0	2100	1500	200	200	0	0		4001
Fehlmengen	0	0	0	200	400	600	400	0	0	0	1600	

Tabelle 3.29: Periodenspezifische Kosten in Geldeinheiten (GE) aus Rüstvorgängen so- wie Lagerbeständen und Fehlmengen (beides in Mengeneinheiten (ME)) zu dem Ergebnis der programmorientierten Materialbedarfsplanung mit Losbildung nach dem Groff-Verfahren.

Die Aufgabe zu dem Folgenden lautet:

Erlauben Sie eine um eine Periode frühere Auftragsfreigabe (aller Planaufträge). Führen Sie eine Kapazitätsplanung mit minimaler Summe an Fehlmengen durch und geben das Ergebnis als Gantt-Diagramm an. Bestimmen Sie dafür die periodenspezifischen Kosten und etwaige auftretende Fehlmengen.

Aus Abbildung 3.22 ist ersichtlich, dass ein früheres Beginnen der beiden Planaufträge mit Verspätung und in ihrer Folge der Planauftrag zur Komponente die Verspätung verringert bzw. ganz vermeidet. Dies impliziert einen früheren frühesten möglichen Starttermin; im Kern wurde so bereits in dem Abschnitt 3.1.2 vorgegangen. Das gängige Vorgehen in der industriellen Praxis ist eine frühere Auftragsfreigabe. Eine um eine Periode frühere Freigabe für alle Planaufträge führt demnach zum früheren Beginn aller Planaufträge um eine Periode und damit zu der in Abbildung 3.23 angegebenen Kapazitätsplanung mit minimaler Summe an Fehlmengen.

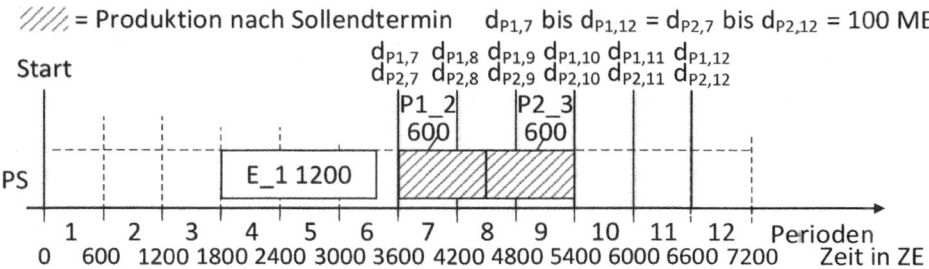

Abbildung 3.23: Ergebnis der Kapazitätsplanung zu dem MRP-Ergebnis und einer um eine Periode früheren Freigabe.

Die durch diese Abarbeitung entstehenden periodenspezifischen Kosten sind in Tabelle 3.30 angegeben. Der um eine Periode frühere Produktionsbeginn der Planaufträge zu den beiden Endprodukten bewirkt eine Reduktion einer Fehlmenge in einer Periode mit Fehlmengen bei der bisherigen Lösung, also die Perioden 7 bis 9, um 100 ME und zugleich einen Anstieg der Lagermenge um 100 ME in den Perioden, ab der Periode, in der neuen Lösung, in der keine Fehlmenge mehr auftritt, also ab Periode 9, bis zu der Periode mit Lagermengen bei der bisherigen Lösung, also die Periode 11. Für Endprodukte nehmen daher die kumulierten Fehlmengen um 700 Mengeneinheiten (ME) ab – und zwar von 1600 ME auf 900 ME – und die kumulierten Lagermengen nehmen um 500 ME zu – und zwar von 1000 ME auf 1500 ME. Da weiterhin die Produktionsmenge für die Komponente so früh wie möglich verwendet wird, ändert sich die Lagermenge für die Komponente nicht. Zu dem Kostenanstieg sei in Erinnerung gerufen, dass Fehlmengenkosten nicht erhoben werden; deswegen wird auf Kostenanstieg hier und im Folgenden nicht (sehr intensiv) eingegangen. Dieser Produktionsplan minimiert (wieder) zugleich die mittlere Verspätung.

Endprodukt P1											
Periode	4	5	6	7	8	9	10	11	12	13	$\sum_{ME}$	$\sum_{GE}$
Rüstvorgang	0	0	0	1	0	0	0	0	0	0	1	1500
Physisch$_{P1,t}^{E}$	0	0	0	0	0	300	200	100	0	0	600	600
Gesamtkosten	0	0	0	1500	0	300	200	100	0	0		2100
Fehlmengen	0	0	0	100	200	0	0	0	0	0	300	

Tabelle 3.30: Periodenspezifische Kosten in Geldeinheiten (GE) aus Rüstvorgängen sowie Lagerbeständen und Fehlmengen (beides in Mengeneinheiten (ME)) zu dem Ergebnis der programmorientierten Materialbedarfsplanung mit Losbildung nach dem Groff-Verfahren bei einer früheren Freigabe um eine Periode (wird fortgesetzt).

159

Endprodukt P2											
Periode	4	5	6	7	8	9	10	11	12	13	$\sum_{ME}$	$\sum_{GE}$
Rüstvorgang	0	0	0	0	1	0	0	0	0	0	1	1500
Physisch$^E_{P1,t}$	0	0	0	0	0	0	200	100	0	0	300	300
Gesamtkosten	0	0	0	0	1500	0	200	100	0	0		1800
Fehlmengen	0	0	0	100	200	300	0	0	0	0	600	

Komponente E											
Periode	4	5	6	7	8	9	10	11	12	13	$\sum_{ME}$	$\sum_{GE}$
Rüstvorgang	1	0	0	0	0	0	0	0	0	0	1	1
Physisch$^E_{P1,t}$	0	0	0	600	0	0	0	0	0	0	600	600
Gesamtkosten	1	0	0	0	0	0	0	0	0	0	0	601

Über alle Produkte											
Periode	4	5	6	7	8	9	10	11	12	13	$\sum_{ME}$	$\sum_{GE}$
Gesamtkosten	1	0	0	2100	1500	300	400	200	0	0		4501
Fehlmengen	0	0	0	200	400	300	0	0	0	0	900	

Tabelle 3.30: Periodenspezifische Kosten in Geldeinheiten (GE) aus Rüstvorgängen sowie Lagerbeständen und Fehlmengen (beides in Mengeneinheiten (ME)) zu dem Ergebnis der programmorientierten Materialbedarfsplanung mit Losbildung nach dem Groff-Verfahren bei einer früheren Freigabe um eine Periode.

Die Aufgabe zu dem Folgenden lautet:

Iterieren Sie diese frühere Auftragsfreigabe bis keine Verspätung bzw. Fehlmenge mehr auftritt, sofern eine Kapazitätsplanung mit minimaler Summe an Fehlmengen durchgeführt wird.

Diese frühere Freigabe lässt sich solange iterieren, bis keine Verspätung bzw. Fehlmenge mehr auftritt. Die dafür notwendige minimale Anzahl an Perioden ergibt sich aus den folgenden Abbildungen. In der ersten Abbildung 3.24 werden die tatsächlichen Dauern der Planaufträge und die Starttermine aus der Materialbedarfsplanung (MRP) verwendet – weiterhin wird die bisher verwendete Abarbeitungsreihenfolge der Planaufträge berücksichtigt. Zur Vermeidung von Fehlmengen bzw. Verspätungen sind die Planaufträge zu den Endprodukten wie in Abbildung 3.25 angegeben vorzuziehen. Damit auch unter Berücksichtigung der Einlagerungsregel genügend Mengeneinheiten zum Produktionsbeginn vom Planauftrag P1_2 – und damit auch für Planauftrag P2_3 – vorliegt, ist die Produktion von Planauftrag E_1 mit dem Beginn der Periode 1 zu starten, wie dies in Abbildung 3.26 angegeben ist. Damit ist die Freigabe von Planauftrag E_1 um vier

Perioden vorzuziehen und die der beiden Planaufträge (P1_2 und P1_3) um jeweils zwei Perioden.

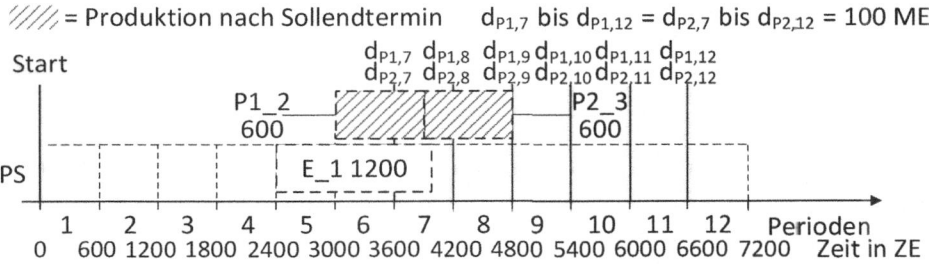

Abbildung 3.24: MRP-Ergebnis mit tatsächlichen Dauern.

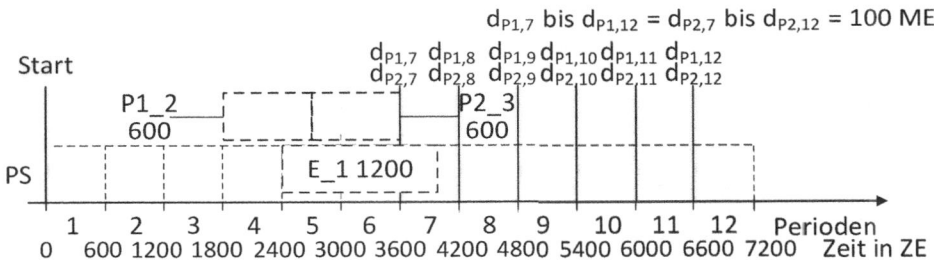

Abbildung 3.25: MRP-Ergebnis mit richtig terminierten Planaufträgen für die Endprodukte.

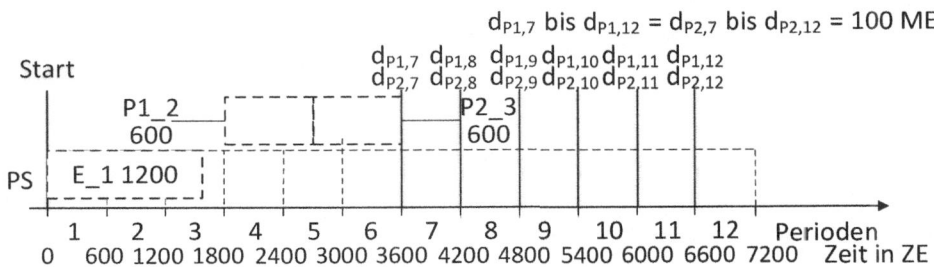

Abbildung 3.26: MRP-Ergebnis mit richtig terminierten Planaufträgen.

Durch das Vorziehen der Planaufträge steigen die periodenspezifischen Lagermengen –

nach der oben beschriebenen Regel – weiter an. Das Ergebnis enthält Tabelle 3.31. Ferner enthält die Tabelle 3.31 die durch die in Abbildung 3.26 angegebene Lösung verursachten periodenspezifischen Kosten.

Endprodukt P1														
Periode	1	2	3	4	5	6	7	8	9	10	11	12	$\sum_{ME}$	$\sum_{GE}$
Rüstvorgang	0	0	0	1	0	0	0	0	0	0	0	0	1	1500
Physisch$^E_{P1,t}$	0	0	0	0	0	600	500	400	300	200	100	0	2100	2100
Gesamtkosten	0	0	0	1500	0	600	500	400	300	200	100	0		3600
Fehlmengen	0	0	0	0	0	0	0	0	0	0	0	0	0	
Endprodukt P2														
Periode	1	2	3	4	5	6	7	8	9	10	11	12	$\sum_{ME}$	$\sum_{GE}$
Rüstvorgang	0	0	0	0	1	0	0	0	0	0	0	0	1	1500
Physisch$^E_{P1,t}$	0	0	0	0	0	0	500	400	300	200	100	0	1500	1500
Gesamtkosten	0	0	0	0	1500	0	500	400	300	200	100	0		3000
Fehlmengen	0	0	0	0	0	0	0	0	0	0	0	0	0	
Komponente E														
Periode	1	2	3	4	5	6	7	8	9	10	11	12	$\sum_{ME}$	$\sum_{GE}$
Rüstvorgang	1	0	0	0	0	0	0	0	0	0	0	0	1	1
Physisch$^E_{P1,t}$	0	0	0	600	0	0	0	0	0	0	0	0	600	600
Gesamtkosten	1	0	0	600	0	0	0	0	0	0	0			601
Über alle Produkte														
Periode	1	2	3	4	5	6	7	8	9	10	11	12	$\sum_{ME}$	$\sum_{GE}$
Gesamtkosten	1	0	0	2100	1500	600	1000	800	600	400	200	0		7201
Fehlmengen	0	0	0	0	0	0	0	0	0	0	0	0	0	

Tabelle 3.31: Periodenspezifische Kosten in Geldeinheiten (GE) aus Rüstvorgängen sowie Lagerbeständen und Fehlmengen (beides in Mengeneinheiten (ME)) zur Kapazitätsplanung vom MRP-Ergebnis mit richtig terminierten Planaufträgen.

Damit lauten die minimalen Lagermengen zur Vermeidung von Fehlmengen 4200 Mengeneinheiten (ME). Der Vollständigkeit halber seien die Fehlmengen und Lagermengen bei den anderen möglichen früheren Freigaben genannt. Bei einer früheren Freigabe um zwei Perioden nehmen die Fehlmengen, gegenüber einer früheren Freigabe von einer Periode, um weitere 500 Mengeneinheiten (ME) ab – und zwar auf 400 ME – und die Lagermengen der Endprodukte nehmen um 700 ME zu – und zwar auf 2200 ME. Bei einer früheren Freigabe um drei Perioden nehmen die Fehlmengen um weitere 400 Mengeneinheiten (ME) ab – und zwar auf 100 ME – und die Lagermengen der Endprodukte nehmen um 900 ME zu – und zwar auf 3100 ME. Bei einer früheren Freigabe um vier Perioden liegen keine Fehlmengen vor und die Lagermengen nehmen um 1100 ME zu – und zwar auf 4200 ME –, genauso wie in der Lösung in Abbildung 3.26. Auch in diesem Fall minimiert dieser Produktionsplan die mittlere Verspätung.

In dieser Fallstudie ist das Problem dadurch verursacht, dass die tatsächlichen Dauern länger als die geschätzte Durchlaufzeit sind. Dies dient nur zur Vereinfachung. Sind in einer Periode mehrere Planaufträge zu produzieren, so sind die Durchlaufzeiten – als Differenz zwischen Ist- und Sollendtermin – oftmals länger als die Dauern (i.e. Nettobearbeitungszeiten), und bei schwankenden Anzahlen an Planaufträgen in den einzelnen Perioden schwanken diese Durchlaufzeiten. Deswegen sind die geschätzten Durchlaufzeiten in der Regel entweder zu niedrig oder zu hoch. Es sei angemerkt, dass dies auch in der Regel in der industriellen Praxis beobachtet wird, sofern Produktionskapazitäten einen Engpass darstellen; anhand von Fallstudien ist dies in einem internen Papier des Autors, s. [Herr15] belegt, – bei Losbildungen wurde dies bereits von Karmarkar in [Karm87] gezeigt.

In dieser Fallstudie ist die Losbildung optimal. Würde das Los zu Produkt P2 geteilt, so fallen 1500 Geldeinheiten (GE) an Kosten zusätzlich an. Da nach Tabelle 3.31 die kumulierten Kosten für Produkt P2 lediglich 3000 GE betragen und durch ein zweites Los eine gewisse Lagerung unvermeidlich ist, müssen diese Kosten dann höher sein. Im Fall von Produkt P1 sind die Lagerkosten um 600 GE höher als die Kosten für ein zweites Los. Werden die produzierten Mengen unmittelbar verwendet, so treten die kleinsten möglichen Lagerungen auf, wenn beide 300 Mengeneinheiten (ME) betragen. Diese verursachen jeweils Lagerungen von 200 ME in einer Periode und von weiteren 100 ME in einer weiteren Periode. Damit betragen die kumulierten Kosten ebenfalls 3600 GE (zweimal Rüstkosten von 1500 GE und Lagerkosten von 600 GE). Allerdings würde diese Lossplittung bedeuten, dass das Los für Produkt P2 eine Periode früher gefertigt werden müsste, wodurch höhere Lagerkosten entstehen. Eine Lossplittung für die Komponente E mit dem Ziel einer kleineren Lagerung würde eine frühere Bearbeitung von einem der beiden Endprodukte implizieren. Dadurch würde im günstigsten Fall die gleiche Anzahl an Mengeneinheiten gelagert, wodurch wegen einem einheitlichen Lagerkostensatz die gleichen Lagerkosten entstehen, und die Rüstkosten würden um 1 GE höher sein. Insgesamt bewirkt deswegen ein Lossplit höhere Gesamtkosten.

Ein Verzicht auf die Einlagerungsregel führt zu keinem anderen Ergebnis, da dann die Planaufträge in den gleichen Perioden beendet werden. Dadurch fallen die gleichen

Lagerkosten an.

Diese Fallstudie ist auch insofern stark vereinfacht, als in den Perioden 1 bis 6 keine Planaufträge zu produzieren sind. Tatsächlich dürfte die Kapazität in diesen Perioden kleiner sein, wodurch Planaufträge eventuell noch früher einzuplanen wären. Ein weiterer Nachteil ist, dass eine Losplanung mit einem zeitlich hohen Abstand zu den Bedarfen durchgeführt wurde, in einer industriellen Anwendung aber ein geringerer zeitlicher Abstand vorliegen dürfte. Im Folgenden wird sich zeigen, dass spätestens zwei Perioden vor dem ersten zu deckenden Bedarf zu planen ist, also spätestens zu Beginn der Periode 5.

Die Aufgabe zu dem Folgenden lautet:
Fassen Sie diese Fallstudie als ein MLCLSP auf, betrachten als Planungsintervall die Perioden 5 bis 12, und lösen Sie es, wie im Abschnitt 3.1.3 beschrieben. Stellen Sie die Lose einschließlich ihrer Peggingstruktur geeignet dar und stellen eine zeitliche Anordnung der erhaltenen Planaufträge als Gantt-Diagramm dar. Bestimmen Sie für das Ergebnis die periodenspezifischen Kosten und etwaige auftretende Fehlmengen. Vergleichen Sie das Ergebnis mit den bisher erzielten Ergebnissen.

Das Problem lässt sich durch das lineare Optimierungsmodell **M**ulti-**L**evel **C**apacitated **L**ot **S**izing **P**roblem (MLCLSP) beschreiben; die formale Definition ist im Abschnitt 3.1.3 angegeben. Eine Lösung durch ILOG – im Abschnitt 3.1.3 befindet sich auch eine ILOG-Formulierung vom MLCLSP – erfordert das folgende Datenfile – als „dat"-Datei – für die Parameter dieser Fallstudie, wobei in den ersten vier Perioden keine freie Kapazität existiert:

```
1  T = 12;      // Anzahl an Perioden.
2  K = 3;       // Anzahl an Produkten.
3  J = 1;       // Anzahl an Ressourcen.
4  M = 100000;  // Größer als das größte mögliche Los.
5  // Direktbedarfskoeffizienten:
6  a = #[
7    1: [0 0 0] // P1.
8    2: [0 0 0] // P2.
9    3: [1 1 0] // E.
10 ]#;
11 // Kapazitäten:
12 b = [[0,0,0,0,600,600,600,600,600,600,600,600]];
13 // Lagerkostensätze:
14 //    P1 P2 E.
15 h = [1, 1, 1];
16 // Rüstkostensätze:
```

```
17  //       P1    P2  E.
18  s = [1500,1500,1];
19  // Nettobedarfe:
20  d = [[0,  0,  0,  0,  0,  0,  100,  100,  100,  100,  100,  100], // P1.
21       [0,  0,  0,  0,  0,  0,  100,  100,  100,  100,  100,  100], // P2.
22       [0,  0,  0,  0,  0,  0,    0,    0,    0,    0,    0,    0]  // E.
23      ];
24  // Stückbearbeitungszeiten:
25  tb = [[1.5],     // P1.
26       [1.5],     // P2.
27       [1.25]]; // E.
28  // Rüstzeiten:
29  tr = [[0],      // P1.
30       [0],      // P2.
31       [100]]; // E.
32  // Mindestvorlaufzeiten:
33  //    P1 P2 E.
34  z = [1, 1, 1];
35  // Anfangslagerbestände:
36  //    P1 P2 E.
37  y0 = [0, 0, 0];
```

Listing 3.4: Implementierung ILOG Parameter für die Fallstudie.

Eine Lösung hat die in der folgenden Tabelle 3.36 angegebenen Planaufträge. Die Planaufträge zu den Endprodukten implizieren jeweils einen abgeleiteten Bedarf, der nach der Terminologie zur Materialbedarfsplanung als Sekundärbedarf bezeichnet ist.

Endprodukt P1								
Periode t	5	6	7	8	9	10	11	12
Primärbedarf[A] [ME]			100	100	100	100	100	100
Planauftrag[A] [ME]		200		200		200		
Bezeichnung PlAuf[A]		P1_2		P1_5		P1_8		
Endprodukt P2								
Periode t	5	6	7	8	9	10	11	12
Primärbedarf[A] [ME]			100	100	100	100	100	100
Planauftrag[A] [ME]		200		200		200		
Bezeichnung PlAuf[A]		P1_3		P1_6		P1_9		

Tabelle 3.32: Optimale Losbildung mit minimaler Periodenanzahl (wird fortgesetzt).

Komponente E								
Periode t	5	6	7	8	9	10	11	12
Sekundärbedarf^A [ME]		400		400		400		
Planauftrag^A [ME]	400		400		400			
Bezeichnung PlAuf^A	E_1		E_4		E_7			

Tabelle 3.32: Optimale Losbildung mit minimaler Periodenanzahl.

Die Start- und Endtermine der Planaufträge sind der Beginn und das Ende der jeweiligen Periode – aufgrund der Kapazitätsbedingungen im MLCLSP. Die einzelnen möglichen Abarbeitungsreihenfolgen unterscheiden sich lediglich in der Reihenfolge, in der die beiden Endprodukte in den betroffenen Perioden produziert werden. Eine ist in Abbildung 3.27 angegeben. Sie zeigt, dass die Perioden komplett ausgelastet sind; was bei jeder anderen Abarbeitungsreihenfolge auch der Fall wäre.

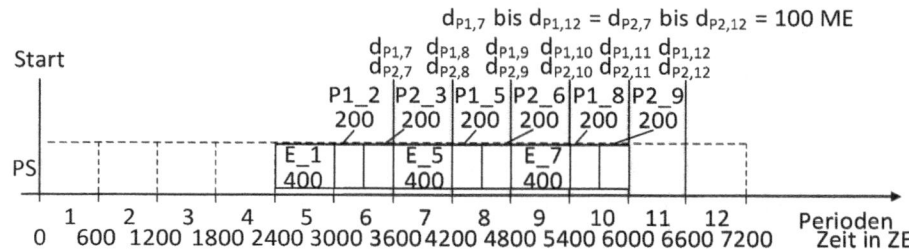

Abbildung 3.27: Gantt-Diagramm zur optimalen Lösung mit minimaler Periodenanzahl.

Jede mögliche Abarbeitungsreihenfolge von allen Planaufträgen in jeder Periode führt zu einem Kapazitätsplan ohne Verspätungen und den gleichen Kosten – also den gleichen Rüstaufwänden und die gleichen zu lagernden Mengeneinheiten je Produkt. Diese periodenspezifischen Kosten sind in Tabelle 3.33 angegeben.

Endprodukt P1										
Periode	5	6	7	8	9	10	11	12	$\sum_{ME}$	$\sum_{GE}$
Rüstvorgang	0	1	0	1	0	1	0	0	3	4500
Physisch$^{E}_{P1,t}$	0	0	100	0	100	0	100	0	300	300
Gesamtkosten	0	1500	100	1500	100	1500	100	0		4800
Fehlmengen	0	0	0	0	0	0	0	0	0	
Endprodukt P2										
Periode	5	6	7	8	9	10	11	12	$\sum_{ME}$	$\sum_{GE}$
Rüstvorgang	0	1	0	1	0	1	0	0	3	4500
Physisch$^{E}_{P1,t}$	0	0	100	0	100	0	100	0	300	300
Gesamtkosten	0	1500	100	1500	100	1500	100	0		4800
Fehlmengen	0	0	0	0	0	0	0	0	0	
Komponente E										
Periode	5	6	7	8	9	10	11	12	$\sum_{ME}$	$\sum_{GE}$
Rüstvorgang	1	0	1	0	1	0	0	0	3	3
Physisch$^{E}_{P1,t}$ 0	0	0	0	0	0	0	0	0	0	0
Gesamtkosten	1	0	1	0	1	0	0	0		3
Über alle Produkte										
Periode	5	6	7	8	9	10	11	12	$\sum_{ME}$	$\sum_{GE}$
Gesamtkosten	1	3000	201	3000	201	3000	200	0		9603
Fehlmengen	0	0	0	0	0	0	0	0	0	

Tabelle 3.33: Periodenspezifische Kosten in Geldeinheiten (GE) aus Rüstvorgängen sowie Lagerbeständen und Fehlmengen (beides in Mengeneinheiten (ME)) zur optimalen Lösung mit minimaler Periodenanzahl.

Die Gesamkosten von dieser optimalen Lösung ist um $33\frac{2567}{7201}\%$ höher als die Gesamtkosten der optimalen Lösung, bei der in den Perioden 1 bis 4 produziert werden darf; die Kosten steigen von 7201 GE auf 9603 GE.

Es sei angemerkt, dass eine Lösung vom MLCLSP mit maximaler freier Kapazität in den ersten Perioden eine schlechtere Lösung als die in Abbildung 3.26 angegebene Lösung liefert, da kein Planauftrag sich in zwei (oder mehr) Perioden befinden kann – jedes Los ist genau einer Periode zugeordnet. Durch eine Übertragung von Rüstzuständen im MLCLSP kann sich ein Planauftrag in mehr als einer Periode befinden. Eine Modellerweiterung hierfür ist in [Temp15] angegeben. Ihre Verwendung liefert die in Abbildung 3.26 angegebene (optimale) Lösung. Durch die folgende Integration von dem Produktionsbeginn in die Zielfunktion wird ein möglichst später Beginn ohne Fehlmengen realisiert. Dazu wird im Kern (durch Restriktionen) die früheste verwendete Periode ermittelt und ein früherer Produktionsbeginn führt zu höheren (Straf-)Kosten. Dominieren diese Strafkosten die möglichen Rüst- und Lagerkosten und gehen diese additiv in die bisherige Zielfunktion ein, dann können diese Strafkosten bei einer vermeidbaren früheren Produktion nicht durch geringere Rüst- und Lagerkosten kompensiert werden. Dadurch wird für den spätesten möglichen Produktionsbeginn eine Lösung mit den geringsten Rüst- und Lagerkosten bestimmt. Es sei angemerkt, dass diese Erweiterung auch auf eine optimale Kapazitätsplanung durch das RCPSP-MP-E, s. Abschnitt 2.1, übertragen werden kann.

In der industriellen Anwendung tritt eine rollende Planung auf. Im Abschnitt 3.4 wird anhand einer Durchlaufterminierung mit Überlappung demonstriert werden, dass eine rollende Planung mit einer Gesamtplanung übereinstimmt, sofern der Planungshorizont die Planungsentscheidungen nicht beeinflusst. Um das Verhalten der vorgestellten früheren Freigabe von Planaufträgen bei einer rollenden Planung zu demonstrieren, wird – in diesem Sinne – im Folgenden die Fallstudie mit 18 Bedarfsperioden betrachtet. Die Primärbedarfe in Mengeneinheiten (ME), die zu Beginn einer Periode zu decken sind, enthält die folgende Tabelle 3.34. Der Planungszeitraum besteht aus 24 Perioden (von Periode 1 bis Periode 24).

Periode t	7	8	9	10	11	12	13	14	15
Primärbedarf P1 [ME]	100	100	100	100	100	100	100	100	100
Primärbedarf P2 [ME]	100	100	100	100	100	100	100	100	100
Periode t	16	17	18	19	20	21	22	23	24
Primärbedarf P1 [ME]	100	100	100	100	100	100	100	100	100
Primärbedarf P2 [ME]	100	100	100	100	100	100	100	100	100

Tabelle 3.34: Primärbedarfe der Endprodukte P1 und P2 in Mengeneinheiten (ME).

Die Aufgabe zu dem Folgenden lautet:
Wenden Sie die programmorientierte Materialbedarfsplanung auf diese Fallstudie an. Lösen Sie die dabei auftretenden einstufigen Losgrößenprobleme durch die Groff-Heuristik. Stellen Sie die zeitliche Anordnung der erhaltenen Planaufträge als Gantt-Diagramm dar. Führen Sie eine Kapazitätsplanung mit minimaler Summe an Fehlmengen durch, geben das Ergebnis als Gantt-Diagramm an und bestimmen dafür die periodenspezifischen Kosten und etwaige auftretende Fehlmengen.

Das Ergebnis der Anwendung der programmorientierten Materialbedarfsplanung, s. Algorithmus 1.4, mit der Verwendung der Groff-Heuristik zur Lösung einstufiger Losgrößenprobleme auf die Fallstudie befindet sich in Tabelle 3.35. Genauso wie bei 3 Bedarfsperioden, s. Tabelle 3.25, werden jeweils 6 Perioden auf Endproduktebene zu einem Los zusammengefasst werden. Die dazu notwendigen Mengeneinheiten von der Komponente E werden – wieder – durch einen Planauftrag eine Periode vorher bereitgestellt.

Endprodukt P1										
Periode t	5	6	7	8	9	10	11	12	13	14
Primärbedarf[A] [ME]			100	100	100	100	100	100	100	100
Planauftrag[A] [ME]		600						600		
Bezeichnung PlAuf[A]		P1_2						P1_5		
Periode t	15	16	17	18	19	20	21	22	23	24
Primärbedarf[A] [ME]	100	100	100	100	100	100	100	100	100	100
Planauftrag[A] [ME]			600							
Bezeichnung PlAuf[A]			P1_8							
Endprodukt P2										
Periode t	5	6	7	8	9	10	11	12	13	14
Primärbedarf[A] [ME]			100	100	100	100	100	100	100	100
Planauftrag[A] [ME]		600						600		
Bezeichnung PlAuf[A]		P1_3						P1_6		
Periode t	15	16	17	18	19	20	21	22	23	24
Primärbedarf[A] [ME]	100	100	100	100	100	100	100	100	100	100
Planauftrag[A] [ME]			600							
Bezeichnung PlAuf[A]			P1_9							
Komponente E										
Periode t	5	6	7	8	9	10	11	12	13	14
Sekundärbedarf[A] [ME]		1200						1200		
Planauftrag[A] [ME]	1200						1200			
Bezeichnung PlAuf[A]	E_1						E_4			
Periode t	15	16	17	18	19	20	21	22	23	24
Primärbedarf[A] [ME]				1200						
Planauftrag[A] [ME]			1200							
Bezeichnung PlAuf[A]			E_7							

Tabelle 3.35: Ergebnis der programmorientierten Materialbedarfsplanung mit Losbildung nach dem Groff-Verfahren.

Das Ergebnis der programmorientierten Materialbedarfsplanung mit Losbildung nach dem Groff-Verfahren als Gantt-Diagramm ist in der folgenden Abbildung 3.28 dargestellt. Die Losbildung zeigt sich in drei zusammenhängenden und voneinander unabhängigen Systemen von (jeweils drei) Planaufträgen, die als S_1, S_2 und S_3 bezeichnet werden. Jedes löst ein Planungsproblem über 6 aufeinanderfolgende Bedarfsperioden mit den gleichen Bedarfen – also bis auf die Verteilung der Bedarfsperioden liegen identische Planungsprobleme vor. Folglich müssen die periodenspezifischen Kosten das dreifache gegenüber denen im Fall mit 6 Bedarfsperioden betragen.

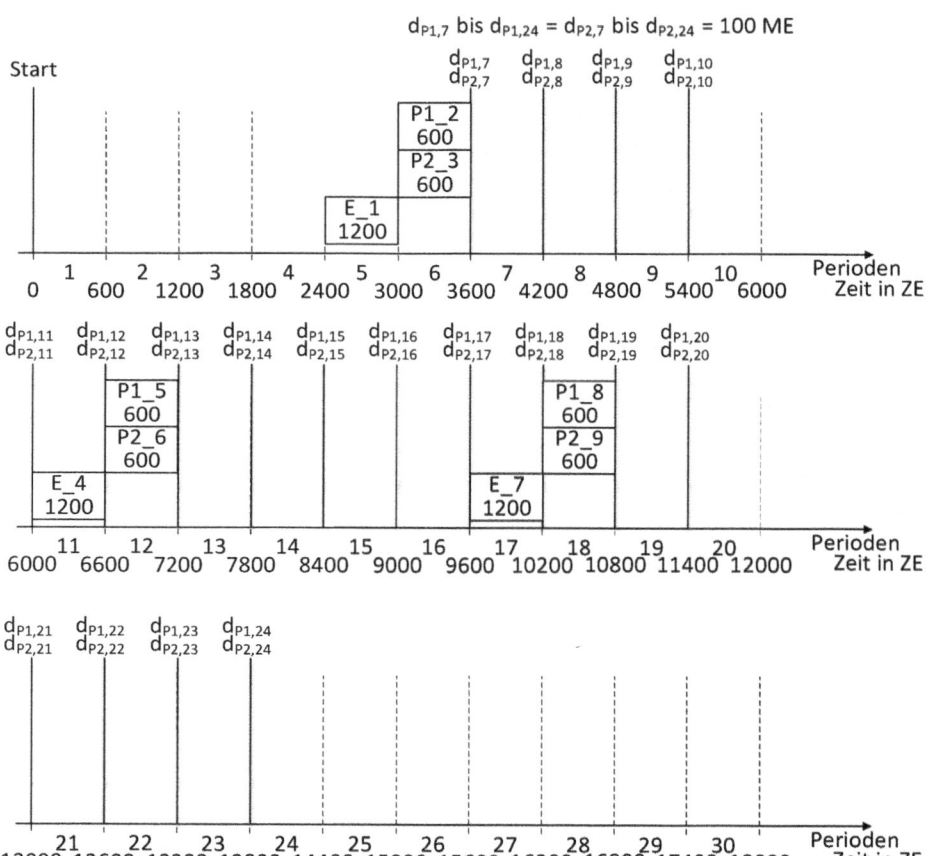

Abbildung 3.28: Gantt-Diagramm zu dem MRP-Ergebnis.

Die Kapazitätsplanung zu jedem dieser 3 Systeme von (jeweils drei) Planaufträgen (also

170

S_1, S_2 und S_3) hat nur zwei mögliche Lösungen bzw. Teilpläne; weiter oben ist dies im Detail erläutert. Der hohe zeitliche Puffer zwischen den Systemen S_1, S_2 und S_3 im Gantt-Diagramm, s. Abbildung 3.28, bewirkt, dass diese Teilpläne, die als TP_1, TP_2 und TP_3 bezeichnet werden und in Abbildung 3.29 angegeben sind, sich nicht überlappen. Deswegen betragen die periodenspezifischen Kosten und auch die Fehlmengen das dreifache gegenüber denen im Fall mit 6 Bedarfsperioden.

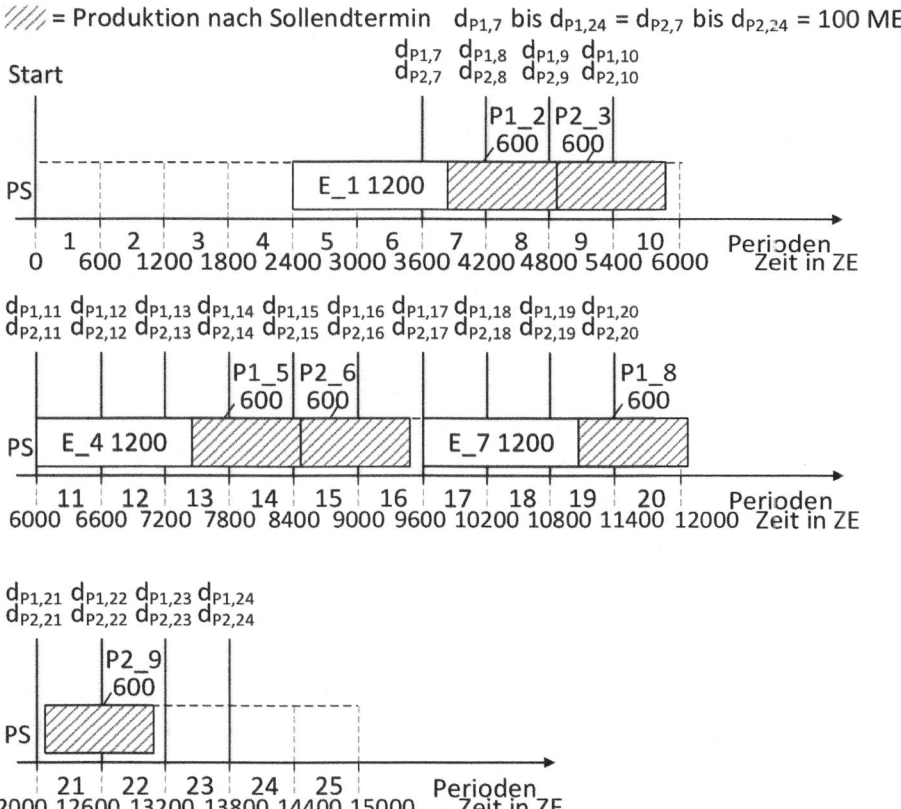

Abbildung 3.29: Ergebnis der Kapazitätsplanung zu dem MRP-Ergebnis mit minimaler Fehlmenge bzw. Verspätung.

Die minimale frühere Freigabe beim Fall mit 6 Bedarfsperioden, also die Planaufträge zur Komponente E sind jeweils um vier Perioden vorzuziehen und die zu den Endprodukten jeweils um zwei Perioden, kann auf jeden dieser Teilpläne, also TP_1, TP_2 und TP_3, angewendet werden. Dies bewirkt, dass jeder dieser Teilpläne um 4 Perioden früher beginnt und endet; dies ist in Abbildung 3.30 dargestellt. Dadurch beeinflussen sich diese verschiedenen Teilpläne weiterhin nicht und jeder hat die gleichen periodenspezifischen Kosten wie im Fall mit 6 Bedarfsperioden. Es wird eine Lösung ohne Fehlmengen erreicht und die gesamten periodenspezifischen Kosten betragen auch hier das dreifache gegenüber denen im Fall mit 6 Bedarfsperioden. Dieser Produktionsplan minimiert (wieder) zugleich die mittlere Verspätung.

Insgesamt wurde gezeigt: Mit der vorgestellten früheren Freigabe von Planaufträgen können auch Verspätungen bei einer rollenden Planung vermieden werden. Aufgrund der begründeten strukturellen Übereinstimmung zwischen der Lösung bei 6 Bedarfsperioden und der bei 18 Bedarfsperioden (bzw. der rollenden Planung – aufgrund des oben genannten Ergebnisses aus Abschnitt 3.4) beeinflusst die rollende Planung das Planungsergebnis nicht.

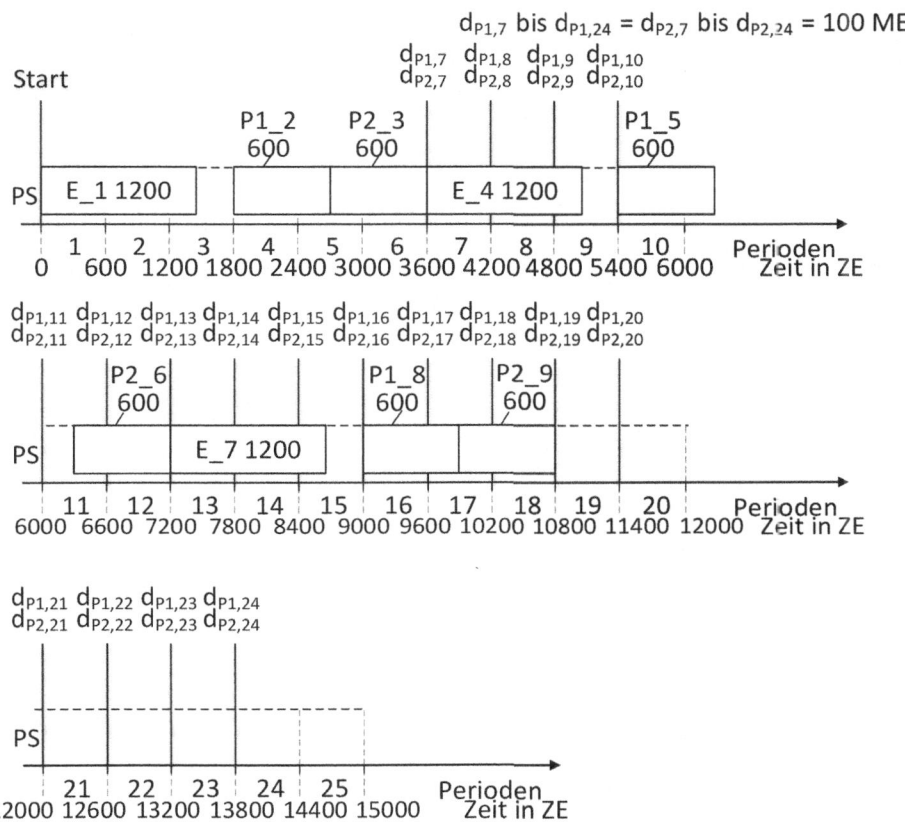

Abbildung 3.30: MRP-Ergebnis mit richtig terminierten Planaufträgen.

Die Aufgabe zu dem Folgenden lautet:

Fassen Sie diese Fallstudie als ein MLCLSP auf, betrachten als Planungsintervall die Perioden 5 bis 24, und lösen Sie es, wie im Abschnitt 3.1.3 beschrieben. Geben Sie die erzielten Planaufträge an und stellen eine zeitliche Anordnung der erhaltenen Planaufträge als Gantt-Diagramm dar. Bestimmen Sie für das Ergebnis die Gesamtkosten. Vergleichen Sie das Ergebnis mit den bisher erzielten Ergebnissen.

Dass zu der Fallstudie dazugehörende Datenfile – als „dat"-Datei – lautet (wiederum existiert in den ersten vier Perioden keine freie Kapazität):

```
1  T = 24;        // Anzahl an Perioden.
2  K = 3;         // Anzahl an Produkten.
3  J = 1;         // Anzahl an Ressourcen.
```

173

```
 4  M = 100000;  // Größer  als  das  größte  mögliche  Los.
 5  // Direktbedarfskoeffizienten:
 6  a = #[
 7     1:  [0  0  0]  // P1.
 8     2:  [0  0  0]  // P2.
 9     3:  [1  1  0]  // E.
10  ]#;
11  // Kapazitäten:
12  //    1   2   3   4   5   6   7   8   9  10  11  12  13  14  15  16
13  b = [[0,  0,  0,  0,600,600,600,600,600,600,600,600,600,600,600,600,
14  //        17  18  19  20  21  22  23  24
15          600,600,600,600,600,600,600,600]];
16  // Lagerkostensätze.
17  //    P1 P2 E.
18  h = [1,  1,  1];
19  // Rüstkostensätze:
20  //       P1    P2 E.
21  s = [1500,1500,1];
22  // Nettobedarfe:
23  //    1   2   3   4   5   6    7    8    9   10   11   12   13   14   15
24  d = [[0,  0,  0,  0,  0,  0, 100, 100, 100, 100, 100, 100, 100, 100, 100,
25  //   16   17   18   19   20   21   22   23   24
26      100, 100, 100, 100, 100, 100, 100, 100, 100], // P1.
27  //    1   2   3   4   5   6    7    8    9   10   11   12   13   14   15
28      [0,  0,  0,  0,  0,  0, 100, 100, 100, 100, 100, 100, 100, 100, 100,
29  //   16   17   18   19   20   21   22   23   24
30      100, 100, 100, 100, 100, 100, 100, 100, 100], // P2.
31  //    1   2   3   4   5   6    7    8    9   10   11   12   13   14   15
32      [0,  0,  0,  0,  0,  0,   0,   0,   0,   0,   0,   0,   0,   0,   0,
33  //   16   17   18   19   20   21   22   23   24
34        0,   0,   0,   0,   0,   0,   0,   0,   0]  // E.
35  ];
36  // Stückbearbeitungszeiten:
37  tb = [[1.5],    // P1.
38        [1.5],    // P2.
39        [1.25]]; // E.
40  // Rüstzeiten:
41  tr = [[0],    // P1.
42        [0],    // P2.
43        [100]]; // E.
44  // Mindestvorlaufzeiten:
45  //    P1 P2 E.
46  z = [1,  1,  1];
47  // Anfangslagerbestände:
48  //     P1 P2 E.
```

y0 = [0 , 0 , 0];

Listing 3.5: Implementierung ILOG Parameter für die Fallstudie.

Die Lösbarkeit von dem MLCLSP belegt, dass der späteste Produktionsbeginn unabhängig von der Anzahl an Periodenbedarfen ist – er ist weiterhin in Periode 5 – und ein späterer Produktionsbeginn ist – erwartungsgemäß – weiterhin nicht möglich.

Eine Lösung, von dem MLCLSP, hat die in der folgenden Tabelle 3.36 angegebenen Planaufträge; wiederum sind die Sekundärbedarfe zur besseren Nachvollziehbarkeit angegeben.

Endprodukt P1							
Periode t	5	6	7	8	9	10	11
Primärbedarf^A [ME]			100	100	100	100	100
Planauftrag^A [ME]		200		200		200	
Bezeichnung PlAuf^A		P1_2		P1_5		P1_8	
Periode t	12	13	14	15	16	17	18
Primärbedarf^A [ME]	100	100	100	100	100	100	100
Planauftrag^A [ME]	200		200		200		200
Bezeichnung PlAuf^A	P1_11		P1_14		P1_17		P1_20
Periode t	19	20	21	22	23	24	
Primärbedarf^A [ME]	100	100	100	100	100	100	
Planauftrag^A [ME]		200		200			
Bezeichnung PlAuf^A		P1_23		P1_26			
Endprodukt P2							
Periode t	5	6	7	8	9	10	11
Primärbedarf^A [ME]			100	100	100	100	100
Planauftrag^A [ME]		200		200		200	
Bezeichnung PlAuf^A		P2_3		P2_6		P2_9	
Periode t	12	13	14	15	16	17	18
Primärbedarf^A [ME]	100	100	100	100	100	100	100
Planauftrag^A [ME]	200		200		200		200
Bezeichnung PlAuf^A	P2_12		P2_15		P2_18		P2_21

Tabelle 3.36: Optimale Losbildung mit minimaler Periodenanzahl (wird fortgesetzt).

Periode t	19	20	21	22	23	24	
Primärbedarf^A [ME]	100	100	100	100	100	100	
Planauftrag^A [ME]		200		200			
Bezeichnung PlAuf^A		P2_24		P2_27			
Komponente E							
Periode t	5	6	7	8	9	10	11
Sekundärbedarf^A [ME]		400		400		400	
Planauftrag^A [ME]	400		400		400		400
Bezeichnung PlAuf^A	E_1		E_4		E_7		E_10
Periode t	12	13	14	15	16	17	18
Sekundärbedarf^A [ME]	400		400		400		400
Planauftrag^A [ME]		400		400		400	
Bezeichnung PlAuf^A		E_13		E_16		E_19	
Periode t	19	20	21	22	23	24	
Sekundärbedarf^A [ME]		400		400			
Planauftrag^A [ME]	400		400				
Bezeichnung PlAuf^A	E_22		E_25				

Tabelle 3.36: Optimale Losbildung mit minimaler Periodenanzahl.

Auch hier zeigt sich, dass die Bedarfe in den Perioden 7 bis 12, 13 bis 18 und schließlich 19 bis 24 drei unabhängige Planungsprobleme bilden und jedes ist identisch mit dem über 6 Bedarfsperioden – bis auf die Verteilung der Bedarfsperioden. Sie haben strukturell die gleichen Lösungen und liegen in den Perioden 5 bis 10, 11 bis 16 und 17 bis 22. Für diese gilt das Gleiche wie im Fall von 6 Bedarfsperioden; weiter oben ist dies im Detail erläutert. Folglich kann für jede Lösung der Produktionsplan im Fall von 6 Bedarfsperioden übernommen werden. Dies führt zu drei Teilplänen in den Perioden 5 bis 10, 11 bis 16 und 17 bis 22, die in Abbildung 3.31 dargestellt sind. Sie haben die gleichen Kosten wie im Fall von 6 Bedarfsperioden, weswegen die gesamten periodenspezifischen Kosten auch hier das dreifache gegenüber denen im Fall mit 6 Bedarfsperioden betragen.

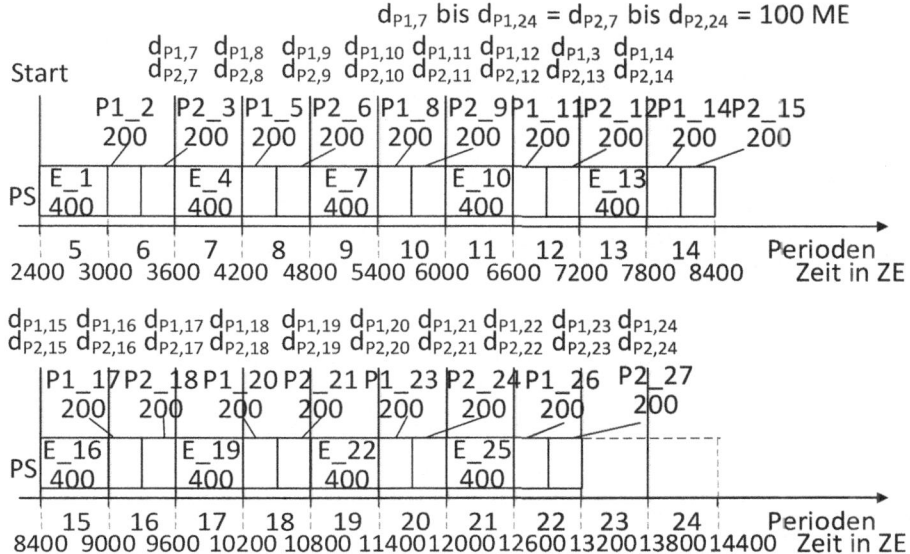

Abbildung 3.31: Gantt-Diagramm zur optimalen Lösung mit minimaler Periodenanzahl.

Da die Lösung für 18 Bedarfsperioden strukturell mit der über 6 Bedarfsperioden übereinstimmt, beeinflusst auch hier, wie bei der Materialbedarfsplanung mit anschließender Kapazitätsplanung, die rollende Planung das Planungsergebnis nicht. Bezogen auf einen früheren erlaubten Produktionsbeginn tritt deswegen der gleiche Kostenanstieg wie im Fall mit 6 Bedarfsperioden auf, nämlich um $33\frac{2567}{7201}\%$ von 21603 GE auf 28809 GE.

3.2.2 Grenze einer früheren Freigabe zur Vermeidung von Verspätungen

Die in der Fallstudie im Abschnitt 3.2.1 auftretende verspätete Auslieferung von Bedarfen lässt sich durch eine frühere Freigabe vermeiden; dies ist im Abschnitt 3.2.1 ausführlich beschrieben. Im Folgenden wird gezeigt, dass dies bereits durch eine geeignete Änderung der Rüst- und Lagerkostensätze sowie dem Vorliegen von Rüstzeit nicht möglich ist. Zugleich wird anhand dieser (modifizierten) Fallstudie die Limitierung des Ansatzes einer früheren Freigabe zur Vermeidung von Verspätung aufgezeigt.

Zur Vollständigkeit wird die Fallstudie nun komplett angegeben. Für zwei Endprodukte P1 und P2 sind die Primärbedarfe in Mengeneinheiten (ME), die zu Beginn einer Periode zu decken sind, in der folgenden Tabelle 3.37 angegeben. Der Planungszeitraum besteht aus zwölf Perioden (von Periode 1 bis Periode 12).

Periode t	1	2	3	4	5	6	7	8	9	10	11	12
Primärbedarf P1 [ME]	0	0	0	0	0	0	100	100	100	100	100	100
Primärbedarf P2 [ME]	0	0	0	0	0	0	100	100	100	100	100	100

Tabelle 3.37: Primärbedarfe der Endprodukte P1 und P2 in Mengeneinheiten (ME).

Eine Komponente E geht einfach in beide Endprodukte ein. Der dazugehörende Gonzintograph ist in der folgenden Abbildung 3.32 angegeben.

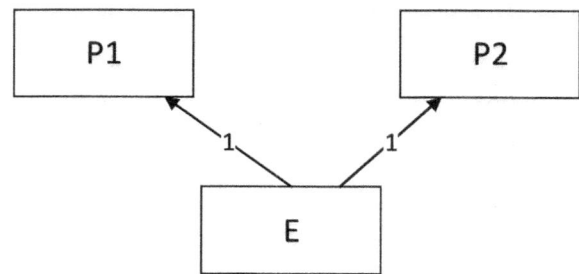

Abbildung 3.32: Gozintograph zu den beiden Endprodukten.

Die einzelnen Produkte werden direkt auf einem Produktionssystem PS gefertigt; wodurch keine Arbeitspläne vorliegen. Damit entfällt die Ressourcenbelegungsplanung bzw. fällt mit der Kapazitätsplanung zusammen. Für jedes Produkt enthält Tabelle 3.38 die geschätzte Durchlaufzeit (Vorlaufzeit) in Perioden, die Stückbearbeitungszeit in Zeiteinheiten (ZE), die Rüstzeit in ZE sowie die Rüst- und Lagerkostensätze in Geldeinheiten (GE) bzw. GE je Mengeneinheit (ME) und Periode. Das Produktionssystem hat eine Kapazität von 600 ZE je Periode.

Produkt k	P1	P2	E
Vorlaufzeit (z_k) [Perioden]	1	1	1
Stückbearbeitungszeit (tb_k) $\left[\frac{ZE}{ME}\right]$	1.5	1.5	1.25
Rüstzeit (s_k) [ZE]	0	0	100
Rüstkostensatz (s_k) [GE]	200	200	200
Lagerkostensatz (h_k) $\left[\frac{GE}{ME\cdot Periode}\right]$	3	3	3

Tabelle 3.38: Planungsparameter der Produkte und Komponenten.

Die Aufgabe zu dem Folgenden lautet:

Wenden Sie die programmorientierte Materialbedarfsplanung auf diese Fallstudie an. Lösen Sie die dabei auftretenden einstufigen Losgrößenprobleme durch die Groff-Heuristik. Stellen Sie die zeitliche Anordnung der erhaltenen Planaufträge als Gantt-Diagramm dar. Führen Sie eine Kapazitätsplanung mit minimaler mittlerer Verspätung durch – Hinweis durch Auffassen dieser Fallstudie als ein RCPSP-MP-E nach Abschnitt 2.1. Stellen Sie die zeitliche Anordnung der erhaltenen Planaufträge als Gantt-Diagramm dar.

Das Ergebnis der Anwendung der programmorientierten Materialbedarfsplanung, s. Algorithmus 1.4, mit der Verwendung der Groff-Heuristik zur Lösung einstufiger Losgrößenprobleme auf die Fallstudie befindet sich in Tabelle 3.39. Da weder Anfangslagerbestände vorliegen noch Lagerzu- oder abgänge auftreten, treten keine disponiblen Bestände auf (dadurch ist bei den Endprodukten der Nettobedarf gleich dem Primärbedarf und bei der Komponente ist der Nettobedarf gleich dem Sekundärbedarf). Daher wurden lediglich die Bedarfe und die Lose einschließlich ihrer Bezeichnungen angegeben. Eine Zusammenfassung von Bedarfen zu einem Los findet nicht statt. Die Peggingstruktur ergibt sich wie folgt: Jeder Planauftrag in Periode t zu einem der beiden Endprodukte (P) deckt den Bedarf zu dem Endprodukt P zu Beginn der Periode (t+1) und jeder Planauftrag zur Komponente E in Periode t deckt die beiden Planaufträge zu den beiden Endprodukten in Periode (t+1); z.B. deckt Planauftrag E_13 die beiden Planaufträge P1_1 und P2_7 und Planauftrag P1_1 deckt den Bedarf von Endprodukt P1 zu Beginn von Periode 7.

Endprodukt P1									
Periode t	...	5	6	7	8	9	10	11	12
Primärbedarf[A] [ME]	...			100	100	100	100	100	100
PlAuf[A] [ME]	...		100	100	100	100	100	100	
Bezeichnung PlAuf[A]	...		P1_1	P1_2	P1_3	P1_4	P1_5	P1_6	
Endprodukt P2									
Periode t	...	5	6	7	8	9	10	11	12
Primärbedarf[A] [ME]	...			100	100	100	100	100	100
PlAuf[A] [ME]	...		100	100	100	100	100	100	
Bezeichnung PlAuf[A]	...		P2_7	P2_8	P2_9	P2_10	P2_11	P2_12	

Tabelle 3.39: Ergebnis der programmorientierten Materialbedarfsplanung mit Losbildung nach dem Groff-Verfahren (wird fortgesetzt).

Komponente E									
Periode t	...	5	6	7	8	9	10	11	12
Sekundärbedarf^A [ME]	...		200	200	200	200	200	200	
PlAuf^A [ME]	...	200	200	200	200	200	200		
Bezeichnung PlAuf^A	...	E_13	E_14	E_15	E_16	E_17	E_18		

Tabelle 3.39: Ergebnis der programmorientierten Materialbedarfsplanung mit Losbildung nach dem Groff-Verfahren.

Die Start- und Endtermine der Planaufträge ist der Beginn und das Ende der Periode, der der jeweilige Planauftrag zugeordnet ist. Graphisch ist dies als Gantt-Diagramm in der folgenden Abbildung 3.33 dargestellt.

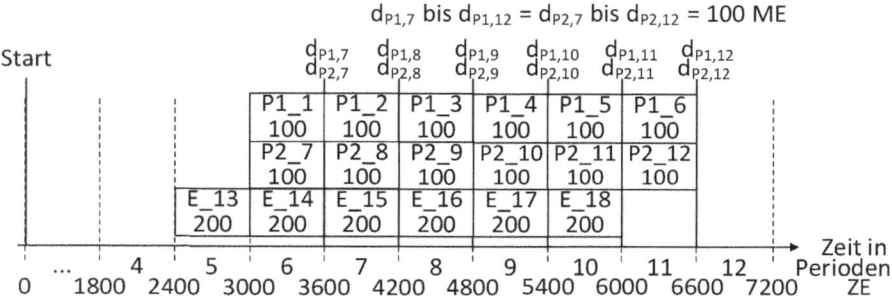

Abbildung 3.33: Gantt-Diagramm zu dem Ergebnis der programmorientierten Materialbedarfsplanung mit Losbildung nach dem Groff-Verfahren.

Tatsächlich weichen die Bearbeitungszeiten der Planaufträge von den geschätzten Durchlaufzeiten von jeweils einer Periode auf die in der folgenden Tabelle 3.40 angegebenen Weise ab. Zugleich enthält diese Tabelle 3.40 den frühesten möglichen Starttermin als Freigabetermin und dieser plus 600 Zeiteinheiten ist der jeweilige (spätestzulässige) Endtermin.

Auftrag	P1_1	P1_2	P1_3	P1_4	P1_5	P1_6	P2_7	P2_8	P2_9
Freigabetermin [ZE]	3000	3600	4200	4800	5400	6000	3000	3600	4200
Endtermin [ZE]	3600	4200	4800	5400	6000	6600	3600	4200	4800
Dauer [ZE]	150	150	150	150	150	150	150	150	150

Tabelle 3.40: Freigabetermine, tatsächliche Dauern und Endtermine der Planaufträge von dem MRP-Ergebnis in Zeiteinheiten (ZE) (wird fortgesetzt).

Auftrag	P2_10	P2_11	P2_12	E_13	E_14	E_15	E_16	E_17	E_18
Freigabetermin [ZE]	4800	5400	6000	2400	3000	3600	4200	4800	5400
Endtermin [ZE]	5400	6000	6600	3000	3600	4200	4800	5400	6000
Dauer [ZE]	150	150	150	350	350	350	350	350	350

Tabelle 3.40: Freigabetermine, tatsächliche Dauern und Endtermine der Planaufträge von dem MRP-Ergebnis in Zeiteinheiten (ZE).

Jeder Bedarf eines Endprodukts ist gleich hoch und wird durch genau einen Planauftrag gedeckt. Deswegen ist eine Lösung mit minimaler mittlerer Verspätung der Planaufträge zugleich auch eine Lösung mit minimaler mittlerer Verspätung der Bedarfe und umgekehrt. Folglich ist das Optimierungsmodell RCPSP-MP-E nach Abschnitt 2.1 anwendbar. Da alle Bedarfe gleich hoch sind, hat ein Produktionsplan mit minimaler mittlerer Verspätung zugleich auch eine minimale kumulierte Fehlmenge und umgekehrt. Eine Lösung ist in Abbildung 3.34 dargestellt. Diese ist eine Lösung von dem RCPSP-MP-E mit den folgenden Parametern als „dat"-Datei – dabei sind die frühestmöglichen Anfangstermine die in Tabelle 3.40 genannten Freigabetermine und die spätestzulässigen Endtermine die in eben dieser Tabelle genannten Endtermine:

```
 1  T = 7200;        // Maximaler angenommener Fertigstellungszeitpunkt.
 2  MP = 600;        // Anzahl an Mikroperioden in einer Makroperiode.
 3  TMP = 12;        //TMP = T / MP;
 4  // Erhöhung von T für Zusatzwerte in x für Kapazitatsrestriktion:
 5  TMax = 7800;
 6  Planauftraege = {P1_1, P1_2, P1_3, P1_4, P1_5, P1_6, P2_7, P2_8, P2_9,
       P2_10, P2_11, P2_12, E_13, E_14, E_15, E_16, E_17, E_18};
 7  PlanauftraegeE = {P1_1, P1_2, P1_3, P1_4, P1_5, P1_6, P2_7, P2_8, P2_9,
       P2_10, P2_11, P2_12};
 8  Produktionssysteme = {PS};
 9  p = #[        // Dauer eines Planauftrags j in Mikroperioden.
10      P1_1:   150
11      P1_2:   150
12      P1_3:   150
13      P1_4:   150
14      P1_5:   150
15      P1_6:   150
16      P2_7:   150
17      P2_8:   150
18      P2_9:   150
19      P2_10:  150
20      P2_11:  150
```

181

```
21    P2_12:  150
22    E_13:   350
23    E_14:   350
24    E_15:   350
25    E_16:   350
26    E_17:   350
27    E_18:   350
28    ]#;
29    // Frühestmöglicher Anfangstermin des Planauftrags j in Mikroperioden:
30    FAZ =  #[
31    P1_1:   3001
32    P1_2:   3601
33    P1_3:   4201
34    P1_4:   4801
35    P1_5:   5401
36    P1_6:   6001
37    P2_7:   3001
38    P2_8:   3601
39    P2_9:   4201
40    P2_10:  4801
41    P2_11:  5401
42    P2_12:  6001
43    E_13:   2401
44    E_14:   3001
45    E_15:   3601
46    E_16:   4201
47    E_17:   4801
48    E_18:   5401
49    ]#;
50    // Spätestzulässiger Endtermin des Planauftrags j in Mikroperioden:
51    SEZ =  #[
52    P1_1:   3600
53    P1_2:   4200
54    P1_3:   4800
55    P1_4:   5400
56    P1_5:   6000
57    P1_6:   6600
58    P2_7:   3600
59    P2_8:   4200
60    P2_9:   4800
61    P2_10:  5400
62    P2_11:  6000
63    P2_12:  6600
64    E_13:   3000
65    E_14:   3600
```

```
66   E_15 :   4200
67   E_16 :   4800
68   E_17 :   5400
69   E_18 :   6000
70   ]#;
71   VG =  #[      // Vorgänger.
72     P1_1 :   {E_13}
73     P1_2 :   {E_14}
74     P1_3 :   {E_15}
75     P1_4 :   {E_16}
76     P1_5 :   {E_17}
77     P1_6 :   {E_18}
78     P2_7 :   {E_13}
79     P2_8 :   {E_14}
80     P2_9 :   {E_15}
81     P2_10 :  {E_16}
82     P2_11 :  {E_17}
83     P2_12 :  {E_18}
84     E_13 :   {}
85     E_14 :   {}
86     E_15 :   {}
87     E_16 :   {}
88     E_17 :   {}
89     E_18 :   {}
90   ]#;
91   PS_Plauf
92   =  #[      // Planaufträge auf einer Ressource.
93     PS: {P1_1, P1_2, P1_3, P1_4, P1_5, P1_6, P2_7, P2_8, P2_9, P2_10,
          P2_11, P2_12, E_13, E_14, E_15, E_16, E_17, E_18}
94   ]#;
```

Listing 3.6: Verwendete ILOG Parameter zur Kapazitätsplanung zu dem MRP-Ergebnis mit minimaler mittlerer Verspätung (und minimaler kumulierter Fehlmenge).

Zur Minimierung der mittleren Verspätung ist es aufgrund der Einlagerungsregel günstig, die Komponente E bevorzugt zu produzieren. Für eine optimale Lösung ist dies in der Abbildung 3.34 dargestellt und diese Lösung wird im Folgenden analysiert. Dadurch, dass die Planaufträge E_13 bis E_16 jeweils in der frühesten möglichen Periode produziert werden, können die Planaufträge zu den Bedarfen $d_{P1,7}$ bis $d_{P1,10}$ termingerecht produziert werden. Demgegenüber hat die Auslieferung der ersten drei Bedarfe von Endprodukt P2 – also $d_{P2,7}$ bis $d_{P2,9}$ – jeweils eine Verspätung von einer Periode. Die Produktion von Komponente E in den Perioden 5 bis 8 bewirkt einen so hohen Lagerbestand, dass in Periode 9 alle freigegebenen, aber noch nicht produzierten Planaufträge der beiden Endprodukte produziert werden können und zur Vermeidung von Fehlmengen auch sollten. Aufgrund der Einlagerungsregel ist es am günstigsten, danach die beiden verbleibenden Planaufträge zur Komponente E – also E_17 und E_18 – zu produzieren. Dies ermöglicht die Produktion der restlichen vier Planaufträge zu den beiden Endprodukten in der Periode 11. Das Ergebnis hat eine kumulierte Verspätung von 5 Perioden.

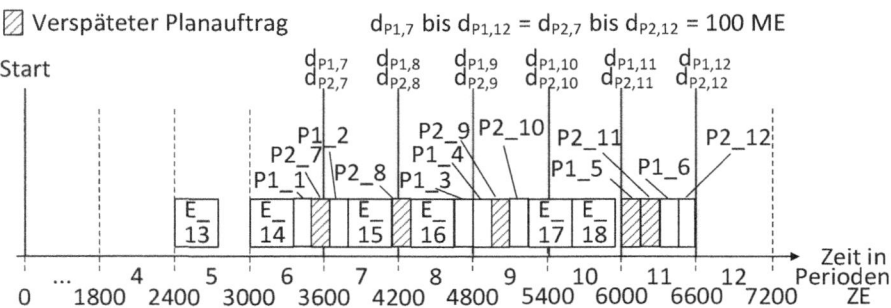

Abbildung 3.34: Ergebnis der Kapazitätsplanung zu dem MRP-Ergebnis mit minimaler mittlerer Verspätung (Fehlmenge).

Würde demgegenüber stets zuerst ein Planauftrag E_P zur Komponente E und anschließend seine beiden Nachfolger (i.e. Planaufträge) in der Peggingstruktur zum Ergebnis von der programmorientierten Materialbedarfsplanung produziert – s. Tabelle 3.39 –, so würde aufgrund der Einlagerungsregel eine sehr viel höhere kumulative Verspätung der Auslieferung der Bedarfe auftreten und zwar eine von 30 Perioden. Würden die beiden Planaufträge zu den beiden Endprodukten, die aufgrund von der Produktion von Planauftrag E_13 in Periode 5 produzierbar sind – also P1_1 und P2_7 –, vor der Produktion von Planauftrag E_14 (zu Beginn von Periode 6) produziert, so würde die minimale kumulierte Verspätung der Auslieferung der Bedarfe um 3 Perioden (von 5 auf 8 Perioden) ansteigen.

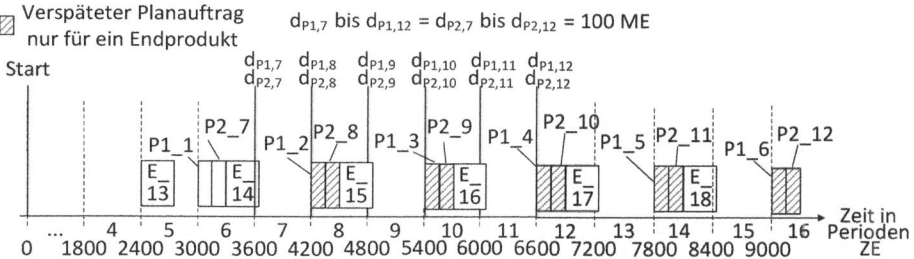

Abbildung 3.35: Kapazitätsplanung zu dem MRP-Ergebnis mit Wechsel aus Komponenten- und Endproduktfertigung.

Die Aufgabe zu dem Folgenden lautet:

Geben Sie alle Planaufträge um eine Periode früher frei und führen dafür eine Kapazitätsplanung mit minimaler mittlerer Verspätung durch und stellen die zeitliche Anordnung der erhaltenen Planaufträge als Gantt-Diagramm dar.

Wie aus Abbildung 3.34 ersichtlich ist, ist eine Verspätung vermeidbar, indem die Freigabe der Planaufträge um eine Periode in die Vergangenheit gelegt wird (also vorgezogen wird), da dadurch der ganze Plan soweit vorgezogen werden kann, dass die um jeweils eine Periode verspäteten Planaufträge (der beiden Endprodukte) in die jeweils vorhergehende Periode gelegt werden. Werden zugleich der Planaufträge E_15 und E_17 vorgezogen, so wird eine frühere Freigabe der Planaufträge zu den beiden Endprodukten vermieden. Abbildung 3.36 zeigt eine Umsetzung von diesem Vorgehen, wobei auf eine frühere Freigabe von E_13 verzichtet werden kann – und somit ein Produktionsbeginn in Periode 4 vermieden wird.

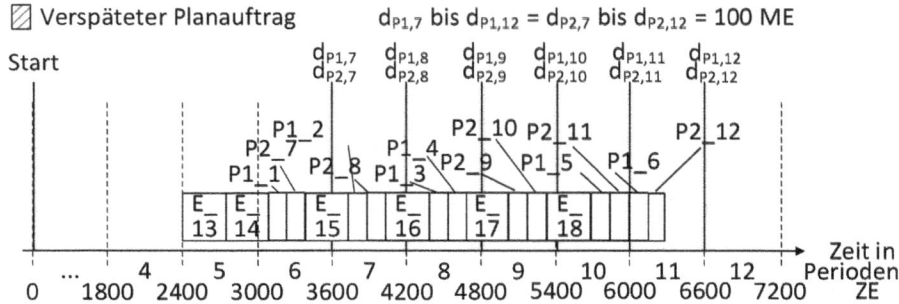

Abbildung 3.36: Ergebnis der Kapazitätsplanung zu dem MRP-Ergebnis mit minimaler mittlerer Verspätung (Fehlmenge) und früherer Freigabe der Planaufträge zur Komponente E um eine Periode (ohne E_13).

Die Aufgabe zu dem Folgenden lautet:

Fassen Sie diese Fallstudie als ein MLCLSP auf und lösen Sie es, wie im Abschnitt 3.1.3 beschrieben. Geben Sie die Lose an und stellen eine zeitliche Anordnung der erhaltenen Planaufträge als Gantt-Diagramm dar.

Dieses Problem wird nun durch das MLCLSP (in Abschnitt 3.1.3 definiert) gelöst. Für seine Lösung durch ILOG ist im folgenden Listing 3.7 das benötigte Datenfile angegeben:

```
1  T = 12;      // Anzahl an Perioden.
2  K = 3;       // Anzahl an Produkten.
3  J = 1;       // Anzahl an Ressourcen.
4  M = 100000;  // Größer als das größte mögliche Los.
5  // Direktbedarfskoeffizienten:
6  a = #[
7     1: [0 0 0] // P1.
8     2: [0 0 0] // P2.
9     3: [1 1 0] // E.
10 ]#;
11 // Kapazitäten:
12 b = [[600,600,600,600,600,600,600,600,600,600,600,600]];
13 // Lagerkostensätze:
14 //    P1 P2 E.
15 h = [3, 3, 3];
16 // Rüstkostensätze:
17 //    P1   P2   E.
18 s = [200, 200, 200];
19 // Nettobedarfe:
20 d = [[0, 0, 0, 0, 0, 0, 100, 100, 100, 100, 100, 100], // P1.
21      [0, 0, 0, 0, 0, 0, 100, 100, 100, 100, 100, 100], // P2.
```

```
22        [0 , 0 , 0 , 0 , 0 , 0 ,   0 ,   0 ,   0 ,   0 ,   0 ,   0]  // E.
23      ];
24  // Stückbearbeitungszeiten:
25  tb = [[1.5] ,      // P1.
26        [1.5] ,      // P2.
27        [1.25]]; // E.
28  // Rüstzeiten:
29  tr = [[0] ,        // P1.
30        [0] ,        // P2.
31        [100]]; // E.
32  // Mindestvorlaufzeiten:
33  //     P1 P2 E.
34  z = [1 , 1 , 1];
35  // Anfangslagerbestände:
36  //     P1 P2 E.
37  y0 = [0 , 0 , 0];
```

Listing 3.7: Implementierung ILOG Parameter zum MLCLSP für die Fallstudie.

Tabelle 3.41 enthält die ermittelten Lose und eine Abarbeitung als Gantt-Diagramm ist in Abbildung 3.37 dargestellt.

Endprodukt P1									
Periode t	...	5	6	7	8	9	10	11	12
Primärbedarf[A] [ME]	...			100	100	100	100	100	100
PlAuf[A] [ME]	...		200		200		200		
Bezeichnung PlAuf[A]	...		P1_1		P1_2		P1_3		
Endprodukt P2									
Periode t	...	5	6	7	8	9	10	11	12
Primärbedarf[A] [ME]	...			100	100	100	100	100	100
PlAuf[A] [ME]	...		200		200		200		
Bezeichnung PlAuf[A]	...		P2_4		P2_5		P2_6		
Endprodukt E									
Periode t	...	5	6	7	8	9	10	11	12
Sekundärbedarf[A] [ME]	...		400		400		400		
PlAuf[A] [ME]	...	400		400		400			
Bezeichnung PlAuf[A]	...	E_7		E_8		E_9			

Tabelle 3.41: Lösung von dem MLCLSP.

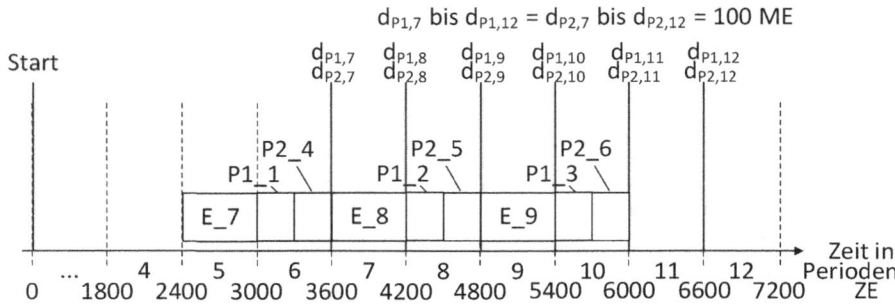

Abbildung 3.37: Eine Abarbeitung der Planaufträge zur Lösung des MLCLSP.

Die Aufgabe zu dem Folgenden lautet:

Das aktuelle Planungsproblem hat in jeder der 6 Perioden ab Periode 7 einen Bedarf für jeden der beide Endprodukte über 100 Mengeneinheiten; s. Tabelle 3.37. Erweitern Sie das Planungsproblem, indem Sie statt 6 Perioden eine höhere Anzahl an Perioden betrachten. Lösen Sie diese Planungsprobleme mit den beiden gerade betrachteten Verfahren, also durch das MLCLSP und durch die programmorientierte Materialbedarfsplanung, mit der Verwendung der Groff-Heuristik zur Lösung einstufiger Losgrößenprobleme, und anschließender Kapazitätsplanung mit minimaler mittlerer Verspätung, wobei durch eine minimale frühere Auftragsfreigabe keine Verspätung auftritt. Wie verändert sich die Belegung von dem Produktionssystem?

Beide Lösungen ohne Verspätung beginnen mit der Produktion in Periode 5. Die durch das MLCLSP bestimmte Lösung belegt das Produktionssystem 3600 Zeiteinheiten, also 6 Perioden. Demgegenüber beträgt die Summe der (Netto-)Bearbeitungszeiten der Planaufträge aufgrund der Materialbedarfsplanung 3900 Zeiteinheiten, also 6 und eine halbe Periode. Damit ist die Summe der (Netto-)Bearbeitungszeiten der Planaufträge aufgrund der Materialbedarfsplanung um eine halbe Periode höher als die Anzahl an Perioden mit einem (echt positiven) Bedarf. Diese Differenz dürfte bei einer höheren Anzahl an solchen Bedarfen weiter ansteigen. Da weiterhin keine Bedarfe zu Lose zusammengefasst werden, legt die Materialbedarfsplanung bei 6 zusätzlichen Bedarfen je Endprodukt (, die zu Beginn der Perioden 13 bis 18 zu decken sind) – kurz Periodenbedarfen – in jede der Perioden 10 bis 16 Planaufträge und Sekundärbedarfe wie in Periode 8 aus der bisherigen Materialbedarfsplanung, s. Tabelle 3.39, an, die Periode 17 erhält Planaufträge und Sekundärbedarfe wie in Periode 11 (aus der bisherigen Materialbedarfsplanung) und die Periode 18 erhält Planaufträge und Sekundärbedarfe wie in Periode 12 (aus der bisherigen Materialbedarfsplanung). Dies ist in Tabelle 3.42 angegeben. Entsprechendes ergibt sich bei 12 (oder sogar noch mehr) zusätzlichen Periodenbedarfen. Damit beträgt die (obige) Differenz bei 12 Periodenbedarfen bereits 1 Periode und bei 18 Periodenbedarfen sind es 1.5 Perioden. Selbst dann, wenn auf die Einlagerungsregel verzichtet wird – also mit den produzierten Komponenten sofort weiter produziert werden kann – muss, bei 18 Periodenbedarfen, mindestens 0.5 Perioden vor Periode 5 mit der Produktion begonnen werden. Mit der Einlagerungsregel muss bereits bei 12 Periodenbedarfen vor Periode 5 mit der Produktion begonnen werden, da Periode 17 maximal zur Hälfte genutzt werden kann, nämlich zur Produktion der beiden Planaufträge zur Deckung der beiden Bedarfe zu den beiden Endprodukten zu Beginn von Periode 18 – also P1_12 und P1_24 in Tabelle 3.42 – und die Nettobearbeitungszeit 13 Perioden beträgt. Es ergibt sich: 17.5 Perioden minus 13 Perioden sind 4.5 Perioden und damit weniger als 5 Perioden.

Diese Abschätzung wird nun präzisiert, indem die Planung dieser Fallstudie mit 12 Periodenbedarfen im Detail gelöst wird. Tabelle 3.42 enthält das Ergebnis der Anwendung der programmorientierten Materialbedarfsplanung, s. Algorithmus 1.4, mit der Verwendung der Groff-Heuristik zur Lösung einstufiger Losgrößenprobleme; wobei aus dem gleichen Grund wie zuvor die Bedarfe und die Lose einschließlich ihrer Bezeichnungen angegeben sind und die Peggingstruktur ergibt sich ebenfalls wie zuvor. Wiederum findet eine Zusammenfassung von Bedarfen zu einem Los nicht statt. Die Start- und Endtermine der Planaufträge ist der Beginn und das Ende der Periode, der der jeweilige Planauftrag zugeordnet ist; die graphische Darstellung entspricht der in Abbildung 3.33, wobei nun die Planaufträge der beiden Endprodukte die Perioden 6 bis 17 (statt 6 bis 11) ausfüllen, während die Planaufträge zur Komponente die Perioden 5 bis 16 (statt 5 bis 10) ausfüllen.

Endprodukt P1								
Periode t	...	5	6	7	8	9	10	11
Primärbedarf[A] [ME]	...			100	100	100	100	100
PlAuf[A] [ME]	...		100	100	100	100	100	100
Bezeichnung PlAuf[A]	...		P1_1	P1_2	P1_3	P1_4	P1_5	P1_6
Periode t	12	13	14	15	16	17	18	19
Primärbedarf[A] [ME]	100	100	100	100	100	100	100	
PlAuf[A] [ME]	100	100	100	100	100	100		
Bezeichnung PlAuf[A]	P1_7	P1_8	P1_9	P1_10	P1_11	P1_12		

Tabelle 3.42: Ergebnis der programmorientierten Materialbedarfsplanung mit Losbildung nach dem Groff-Verfahren (wird fortgesetzt).

Endprodukt P2								
Periode t	...	5	6	7	8	9	10	11
Primärbedarf^A [ME]	...			100	100	100	100	100
PlAuf^A [ME]	...		100	100	100	100	100	100
Bezeichnung PlAuf^A	...		P2_13	P2_14	P2_15	P2_16	P2_17	P2_18
Periode t	12	13	14	15	16	17	18	19
Primärbedarf^A [ME]	100	100	100	100	100	100	100	
PlAuf^A [ME]	100	100	100	100	100	100		
Bezeichnung PlAuf^A	P2_19	P2_20	P2_21	P2_22	P2_23	P2_24		
Komponente E								
Periode t	...	5	6	7	8	9	10	11
Sekundärbedarf^A [ME]	...		200	200	200	200	200	200
PlAuf^A [ME]	...	200	200	200	200	200	200	200
Bezeichnung PlAuf^A	...	E_25	E_26	E_27	E_28	E_29	E_30	E_31
Periode t	12	13	14	15	16	17	18	19
Sekundärbedarf^A [ME]	200	200	200	200	200	200		
PlAuf^A [ME]	200	200	200	200	200			
Bezeichnung PlAuf^A	E_32	E_33	E_34	E_35	E_36			

Tabelle 3.42: Ergebnis der programmorientierten Materialbedarfsplanung mit Losbildung nach dem Groff-Verfahren.

Das Vorgehen bei 6 Periodenbedarfen in Abbildung 3.36 kann hier übertragen werden und das dabei entstehende Ergebnis ist in Abbildung 3.38 dargestellt. Sie zeigt, dass eine um eine Periode frühere Freigabe für alle Planaufträge ausreichend ist. Wie in Abbildung 3.38 zu sehen ist, kann die erforderliche frühere Freigabe weiter eingeschränkt werden – z.B. ist nach Abbildung 3.38 keine frühere Freigabe für die Planaufträge zur Deckung der Periodenbedarfe zu Beginn der Perioden 12 bis 18 erforderlich. Wegen der Einlagerungsregel ist ein Planauftrag zur Komponente (E) in Periode 4 komplett zu produzieren. Dadurch werden 350 Zeiteinheiten in Periode 4 benötigt; also 50 Zeiteinheiten mehr als oben abgeschätzt.

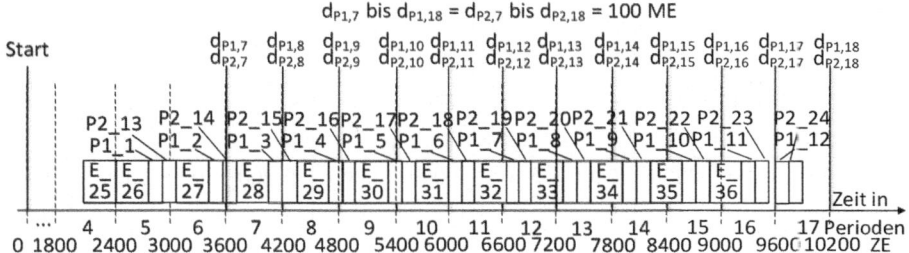

Abbildung 3.38: Ergebnis der Kapazitätsplanung zu dem MRP-Ergebnis mit minimaler mittlerer Verspätung (minimaler kumulierter Fehlmenge) und früherer Freigabe der Planaufträge um eine Periode.

Die in Abbildung 3.38 angegebene Lösung ist eine Lösung von dem RCPSP-MP-E mit den Parametern wie bei 6 Periodenbedarfen, s. Listing 3.6, und den folgenden Änderungen: $T = 10200$ Zeiteinheiten ist nun der maximale angenommene Fertigstellungszeitpunkt – damit ist TMP = 18 – und für die Erhöhung für Zusatzwerte für die Kapazitätsrestriktion wurde TMax = 11400 Zeiteinheiten gewählt – ein kleinerer Wert dürfte möglich sein. Die Planaufträge, einschließlich der zu den beiden Endprodukten, sind die in Tabelle 3.43 genannten, mit den im Datenfile einzutragenden Dauern, frühestmöglichen Anfangsterminen, spätestzulässigen Endterminen und Vorgängern.

Planaufträge	P1_1	P1_2	P1_3	P1_4	P1_5	P1_6	P1_7	P1_8	P1_9
Dauer	150	150	150	150	150	150	150	150	150
frühestmöglicher Anfangstermin	2401	3001	3601	4201	4801	5401	6001	6601	7201
spätestzulässiger Endtermin	3600	4200	4800	5400	6000	6600	7200	7800	8400
Vorgänger	E_25	E_26	E_27	E_28	E_29	E_30	E_31	E_32	E_33

Planaufträge	P1_10	P1_11	P1_12	P2_13	P2_14	P2_15	P2_16	P2_17	P2_18
Dauer	150	150	150	150	150	150	150	150	150
frühestmöglicher Anfangstermin	7801	8401	9001	2401	3001	3601	4201	4801	5401
spätestzulässiger Endtermin	9000	9600	10200	3600	4200	4800	5400	6000	6600
Vorgänger	E_34	E_35	E_36	E_25	E_26	E_27	E_28	E_29	E_30

Tabelle 3.43: Parametern zur Lösung vom RCPSP-MP-E in ILOG – für das entsprechende „dat"-Datei; Dauer und Termine in Zeiteinheiten (wird fortgesetzt).

Planaufträge	P2_19	P2_20	P2_21	P2_22	P2_23	P2_24	E_25	E_26	E_27
Dauer	150	150	150	150	150	150	350	350	350
frühestmöglicher Anfangstermin	6001	6601	7201	7801	8401	9001	1801	2401	3001
spätestzulässiger Endtermin	7200	7800	8400	9000	9600	10200	3000	3600	4200
Vorgänger	E_31	E_32	E_33	E_34	E_35	E_36			

Planaufträge	E_28	E_29	E_30	E_31	E_32	E_33	E_34	E_35	E_36
Dauer	350	350	350	350	350	350	350	350	350
frühestmöglicher Anfangstermin	3601	4201	4801	5401	6001	6601	7201	7801	8401
spätestzulässiger Endtermin	4800	5400	6000	6600	7200	7800	8400	9000	9600
Vorgänger									

Tabelle 3.43: Parametern zur Lösung vom RCPSP-MP-E in ILOG – für das entsprechende „dat"-Datei; Dauer und Termine in Zeiteinheiten.

Dieses Problem wird nun durch das MLCLSP (wie in Abschnitt 3.1.3 definiert) gelöst. Zur Lösung durch ILOG sind die erforderlichen Parameter in einem Datenfile – als „dat"-Datei – anzugeben. Dasjenige zu dem Fall mit 6 Periodenbedarfen, s. Listing 3.7, ist wie folgt zu ändern – als „dat"-Datei, s. Listing 3.8 angegeben:

```
1  T = 18;        // Anzahl an Perioden.
2  // Kapazitäten:
3  b = [[600,600,600,600,600,600,600,600,600,600,
4       600,600,600,600,600,600,600,600]];
5  // Nettobedarfe:
6  d = [[0, 0, 0, 0, 0, 0, 100, 100, 100, 100, 100,
7       100, 100, 100, 100, 100, 100, 100], // P1.
8       [0, 0, 0, 0, 0, 0, 100, 100, 100, 100, 100,
9       100, 100, 100, 100, 100, 100, 100], // P2.
10      [0, 0, 0, 0, 0, 0,  0,  0,  0,  0,  0,
11      0,  0,  0,  0,  0,  0,  0] // E.
12      ];
```

Listing 3.8: Zu ändernde ILOG Parameter zum MLCLSP bei 18 Perioden gegenüber dem bei 12 Perioden.

Tabelle 3.44 enthält die ermittelten Lose und eine Abarbeitung als Gantt-Diagramm ist in Abbildung 3.39 dargestellt. Sie benötigt keinen früheren Produktionsbegin im

Vergleich zum Fall mit 6 Periodenbedarfen.

Endprodukt P1

	...	5	6	7	8	9	10	11
Periode t	...	5	6	7	8	9	10	11
Primärbedarf^A [ME]	...			100	100	100	100	100
PlAuf^A [ME]	...		200		200		200	
Bezeichnung PlAuf^A	...		P1_1		P1_2		P1_3	

Periode t	12	13	14	15	16	17	18	19
Primärbedarf^A [ME]	100	100	100	100	100	100	100	
PlAuf^A [ME]	200		200		200			
Bezeichnung PlAuf^A	P1_4		P1_5		P1_6			

Endprodukt P2

	...	5	6	7	8	9	10	11
Periode t	...	5	6	7	8	9	10	11
Primärbedarf^A [ME]	...			100	100	100	100	100
PlAuf^A [ME]	...		200		200		200	
Bezeichnung PlAuf^A	...		P2_7		P2_8		P2_9	

Periode t	12	13	14	15	16	17	18	19
Primärbedarf^A [ME]	100	100	100	100	100	100	100	
PlAuf^A [ME]	200		200		200			
Bezeichnung PlAuf^A	P2_10		P2_11		P2_12			

Komponente E

	...	5	6	7	8	9	10	11
Periode t	...	5	6	7	8	9	10	11
Sekundärbedarf^A [ME]	...		400		400		400	
PlAuf^A [ME]	...	400		400		400		400
Bezeichnung PlAuf^A	...	E_13		E_14		E_15		E_16

Periode t	12	13	14	15	16	17	18	19
Sekundärbedarf^A [ME]	400		400		400			
PlAuf^A [ME]		400		400				
Bezeichnung PlAuf^A		E_17		E_18				

Tabelle 3.44: Lösung von dem MLCLSP bei 18 Perioden.

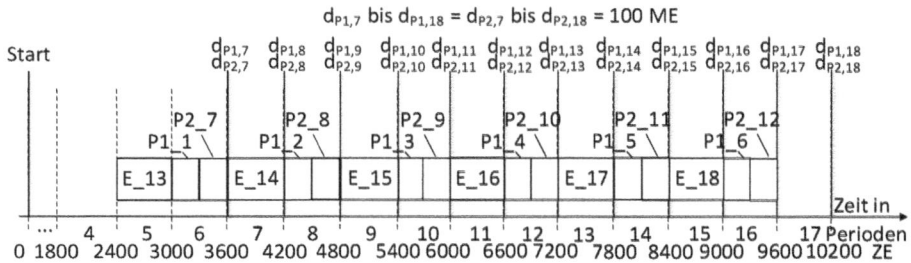

Abbildung 3.39: Eine Abarbeitung der Planaufträge zur Lösung von dem MLCLSP bei 18 Perioden.

Diese Fallstudie zeigt, dass mit zunehmender Anzahl an Perioden mit Bedarfen immer früher mit der Produktion von den durch eine programmorientierte Materialbedarfsplanung (mit oder ohne Losbildung) bestimmten Planaufträgen begonnen werden muss, um eine Verspätung zu vermeiden. Die Vermeidung von Verspätung durch eine frühere Auftragsfreigabe ist deswegen durch die Anzahl an Perioden limitiert, die für eine frühere Produktion – vor den Perioden mit Bedarfen – zur Verfügung stehen; beispielsweise sind es in der Ausgangsfallstudie in diesem Abschnitt 6 Perioden, s. die Tabelle 3.37. In einer industriellen Anwendung dieser Planung im Rahmen eines ERP- oder PPS-Systems treffen mit fortschreitender Zeit (natürlich) Kundenaufträge ein. Folglich nimmt der Bedarf immer weiter zu. Dieser wird in einer rollenden Planung geplant. Das Ergebnis einer rollenden Planung stimmt mit dem einer Gesamtplanung überein; dies wird im Abschnitt 3.4 anhand einer Durchlaufterminierung mit Überlappung demonstriert werden und gilt, genau genommen, für die in einer industriellen Anwendung vorliegenden Bedingung, dass der Planungshorizont keine Planungsentscheidung beeinflusst; s. auch dazu den Abschnitt 3.4. Damit können Verspätungen in der industriellen Praxis nicht immer durch eine frühere Auftragsfreigabe vermieden werden.

3.2.3 Durchlaufzeit und frühere Freigabe

Wie die Fallstudie im Abschnitt 3.2.2 belegt, können unterschiedliche Losbildungen unterschiedliche kumulierte Kapazitätsbelastungen bewirken, sofern Rüstaufwände eingespart werden können. Ohne Rüstzeiten haben demgegenüber die durch die Materialbedarfsplanung bestimmten Planaufträge und die durch eine Lösung vom MLCLSP bestimmten Planaufträge den gleichen kumulierten Kapazitätsbedarf. Zum Vergleich der Belegungen von den betroffenen Produktionssystemen erfolgt für die durch die Materialbedarfsplanung bestimmten Planaufträge eine Kapazitätsplanung, wobei durch eine gegebenenfalls zeitlich sehr frühe Freigabe keine Verspätung auftritt; dieses Verfahren wird im Folgenden als MRP mit früherer Freigabe bezeichnet. Die Übereinstimmung des kumulierten Kapazitätsbedarf der beiden Verfahren (MRP mit früherer Freigabe und Lösung vom MLCLSP) bedeutet eine gleichlange Belegung der (betroffenen) Produktionssysteme – s. hierzu die Fallstudie im Abschnitt 3.2.1. Allerdings treten beim MRP mit früherer Freigabe oftmals Leerzeiten in den Produktionssystemen auf. Im Idealfall werden alle Planaufträge unmittelbar hintereinander abgearbeitet. Ein Beispiel ist die Fallstudie im Abschnitt 3.2.1; ein vollständig ausgelastetes System konvergiert bei zunehmender Anzahl an Planaufträgen auch gegen diesen Idealfall. Nun wird die benötigte Bearbeitungszeit zur Deckung eines Bedarfs (d) eines Produktionsplans betrachtet und zunächst als kumulierte Durchlaufzeit definiert. Alle Planaufträge in der Peggingstruktur, für die ein Pfad zu d in der Peggingstruktur existiert, bilden einen Netzplan (NP) an Planaufträgen, mit denen der Bedarf d gedeckt wird, weswegen von einem Netzplan an Planaufträgen zur Deckung des Bedarfs d gesprochen wird. Die kumulierte Durchlaufzeit von d ist die Zeit zwischen dem Beginn der Periode in der d zu decken ist und dem Beginn der frühesten Periode in der ein Planauftrag in NP im Produktionsplan beginnt. (Damit ist die kumulierte Durchlaufzeit periodengenau definiert, wodurch die Produktionsreihenfolge keinen Einfluss auf die kumulierte Durchlaufzeit hat. Ein Einfluss der Produktionsreihenfolge läge vor, wenn die Zeit zwischen dem frühesten Produktionsbeginn von allen Planaufträgen in NP und dem Termin von d betrachtet wird.) Wie die Fallstudie im Abschnitt 3.2.1 zeigt, bewirken die beiden Verfahren MRP mit früherer Freigabe und Lösung vom MLCLSP unterschiedliche kumulierte Durchlaufzeiten. Beispielsweise hat in der Fallstudie im Abschnitt 3.2.1 der Bedarf von Endprodukt P1 zu Beginn der Periode 11 beim MRP mit früherer Freigabe eine kumulierte Durchlaufzeit von 10 Perioden, s. Abbildung 3.26 und die Lösung vom MLCLSP eine von 2 Perioden, s. Abbildung 3.27. Verantwortlich hierfür sind die höheren Produktionsmengen beim MRP mit früherer Freigabe gegenüber der Lösung vom MLCLSP. Dies legt die Vermutung nahe, dass bei kleineren Losen die kumulierten Durchlaufzeiten der beiden Verfahren ähnlich sind. Deswegen wird der Einfluss der Losbildung auf die kumulierte Durchlaufzeit im Folgenden analysiert.

Für sechs Endprodukte A, B, C, D, E und F sind die Primärbedarfe in Mengeneinheiten (ME), die zu Beginn einer Periode zu decken sind, in der folgenden Tabelle 3.45 angegeben. Der Planungszeitraum – im Hinblick auf die gesamte Fallstudie – besteht aus sieben Perioden (von Periode 4 bis Periode 10).

Periode t	4	5	6	7	8	9	10
Primärbedarf A [ME]	0	0	0	0	100	0	0
Primärbedarf B [ME]	0	0	0	0	0	100	0
Primärbedarf C [ME]	0	0	0	0	0	0	100
Primärbedarf D [ME]	0	0	0	0	0	0	100
Primärbedarf E [ME]	0	0	0	100	0	0	0
Primärbedarf F [ME]	0	0	0	100	0	0	0

Tabelle 3.45: Primärbedarfe der Endprodukte A, B, C, D, E und F in Mengeneinheiten (ME).

Der Gozintograph zu diesen Endprodukten ist in Abbildung 3.40 angegeben.

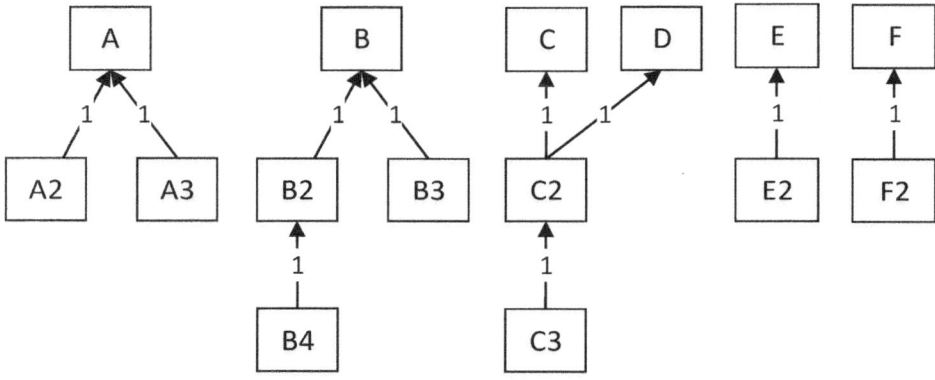

Abbildung 3.40: Gozintograph zu den Endprodukten A, B, C, D, E und F.

Für die Produktion stehen vier Produktionssysteme, nämlich PS1, PS2, PS3 und PS4, zur Verfügung. Jedes Produkt wird direkt auf einem Produktionssystem gefertigt; wodurch keine Arbeitspläne vorliegen. Damit entfällt die Ressourcenbelegungsplanung bzw. fällt mit der Kapazitätsplanung zusammen. Für jedes Produkt enthält Tabelle 3.46 das zu verwendende Produktionssystem, die geschätzte Durchlaufzeit (Vorlaufzeit) in Perioden, die Stückbearbeitungszeit in Zeiteinheiten (ZE) sowie die Rüst- und Lagerkostensätze in Geldeinheiten (GE) bzw. GE je Mengeneinheit (ME) und Periode. Rüstzeiten fallen keine an. Alle Produktionssysteme haben jeweils eine Kapazität von 500 ZE je Periode.

Produkt Produkt	Produktions system	Vorlaufzeit (z_k)	Stückbearbei- tungszeit (tb_k)	Rüstkosten- satz (s_k)	Lagerkosten- satz (h_k)
A	PS1	1 Periode	$2.5\,\frac{ZE}{ME}$	100 GE	$100\,\frac{GE}{ME \cdot Periode}$
A2	PS2	2 Perioden	$6\,\frac{ZE}{ME}$	100 GE	$100\,\frac{GE}{ME \cdot Periode}$
A3	PS4	1 Periode	$2.5\,\frac{ZE}{ME}$	100 GE	$100\,\frac{GE}{ME \cdot Periode}$
B	PS1	1 Periode	$2.5\,\frac{ZE}{ME}$	100 GE	$100\,\frac{GE}{ME \cdot Periode}$
B2	PS3	1 Periode	$2.5\,\frac{ZE}{ME}$	100 GE	$100\,\frac{GE}{ME \cdot Periode}$
B3	PS4	1 Periode	$2.5\,\frac{ZE}{ME}$	100 GE	$100\,\frac{GE}{ME \cdot Periode}$
B4	PS2	1 Periode	$2.5\,\frac{ZE}{ME}$	100 GE	$100\,\frac{GE}{ME \cdot Periode}$
C	PS1	1 Periode	$2.5\,\frac{ZE}{ME}$	100 GE	$100\,\frac{GE}{ME \cdot Periode}$
C2	PS2	1 Periode	$4\,\frac{ZE}{ME}$	100 GE	$100\,\frac{GE}{ME \cdot Periode}$
C3	PS4	1 Periode	$1.5\,\frac{ZE}{ME}$	100 GE	$100\,\frac{GE}{ME \cdot Periode}$
D	PS1	1 Periode	$2.5\,\frac{ZE}{ME}$	100 GE	$100\,\frac{GE}{ME \cdot Periode}$
E	PS1	1 Periode	$2\,\frac{ZE}{ME}$	100 GE	$100\,\frac{GE}{ME \cdot Periode}$
E2	PS4	1 Periode	$2\,\frac{ZE}{ME}$	100 GE	$100\,\frac{GE}{ME \cdot Periode}$
F	PS1	1 Periode	$2\,\frac{ZE}{ME}$	100 GE	$100\,\frac{GE}{ME \cdot Periode}$
F2	PS4	1 Periode	$2\,\frac{ZE}{ME}$	100 GE	$100\,\frac{GE}{ME \cdot Periode}$

Tabelle 3.46: Planungsparameter der Produkte und Komponenten.

Die Aufgabe zu dem Folgenden lautet:
Wenden Sie die programmorientierte Materialbedarfsplanung auf diese Fallstudie an. Stellen Sie die zeitliche Anordnung der erhaltenen Planaufträge als Gantt-Diagramm dar. Führen Sie eine Durchlaufterminierung durch und geben die dabei entstehenden Puffer an. Führen Sie eine Kapazitätsplanung nach dem KOZ-Prinzip durch, geben die dabei auftretenden Warteschlangen an und stellen das Ergebnis als Gantt-Diagramm dar.

Das Ergebnis der Anwendung der programmorientierten Materialbedarfsplanung, s. Algorithmus 1.4, befindet sich in Tabelle 3.47. Da jedes Endprodukt nur einen Bedarf hat und jede Komponente in genau ein Endprodukt eingeht wie auch jedes Einzelteil in genau eine Komponente eingeht, kann keine Losbildung erfolgen. Aus dem gleichen Grund wie bei den Fallstudien in den vorhergehenden Abschnitten sind nur die Bedarfe und die Lose einschließlich ihrer Bezeichnungen angegeben und die Peggingstruktur ergibt sich ebenfalls wie zuvor – Tabelle 3.48 enthält diese.

Endprodukt A							
Periode t	4	5	6	7	8	9	10
Primärbedarf^A [ME]	0	0	0	0	100	0	0
PlAuf^A [ME]	0	0	0	100	0	0	0
Bezeichnung PlAuf^A				A_1			

Einzelteil A2							
Periode t	4	5	6	7	8	9	10
Sekundärbedarf^A [ME]	0	0	0	100	0	0	0
PlAuf^A [ME]	0	100	0	0	0	0	0
Bezeichnung PlAuf^A		A_2					

Einzelteil A3							
Periode t	4	5	6	7	8	9	10
Sekundärbedarf^A [ME]	0	0	0	100	0	0	0
PlAuf^A [ME]	0	0	100	0	0	0	0
Bezeichnung PlAuf^A			A_3				

Endprodukt B							
Periode t	4	5	6	7	8	9	10
Primärbedarf^A [ME]	0	0	0	0	0	100	0
PlAuf^A [ME]	0	0	0	0	100	0	0
Bezeichnung PlAuf^A					B_1		

Baugruppe B2							
Periode t	4	5	6	7	8	9	10
Sekundärbedarf^A [ME]	0	0	0	0	100	0	0
PlAuf^A [ME]	0	0	0	100	0	0	0
Bezeichnung PlAuf^A				B_2			

Einzelteil B4							
Periode t	4	5	6	7	8	9	10
Sekundärbedarf^A [ME]	0	0	0	100	0	0	0
PlAuf^A [ME]	0	0	100	0	0	0	0
Bezeichnung PlAuf^A			B_4				

Einzelteil B3							
Periode t	4	5	6	7	8	9	10
Sekundärbedarf^A [ME]	0	0	0	0	100	0	0
PlAuf^A [ME]	0	0	0	100	0	0	0
Bezeichnung PlAuf^A				B_3			

Tabelle 3.47: Ergebnis der programmorientierten Materialbedarfsplanung mit Losbildung (wird fortgesetzt).

Endprodukt C							
Periode t	4	5	6	7	8	9	10
Primärbedarf^A [ME]	0	0	0	0	0	0	100
PlAuf^A [ME]	0	0	0	0	0	100	0
Bezeichnung PlAuf^A						C_1	

Endprodukt D							
Periode t	4	5	6	7	8	9	10
Primärbedarf^A [ME]	0	0	0	0	0	0	100
PlAuf^A [ME]	0	0	0	0	0	100	0
Bezeichnung PlAuf^A						D_1	

Baugruppe C2							
Periode t	4	5	6	7	8	9	10
Sekundärbedarf^A [ME]	0	0	0	0	0	200	0
PlAuf^A [ME]	0	0	0	0	200	0	0
Bezeichnung PlAuf^A					C_2		

Einzelteil C3							
Periode t	4	5	6	7	8	9	10
Sekundärbedarf^A [ME]	0	0	0	0	200	0	0
PlAuf^A [ME]	0	0	0	200	0	0	0
Bezeichnung PlAuf^A				C_3			

Endprodukt E							
Periode t	4	5	6	7	8	9	10
Primärbedarf^A [ME]	0	0	0	100	0	0	0
PlAuf^A [ME]	0	0	100	0	0	0	0
Bezeichnung PlAuf^A			E_1				

Einzelteil E2							
Periode t	4	5	6	7	8	9	10
Sekundärbedarf^A [ME]	0	0	100	0	0	0	0
PlAuf^A [ME]	0	100	0	0	0	0	0
Bezeichnung PlAuf^A		E_2					

Endprodukt F							
Periode t	4	5	6	7	8	9	10
Primärbedarf^A [ME]	0	0	0	100	0	0	0
PlAuf^A [ME]	0	0	100	0	0	0	0
Bezeichnung PlAuf^A			F_1				

Tabelle 3.47: Ergebnis der programmorientierten Materialbedarfsplanung mit Losbildung (wird fortgesetzt).

Einzelteil F2							
Periode t	4	5	6	7	8	9	10
Sekundärbedarf^A [ME]	0	0	100	0	0	0	0
PlAuf^A [ME]	0	100	0	0	0	0	0
Bezeichnung PlAuf^A		F_2					

Tabelle 3.47: Ergebnis der programmorientierten Materialbedarfsplanung mit Losbildung.

Die Start- und Endtermine der Planaufträge ist der Beginn und das Ende der Periode, der der jeweilige Planauftrag zugeordnet ist. Graphisch ist dies als Gantt-Diagramm in der folgenden Abbildung 3.41 dargestellt.

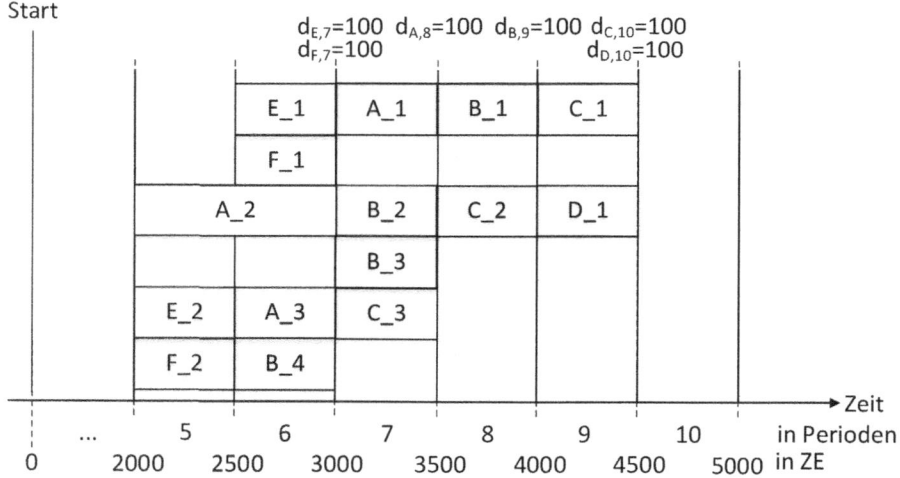

Abbildung 3.41: Gantt-Diagramm zu dem Ergebnis der programmorientierten Materialbedarfsplanung.

Tatsächlich weichen die Bearbeitungszeiten der Planaufträge von den geschätzten Durchlaufzeiten auf die in der folgenden Tabelle 3.48 angegebenen Weise ab. Zugleich enthält diese Tabelle 3.48 das benötigte Produktionssystem, den frühesten möglichen Starttermin als Freigabetermin und dieser plus 500 Zeiteinheiten ist der jeweilige (spätestzulässige) Endtermin. Über den gedeckten Bedarf ist die Peggingstruktur angegeben.

Planauftrag	A_1	A_2	A_3	B_1	B_2	B_3	B_4	
Produktionssystem	PS1	PS2	PS4	PS1	PS3	PS4	PS2	
Freigabetermin [ZE]	3000	2000	2500	3500	3000	3000	2500	
Geschätzte Dauer [ZE]	500	1000	500	500	500	500	500	
Tatsächliche Dauer [ZE]	250	600	250	250	250	250	250	
Deckt Bedarf für Planauftrag		A_1	A_1		B_1	B_1	B_2	
Deckt Bedarf von	$d_{A,8}$			$d_{B,9}$				
Planauftrag	C_1	D_1	C_2	C_3	E_1	E_2	F_1	F_2
Produktionssystem	PS1	PS1	PS2	PS4	PS1	PS4	PS1	PS4
Freigabetermin [ZE]	4000	4000	3500	3000	2500	2000	2500	2000
Geschätzte Dauer [ZE]	500	500	500	500	500	500	500	
Tatsächliche Dauer [ZE]	250	250	800	300	200	200	200	200
Deckt Bedarf für Planauftrag			C_1, D_1	C_2		E_1		E_1
Deckt Bedarf von	$d_{C,10}$	$d_{D,10}$			$d_{E,7}$		$d_{F,7}$	

Tabelle 3.48: Freigabetermine und Dauern der Planaufträge von dem MRP-Ergebnis in Zeiteinheiten (ZE) mit Bedarfsdeckung.

Nun erfolgt die Durchlaufterminierung aus der Rückwärtsterminierung und anschließender Vorwärtsterminierung nach den beiden Algorithmen 1.7 und 1.8; dort sind auch die im Folgenden verwendeten Abkürzungen erläutert. Für die Rückwärtsterminierung sind die spätesten (möglichen) Endtermine der Planaufträge ohne Nachfolger vorzugeben, wozu ihre Endtermine aufgrund der Materialbedarfsplanung verwendet werden. Für die Vorwärtsterminierung sind die frühesten (möglichen) Anfangstermine der Planaufträge ohne Vorgänger anzugeben, wozu ihre frühesten möglichen Starttermine aufgrund der Materialbedarfsplanung verwendet werden; diese sind identisch mit deren Freigabeterminen. Hat ein Planauftrag eines Endprodukts mehrere Vorgänger, die ihrerseits keinen Vorgänger haben – beispielsweise beim Planauftrag B_1 sind es die Planaufträge B_3 und B_4 –, so bietet es sich an, allen den gleichen frühesten (möglichen) Anfangstermin zu geben, wodurch manche Planaufträge einen Puffer bekommen können – im Beispiel bestimmte die Materialbedarfsplanung 3000 Zeiteinheiten (ZE) als frühesten möglichen Starttermin für Planauftrag B_3 und 2500 ZE im Fall von Planauftrag B_4, so dass ein einheitlicher frühester (möglicher) Anfangstermin von 2500 ZE einen Puffer von 500 ZE für den Planauftrag B_3 bewirkt. Dieses Vorgehen wird im Folgenden verwendet. Neben dem Planauftrag B_3 wird deswegen der früheste mögliche Starttermin vom Planauftrag A_3 von 2500 ZE auf 2000 ZE vorgezogen – dadurch haben die beiden Planaufträge A_2 und A_3 einen einheitlichen frühesten (möglichen) Anfangstermin von 2000 ZE.

Nur bei dem Planauftrag C_2 ist die tatsächliche Dauer um 300 ZE höher als die geschätzte Dauer (von 500 ZE bzw. eine Periode). Wegen der Einlagerungsregel und da alle Vorgänger und Nachfolger eine geschätzte Dauer von einer Periode haben, tritt ein negativer Puffer für seinen Vorgänger (i.e. C_3 von 300 ZE) und seine beiden Nachfolger (i.e. C_1 und D_1 von jeweils 250 ZE) auf; beachte, dass Planauftrag C_3 keinen Vorgänger hat und die beiden Planaufträge C_1 und D_1 haben keinen Nachfolger. Dies impliziert bereits bei unendlicher Kapazität eine notwendige frühere Auftragsfreigabe. Um dies zu vermeiden, ist die Freigabe von Planauftrag C_3 um eine Periode vorzuziehen und zwar auf 2500 ZE. Damit liefert die Durchlaufterminierung das in Tabelle 3.49 angegebene Ergebnis.

Plan-auftrag	Vorgän-ger	Nachfol-ger	FAZ [ZE]	FEZ [ZE]	SAZ [ZE]	SEZ [ZE]	Puffer [ZE]
A_1	A_2 und A_3	-	3000	3250	3250	3500	250
A_2	-	A_1	2000	2600	2400	3000	400
A_3	-	A_1	2000	2250	2750	3000	750
B_1	B_2 und B_3	-	3500	3750	3750	4000	250
B_2	-	B_1	3000	3250	3250	3500	250
B_3	-	B_1	2500	2750	3250	3500	750
B_4	-	B_2	2500	2750	2750	3000	250
C_1	C_2	-	4000	4250	4250	4500	250
D_1	C_2	-	4000	4250	4250	4500	250
C_2	C_3	C_1 und D_1	3000	3800	3200	4000	200
C_3	-	C_2	2500	2800	2700	3000	200
E_1	E_2	-	2500	2700	2800	3000	300
E_2	-	E_1	2000	2200	2300	2500	300
F_1	F_2	-	2500	2700	2800	3000	300
F_2	-	F_1	2000	2200	2300	2500	300

Tabelle 3.49: Rückwärts- und Vorwärtsterminierung zur Materialbedarfsplanung.

Im industriellen Einsatz ist eine Kapazitätsplanung durch eine Prioritätsregel zu erwarten, die im Abschnitt 1.2 im Algorithmus 1.10 beschrieben ist. Alternativ wäre eine Lösung durch ein Modell vom Typ RCPSP möglich. Sie scheidet im Grunde aus, da ein Modell vom Typ RCPSP im Vergleich zum Modell vom Typ MLCLSP eine sehr viel höhere Laufzeit hat, da Mikroperioden zu betrachten sind, und da die hier betrachtete programmorientierte Materialbedarfsplanung mit anschließender Lösung von einem Modell vom Typ RCPSP ohnehin besser durch ein Modell vom Typ MLCLSP gelöst wird – s. hierzu die Überlegungen am Ende von Abschnitt 3.1.3 und vom Abschnitt 3.

Im Folgenden wird als Prioritätsregel die Zuteilung nach der kürzesten Dauer verwendet wie in dem Abschnitt 1.2 angegeben, wird diese Regel in der Literatur als KOZ-Regel bezeichnet. Die erste Periode mit freigegebenen Planaufträgen ist Periode 5. Zu Beginn warten nur vor den beiden Produktionssystemen PS2 und PS4 Planaufträge, wodurch die in Abbildung 3.42 angegebenen Warteschlangen entstehen (zu diesem Zeitpunkt an diesen beiden Produktionssystemen PS2 und PS4). Die Warteschlangen sind bereits nach der kürzesten Dauer (und bei Gleichheit lexikographisch) sortiert, wobei in ihrer graphischen Darstellung der Planauftrag mit der höchsten Priorität oben steht. Damit ergibt sich die Belegung in Periode 5 für die beiden Produktionssysteme PS2 und PS4 die in dem in Abbildung 3.43 dargestellten Gantt-Diagramm angegeben ist. Wegen der Einlagerungsregel treffen innerhalb einer Periode keine Planaufträge an einem Produktionssystem ein, weswegen nur zu Beginn einer Periode Warteschlangen auftreten. Wie in der Periode 5 haben die Planaufträge mit einem frühesten möglichen Anfangstermin zu Beginn von Periode 6 auf den beiden Produktionssystemen PS2 und PS4 keine Vorgänger und können daher sofort bearbeitet (sobald das Produktionssystem nicht belegt ist) und daher freigegeben werden. Die Fertigstellung der beiden Planaufträge E_2 und F_2 vor dem Ende von Periode 5 sichert die Materialverfügbarkeit der beiden Planaufträge E_1 und F_1, weswegen diese zu Beginn der Periode 6 freigegeben werden. Insgesamt führt dies zu den in Abbildung 3.42 angegebenen Warteschlangen – sie sind wiederum bereits nach der kürzesten Dauer (und bei Gleichheit lexikographisch) sortiert – und zu der in Abbildung 3.43 angegebenen Belegung. Die Fertigstellung der Vorgänger der Planaufträge A_1 und B_2 vor dem Ende der Periode 6 sichert ihre Materialverfügbarkeit, weswegen beide Planaufträge zu Beginn der Periode 7 freigegeben werden. Dies führt zu den in Abbildung 3.42 angegebenen beiden einelementigen Warteschlangen. Demgegenüber ist die Materialverfügbarkeit für den Planauftrag C_2 zu dem in Tabelle 3.49 genannten frühesten möglichen Anfangszeitpunkt (FAZ) (von 3000 ZE), nicht gegeben – die durch seinen Vorgänger produzierten Mengeneinheiten werden zum Ende von Periode 7 eingelagert und stehen erst zu Beginn von Periode 8 (also zu 3500 ZE) zur Verfügung. Da die beiden Planaufträge A_1 und B_2 sofort bearbeitet werden können, ergibt sich die in Abbildung 3.43 angegebene Belegung für die Periode 7. Die Materialverfügbarkeit und die frühesten möglichen Anfangstermine bestimmen die einelementigen Warteschlangen zu Beginn von Periode 8, die in Abbildung 3.42 angegeben sind. Wie zuvor ergibt sich die in Abbildung 3.43 angegebene Belegung für die Periode 8. Die Fertigstellung von Planauftrag C_2 in Periode 9 bewirkt die Freigabe seiner beiden Nachfolger (C_1 und D_1) zu Beginn der Periode 10, und damit eine Periode später als ihr frühester möglicher Anfangszeitpunkt (FAZ) in Tabelle 3.49, was zu der in Abbildung 3.42 angegebenen Warteschlange zu Beginn von Periode 10 führt und, wie zuvor, zu der Belegung in dieser Periode, die in Abbildung 3.43 angegebenen ist.

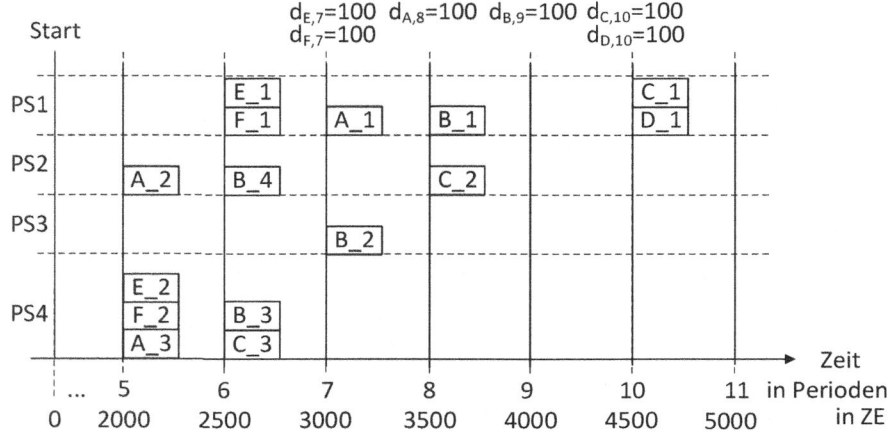

Abbildung 3.42: Auftretende Warteschlangen bei der Kapazitätsplanung nach dem KOZ-Prinzip.

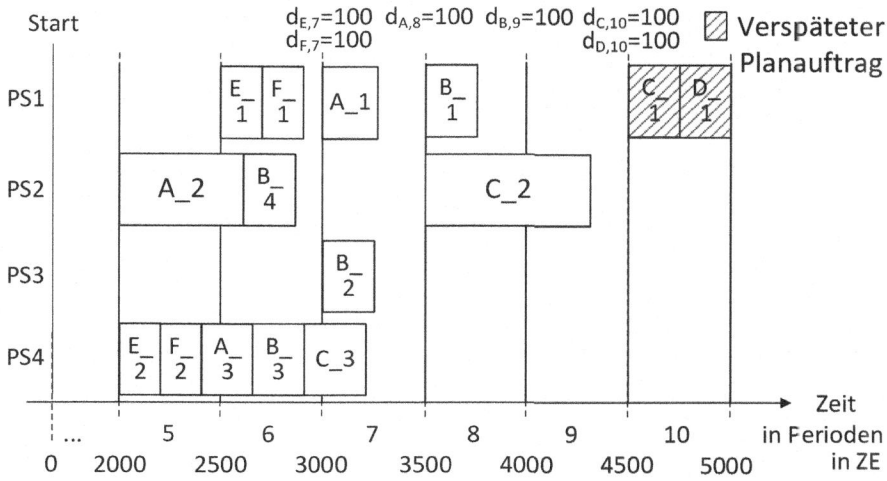

Abbildung 3.43: Ergebnis der Kapazitätsplanung nach dem KOZ-Prinzip als Gantt-Diagramm.

Durch die Kapazitätsplanung mit der KOZ-Regel, deren Gantt-Diagramm in Abbildung 3.43 dargestellt ist, werden die beiden Bedarfe zu den Produkten C und D ($d_{C,10}$ und $d_{D,10}$) um eine Periode verspätet ausgeliefert (zu Beginn von Periode 11 statt zu Beginn von Periode 10). Der Netzplan zur Deckung von $d_{C,10}$ besteht aus den Planaufträgen C_1, C_2 und C_3 und der Netzplan zur Deckung von $d_{D,10}$ besteht aus den Planaufträgen D_1, C_2 und C_3. Mit dem Planauftrag C_3 kann zu Beginn von Periode 7 begonnen werden, ohne die Terminsituation zu verschlechtern. Dann beträgt die kumulierte Durchlaufzeit von $d_{C,10}$, wie auch die von $d_{D,10}$, vier Perioden.

Die Aufgabe zu dem Folgenden lautet:
Geben Sie Planauftrag C_3 um eine Periode früher frei. Ändert sich Kapazitätsplanung nach dem KOZ-Prinzip?

Eine frühere Freigabe von Planauftrag C_3 um eine Periode, also zu Beginn von Periode 5 und damit ab Zeiteinheit (ZE) 2000, bewirkt ausschließlich eine Verlängerung der Warteschlange zu dem Produktionssystem PS4 zu Beginn der Periode 5 um diesen Planauftrag. Dies ist in der Abbildung 3.44 mit allen auftretenden Warteschlangen für dieses Kapazitätsplanungsproblem dargestellt. Da dieser Planauftrag C_3 die geringste Priorität hat, er hat die längste Dauer, und die höherprioren Planaufträge E_2 und F_2 sowie A_3 mehr als die gesamte Kapazität der Periode 5 verbrauchen, ist die Belegung in Periode 5 die gleiche wie zuvor und vor allem entsteht die gleiche Warteschlange zu PS4 zu Beginn der Periode 6 wie zuvor. Dadurch wird er sowie das gesamte Produktionssystem PS4 wie zuvor eingeplant. Da keine andere Änderung vorgenommen wurde, liefert die Kapazitätsplanung nach dem KOZ-Prinzip das gleiche Ergebnis wie zuvor; was in Abbildung 3.43 dargestellt ist.

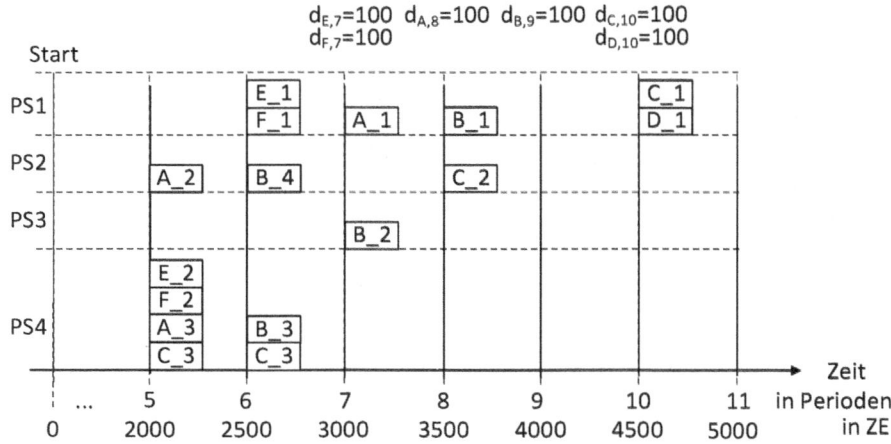

Abbildung 3.44: Auftretende Warteschlangen bei der Kapazitätsplanung nach dem KOZ-Prinzip bei einer früheren Freigabe von C_3 um eine Periode.

Die Aufgabe zu dem Folgenden lautet:
Geben Sie Planauftrag C_3 um eine weitere Periode früher frei. Führen Sie eine Kapazitätsplanung nach dem KOZ-Prinzip durch, geben die dabei auftretenden Warteschlangen an und stellen das Ergebnis als Gantt-Diagramm dar.

Eine um eine weitere Periode frühere Freigabe von C_3, also zu Beginn von Periode 4 und damit ab Zeiteinheit (ZE) 1500, bewirkt eine – erstmalig auftretende – Warteschlange zu dem Produktionssystem PS4 zu Beginn der Periode 4 mit nur diesem Planauftrag. Dies ist in der Abbildung 3.45 mit den auftretenden Warteschlangen für dieses Kapazitätsplanungsproblem dargestellt. Er kann in dieser Periode fertiggestellt werden. Dadurch treten die bisherigen Warteschlangen zu PS4 und zu den nächsten Periodenbeginnen gegebenenfalls ohne diesen Planauftrag C_3 auf. Zugleich kommt der Nachfolger von dem Planauftrag C_3 – C_2 – zu Beginn der Periode 5 in die Warteschlange zu dem Produktionssystem PS2, die bisher nur aus dem Planauftrag A_2 bestand. Da die Dauer von C_2 höher als die von A_2 ist, und die Dauer von A_2 länger als die Periodendauer ist, kommt C_2 zu Beginn der Periode 6 in die Warteschlange zu dem Produktionssystem

206

PS2, die bisher nur aus dem Planauftrag B_4 bestand. Wegen der längeren Dauer von C_2 gegenüber B_4 wird zunächst B_4 produziert und in der Periode 6 fertiggestellt, so dass in der Periode 6 mit der Bearbeitung von C_2 begonnen wird. Seine lange Dauer bewirkt eine Fertigstellung in Periode 8. Dadurch können die beiden Planaufträge C_1 und D_1 mit dem Beginn der Periode 9 begonnen werden – diese beiden Planaufträge bilden auch die Warteschlange zu dem Produktionssssystem PS1 zu Beginn von Periode 9. Ihre Fertigstellung in Periode 9 bewirkt eine termingerechte Auslieferung der beiden Bedarfe zu den beiden Endprodukten C und D jeweils zu Beginn der Periode 10. Diese Kapazitätsplanung ist in Abbildung 3.46 dargestellt. Die kumulierte Durchlaufzeit für die Deckung des Bedarfs $d_{C,10}$ (und auch $d_{D,10}$) hat sich damit um zwei Perioden auf sechs Perioden erhöht.

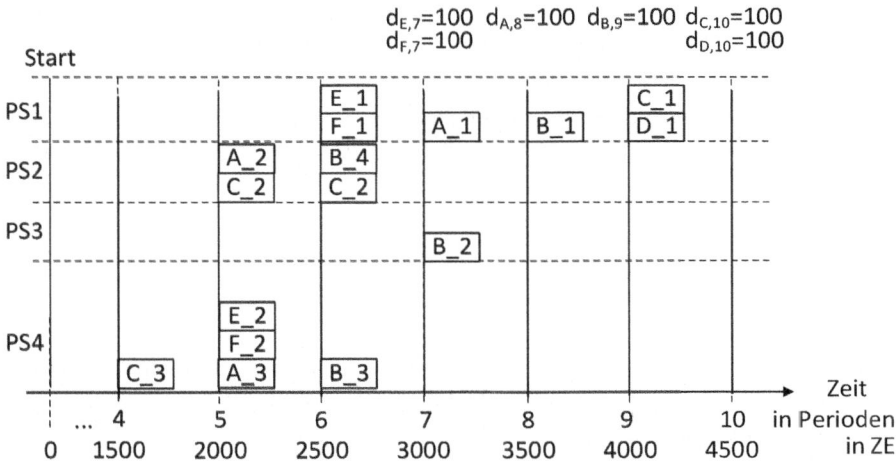

Abbildung 3.45: Auftretende Warteschlangen bei der Kapazitätsplanung nach dem KOZ-Prinzip bei einer früheren Freigabe von C_3 um zwei Perioden.

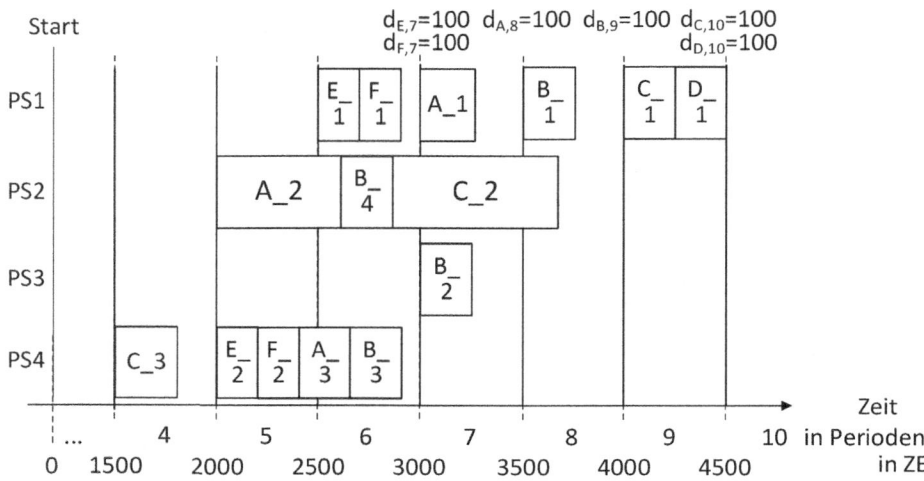

Abbildung 3.46: Ergebnis der Kapazitätsplanung nach dem KOZ-Prinzip als Gantt-Diagramm bei einer früheren Freigabe von C_3 um zwei Perioden.

Die Aufgabe zu dem Folgenden lautet:
Geben Sie einen Produktionsplan mit minimaler kumulierter Durchlaufzeit für die Deckung des Bedarfs $d_{C,10}$ (und auch $d_{D,10}$) an.

Der Netzplan zur Deckung von $d_{C,10}$ besteht aus den Planaufträgen C_1, C_2 und C_3 und der Netzplan zur Deckung von $d_{D,10}$ besteht aus den Planaufträgen D_1, C_2 und C_3. Nach dem Ergebnis der programmorientierten Materialbedarfsplanung, s. die Abbildung 3.41, muss die kumulierte Durchlaufzeit für die Deckung des Bedarfs $d_{C,10}$ (und auch $d_{D,10}$) wenigsten drei Perioden betragen. Sie beträgt mindestens vier Perioden, da der Planauftrag C_2 eine Nettobearbeitungszeit von über einer Periode hat und die Einlagerungsregel einzuhalten ist. Gegenüber dem Produktionsplan in Abbildung 3.46 – bei dem diese kumulierte Durchlaufzeit sechs Perioden ist – wird dies erreicht, sofern Planauftrag C_3 in Periode 6 produziert wird. Im Produktionsplan in Abbildung 3.46 ist für Planauftrag B_3 eine Fertigstellung in Periode 7 ausreichend, um eine Verspätung für Planauftrag B_1 und damit für den Bedarf vom Endprodukt B zu Beginn von Periode 9 zu vermeiden. Wird nun im Produktionsplan in Abbildung 3.46 Planauftrag C_3 statt in Periode 4 zwischen den Planaufträgen A_3 und B_3 produziert, wie dies in Abbildung 3.47, die das Gesamtergebnis enthält, dargestellt ist, so sind die beiden Bedingungen an die Planaufträge B_3 und C_3 erfüllt. Zugleich können alle anderen Planaufträge wie im Produktionsplan in Abbildung 3.46 produziert werden.

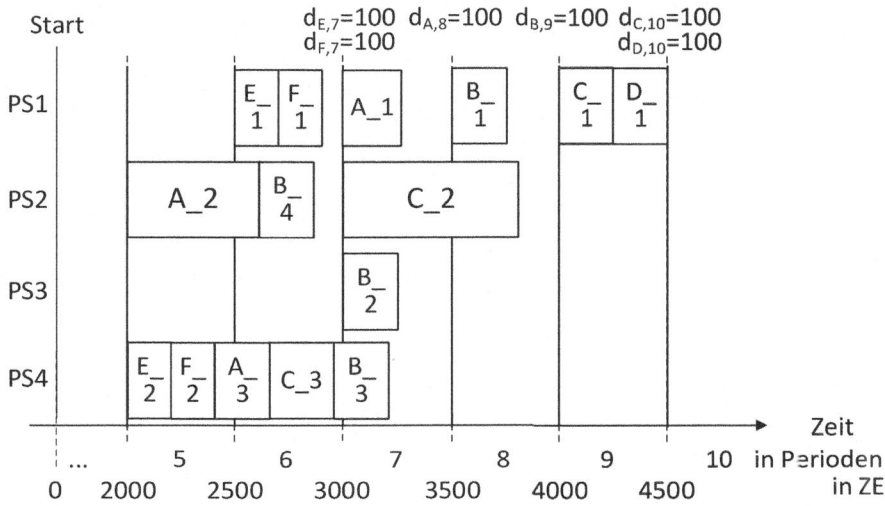

Abbildung 3.47: Produktionsplan mit minimaler mittlerer Verspätung als Gantt-Diagramm.

Mit den in Tabelle 3.49 angegebenen frühesten (möglichen) Anfangsterminen und spätesten (möglichen) Endterminen – sowie den anderen Parametern – ist diese Lösung auch eine Lösung von dem RCPSP-MP-E nach Abschnitt 2.1. (Da jeder Bedarf eines Endprodukts gleich hoch ist und durch genau einen Planauftrag gedeckt wird, ist eine Lösung mit minimaler mittlerer Verspätung der Planaufträge zugleich auch eine Lösung mit minimaler mittlerer Verspätung der Bedarfe und umgekehrt. Folglich ist das Optimierungsmodell RCPSP-MP-E nach Abschnitt 2.1 anwendbar.) Zur Vollständigkeit ist für eine Lösung durch ILOG das Datenfile zu dem RCPSP-MP-E im Folgenden angegeben:

```
1  T = 4500;        // Maximaler angenommener Fertigstellungszeitpunkt.
2  MP = 500;        // Anzahl an Mikroperioden in einer Makroperiode.
3  TMP = 9;         //TMP = T / MP;
4  // Erhöhung von T für Zusatzwerte in x für Kapazitatsrestriktion:
5  TMax = 5500;
6  Planauftraege = {A_1, A_2, A_3, B_1, B_2, B_3, B_4, C_1, C_2, C_3, D_1,
       E_1, E_2, F_1, F_2};
7  PlanauftraegeE = {A_1, B_1, C_1, D_1, E_1, F_1};
8  Produktionssysteme = {PS1, PS2, PS3, PS4};
9  p = #[          // Dauer eines Planauftrags j in Mikroperioden.
10     A_1:  250
```

```
11    A_2 :    600
12    A_3 :    250
13    B_1 :    250
14    B_2 :    250
15    B_3 :    250
16    B_4 :    250
17    C_1 :    250
18    D_1 :    250
19    C_2 :    800
20    C_3 :    300
21    E_1 :    200
22    E_2 :    200
23    F_1 :    200
24    F_2 :    200
25    ]#;
26    // Frühestmöglicher Anfangstermin des Planauftrags j in Mikroperioden:
27    FAZ =   #[
28    A_1 :    3001
29    A_2 :    2001
30    A_3 :    2001
31    B_1 :    3501
32    B_2 :    3001
33    B_3 :    2501
34    B_4 :    2501
35    C_1 :    4001
36    D_1 :    4001
37    C_2 :    3001
38    C_3 :    2501
39    E_1 :    2501
40    E_2 :    2001
41    F_1 :    2501
42    F_2 :    2001
43    ]#;
44    // Spätestzulässiger Endtermin des Planauftrags j in Mikroperioden:
45    SEZ =   #[
46    A_1 :    3500
47    A_2 :    3000
48    A_3 :    3000
49    B_1 :    4000
50    B_2 :    3500
51    B_3 :    3500
52    B_4 :    3000
53    C_1 :    4500
54    D_1 :    4500
55    C_2 :    4000
```

```
56    C_3 :   3000
57    E_1 :   3000
58    E_2 :   2500
59    F_1 :   3000
60    F_2 :   2500
61    ]#;
62    VG =    #[        // Vorgänger.
63    A_1 : {A_2 , A_3}
64    B_1 : {B_2 , B_3}
65    B_2 : {B_4}
66    C_1 : {C_2}
67    D_1 : {C_2}
68    C_2 : {C_3}
69    E_1 : {E_2}
70    F_1 : {F_2}
71    ]#;
72    PS_Plauf
73    =   #[        // Planaufträge auf einer Ressource.
74    PS1 : {A_1 , B_1 , C_1 , D_1 , E_1 , F_1}
75    PS2 : {A_2 , B_4 , C_2}
76    PS3 : {B_2}
77    PS4 : {A_3 , B_3 , C_3 , E_2 , F_2}
78    ]#;
```

Listing 3.9: ILOG Parameter zum RCPSP-MP-E.

Verantwortlich für die ansteigende kumulierte Durchlaufzeit bei der Kapazitätsplanung nach dem KOZ-Prinzip ist die „ungünstige Verdrängung"von Planaufträgen. Es sei betont, dass dies im Allgemeinen auch bei anderen Prioritätsregeln auftritt, wenngleich nicht in dieser Fallstudie, und ausschließlich durch ein optimales Verfahren ausgeschlossen werden kann. Diese Fallstudie demonstriert, dass eine frühere Freigabe generell oftmals die Warteschlangen an vor einem Produktionssystem auf die Bearbeitung wartenden Planaufträgen erhöht und dadurch die Wahrscheinlichkeit zu solchen „ungünstigen Verdrängungen" erhöht. Dieses Phänomen wird in der Literatur, s. z.B. Corsten und Gössinger in [CoGö12] oder Gronau und Lindemann in [GrLi10], als Durchlaufzeitsyndrom bezeichnet und durch den in der folgenden Abbildung 3.48 angegebenen Regelkreis dargestellt; ähnlich wie in [CoGö12] und [GrLi10]. Da das Ganze auch für die Ressourcenbelegungsplanung gilt, ist dies in dem Regelkreis bereits integriert.

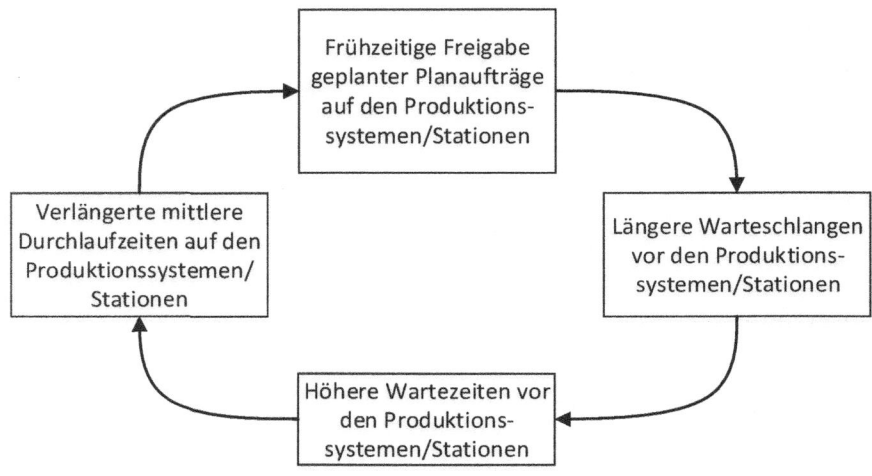

Abbildung 3.48: Durchlaufzeitsyndrom nach Gronau und Lindemann in [GrLi10].

Die zunehmende Verringerung von der mittleren Verspätung durch eine zunehmend
frühere Freigabe bei gleichzeitiger Zunahme an (kumulierter) mittlerer Durchlaufzeit
bei einer einfachen Kapazitätsplanung ist beispielsweise von Tempelmeier in [Temp03]
anhand einer größeren Fallstudie aus 40 Erzeugnissen auf sechs Dispositionsstufen, bei
der die Kapazitätsplanung durch eine Werkstattsimulation – also nach dem FIFO-Prinzip
– erfolgte, demonstriert worden. In der Regel lässt sich dieses Verhalten bei den Produktionssystemen in der industriellen Praxis empirisch nachweisen und wird häufig von
Anwendern beobachtet.

Eine frühere Auftragsfreigabe bei dem RCPSP-MP-E nach Abschnitt 2.1 hat folgende
Auswirkungen. Es sei angenommen, dass für Planaufträge die Anwendung von dem
RCPSP-MP-E eine (zulässige) Lösung liefert – i.e. es treten keine Verspätungen auf.
Dann kann eine frühere Auftragsfreigabe bewirken, dass mit einem Planauftrag von
einem Netzplan an Planaufträgen früher begonnen werden kann und zugleich der
Netzplan zu dem bisherigen Zeitpunkt vollständig fertiggestellt werden kann, wodurch
auch eine Lösung mit einer höheren kumulierten Durchlaufzeit existiert. Dieser Effekt
lässt sich durch eine Erweiterung der Zielfunktion um die Bewertung von Durchlaufzeit
vermeiden. Dabei sind diese beiden Zielkriterien so zu gewichten, dass eine (optimale)
Lösung die kleinste mittlere Verspätung aufweist – bzw. entsprechendes bei einem
anderen Verspätungsmaß. Bereits eine Bewertung von Lagerbeständen würde diesen

Effekt nicht immer verhindern, jedoch im Allgemeinen substantiell reduzieren. Eine entsprechende Erweiterung der weitgehend singulären Planung von an den einzelnen Produktionssystemen (auf die Bearbeitung) wartenden Planaufträgen in einer einfachen Kapazitätsplanung nach einer Prioritätsregel dürfte ebenfalls zu besseren Ergebnissen führen.

3.3 Durchlaufterminierung mit Überlappung

In der Fallstudie existiert ein Endprodukt P. Seine Primärbedarfe in Mengeneinheiten (ME), die zu Beginn einer Periode zu decken sind, enthält die folgende Tabelle 3.50. Der Planungszeitraum besteht aus neun Perioden (von Periode 1 bis Periode 9).

Periode t	1	2	3	4	5	6	7	8	9
Primärbedarf P [ME]	0	0	0	200	200	200	200	200	200

Tabelle 3.50: Primärbedarfe der Endprodukte P1 und P2 in Mengeneinheiten (ME).

In Endprodukt P geht eine Komponente K einfach ein und ein Einzelteil E geht einfach in diese Komponente K ein. Der dazugehörende Gonzintograph ist in Abbildung 3.49 angegeben.

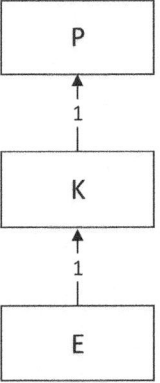

Abbildung 3.49: Gozintograph zu dem Endprodukt.

Die einzelnen Produkte werden direkt auf drei Produktionssystemen, nämlich PS1, PS2 und PS3, gefertigt, wodurch keine Arbeitspläne vorliegen. Damit entfällt die Ressourcenbelegungsplanung bzw. fällt mit der Kapazitätsplanung zusammen. Für jedes Produkt enthält Tabelle 3.51 das Produktionssystem, auf dem es produziert wird, die geschätzte Durchlaufzeit (Vorlaufzeit) in Perioden, die Stückbearbeitungszeit in Zeiteinheiten (ZE), die Rüstzeit in ZE sowie die Rüst- und Lagerkostensätze in Geldeinheiten (GE) bzw. GE je Mengeneinheit (ME) und Periode. Das Produktionssystem hat eine Kapazität von 600 ZE je Periode.

Produkt k	P	K	E
Produktionssystem	PS1	PS2	PS3
Vorlaufzeit (z_k)	1 Periode	1 Periode	1 Periode
Stückbearbeitungszeit (tb_k)	$1.5 \frac{ZE}{ME}$	$2.0 \frac{ZE}{ME}$	$2.2 \frac{ZE}{ME}$
Rüstzeit (s_k)	100 ZE	100 ZE	100 ZE
Rüstkostensatz (s_k)	200 GE	200 GE	1000 GE
Lagerkostensatz (h_k)	$3 \frac{GE}{ME \cdot Periode}$	$2 \frac{GE}{ME \cdot Periode}$	$2 \frac{GE}{ME \cdot Periode}$

Tabelle 3.51: Planungsparameter der Produkte und Komponenten.

Die Aufgabe zu dem Folgenden lautet:

Wenden Sie die programmorientierte Materialbedarfsplanung mit der Verwendung der Groff-Heuristik zur Lösung einstufiger Losgrößenprobleme auf die Fallstudie an. Geben Sie zu dem Ergebnis die Peggingstruktur und das Gantt-Diagramm an sowie die entstehenden periodenspezifischen Kosten. Ermitteln Sie unter Beachtung der Einlagerungsregel eine Kapazitätsplanung mit minimaler mittlerer Verspätung und minimaler kumulierter Fehlmenge. Stellen Sie das Ergebnis als Gantt-Diagramm dar und geben die entstehenden periodenspezifischen Kosten an. Führen Sie das Gleiche ohne Einlagerungsregel durch. Analysieren Sie die Ergebnisse. Halten Sie sich hier und im Folgenden an der im Abschnitt 1.2 erläuterten Vorgehensweise, insbesondere berücksichtigen Sie die Einlagerungsregel, sofern nicht anders vorgegangen werden soll.

Das Ergebnis der Anwendung der programmorientierten Materialbedarfsplanung, s. Algorithmus 1.4, mit der Verwendung der Groff-Heuristik zur Lösung einstufiger Losgrößenprobleme auf die Fallstudie befindet sich in Tabelle 3.52. Für das Endprodukt P und die Komponente K liegt eine bedarfssynchrone Produktion vor. Die Vorlaufzeit von einer Periode bewirkt zu jedem dieser Bedarfe – Primärbedarf für P und Sekundärbedarf für K – einen Planauftrag über die Bedarfsmenge in der jeweiligen Vorperiode. Ein Planauftrag zum Endprodukt P in einer Periode t verursacht, wegen dem Direktbedarfskoeffizient von 1 – zwischen K und P –, einen Sekundärbedarf für die Komponente K zu Beginn der Periode t. Entsprechend ergeben sich die Sekundärbedarfe für das Einzelteil E. Die Anwendung der Groff-Heuristik auf diese bewirkt Lose mit einer Reichweite von 2 Perioden. Diese Beziehungen zwischen Planaufträgen und Planaufträgen mit Primärbedarfen bestimmt die Peggingstruktur, die in Tabelle 3.53 angegeben ist. Da weder Anfangslagerbestände vorliegen noch Lagerzu- oder abgänge auftreten, treten keine disponiblen Bestände auf (dadurch ist bei den Endprodukten der Nettobedarf gleich dem Primärbedarf und bei der Komponente sowie dem Einzelteil ist der Nettobedarf gleich dem Sekundärbedarf). Daher wurden lediglich die Bedarfe und die Lose einschließlich ihrer Bezeichnungen angegeben.

Endprodukt P									
Periode t	1	2	3	4	5	6	7	8	9
Primärbedarf^A [ME]	0	0	0	200	200	200	200	200	200
PlAuf^A [ME]	0	0	200	200	200	200	200	200	0
Bezeichnung PlAuf^A			P_3	P_6	P_8	P_11	P_13	F_15	
Komponente K									
Periode t	1	2	3	4	5	6	7	8	9
Sekundärbedarf^A [ME]	0	0	200	200	200	200	200	200	0
PlAuf^A [ME]	0	200	200	200	200	200	200	0	0
Bezeichnung PlAuf^A		K_2	K_4	K_7	K_9	K_12	K_14		
Einzelteil E									
Periode t	1	2	3	4	5	6	7	8	9
Sekundärbedarf^A [ME]	0	200	200	200	200	200	200	0	0
PlAuf^A [ME]	400	0	400	0	400	0	0	0	0
Bezeichnung PlAuf^A	E_1		E_5		E_10				

Tabelle 3.52: Ergebnis der programmorientierten Materialbedarfsplanung mit Losbildung.

Die folgende Tabelle 3.26 enthält die Peggingstruktur einschließlich der Termine ihrer Planaufträge.

Planauftrag	Menge	Starttermin	Endtermin	Vorgänger	Nachfolger
E_1	400 ME	0 ZE	600 ZE	-	K_2, K_4
K_2	200 ME	600 ZE	1200 ZE	E_1	P_3
K_4	200 ME	1200 ZE	1800 ZE	E_1	P_6
P_3	200 ME	1200 ZE	1800 ZE	K_2	$d_{P,3}$
P_6	200 ME	1800 ZE	2400 ZE	K_4	$d_{P,6}$

Tabelle 3.53: Peggingstruktur zur programmorientierten Materialbedarfsplanung (wird fortgesetzt).

215

Planauftrag	Menge	Starttermin	Endtermin	Vorgänger	Nachfolger
E_5	400 ME	1200 ZE	1800 ZE	-	K_7, K_9
K_7	200 ME	1800 ZE	2400 ZE	E_5	P_8
K_9	200 ME	2400 ZE	3000 ZE	E_5	P_11
P_8	200 ME	2400 ZE	3000 ZE	K_7	$d_{P,6}$
P_11	200 ME	3000 ZE	3600 ZE	K_9	$d_{P,7}$
E_10	400 ME	2400 ZE	3000 ZE	-	K_12, K_14
K_12	200 ME	3000 ZE	3600 ZE	E_10	P_13
K_14	200 ME	3600 ZE	4200 ZE	E_10	P_15
P_13	200 ME	3600 ZE	4200 ZE	K_12	$d_{P,8}$
P_15	200 ME	4200 ZE	4800 ZE	K_14	$d_{P,9}$

Tabelle 3.53: Peggingstruktur zur programmorientierten Materialbedarfsplanung.

Das Ergebnis der programmorientierten Materialbedarfsplanung mit Losbildung nach dem Groff-Verfahren, kurz MRP-Ergebnis, als Gantt-Diagramm ist in der folgenden Abbildung 3.50 dargestellt. Sie enthält über Pfeile ihre Peggingstruktur.

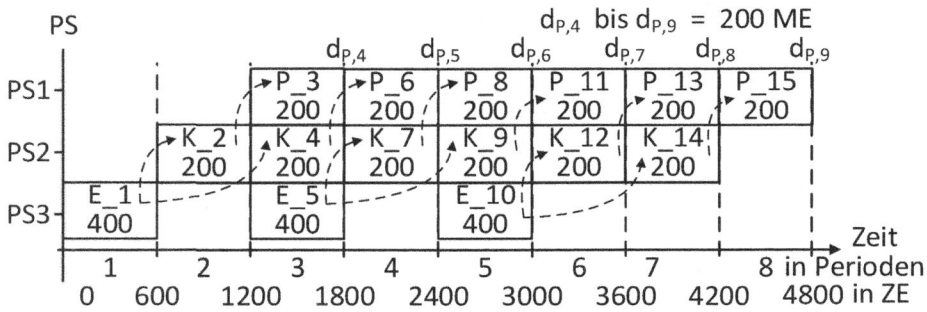

Abbildung 3.50: Gantt-Diagramm zu dem MRP-Ergebnis mit der Peggingstruktur.

Die durch diese Lösung entstehenden periodenspezifischen Kosten sind in Tabelle 3.54 angegeben.

Endprodukt P											
Periode	1	2	3	4	5	6	7	8	9	$\sum_{ME}$	$\sum_{GE}$
Rüstvorgang	0	0	1	1	1	1	1	1	0	6	1200
Physisch$_P^E$	0	0	0	0	0	0	0	0	0	0	0
Gesamtkosten	0	0	200	200	200	200	200	200	0	-	1200
Fehlmengen	0	0	0	0	0	0	0	0	0	0	-
Komponente K											
Periode	1	2	3	4	5	6	7	8	9	$\sum_{ME}$	$\sum_{GE}$
Rüstvorgang	0	1	1	1	1	1	1	0	0	6	1200
Physisch$_K^E$	0	0	0	0	0	0	0	0	0	0	0
Gesamtkosten	0	200	200	200	200	200	200	0	0	-	1200
Einzelteil E											
Periode	1	2	3	4	5	6	7	8	9	$\sum_{ME}$	$\sum_{GE}$
Rüstvorgang	1	0	1	0	1	0	0	0	0	3	3000
Physisch$_E^E$	0	200	0	200	0	200	0	0	0	600	1200
Gesamtkosten	1000	400	1000	400	1000	400	0	0	0	-	4200
Über alle Produkte											
Periode	1	2	3	4	5	6	7	8	9	$\sum_{ME}$	$\sum_{GE}$
Gesamtkosten	1000	600	1400	800	1400	800	400	200	0	-	6600
Fehlmengen	0	0	0	0	0	0	0	0	0	0	-

Tabelle 3.54: Periodenspezifische Kosten in Geldeinheiten (GE) aus Rüstvorgängen sowie Lagerbeständen in Mengeneinheiten (ME) und Fehlmengen in ME zu dem MRP-Ergebnis.

Die gesuchte Kapazitätsplanung mit minimaler mittlerer Verspätung und minimaler kumulierter Fehlmenge ergibt sich bereits aus der Durchlaufterminierung nach Algorithmus 1.6 mit anschließender Kapazitätsplanung mit der FIFO-Prioritätsregel nach Algorithmus 1.10 wie folgende Überlegung zeigt.

Die Planaufträge zu jedem Produkt haben eine einheitliche Losgröße. Bei denen zu dem Einzelteil E ist die tatsächliche Dauer mit 980 Zeiteinheiten, einschließlich der Rüstzeit über 100 Zeiteinheiten, länger als die geschätzte Durchlaufzeit über 600 Zeiteinheiten – also eine Periode. Bei allen anderen Planaufträgen ist die tatsächliche Dauer mit 500 Zeiteinheiten im Fall von Komponente K und mit 400 Zeiteinheiten im Fall von dem Endprodukt P kleiner als die jeweilige geschätzte Durchlaufzeit über 600 Zeiteinheiten – also eine Periode. Die folgende Tabelle 3.55 fasst dies zusammen:

Planauftrag	Dauer	Vorlaufzeit
Planaufträge zum Endprodukt P	400 ZE	1 Periode = 600 ZE
Planaufträge zur Komponente K	500 ZE	1 Periode = 600 ZE
Planaufträge zum Einzelteil E	980 ZE	1 Periode = 600 ZE

Tabelle 3.55: Dauern der einzelnen Planaufträge zum MRP-Ergebnis.

Aufgrund der Freigabetermine, die identisch mit den Startterminen aufgrund der programmorientierten Materialbedarfsplanung sind, s. Tabelle 3.53, können alle Planaufträge zu dem Einzelteil E zu ihrem Freigabetermin – in den Perioden 1, 3 und 5 – begonnen werden. Dies ist in Abbildung 3.51 angegeben. Die Beendigung von Planauftrag E_1 in Periode 2 bewirkt eine frühest mögliche Materialverfügbarkeit für Planauftrag K_2 und zwar zu Beginn der Periode 3, wodurch der Planauftrag K_2 eine Periode nach seinem frühesten möglichen Starttermin, s. Tabelle 3.53, begonnen werden kann. Seine Fertigstellung in Periode 3 ermöglicht den Beginn von seinem Nachfolger, nämlich dem Planauftrag P_2 zu Beginn von Periode 4 und damit ebenfalls eine Periode nach seinem frühesten möglichen Starttermin, s. Tabelle 3.53. Beides ist in Abbildung 3.51 dargestellt. Auf dem Produktionssystem PS2 können danach die nächsten Planaufträge zur Komponente K, nämlich K_4, K_7, K_9, K_12 und K_14, produziert werden. Durch die Materialverfügbarkeit aufgrund der Planaufträge zu dem Einzelteil E – können stets die beiden (direkten) Nachfolger eines Planauftrags zu dem Einzelteil E unmittelbar nacheinander produziert werden, also K_2 und K_4 in den Perioden 3 und 4, K_7 und K_9 in den Perioden 5 und 6 sowie K_12 und K_14 in den Perioden 7 und 8; in Abbildung 3.51 ist dies dargestellt. Dies bewirkt einen Zugang von jeweils 200 Mengeneinheiten von Komponente K am Ende von den Perioden 3 bis 8 mit einer Verfügbarkeit zu Beginn der jeweiligen Folgeperiode, also zu Beginn der Perioden 4 bis 9. Dadurch kann in jeder dieser Perioden genau ein Planauftrag zum Endprodukt P produziert werden – unter Beibehaltung der Reihenfolge bei der Auftragsfreigabe, s. Tabelle 3.53, P_3 wie gesagt in Periode 4, P_6 in Periode 5, P_8 in Periode 6, P_11 in Periode 7, P_13 in Periode 8 und P_15 in Periode 9; in Abbildung 3.51 ist dies angegeben. Bei dieser Lösung sind alle Bedarfe zu dem Endprodukt P um jeweils eine Periode verspätet. Dieser Plan sichert die früheste mögliche Materialverfügbarkeit für Endprodukt P. Mit den Freigabeterminen in Tabelle 3.53 könnte lediglich die Produktion der Planaufträge P_6, P_11 und P_15 um eine Periode früher beendet werden. Dadurch werden die Bedarfe, die durch sie gedeckt werden sollen, nämlich Bedarf $d_{P,5}$ durch Planauftrag P_6, Bedarf $d_{P,7}$ durch Planauftrag P_11 und Bedarf $d_{P,9}$ durch Planauftrag P_15, termingerecht ausgeliefert, allerdings zu Lasten einer um 1 Periode höheren Verspätung der anderen drei Bedarfe, nämlich $d_{P,4}$, $d_{P,6}$ und $d_{P,8}$. Dadurch wird die mittlere Verspätung nicht verbessert; auch bei einer früheren Freigabe wäre keine geringere mittlere

Verspätung möglich. Der Produktionsplan hat auch die kleinste kumulierte Fehlmenge. Zugleich werden die Bestände so kurz wie möglich gelagert. Dies bewirkt eine Reduktion der periodenspezifischen Kosten, die in Tabelle 3.56 angegeben sind, gegenüber den periodenspezifischen Kosten zu der programmorientierten Materialbedarfsplanung – s. Tabelle 3.54, um $18\frac{2}{11}$ % (um 1200 Geldeinheiten).

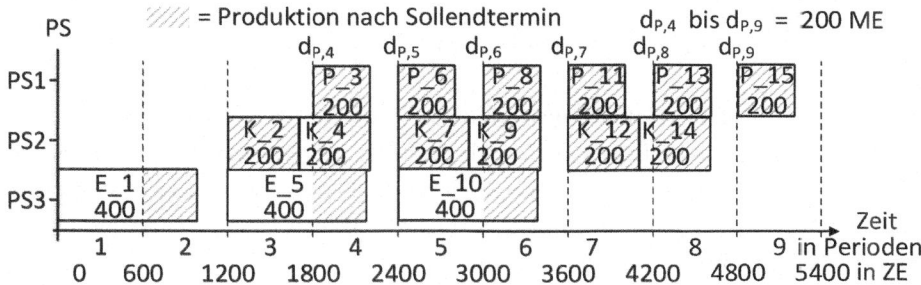

Abbildung 3.51: Ergebnis der Kapazitätsplanung zu dem Ergebnis der programmorientierten Materialbedarfsplanung mit minimaler Fehlmenge bzw. Verspätung.

Endprodukt P											
Periode	1	2	3	4	5	6	7	8	9	$\sum_{ME}$	$\sum_{GE}$
Rüstvorgang	0	0	0	1	1	1	1	1	1	6	1200
Physisch$_P^E$	0	0	0	0	0	0	0	0	0	0	0
Gesamtkosten	0	0	0	200	200	200	200	200	200	-	1200
Fehlmengen	0	0	0	200	200	200	200	200	200	1200	-
Komponente K											
Periode	1	2	3	4	5	6	7	8	9	$\sum_{ME}$	$\sum_{GE}$
Rüstvorgang	0	0	2	0	2	0	2	0	0	6	1200
Physisch$_K^E$	0	0	0	0	0	0	0	0	0	0	0
Gesamtkosten	0	0	400	0	400	0	400	0	0	-	1200
Einzelteil E											
Periode	1	2	3	4	5	6	7	8	9	$\sum_{ME}$	$\sum_{GE}$
Rüstvorgang	1	0	1	0	1	0	0	0	0	3	3000
Physisch$_E^E$	0	0	0	0	0	0	0	0	0	0	0
Gesamtkosten	1000	0	1000	0	1000	0	0	0	0	-	3000

Tabelle 3.56: Periodenspezifische Kosten in Geldeinheiten (GE) aus Rüstvorgängen sowie Lagerbeständen und Fehlmengen (beides in Mengeneinheiten (ME)) zu dem Ergebnis der (optimalen) Kapazitätsplanung (wird fortgesetzt).

Über alle Produkte											
Periode	1	2	3	4	5	6	7	8	9	$\sum_{ME}$	$\sum_{GE}$
Gesamtkosten	1000	0	1400	200	1600	200	600	200	200	-	5400
Fehlmengen	0	0	0	200	200	200	200	200	200	1200	-

Tabelle 3.56: Periodenspezifische Kosten in Geldeinheiten (GE) aus Rüstvorgängen sowie Lagerbeständen und Fehlmengen (beides in Mengeneinheiten (ME))
zu dem Ergebnis der (optimalen) Kapazitätsplanung.

Die gesuchte Kapazitätsplanung mit minimaler mittlerer Verspätung ergibt sich auch
durch eine Lösung vom RCPSP-MP-E, s. Abschnitt 2.1. (Da jeder Bedarf des Endprodukts
gleich hoch ist und durch genau einen Planauftrag gedeckt wird, ist eine Lösung mit
minimaler mittlerer Verspätung der Planaufträge zugleich auch eine Lösung mit minimaler
mittlerer Verspätung der Bedarfe und umgekehrt. Folglich ist das Optimierungsmodell
RCPSP-MP-E nach Abschnitt 2.1 anwendbar.) Für seine Lösung durch ILOG ist im
folgenden Listing 3.10 das benötigte Datenfile angegeben:

```
1   T = 6000;          // Maximaler angenommener Fertigstellungszeitpunkt.
2   MP = 600;          // Anzahl an Mikroperioden in einer Makroperiode.
3   TMP = 10;          //TMP = T / MP;
4   // Erhöhung von T für Zusatzwerte in x für Kapazitatsrestriktion:
5   TMax = 9000;
6   Planauftraege = {E_1, K_2, P_3, K_4, E_5, P_6, K_7, P_8, K_9, E_10, P_11
       , K_12, P_13, K_14, P_15};
7   PlanauftraegeE = {P_3, P_6, P_8, P_11, P_13, P_15};
8   Produktionssysteme = {PS1, PS2, PS3};
9   p = #[           // Dauer eines Planauftrags j in Mikroperioden.
10      E_1:  980
11      K_2:  500
12      P_3:  400
13      K_4:  500
14      E_5:  980
15      P_6:  400
16      K_7:  500
17      P_8:  400
18      K_9:  500
19      E_10: 980
20      P_11: 400
21      K_12: 500
22      P_13: 400
23      K_14: 500
24      P_15: 400
25  ]#;
```

```
26  // Frühestmöglicher Anfangstermin des Planauftrags j in Mikroperioden:
27  FAZ =  #[
28     E_1:  1
29     K_2:   601
30     P_3:  1201
31     K_4:  1201
32     E_5:  1201
33     P_6:  1801
34     K_7:  1801
35     P_8:  2401
36     K_9:  2401
37     E_10: 2401
38     P_11: 3001
39     K_12: 3001
40     P_13: 3601
41     K_14: 3601
42     P_15: 4201
43  ]#;
44  // Spätestzulässiger Endtermin des Planauftrags j in Mikroperioden:
45  SEZ =  #[
46     E_1:   600
47     K_2:  1200
48     P_3:  1800
49     K_4:  1800
50     E_5:  1800
51     P_6:  2400
52     K_7:  2400
53     P_8:  3000
54     K_9:  3000
55     E_10: 3000
56     P_11: 3600
57     K_12: 3600
58     P_13: 4200
59     K_14: 4200
60     P_15: 4800
61  ]#;
62  VG =  #[      // Vorgänger.
63     K_2:  {E_1}
64     K_4:  {E_1}
65     P_3:  {K_2}
66     P_6:  {K_4}
67     K_7:  {E_5}
68     K_9:  {E_5}
69     P_8:  {K_7}
70     P_11: {K_9}
```

```
71     K_12 : {E_10}
72     K_14 : {E_10}
73     P_13 : {K_12}
74     P_15 : {K_14}
75   ]#;
76   PS_Plauf
77   =  #[       // Planaufträge auf einer Ressource.
78     PS1 : {P_3 , P_6 , P_8 , P_11 , P_13 , P_15}
79     PS2 : {K_2 , K_4 , K_7 , K_9 , K_12 , K_14}
80     PS3 : {E_1 , E_5 , E_10}
81   ]#;
```

Listing 3.10: ILOG Parameter zum RCPSP-MP-E.

Ein Verzicht auf die Einlagerungsregel bewirkt, dass die Planaufträge zur Komponente K unmittelbar nach der Fertigstellung der Planaufträge zum Einzelteil E beginnen können; dies ist in Abbildung 3.52 dargestellt. Also alle um 320 Zeiteinheiten früher gegenüber dem Produktionsplan mit Einhaltung der Einlagerungsregel; s. Abbildung 3.51. Dadurch sind die Planaufträge zur Komponente K weiterhin verspätet, aber weniger stark; dies ist in Abbildung 3.52 angegeben. Dieses Vorziehen ist so hoch, dass die Nachfolger der Planaufträge K_4, K_9 und K_14 zur Komponente K, also die Planaufträge P_6, P_11 und P_15 zum Endprodukt P, gerade eben termingerecht fertigestellt werden, s. Abbildung 3.52. Die mittlere Verspätung und die kumulierten Fehlmengen werden dadurch halbiert. Gegenüber dem Produktionsplan mit Einhaltung der Einlagerungsregel; s. Abbildung 3.51, werden die Planaufträge zu dem Einzelteil E und zu der Komponente K in den gleichen Perioden fertiggestellt, wodurch die gleichen periodenspezifischen Lagerkosten anfallen. Alle verursachen die gleichen Rüstkosten. Bei den Planaufträgen zum Endprodukt P verändern sich die periodenspezifischen Kosten ebenfalls nicht, da die verspäteten zwangsläufig weiterhin keine Lagerkosten verursachen und die termingerechten zwangsläufig ebenfalls nicht. Lediglich fallen die Rüstkosten teilweise in früheren Perioden an. Dies ist in Tabelle 3.57 angegeben.

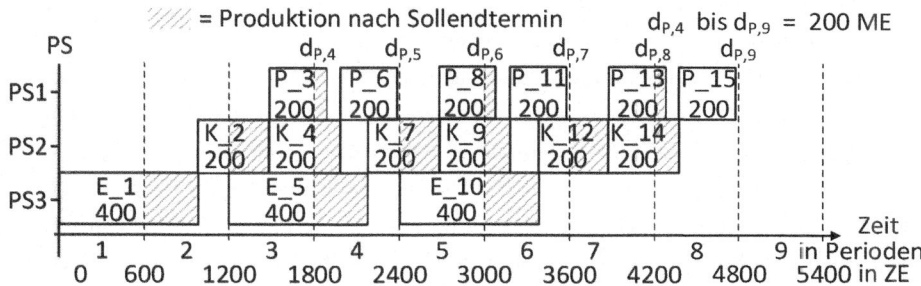

Abbildung 3.52: Ergebnis der Kapazitätsplanung ohne Einlagerungsregel zu dem Ergebnis der programmorientierten Materialbedarfsplanung mit minimaler Fehlmenge bzw. Verspätung.

Endprodukt P											
Periode	1	2	3	4	5	6	7	8	9	$\sum_{ME}$	$\sum_{GE}$
Rüstvorgang	0	0	1	1	1	1	1	1	0	6	1200
Physisch$_P^E$	0	0	0	0	0	0	0	0	0	0	0
Gesamtkosten	0	0	200	200	200	200	200	200	0	-	1200
Fehlmengen	0	0	0	200	0	200	0	200	0	600	-
Komponente K											
Periode	1	2	3	4	5	6	7	8	9	$\sum_{ME}$	$\sum_{GE}$
Rüstvorgang	0	1	1	1	1	1	1	0	0	6	1200
Physisch$_K^E$	0	0	0	0	0	0	0	0	0	0	0
Gesamtkosten	0	200	200	200	200	200	200	0	0	-	1200
Einzelteil E											
Periode	1	2	3	4	5	6	7	8	9	$\sum_{ME}$	$\sum_{GE}$
Rüstvorgang	1	0	1	0	1	0	0	0	0	3	3000
Physisch$_E^E$	0	0	0	0	0	0	0	0	0	0	0
Gesamtkosten	1000	0	1000	0	1000	0	0	0	0	-	3000
Über alle Produkte											
Periode	1	2	3	4	5	6	7	8	9	$\sum_{ME}$	$\sum_{GE}$
Gesamtkosten	1000	200	1400	400	1400	400	400	200	0	-	5400
Fehlmengen	0	0	0	200	0	200	0	200	0	600	-

Tabelle 3.57: Periodenspezifische Kosten in Geldeinheiten (GE) aus Rüstvorgängen sowie Lagerbeständen und Fehlmengen (beides in Mengeneinheiten (ME)) zu dem Ergebnis der Kapazitätsplanung ohne Einlagerungsregel.

Damit wird auch bei einem Verzicht auf die Einhaltung der Einlagerungsregel die gesuchte Kapazitätsplanung mit minimaler mittlerer Verspätung und minimaler kumulierter Fehlmenge durch die Durchlaufterminierung nach Algorithmus 1.6 mit anschließender Kapazitätsplanung mit der FIFO-Prioritätsregel nach Algorithmus 1.10 gefunden. Die Kapazitätsplanung mit minimaler mittlerer Verspätung ohne Einlagerungsregel wird durch das Optimierungsmodell RCPSP-MP-E ohne die Restriktionen zur Einhaltung der Einlagerungsbedingung gelöst. Für die Lösung mit ILOG sind folglich im zum Optimierungsmodell RCPSP-MP-E gehörenden Modellfile die Restriktionen zur Einhaltung der Einlagerungsbedingung zu löschen und das Datenfile ist dasjenige zum Kapazitätsplanung mit Einlagerungsregel, also das Listing 3.10.

Zur Vermeidung von Verspätungen ist ein weiteres Vorziehen der Planaufträge zum Endprodukt P nötig; was nur durch Zulassen von Überlappung möglich ist. Erreicht wird dies durch mehrere Varianten: durch eine Überlappung von Planaufträgen zur Komponente K über Planaufträge zum Einzelteil E, durch eine Überlappung von Planaufträgen zum Endprodukt P über Planaufträge zur Komponente K und auch durch diese beiden Varianten – es sei angemerkt, dass zum Teil eine teilweise Überlappung ausreichend ist. Dies impliziert sehr viele Möglichkeiten, wobei im Folgenden nur die ersten beiden näher untersucht werden. In beiden Fällen werden die Mindestlängen an Überlappungen ermittelt.

Die Aufgabe zu dem Folgenden lautet:
Führen Sie die beiden gerade vorgeschlagenen Überlappungen so durch, dass die Dauern der Überlappungen minimal sind. Geben Sie das jeweils resultierende Gantt-Diagramm an. Berechnen Sie die dabei auftretenden Dauern der Überlappungen und die entstehenden periodenspezifischen Kosten.

Die minimal erforderliche teilweise Überlappung von Planaufträgen zur Komponente K über Planaufträge zum Einzelteil E ist in Abbildung 3.53 dargestellt. Dabei werden die Planaufträge zu dem Endprodukt P immer am Ende ihrer Fertigstellungsperiode fertiggestellt, die Planaufträge zu der Komponente K werden ebenfalls so spät wie möglich fertiggestellt (und zwar unmittelbar vor dem Beginn von dem zu einem Planauftrag zu der Komponente K gehörenden Nachfolger – also ein Planauftrag zu dem Endprodukt P), und die Planaufträge zu dem Einzelteil E fangen stets so früh wie möglich an. Dadurch überlappen sich lediglich jeder Planauftrag zum Einzelteil E – beispielsweise E_1 – und sein jeweiliger ersten Nachfolger zur Komponente K – im Beispiel K_2; dies erklärt die Überlappung der Planaufträge K_2, K_7 und K_12 über die Planaufträge

E_1, E_5 und E_10 – in dieser Reihenfolge. Alle anderen Kombinationen aus Planauftrag und direkt nachfolgendem Planauftrag überlappen sich nicht, s. Abbildung 3.53; es sei angemerkt, dass bei den Planaufträgen zur Komponente K, bei denen keine Überlappung zu ihrem jeweiligen Vorgänger vorliegt – i.e. die Planaufträge K_4, K_9 und K_14 – die jeweilige Verspätung durch einen früheren Abarbeitungsbeginn verringert werden kann. Die Länge von diesen Überlappungen ergibt sich wie folgt: Zwischen dem spätestens möglichen Beginn von einem Planauftrag zum Endprodukt P – beispielsweise für den Planauftrag P_3 – und der Fertigstellung seines Planauftrags zur Herstellung vom Einzelteil E – im Beispiel der Planauftrag E_1 – ergibt sich dadurch ein Puffer aus der erlaubten kumulierten Durchlaufzeit von 1800 Zeiteinheiten (ZE) – i.e. 3 Perioden – minus der Summe an Bearbeitungs- und Rüstzeiten von diesen beiden Planaufträgen von 1380 ZE (980 ZE plus 400 ZE). Dieser Puffer von 420 ZE ist um 80 ZE kleiner als die Bearbeitungszeit von 500 ZE von jedem Planauftrag zur Komponente K, so dass die Länge jeder Überlappung eben 80 ZE beträgt.

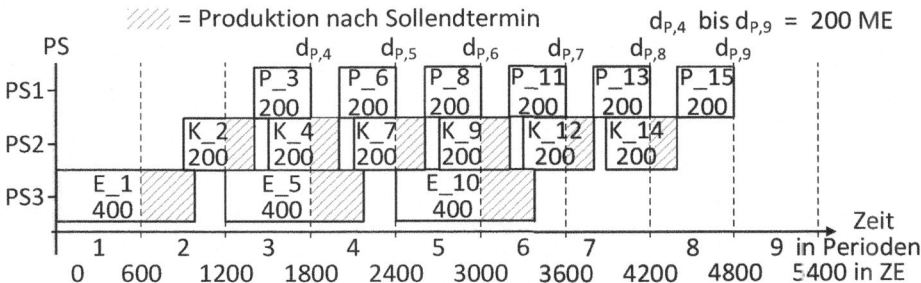

Abbildung 3.53: Ergebnis der Kapazitätsplanung mit Überlappung von Planaufträgen zu K über E zu dem MRP-Ergebnis.

Die durch diese Lösung entstehenden periodenspezifischen Kosten sind in Tabelle 3.58 angegeben.

Endprodukt P											
Periode	1	2	3	4	5	6	7	8	9	$\sum_{ME}$	$\sum_{GE}$
Rüstvorgang	0	0	1	1	1	1	1	1	0	6	1200
Physisch$_P^E$	0	0	0	0	0	0	0	0	0	0	0
Gesamtkosten	0	0	200	200	200	200	200	200	0	-	1200
Fehlmengen	0	0	0	0	0	0	0	0	0	0	-
Komponente K											
Periode	1	2	3	4	5	6	7	8	9	$\sum_{ME}$	$\sum_{GE}$
Rüstvorgang	0	1	1	1	1	1	1	0	0	6	1200
Physisch$_K^E$	0	0	0	0	0	0	0	0	0	0	0
Gesamtkosten	0	200	200	200	200	200	200	0	0	-	1200
Einzelteil E											
Periode	1	2	3	4	5	6	7	8	9	$\sum_{ME}$	$\sum_{GE}$
Rüstvorgang	1	0	1	0	1	0	0	0	0	3	3000
Physisch$_E^E$	0	0	0	0	0	0	0	0	0	0	0
Gesamtkosten	1000	0	1000	0	1000	0	0	0	0	-	3000
Über alle Produkte											
Periode	1	2	3	4	5	6	7	8	9	$\sum_{ME}$	$\sum_{GE}$
Gesamtkosten	1000	200	1400	400	1400	400	400	200	0	-	5400
Fehlmengen	0	0	0	0	0	0	0	0	0	0	-

Tabelle 3.58: Periodenspezifische Kosten in Geldeinheiten (GE) aus Rüstvorgängen sowie Lagerbeständen und Fehlmengen (beides in Mengeneinheiten (ME)) zu dem Ergebnis der Kapazitätsplanung mit Überlappung von Planaufträgen zu K über E.

Die minimal erforderliche Überlappung von einem Planauftrag zum Endprodukt P über seinen Vorgänger-Planauftrag zur Komponente K ist in Abbildung 3.54 dargestellt. Die Planaufträge zum Einzelteil E fangen so früh wie möglich an; s. Abbildung 3.54. Unter Beachtung der Einlagerungsregel fangen die Planaufträge zur Komponente K ebenfalls so früh wie möglich an; s. Abbildung 3.54. Da die (einheitliche) Bearbeitungszeit von jedem Planauftrag zur Komponente K (P_K) kleiner als die Zeitdauer einer Periode ist, in diesem Puffer noch (mehr als) eine Mengeneinheit von der Komponente K produziert werden kann, und sein Nachfolger zum Endprodukt P (P_P) eine höhere Produktionsgeschwindigkeit als P_K hat, können P_K und P_P überlappend in einer Periode gefertigt werden. Dies ist in Abbildung 3.54 dargestellt. Dabei zeigt sich eine unterschiedliche Überlappung und zwar eine jeweils einheitliche zwischen dem ersten Nachfolger von einem Planauftrag zum Einzelteil E – beispielsweise der Planauftrag K_2 zur Komponente K – und seinem Nachfolger – im Beispiel der Planauftrag P_3 zum Endprodukt P – sowie zwischen dem zweiten Nachfolger von einem Planauftrag zum Einzelteil E – im Beispiel der Planauftrag K_4 zur Komponente K – und seinem Nachfolger – im Beispiel der Planauftrag P_6 zum Endprodukt P. Im ersten Fall dauert die Überlappung: Dauer vom Planauftrag zum Endprodukt P (400 ZE – im Beispiel bei P_3 in Periode 3) minus dem Puffer von seinem Vorgänger-Planauftrag zur Komponente K in der Periode, in der dieser (Vorgänger-Planauftrag) produziert wird, (600 ZE - 500 ZE – im Beispiel durch K_2 in Periode 3), also 300 ZE. Im zweiten Fall dauert die Überlappung: Dauer vom Planauftrag zum Endprodukt P (400 ZE – im Beispiel bei P_6) minus dem Puffer von seinem Vorgänger-Planauftrag zur Komponente K (also im Beispiel K_4) in der Periode, in der dieser fertiggestellt wird (also im Beispiel in Periode 4), weswegen zu berücksichtigen ist, dass dieser Planauftrag (also im Beispiel K_4) noch im Puffer von seinem Vorgänger auf dem Produktionssystem PS3 (also im Beispiel K_2) in der Vorperiode (also im Beispiel in Periode 3) produziert wird (also hat im Beispiel K_4 eine Produktionsdauer von 600 ZE - 500 ZE in Periode 3 – und damit tritt in der nachfolgenden Periode, im Beispiel in Periode 4, ein Puffer von 600 ZE - 400 ZE = 200 ZE auf, wodurch sich insgesamt 400 ZE - 200 ZE = 200 ZE für die Überlappung ergeben), also 200 ZE.

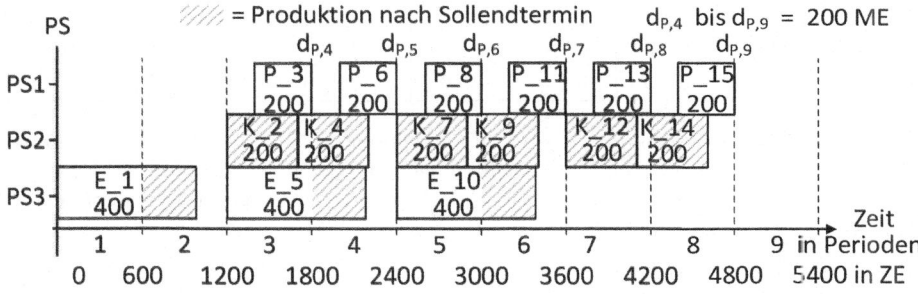

Abbildung 3.54: Ergebnis der Kapazitätsplanung mit Überlappung von Planaufträgen zu P über K zu dem MRP-Ergebnis.

Die durch diese Lösung entstehenden periodenspezifischen Kosten sind in Tabelle 3.59 angegeben.

Endprodukt P											
Periode	1	2	3	4	5	6	7	8	9	$\sum_{ME}$	$\sum_{GE}$
Rüstvorgang	0	0	1	1	1	1	1	1	0	6	1200
Physisch$_P^E$	0	0	0	0	0	0	0	0	0	0	0
Gesamtkosten	0	0	200	200	200	200	200	200	0	-	1200
Fehlmengen	0	0	0	0	0	0	0	0	0	0	-

Komponente K											
Periode	1	2	3	4	5	6	7	8	9	$\sum_{ME}$	$\sum_{GE}$
Rüstvorgang	0	0	2	0	2	0	2	0	0	6	1200
Physisch$_K^E$	0	0	0	0	0	0	0	0	0	0	0
Gesamtkosten	0	0	400	0	400	0	400	0	0	-	1200

Einzelteil E											
Periode	1	2	3	4	5	6	7	8	9	$\sum_{ME}$	$\sum_{GE}$
Rüstvorgang	1	0	1	0	1	0	0	0	0	3	3000
Physisch$_E^E$	0	0	0	0	0	0	0	0	0	0	0
Gesamtkosten	1000	0	1000	0	1000	0	0	0	0	-	3000

Über alle Produkte											
Periode	1	2	3	4	5	6	7	8	9	$\sum_{ME}$	$\sum_{GE}$
Gesamtkosten	1000	0	1600	200	1600	200	600	200	0	-	5400
Fehlmengen	0	0	0	0	0	0	0	0	0	0	-

Tabelle 3.59: Periodenspezifische Kosten in Geldeinheiten (GE) aus Rüstvorgängen sowie Lagerbeständen und Fehlmengen (beides in Mengeneinheiten (ME)) zu dem Ergebnis der Kapazitätsplanung mit Überlappung von Planaufträgen zu P über K.

Die Aufgabe zu dem Folgenden lautet:

Fassen Sie diese Fallstudie als ein MLCLSP auf und lösen Sie es, wie im Abschnitt 3.1.3 beschrieben. Geben Sie die Lose an, stellen eine zeitliche Anordnung der erhaltenen Planaufträge als Gantt-Diagramm dar und geben die entstehenden periodenspezifischen Kosten an.

Dieses Problem wird nun durch das MLCLSP (in Abschnitt 3.1.3 definiert) gelöst. Für seine Lösung durch ILOG ist im folgenden Listing 3.11 das benötigte Datenfile angegeben:

```
1 T = 9;         // Anzahl an Perioden.
2 K = 3;         // Anzahl an Produkten.
3 J = 3;         // Anzahl an Ressourcen.
4 M = 100000;    // Größer als das größte Los.
```

```
 5
 6  // Direktbedarfskoeefizienten:
 7  a = [[0  0  0 ]  // P.
 8       [1  0  0 ]  // K.
 9       [0  1  0 ]  // E.
10       ];
11  // Kapazitäten:
12  b = [[600,  600,  600,  600,  600,  600,  600,  600,  600]  // PS1.
13       [600,  600,  600,  600,  600,  600,  600,  600,  600]  // PS2.
14       [600,  600,  600,  600,  600,  600,  600,  600,  600]  // PS3.
15       ];
16  // Lagerkostensätze:
17  //    P K E.
18  h = [3 ,2 ,2];
19  // Rüstkostensätze:
20  //    P    K    E.
21  s = [200 ,200 ,1000];
22  // Nettobedarfe:
23  d = [[ 0,  0,  0,  200,  200,  200,  200,  200,  200 ],  // P.
24       [ 0,  0,  0,    0,    0,    0,    0,    0,    0 ],  // K.
25       [ 0,  0,  0,    0,    0,    0,    0,    0,    0 ]]; // E.
26  // Stückbearbeitungszeiten:
27  tb = [[0.0,  0.0,  1.5],  // P.
28        [0.0,  2.0,  0.0],  // K.
29        [2.2,  0.0,  0.0]   // E.
30        ];
31  // Rüstzeiten:
32  tr = [[0,  0,  100],  // P.
33        [0,  100,  0],  // K.
34        [100,  0,  0]   // E.
35        ];
36  // Mindestvorlaufzeiten:
37  //    P K E.
38  z = [1,  1,  1];
39  // Anfangslagerbestände:
40  //    P  K  E.
41  y0 = [0,  0,  0];
```

Listing 3.11: Implementierung ILOG Parameter für die Fallstudie.

Eine Lösung hat die in der folgenden Tabelle 3.60 angegebenen Planaufträge. Die Planaufträge zu den Endprodukten implizieren einen abgeleiteten Bedarf, der nach der Terminologie zur Materialbedarfsplanung als Sekundärbedarf bezeichnet ist und zur besseren Nachvollziehbarkeit angegeben ist.

Endprodukt P									
Periode t	1	2	3	4	5	6	7	8	9
Primärbedarf^A [ME]	0	0	0	200	200	200	200	200	200
PlAuf^A [ME]	0	0	200	200	200	200	200	200	0
Bezeichnung PlAuf^A			P_3	P_6	P_9	P_12	P_15	P_18	

Komponente K									
Periode t	1	2	3	4	5	6	7	8	9
Sekundärbedarf^A [ME]	0	0	200	200	200	200	200	200	0
PlAuf^A [ME]	0	200	200	200	200	200	200	0	0
Bezeichnung PlAuf^A		K_2	K_5	K_8	K_11	K_14	K_17		

Einzelteil E									
Periode t	1	2	3	4	5	6	7	8	9
Sekundärbedarf^A [ME]	0	200	200	200	200	200	200	0	0
PlAuf^A [ME]	200	200	200	200	200	200	0	0	0
Bezeichnung PlAuf^A	E_1	E_4	E_7	E_10	E_13	E_16			

Tabelle 3.60: Optimale Losbildung.

Die folgende Tabelle 3.61 enthält die Peggingstruktur. Aufgrund der Kapazitätsbedingungen im MLCLSP hat jeder Planauftrag den Beginn der Periode, in der er liegt, als frühesten möglichen Starttermin und das Ende dieser Periode als spätesten möglichen Endtermin; dies ist in Tabelle 3.61 ebenfalls angegeben.

Planauftrag	Menge	Starttermin	Endtermin	Vorgänger	Nachfolger
E_1	200 ME	0 ZE	600 ZE	-	K_2
K_2	200 ME	600 ZE	1200 ZE	E_1	P_3
P_3	200 ME	1200 ZE	1800 ZE	K_2	$d_{P,4}$
E_4	200 ME	600 ZE	1200 ZE	-	K_5
K_5	200 ME	1200 ZE	1800 ZE	E_4	P_6
P_6	200 ME	1800 ZE	2400 ZE	K_5	$d_{P,5}$
E_7	200 ME	1200 ZE	1800 ZE	-	K_8
K_8	200 ME	1800 ZE	2400 ZE	E_7	P_9
P_9	200 ME	2400 ZE	3000 ZE	K_8	$d_{P,6}$
E_10	200 ME	1800 ZE	2400 ZE	-	K_11
K_11	200 ME	2400 ZE	3000 ZE	E_10	P_12
P_12	200 ME	3000 ZE	3600 ZE	K_11	$d_{P,7}$

Tabelle 3.61: Peggingstruktur zur optimalen Losbildung (wird fortgesetzt).

Planauftrag	Menge	Starttermin	Endtermin	Vorgänger	Nachfolger
E_13	200 ME	2400 ZE	3000 ZE	-	K_14
K_14	200 ME	3000 ZE	3600 ZE	E_13	P_15
P_15	200 ME	3600 ZE	4200 ZE	K_14	$d_{P,3}$
E_16	200 ME	3000 ZE	3600 ZE	-	K_17
K_17	200 ME	3600 ZE	4200 ZE	E_16	P_18
P_18	200 ME	4200 ZE	4800 ZE	K_17	$d_{P,9}$

Tabelle 3.61: Peggingstruktur zur optimalen Losbildung.

Eine Abarbeitungsreihenfolge liegt weder implizit oder explizit fest (, da ein „big bucket"-Modell vorliegt). Eine mögliche Abarbeitungsreihenfolge ist in Abbildung 3.55 als Gantt-Diagramm angegeben.

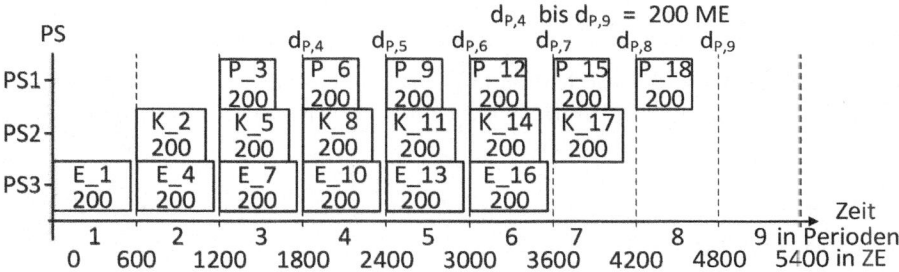

Abbildung 3.55: Eine Abarbeitung der Planaufträge zur Lösung von dem MLCLSP.

Jede mögliche Abarbeitungsreihenfolge von allen Planaufträgen in jeder Periode führt zu einem Kapazitätsplan ohne Verspätungen und den gleichen Kosten – also den gleichen Rüstaufwänden und die gleichen zu lagernden Mengeneinheiten je Produkt. Diese periodenspezifischen Kosten sind in Tabelle 3.62 angegeben.

Endprodukt P											
Periode	1	2	3	4	5	6	7	8	9	$\sum_{ME}$	$\sum_{GE}$
Rüstvorgang	0	0	1	1	1	1	1	1	0		1200
Physisch$_P^E$	0	0	0	0	0	0	0	0	0	0	0
Gesamtkosten	0	0	200	200	200	200	200	200	0	-	1200
Fehlmengen	0	0	0	0	0	0	0	0	0	0	-

Tabelle 3.62: Periodenspezifische Kosten in Geldeinheiten (GE) aus Rüstvorgängen sowie Lagerbeständen in Mengeneinheiten (ME) und Fehlmengen in ME zur Lösung von dem MLCLSP (wird fortgesetzt).

Komponente K											
Periode	1	2	3	4	5	6	7	8	9	$\sum_{ME}$	$\sum_{GE}$
Rüstvorgang	0	1	1	1	1	1	1	0	0		1200
Physisch$_K^E$	0	0	0	0	0	0	0	0	0	0	0
Gesamtkosten	0	200	200	200	200	200	200	0	0	-	1200
Einzelteil E											
Periode	1	2	3	4	5	6	7	8	9	$\sum_{ME}$	$\sum_{GE}$
Rüstvorgang	1	1	1	1	1	1	0	0	0		6000
Physisch$_E^E$	0	0	0	0	0	0	0	0	0	0	0
Gesamtkosten	1000	1000	1000	1000	1000	1000	0	0	0	-	6000
Über alle Produkte											
Periode	1	2	3	4	5	6	7	8	9	$\sum_{ME}$	$\sum_{GE}$
Gesamtkosten	1000	1200	1400	1400	1400	1400	400	200	0	-	8400
Fehlmengen	0	0	0	0	0	0	0	0	0	0	-

Tabelle 3.62: Periodenspezifische Kosten in Geldeinheiten (GE) aus Rüstvorgängen sowie Lagerbeständen in Mengeneinheiten (ME) und Fehlmengen in ME zur Lösung von dem MLCLSP.

Die angegebene optimale Lösung vermeidet Fehlmengen bzw. Verspätungen durch eine bedarfssysnchrone Produktion. Umgekehrt ist die Losbildung beim Einzelteil E bei der programmorientierten Materialbedarfsplanung verantwortlich für die bei der Produktion der Planaufträge aufgrund der programmorientierten Materialbedarfsplanung auftretenden Fehlmengen bzw. Verspätungen. Durch eine Überlappung können diese vermieden werden, ohne die kumulierte Durchlaufzeit zu erhöhen. In jedem Fall erfordert dies zusätzliche Kapazität. Wie in dieser Fallstudie gibt es mehrere Lösungsmöglichkeiten, die im Allgemeinen unterschiedliche (periodenspezfische) Kosten aufweisen dürften.

3.4 Vorliegen einer rollenden Planung

Da die (Kunden-)Bedarfe erst im Zeitablauf eintreffen, ist eine Planung immer wieder zu aktualisieren. Das gängige Verfahren ist eine rollende Planung, wie sie beispielsweise in [Herr11] erläutert ist. Einer (ersten) Planung (auch als Planungslauf bezeichnet) über einen Planungshorizont T schließt sich nach einem Planungsabstand R eine neue Planung an, so wie dies in Abbildung 3.56 dargestellt ist. Dabei darf der Planungsabstand (R) nicht länger als der Planungshorizont (T) sein; i.e. (R $\leq$ T). Durch eine Überlappung der Planungshorizonte von aufeinanderfolgenden Planungen werden die Planungsergebnisse aktualisiert. Es sei angemerkt, dass deswegen eine rollende Planung zur Verringerung des Einflusses von Bedarfsunsicherheit eingesetzt wird; diese ist umso wirkungsvoller, je zeitlich später Änderungen in Bedarfen auftreten, da bei zeitlich sehr frühen Änderungen etwaige erforderliche höhere Produktionsmengen aufgrund von Kapazitätsbeschränkungen nicht realisiert werden können.

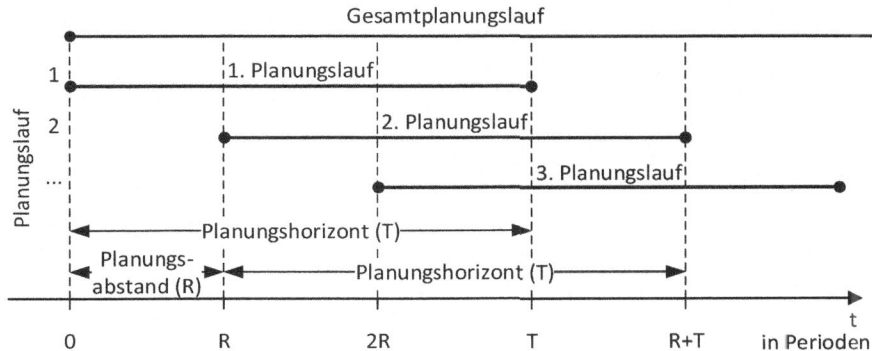

Abbildung 3.56: Prinzipielles Vorgehen bei einer rollenden Planung.

Anhand der Fallstudie zur Überlappung im Abschnitt 3.3 wird aufgezeigt, dass die in diesem Abschnitt 3 diskutierten Maßnahmen zur Verringerung und sogar Vermeidung von Verspätungen in einer Gesamtplanung auch in einer rollenden Planung zu dem gleichen Ergebnis führen, sofern die nach jeder Planung freigegebenen Planaufträge mit denen übereinstimmen, die bei einer Gesamtplanung zu diesen Zeitpunkten freigegeben werden.

Das Ergebnis der programmorientierten Materialbedarfsplanung zur Fallstudie zur Überlappung im Abschnitt 3.3 ist im Gantt-Diagramm in der folgenden Abbildung 3.57 dargestellt ist; die ursprüngliche Abbildung ist Abbildung 3.50. Die Abbildung enthält durch gestrichelte Pfeile die Peggingstruktur. Der Planauftrag E_1 in Periode 1 ergibt sich durch Losbildung mit der Reichweite 2 aus den beiden Bedarfen zu den beiden Planaufträgen K_2 und K_4, die sich ihrerseits jeweils als ein bedarfssynchrones Los aus dem Planauftrag P_3, im Fall von K_2, und P_6, im Fall von K_4, ergeben und entsprechend ist jeder dieser beiden Planaufträge ein bedarfssynchrones Los aus dem Bedarf zu Beginn von Periode 4 und aus dem Bedarf zu Beginn von Periode 5. Diese Planaufträge sind durch einen Planungslauf zu erzeugen. Dadurch muss der Planungshorizont die beiden Bedarfe zu Beginn von Periode 4 und von Periode 5 umfassen. Aufgrund der Vorlaufzeit von jeweils einer Periode je Planauftrag ergibt sich dann ein Planungshorizont von 5 Pe-

233

rioden; dies ist als 1. Planungslauf in Abbildung 3.57 eingezeichnet. Diese Planaufträge und Bedarfe bilden ein Netzwerk – i.e. einen zusammenhängenden Graphen – und sind in Abbildung 3.57 durch einen Typ von gestrichelten Linien verbunden und zusätzlich sind diese noch durch eine „I" markiert. Abbildung 3.57 belegt, dass der erste Planungslauf den gleichen Planauftrag für die erste Periode liefert wie die Gesamtplanung. Es ist erkennbar, dass drei disjunkte Planungsprobleme vorliegen, deren Ergebnisse die drei durch „I", „II" und „III" markierten Netzwerke an Planaufträgen und Bedarfen sind, wobei deren Peggingstrukturen durch individuell gestrichelten Pfeilen dargestellt sind. Es wird sich zeigen, dass dies Ergebnis – und damit das der Gesamtplanung – durch eine rollende Planung mit einem Planungsabstand von einer Periode und einem Planungshorizont von 5 Perioden erzielt werden kann – ein längerer Planungshorizont ist ebenso möglich. Es sei angemerkt, dass bei der Anwendung vom MLCLSP, dessen Lösung in Abbildung 3.55 dargestellt ist, ein Planungshorizont von 4 Perioden ausreichend ist. Beides zeigt, dass der erforderliche Planungshorizont durch die Reichweite der erstellten Lose bestimmt ist, wobei alle Stufen des (kompletten) Gozintographen zu berücksichtigen sind; es sei erwähnt, dass damit die minimalen Planungshorizonte je Planungslauf unterschiedliche Längen haben können.

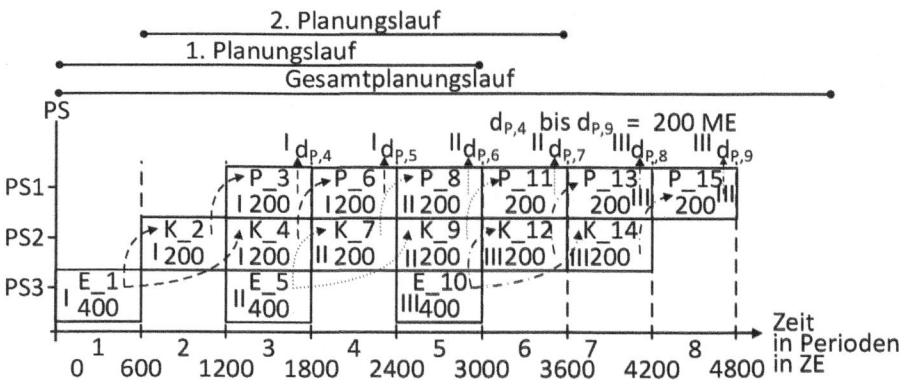

Abbildung 3.57: Prinzip der rollende Planung im Gantt-Diagramm zu dem MRP-Ergebnis.

Die Aufgabe zu dem Folgenden lautet:
Lösen Sie die im Abschnitt 3.3 angegebene Fallstudie durch die (gerade vorgestellte) rollende Planung mit einem Planungshorizont von 5 Perioden und einem Planungsabstand von einer Periode. Integrieren Sie die im Abschnitt 3.3 angegebenen Maßnahmen zur Vermeidung von Verspätungen in diese rollende Planung und vergleichen das Ergebnis mit denjenigen bei den einzelnen – in Abschnitt 3.3 angegebenen – Gesamt-

planungen. Halten Sie sich hier und im Folgenden an der im Abschnitt 1.2 erläuterten Vorgehensweise, insbesondere berücksichtigen Sie die Einlagerungsregel, sofern nicht anders vorgegangen werden soll. Fassen Sie zusätzlich die Planungsprobleme in der rollenden Planung als ein MLCLSP auf und lösen Sie es, wie im Abschnitt 3.1.3 beschrieben.

Die Ergebnisse der fünf Planungsläufe ergeben sich wie folgt. Die Ergebnisse sind auf den folgenden Seiten visualiert.

Der erste Planungslauf berücksichtigt die beiden Bedarfe zum Endprodukt P zu Beginn der beiden Perioden 4 und 5. Folglich ergibt sich das durch I in Abbildung 3.58 gekennzeichnete Netzwerk. Die Planaufträge stimmen mit denen der Gesamtplanung, s. Abbildung 3.57, überein. Dadurch stimmen auch die Ergebnisse der einzelnen Kapazitätsplanungen mit den entsprechenden bei der Gesamtplanung, die in den Abbildungen 3.58 und 3.63 dargestellt sind, überein. Im Fall von der optimalen Lösung gelten diese Überlegungen entsprechend und die Abbildung 3.58 ist mit der Abbildung 3.55 zu vergleichen. Dies gilt auch für die folgenden Überlegungen und wird daher nicht wiederholt.

Im zweiten Planungslauf kommt der Bedarf zum Endprodukt P zu Beginn von Periode 6 hinzu. Er wird durch die durch II markierten Planaufträge in Abbildung 3.59 gedeckt. Damit liegt gegenüber der Gesamtplanung, s. Abbildung 3.57, eine Abweichung vor, da die sich entsprechenden Planaufträge E_5 unterschiedlich groß sind. Nur diese eine Abweichung tritt auch zwischen den Ergebnissen der einzelnen Kapazitätsplanungen (beim zweiten Planungslauf) und den entsprechenden bei der Gesamtplanung, die in den Abbildungen 3.59 und 3.63 dargestellt sind, auf.

Der zusätzlich bekannte Bedarf zum Endprodukt P zu Beginn von Periode 7 im dritten Planungslauf bewirkt eine Erhöhung von Planauftrag E_5 in dem zweiten Planungslauf, vergleiche die beiden Abbildungen 3.59 und 3.60. Dadurch stimmen die Planaufträge mit denen der Gesamtplanung, vergleiche die beiden Abbildungen 3.60 und 3.57, wieder überein. Deswegen stimmen auch die Ergebnisse der einzelnen Kapazitätsplanungen mit den entsprechenden bei der Gesamtplanung, die in den Abbildungen 3.60 und 3.63 dargestellt sind, überein.

Die nächsten beiden Planungsläufe erstellen entsprechend Planaufträge zur Deckung der beiden verbliebenen Bedarfe zu Beginn der beiden Perioden 8 und 9 – in dieser Reihenfolge –, die in den beiden Abbildungen 3.61 und 3.62 angegeben sind. Damit ist die rollende

Planung beendet.

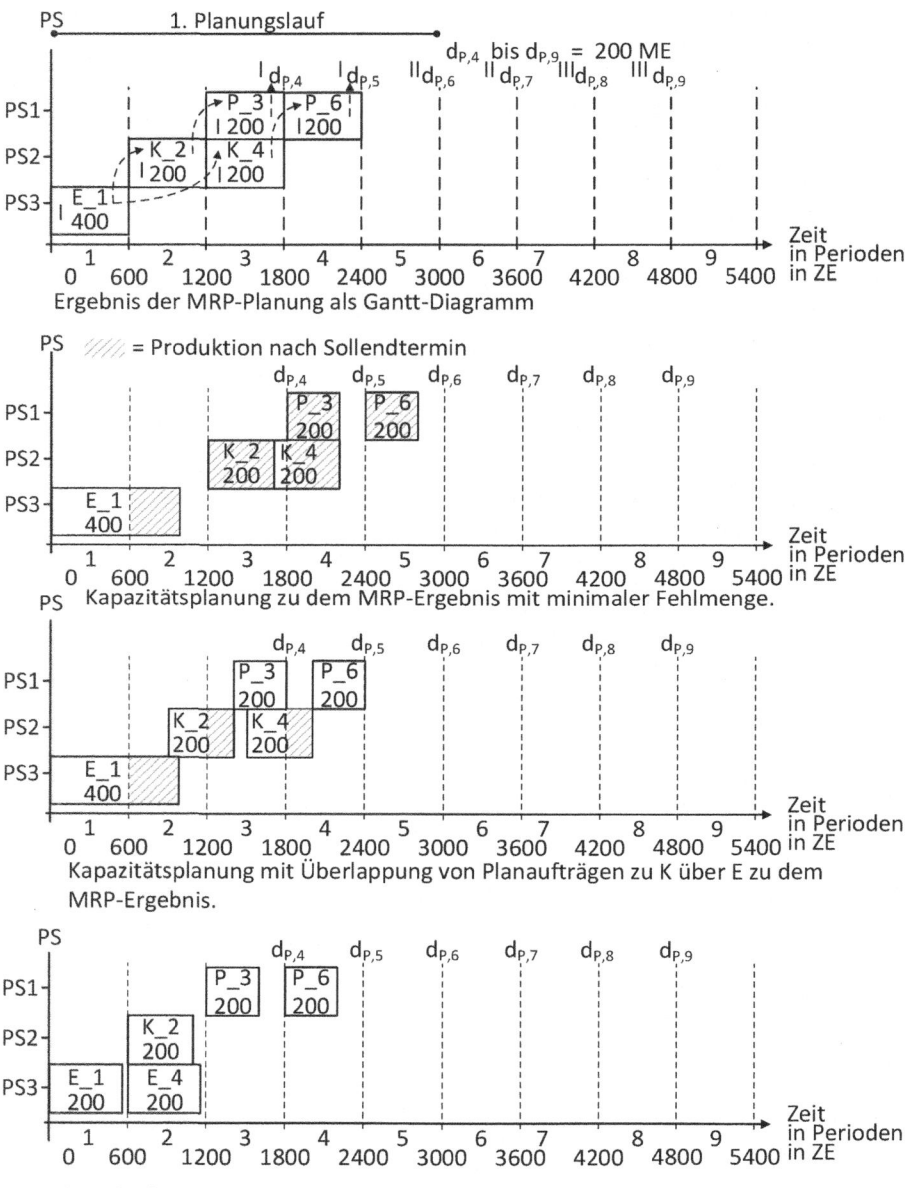

Abbildung 3.58: Gantt-Diagramme zum jeweiligen 1. Planungslauf bei einer rollenden Planung.

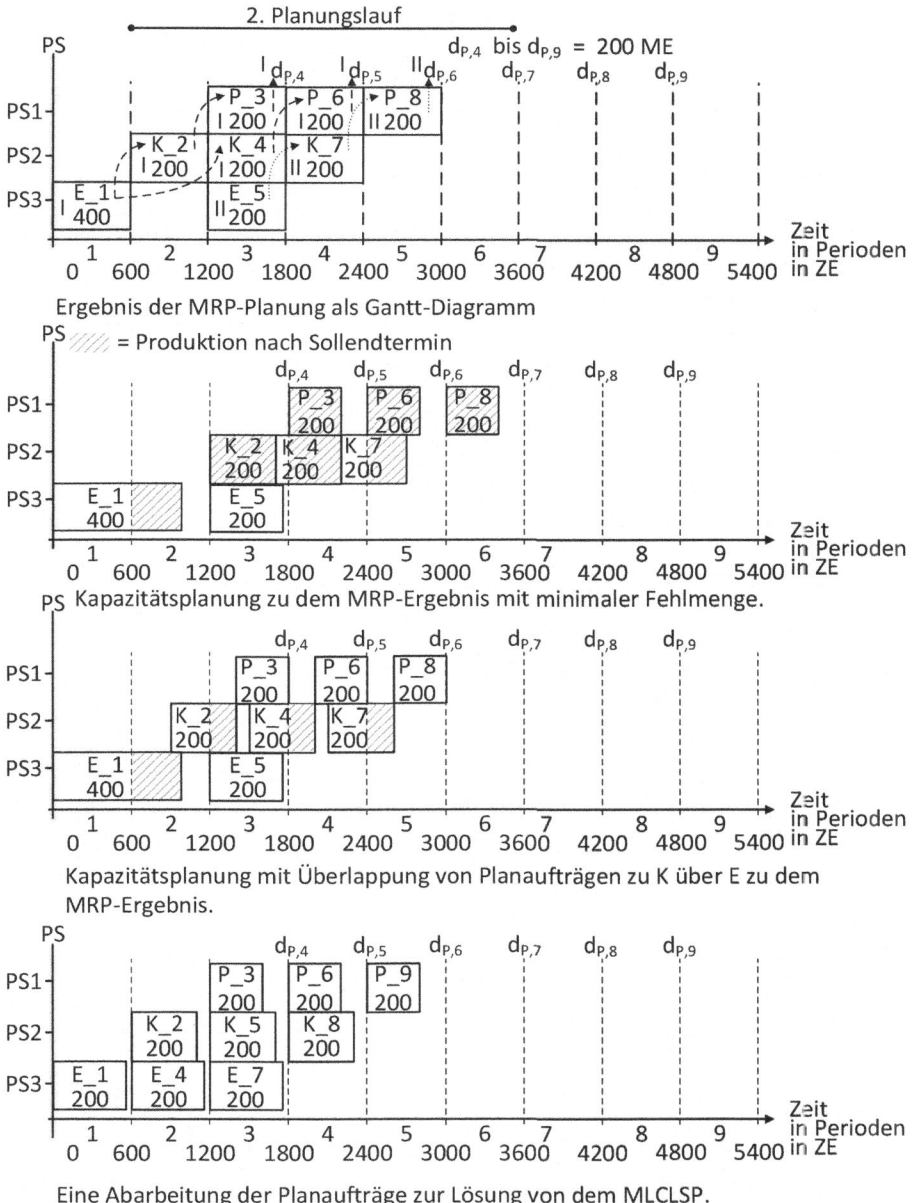

Ergebnis der MRP-Planung als Gantt-Diagramm

Kapazitätsplanung zu dem MRP-Ergebnis mit minimaler Fehlmenge.

Kapazitätsplanung mit Überlappung von Planaufträgen zu K über E zu dem MRP-Ergebnis.

Eine Abarbeitung der Planaufträge zur Lösung von dem MLCLSP.

Abbildung 3.59: Gantt-Diagramme zum jeweiligen 2. Planungslauf bei einer rollenden Planung.

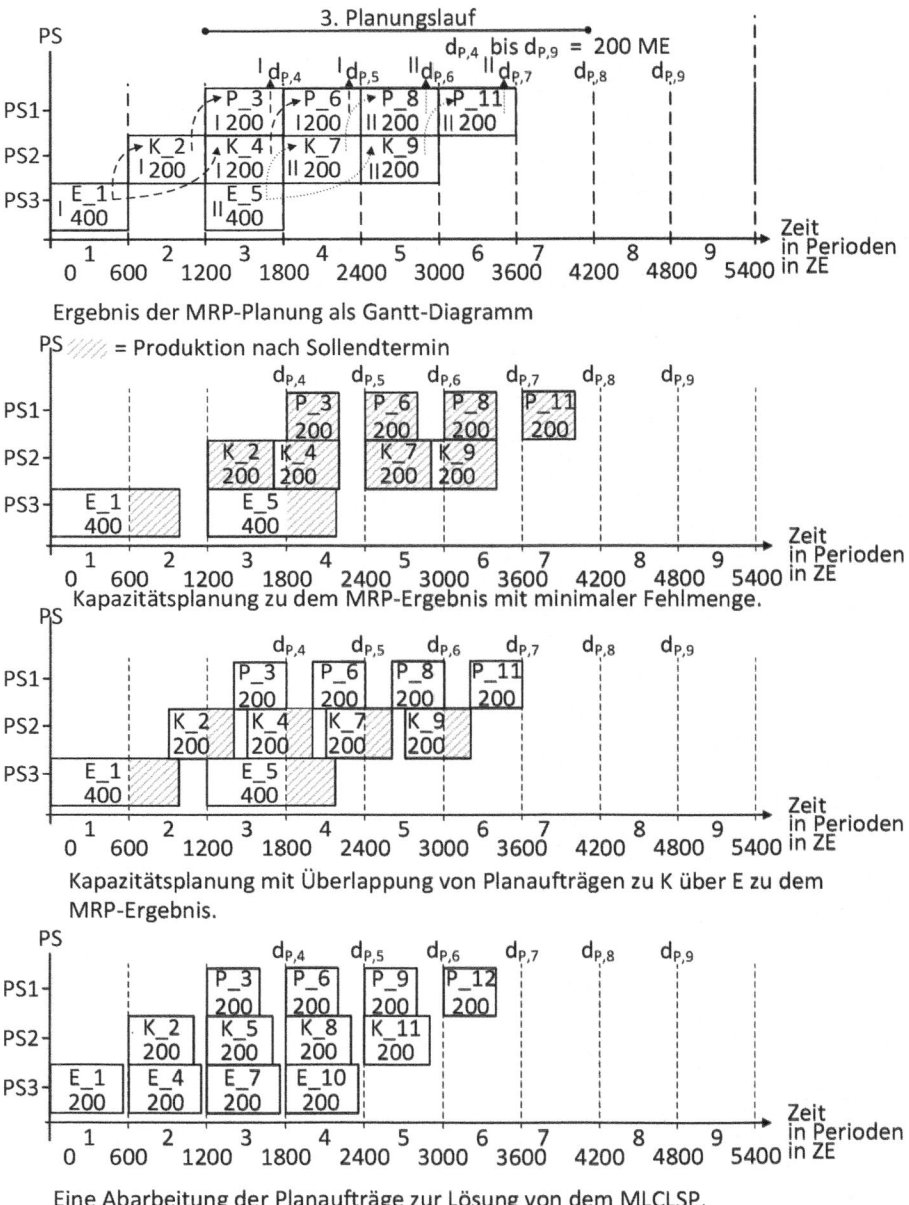

Abbildung 3.60: Gantt-Diagramme zum jeweiligen 3. Planungslauf bei einer rollenden Planung.

238

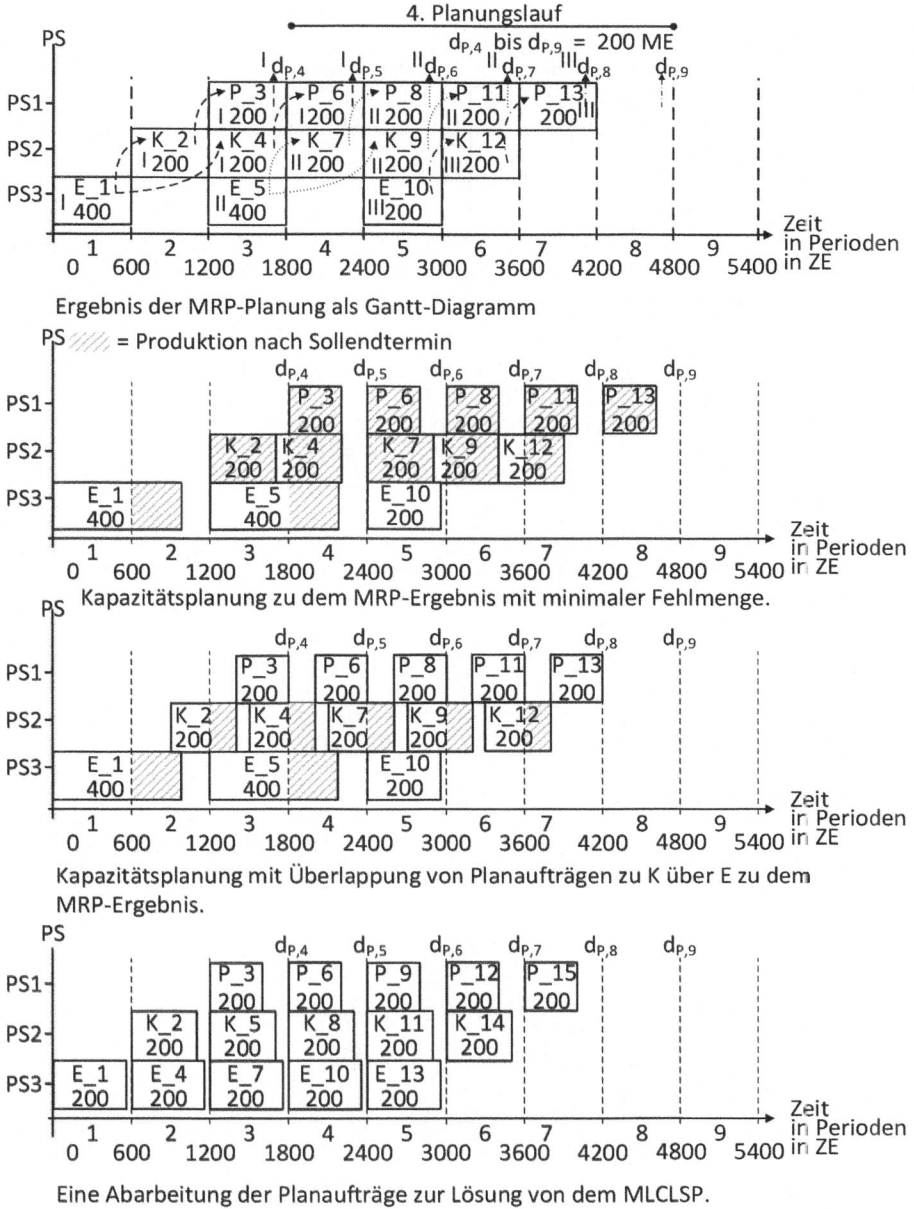

Abbildung 3.61: Gantt-Diagramme zum jeweiligen 4. Planungslauf bei einer rollenden Planung.

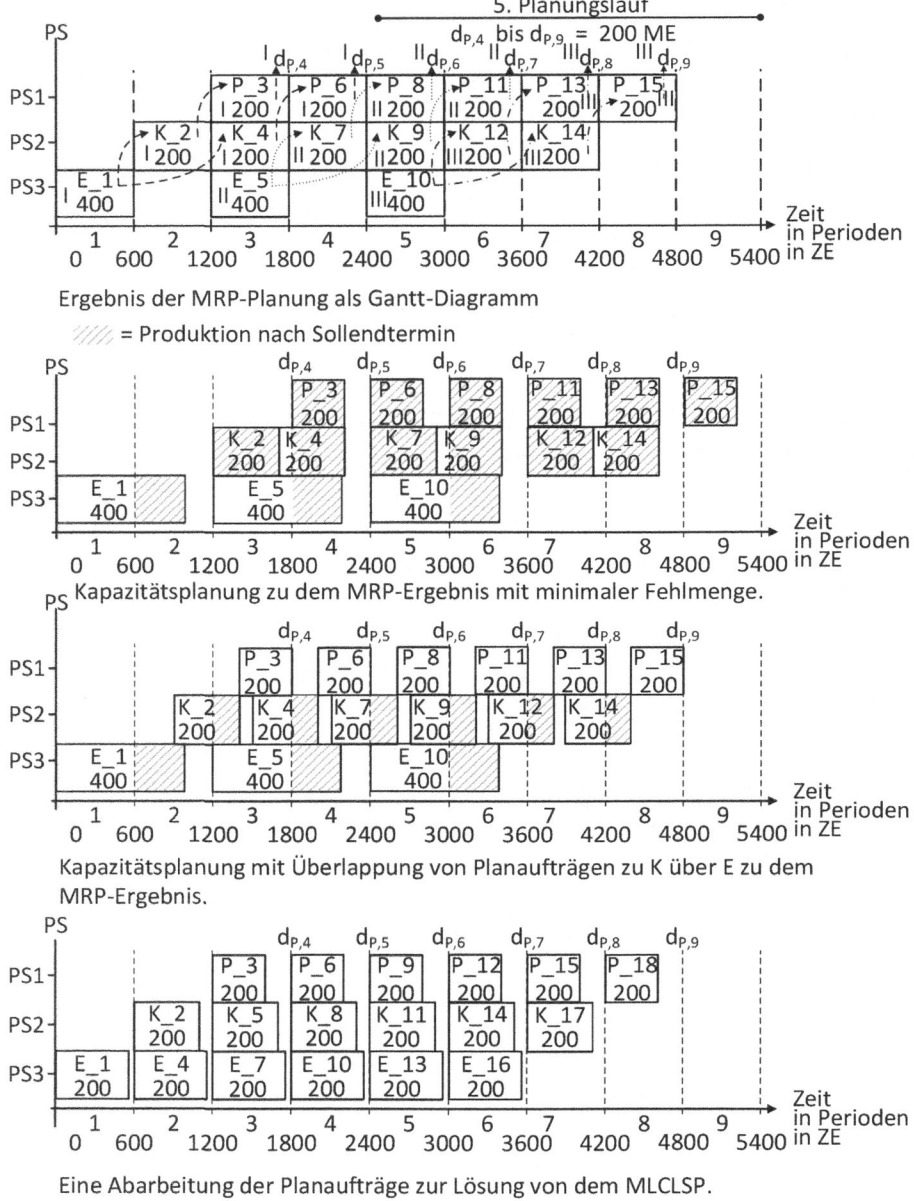

Abbildung 3.62: Gantt-Diagramme zum jeweiligen 5. Planungslauf bei einer rollenden Planung.

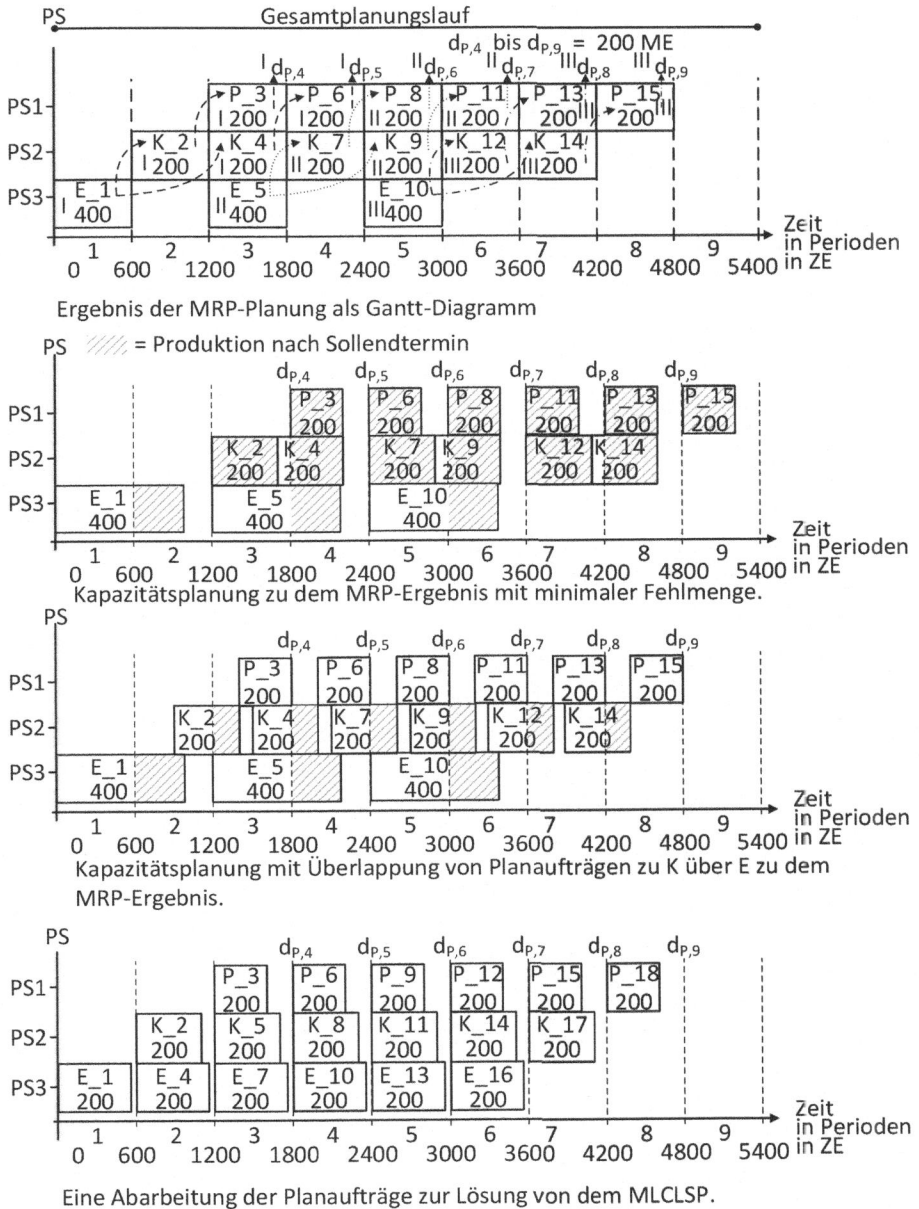

Abbildung 3.63: Gantt-Diagramme zum jeweiligen Gesamtplanungslauf.

Die Ergebnisse der einzelnen (Kapazitäts-)Planungen durch jeden Planungslauf der rollenden Planung und die entsprechenden bei der Gesamtplanung, die in den Abbildungen

3.58 bis 3.63 dargestellt sind, stimmen immer überein, sofern der Planungshorizont die gleichen Losbildungen erlaubt. So liefert der zweite Planungslauf ein anderes Ergebnis als die Gesamtplanung, vergleiche die Abbildungen 3.59 und 3.63, da im zweiten Planungslauf für die Bildung des Loses E_5 der dafür erforderliche Bedarf für Komponente K nicht vorliegen kann. Liegt dieser vor, nämlich hervorgerufen durch den Bedarf vom Endprodukt P zu Beginn von Periode 7 im dritten Planungslauf, so wird das gleiche Los ermittelt; vergleiche die Abbildungen 3.60 und 3.63. In diesem Sinne liefern die rollende Planung und die Gesamtplanung das gleiche Ergebnis. Allerdings erfolgt in einer (industriellen) Anwendung zusätzlich eine Produktion, so dass Planaufträge (die Ausnahme von einem einzelnen Planauftrag wird hier und im Folgenden durch den Plural mitabgedeckt) vor Beginn eines Planungsintervalls – zum n-ten Planungslauf – fertiggestellt werden können; da die rollende Planung in diesem Fall zu Beginn jeder Periode erfolgt, handelt es sich in der Regel um die Produktion von den in der Vorperiode (bzw. -n) eingeplanten Planaufträgen – einzige Ausnahme sind mögliche Rückstände. Dies führt zu gegenüber dem Ergebnis der programmorientierten Materialbedarfsplanung verspäteten Lagerzugängen und einer entsprechend modifizierten programmorientierten Materialbedarfsplanung.

Die Aufgabe zu dem Folgenden lautet:
Führen Sie eine rollende Planung für die programmorientierte Materialbedarfsplanung einschließlich einer Simulation der (tatsächlichen) Bearbeitung der Planaufträge, die nach der Kapazitätsplanung mit minimaler kumulierter Fehlmenge eingeplant werden, durch. Vergleichen Sie das Ergebnis mit dem zuvor erzielten.

Der erste Planungslauf wird durch eine Produktion nicht beeinflusst, so dass sich das bekannte Ergebnis ergibt, das in Abbildung 3.64 wiederholt ist.

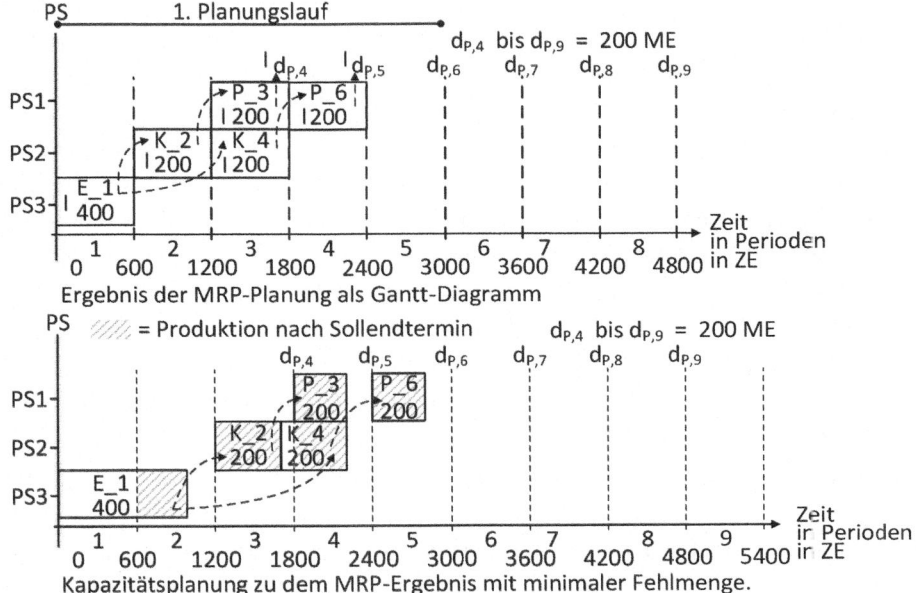

Abbildung 3.64: Gantt-Diagramme zum 1. Planungslauf bei einer rollenden Planung sowohl ohne als auch mit einer Kapazitätsplanung bei einer Simulation einer (tatsächlichen) Produktion.

Für den zweiten Planungslauf ist zu entscheiden, was mit den existierenden Planaufträgen passieren soll. Hier werden diese gelöscht. Dies ist allerdings nicht für den Planauftrag E_1 möglich, da mit dessen Bearbeitung schon begonnen worden ist – er wird erst innerhalb von Periode 2 fertiggestellt werden, wie dies im unteren Teil in Abbildung 3.64 angegeben ist. Generell bietet es sich an, alle in der Produktion bereits bekannten Planaufträge nicht zu löschen. (Es sei angemerkt, das so auch im SAP®-System vorgegangen wird. Allerdings gibt es dort zusätzlich noch eine Änderungsplanung.) (Ansonsten würden Planaufträge, die den Werkern auf der Produktionsebene bekannt sind, wieder entfernt. Eine solche Planungsnervosität senkt das Vertrauen der Werker in die ermittelten Vorgaben und führt häufig dazu, dass die Vorgaben durch die Werker nicht mehr umgesetzt werden und stattdessen durch eigene Planungen ersetzt werden.) Auf den Prozess, mit denen Planaufträge für die Produktion bekannt gemacht werden, wird weiter unten eingegangen.

Für die programmorientierte Materialbedarfsplanung entscheidend ist der Lagerzugang der produzierten Mengeneinheiten der nicht gelöschten Planaufträge. Es wird davon ausgegangen, dass diese zu den geplanten Zeitpunkten erfolgen, selbst dann, wenn dies durch die Kapazitätsplanung nicht mehr möglich ist. In diesem Fall sind damit 400 Mengeneinheiten von Einzelteil E zu Beginn von Periode 2 verfügbar. Die programmorientierte Materialbedarfsplanung erzeugt deswegen nur für die Komponente K und das Endprodukt P Planaufträge, s. den oberen Teil in Abbildung 3.65. Demgegenüber könnte beispielsweise ein (prognostizierter) Lagerzugang zum Ende von Periode 2 erfolgen – wie dies durch das Ergebnis der Kapazitätsplanung vorgesehen ist: Nach der Logik der programmorientierten Materialbedarfsplanung deckt dieser den Bedarf K_4, aber nicht den für K_2, so dass die programmorientierte Materialbedarfsplanung dafür einen Planauftrag für das Einzelteil E über 200 Mengeneinheiten für Periode 1 anlegt. Seine Freigabe bewirkt eine Überproduktion von eben 200 Mengeneinheiten. (Alternativ müsste die Auftragsfreigabe die programmorientierte Materialbedarfsplanung übersteuern, was in der Planungshierarchie nach Abschnitt 1 nicht vorgesehen ist.) Durch die vorgeschlagene Verfügbarkeitsannahme (von produzierten Mengeneinheiten im Lager) wird somit verhindert, dass ein nicht benötigter zusätzlicher Planauftrag angelegt wird.

Der durch diesen zweiten Planungslauf neu hinzukommende Bedarf über 200 Mengeneinheiten vom Endprodukt P zu Beginn von Periode 6, der noch nicht berücksichtigt wurde, bewirkt, wie bisher, ein Los über ebenfalls 200 Mengeneinheiten vom Endprodukt P und ein Los über ebenfalls 200 Mengeneinheiten von der Komponente K. Für das Einzelteil E wird in diesem Fall nur ein Los über ebenfalls 200 Mengeneinheiten erzeugt, da der Bedarf über 200 Mengeneinheiten vom Endprodukt P zu Beginn von Periode 7 – aufgrund der rollenden Planung – noch nicht bekannt ist; s. den oberen Teil in Abbildung 3.65. Dadurch ist dieser Planauftrag E_5 (zum Einzelteil E) kleiner als der entsprechende Planauftrag E_5 in der Gesamtplanung, s. die Abbildung 3.63. Es werden nur die Planaufträge produziert, die nach der Kapazitätsplanung (mit minimaler kumulierter Fehlmenge) in der zweiten Periode eingeplant sind, einschließlich der Fertigstellung des angearbeiteten Planauftrags (E_1). Da Planauftrag E_5 in der dritten Periode eingeplant ist, hat die Abweichung vom Planauftrag E_5 in der Gesamtplanung, zumindestens, zu diesem Zeitpunkt keine negativen Auswirkungen; tatsächlich wird in dieser Periode nur der angearbeitete Planauftrag E_1 fertiggestellt.

Für die Produktion bekannte Planaufträge sind in der Regel diejenigen, mit deren Bearbeitung begonnen werden kann; insbesondere ist ihre Materialverfügbarkeit gegeben. Aufgrund von dem im vorvorhergehenden Abschnitt zur Materialverfügbarkeit in der programmorientierten Materialbedarfsplanung vorgestellten Vorgehen, ist die Materialverfügbarkeit für den Planauftrag K_2 zu Beginn der zweiten Periode gegeben und er ist in der zweiten Periode durch den zweiten Planungslauf eingeplant worden und daher für die Produktion (in der zweiten Periode) bekannt – es sei betont, dass dies erst nach dem zweiten Planungslauf zu Beginn der zweiten Periode gilt, weswegen er für diesen zweiten Planungslauf gelöscht wird. Dadurch wird er in dem dritten Planungslauf zu Beginn der dritten Periode nicht gelöscht. Dieser kann aber aufgrund der Einlagerungsregel erst in der Periode 3 produziert werden – die physische Materialverfügbarkeit ist also nicht gegeben; so wie dies das Ergebnis der Kapazitätsplanung angibt. In kommerziell verfügbaren ERP-Systemen heißt der Prozess, mit denen Planaufträge für die Produktion bekannt gemacht werden, Auftragsfreigabe; s. auch die Einordnung in die logistische Prozesskette in Abschnitt 1.1. Wie im Algorithmus zur Auftragsfreigabe, s. Algorithmus 1.11, erfolgt diese Auftragsfreigabe erst, wenn die physische (also die tatsächliche) Materialverfügbarkeit gegeben ist. Bei diesem Vorgehen zur rollenden Planung erfolgt sie, wenn die disponible Materialverfügbarkeit gegeben ist. Würde hier auch nach dem Algorithmus zur Auftragsfreigabe, s. Algorithmus 1.11, vorgegangen, so wäre, in diesem Beispiel, der Planauftrag K_2 nicht bekannt und würde für den Planungslauf gelöscht. Die programmorientierte Materialbedarfsplanung würde ihn wieder erstellen und in eine Periode vor dem Planungszeitraum legen (i.e. in Periode 2); so wird in der industriellen Praxis vorgegangen. Dies sollte vermieden werden, was durch das vorgestellte Vorgehen erreicht wird. Zur Verringerung der Planungsnervosität ist das hier verwendete Vorgehen günstiger.

Werden die Planungsprobleme in der rollenden Planung als ein MLCLSP aufgefasst (und wie im Abschnitt 3.1.3 beschrieben gelöst), so ist das beschriebene Vorgehen genau so anzuwenden. Da ein umsetzbarer Plan geliefert wird, erfolgt jeder durch die optimale Lösung bestimmte Lagerzugang auch in der Produktion – ein Rückstand bzw. ein gegenüber der optimalen Lösung verspäteten Lagerzugang tritt nicht auf. Die in einer Periode bekannten Planaufträge werden in dieser Periode auch produziert. Die durch die fortschreitende Produktion auftretenden Lagerzugänge für Komponenten sind durch Lageranfangsbestände zu berücksichtigen. Es sei angemerkt, dass Rückstände durch Produktionsverzögerungen, z.B. durch einen Ausfall eines Produktionssystems, im allgemeinen Fall auftreten können – und auch werden –, die genau so wie bei der programmorientierten Materialbedarfsplanung zu berücksichtigen sind.

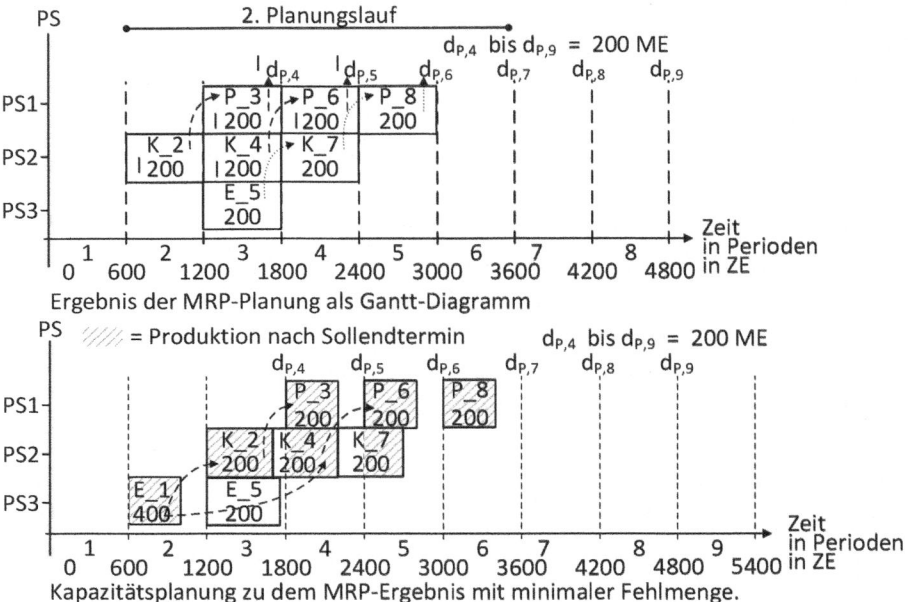

Abbildung 3.65: Gantt-Diagramme zum 2. Planungslauf bei einer rollenden Planung sowohl ohne als auch mit einer Kapazitätsplanung bei einer Simulation einer (tatsächlichen) Produktion.

Wie in dem zweiten Planungslauf wird auch beim dritten Planungslauf verfahren. Die Fertigstellung von Planauftrag E_1 in Periode 2 bewirkt eine Verfügbarkeit von 400 Mengeneinheiten von Einzelteil E zu Beginn von Periode 3. Der bereits bekannte, aber noch nicht begonnene Planauftrag K_2 bewirkt eine (planerische bzw. disponible) Verfügbarkeit von 200 Mengeneinheiten zu Beginn von Periode 3 – da er nach dem beschriebenen Vorgehen nicht gelöscht wird. Nach der Logik der programmorientierten Materialbedarfsplanung erzeugt diese die im oberen Teil von Abbildung 3.66 angegebenen Planaufträge mit der im unteren Teil angegebenen Kapazitätsplanung mit minimaler kumulierter Fehlmenge – gegenüber dem oberen Teil wieder mit Planauftrag K_2. Nun enthalten die beiden Gantt-Diagramme nach der rollenden Planung, also der untere Teil in Abbildung 3.66, und nach der Gesamtplanung, also in Abbildung 3.63 (im zweiten Gantt-Diagramm von oben), in Periode 3 genau die gleichen zu produzierenden Planaufträge, einschließlich ihrer Termine und zu produzierenden Mengeneinheiten.

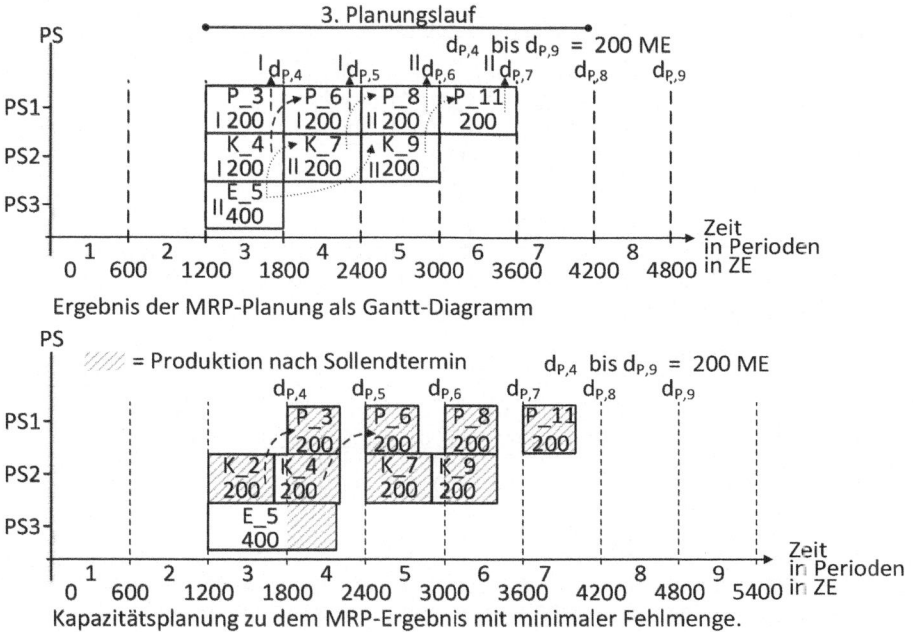

Abbildung 3.66: Gantt-Diagramme zum 3. Planungslauf bei einer rollenden Planung sowohl ohne als auch mit einer Kapazitätsplanung bei einer Simulation einer (tatsächlichen) Produktion.

Die nächsten beiden Planungsläufe ergeben sich mit entsprechenden Überlegungen und ihre Ergebnisse für die programmorientierte Materialbedarfsplanung mit anschließender Kapazitätsplanung mit minimaler kumulierter Fehlmenge sind in den beiden Abbildungen 3.67 und 3.68 angegeben.

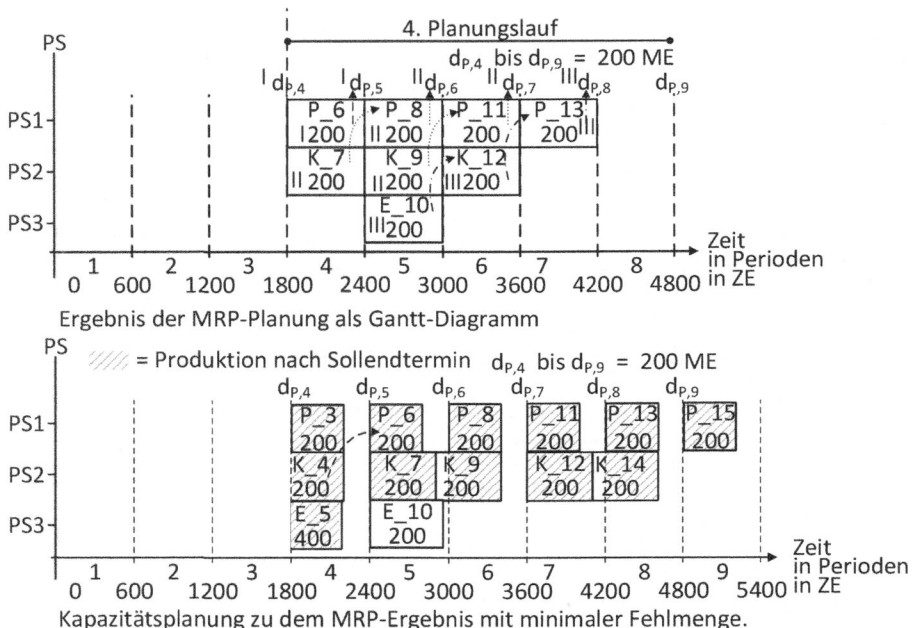

Abbildung 3.67: Gantt-Diagramme zum 4. Planungslauf bei einer rollenden Planung sowohl ohne als auch mit einer Kapazitätsplanung bei einer Simulation einer (tatsächlichen) Produktion.

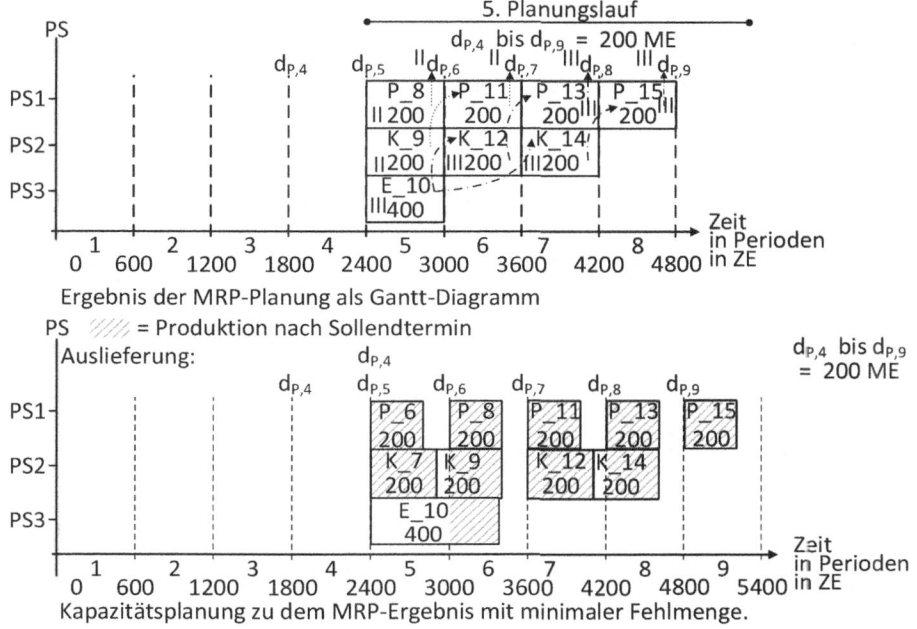

Abbildung 3.68: Gantt-Diagramme zum 5. Planungslauf bei einer rollenden Planung sowohl ohne als auch mit einer Kapazitätsplanung bei einer Simulation einer (tatsächlichen) Produktion.

Damit sind alle Planaufträge erzeugt. Die nächsten Planungsläufe bewirken eine (Simulation einer) Produktion der Planaufträge, die sich noch in den drei Produktionssystemen befinden. Dies ist in der Abbildung 3.69 dargestellt, wobei, um alle Gantt-Diagramme auf eine Seite zu bekommen, in den Gantt-Diagrammen nur die belegten Produktionssysteme dargestellt worden sind.

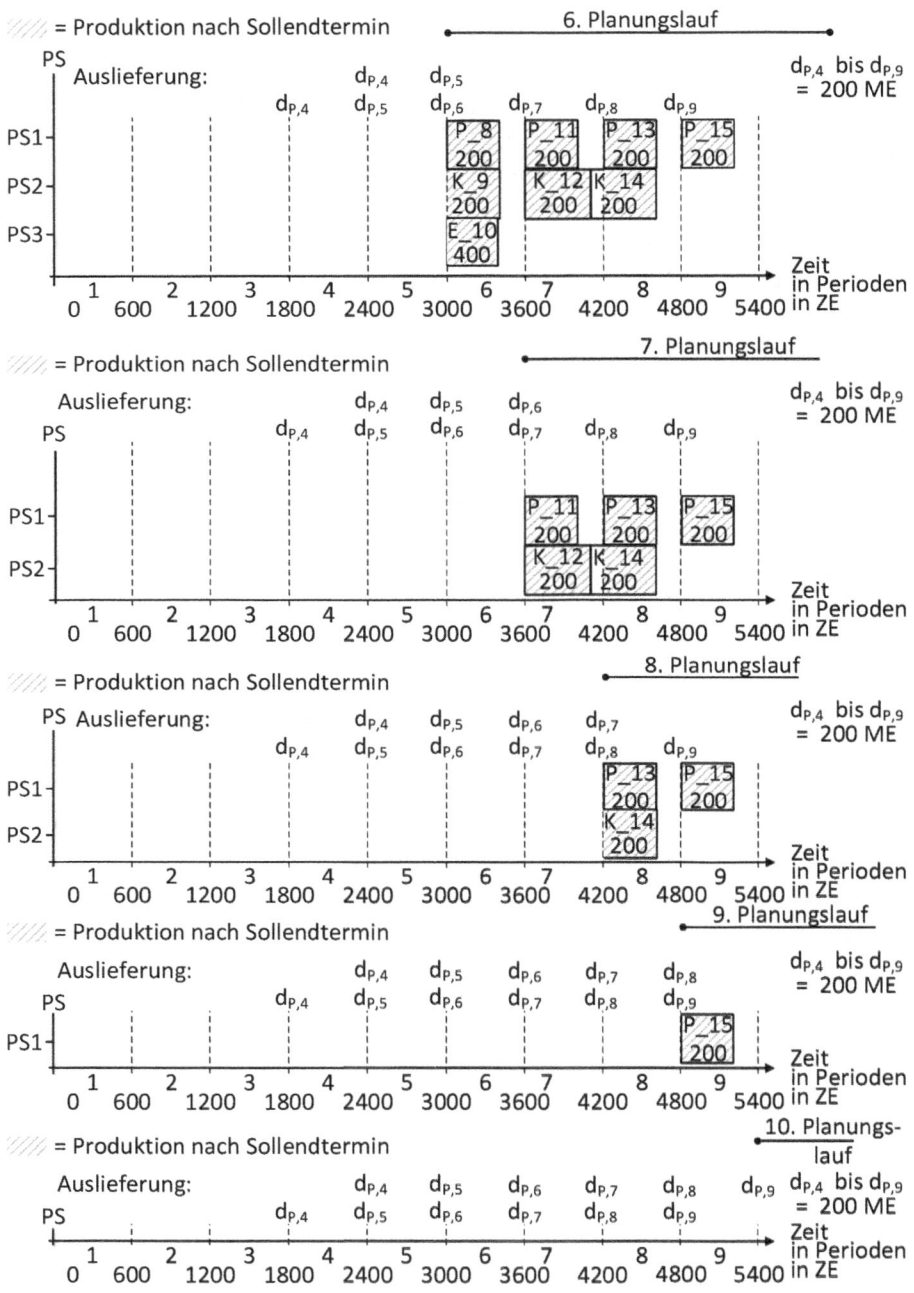

Abbildung 3.69: Gantt-Diagramme zu den restlichen Planungsläufen bei einer rollenden Planung mit einer Simulation einer (tatsächlichen) Produktion.

Die gerade aufgezeigte Übereinstimmung zwischen den Planungsläufen mit und ohne einer Simulation einer Produktion bei einer programmorientierten Materialbedarfsplanung mit anschließender Kapazitätsplanung mit minimaler kumulierter Fehlmenge ist so klar, dass diese auch für jede der im Abschnitt 3.3 diskutierten Maßnahmen zur Verringerung und sogar Vermeidung von Verspätungen gilt. Damit führen die im Abschnitt 3.3 diskutierten Maßnahmen zur Verringerung und sogar Vermeidung von Verspätungen in einer rollenden Planung zu dem gleichen Ergebnis wie bei einer Gesamtplanung. Allerdings unter der, in der Regel gegebenen, Prämisse, dass der Planungshorizont so lang ist, dass er die gleichen Losbildungen bewirkt. Anderenfalls beeinflusst die rollende Planung Planungsentscheidungen, wie in diesem Abschnitt gezeigt wurde. Diese Übertragbarkeit ist so klar, dass sie auch für die anderen in diesem Abschnitt 3 diskutierten Maßnahmen gilt. Deswegen ist eine Analyse der Gesamtplanung ausreichend.

4 Losbildung und Ressourcenbelegungsplanung

Nach dem bisherigen Vorgehen soll eine kapazitierte Losplanung die programmorientierte Materialsbedarfsplanung und anschließende (optimale) kapazitierte Netzplanung ersetzen. Nach der hierarchischen Planung folgt beiden die Ressourcenbelegungsplanung. Dieses Kapitel zeigt, dass in der Regel eine optimale kapazitierte Losplanung ohne Fehlmengen und eine anschließende optimale Ressourcenbelegungsplanung für die Minimierung der mittleren Verspätung zu Verspätungen führt – oftmals sogar substantiellen. Dieses Problem wird anhand einiger kleinerer einstufiger Losgrößenprobleme analysiert und gelöst. Daraus ergeben sich mögliche Lösungverfahren für realistische Probleme, die, teilweise erweitert, auf eine etwas größeren Fallstudie angewandt und analysiert werden.

4.1 CLSP und Ressourcenbelegungsplanung

Diese Fallstudie demonstriert die grundlegende Problematik der hierarchischen Planung aus optimaler kapazitierter Losplanung und anschließender optimaler Ressourcenbelegungsplanung. Zwei Arten von Produkte P1 und P2 werden produziert, wofür 2 Stationen mit jeweils einer Kapazität von 100 Zeiteinheiten (ZE) je Periode zur Verfügung stehen. Jedes Produkt muss zuerst Station S1 und anschließend Station S2 durchlaufen. Die Bearbeitungszeiten für eine Mengeneinheit (ME) der Produkte sind gleich und betragen 1 ZE je Station. Die Fertigungslinie aus den beiden Stationen bildet ein Produktionssystem PS mit einer Kapazität von 100 ZE je Periode. Für jedes der beiden Produkte und jede ME hat das Produktionssystem eine Bearbeitungszeit von 1 ZE. Das Produktionssystem ist für beide Produkte zu rüsten und die Rüstkosten betragen jeweils 1 Geldeinheit (GE). Es fallen Lagerkosten von 100 GE je ME und Periode für beide Produkte an. Der Planungszeitraum umfasst 5 Perioden über jeweils 100 ZE und geht von Periode 10 bis Periode 14. (Welche Zeiteinheiten die einzelnen Perioden enthalten, ergibt sich aus Folgendem: Die erste Periode beginnt mit 0 ZE und geht bis zur 99 ZE einschließlich, endet also mit dem Zeitpunkt 100 ZE, s. auch die Diskussion über den Unterschied zwischen Mikro- und Makroperioden im Abschnitt 2.1 und die Abbildung 2.6.) Es sind folgende Bedarfe jeweils zu Beginn einer Periode zu decken:

Produkte \ Perioden	13	14
P1	40 ME	45 ME
P2	45 ME	40 ME

Tabelle 4.1: Bedarfe in Mengeneinheiten (ME).

Die Aufgabe zu dem Folgenden lautet:

Erstellen Sie ein Optimierungsmodell für dieses Losgrößenproblem; geben Sie neben einer mathematischen Formulierung auch noch eine in ILOG an. Stellen Sie die zeitliche Anordnung der erhaltenen terminierten Planaufträge als Gantt-Diagramm dar. Führen Sie eine Ressourcenbelegungsplanung mit minimaler mittlerer Verspätung durch.

Für das Losgrößenproblem mit Kapazitäten ist in der Literatur ein Optimierungsmodell unter der Bezeichnung **C**apacitated **L**otsizing **P**roblem (CLSP) angegeben. Es ist ein Spezialfall vom MLCLSP, welches im Abschnitt 3.1.3 definiert und erläutert wurde, und es treffen die dort angegebenen Bemerkungen, insbesondere zur Mindestvorlaufzeit, auch hier zu. Im Folgenden ist das CLSP komprimiert dargestellt; für Details sei auf [Herr09] verwiesen.

Parameter:

T Länge des Planungszeitraums ($1 \leq t \leq T$).

K Anzahl der Produkte ($1 \leq k \leq K$).

J Anzahl der Ressourcen ($1 \leq j \leq J$).

M Große Zahl (mindestens so groß wie die größtmögliche Losgröße).

$b_{j,t}$ Verfügbare Kapazität der Ressource j in Periode t $\forall\ 1 \leq j \leq J$ und $1 \leq t \leq T$.

$d_{k,t}^{A}$ Nettobedarfsmenge des Produkts k zu Beginn von Periode t $\forall\ 1 \leq k \leq K$ und $1 \leq t \leq T$.

h_k Lagerkostensatz für Produkt k $\forall\ 1 \leq k \leq K$.

s_k Rüstkostensatz für Produkt k $\forall\ 1 \leq k \leq K$.

$tb_{k,j}$ Bearbeitungszeit für eine Mengeneinheit von Produkt k durch Ressource j $\forall\ 1 \leq k \leq K$ und $1 \leq j \leq J$.

$tr_{k,j}$ Rüstzeit für Produkt k für Ressource j $\forall\ 1 \leq k \leq K$ und $1 \leq j \leq J$.

z_k Mindestvorlaufzeit eines Planauftrags (Loses) für Produkt k mit $z_k \geq 1$ $\forall\ 1 \leq k \leq K$.

LA_k Anfangslagerbestand für Produkt k $\forall\ 1 \leq k \leq K$.

Variablen:

$q_{k,t}$ Losgröße des Produkts k in Periode t $\forall\ 1 \leq k \leq K$ und $1 \leq t \leq T$. (Das Los wird in Periode t produziert. Damit ist der Beginn von Periode t sein möglicher Starttermin – kurz Starttermin – und sein Endtermin ist stets zu Beginn von Periode $t + 1$. Seine Produktionsmenge steht zu Beginn von Periode $t + z_k$ im Lager zur Bedarfsdeckung zur Verfügung.)

$y_{k,t}^{E}$ Lagerbestand für Produkt k am Ende von Periode t $\forall\ 1 \leq k \leq K$ und

$$0 \leq t \leq T.$$

$\gamma_{k,t}$ binäre Rüstvariable für Produkt k in Periode t mit $\gamma_{k,t} = \begin{cases} 1, & \text{falls } q_{k,t} > 0 \\ 0, & \text{falls } q_{k,t} = 0 \end{cases}$

$\forall\, 1 \leq k \leq K$ und $1 \leq t \leq T$.

Zielfunktion:

$$Z = \sum_{k=1}^{K} \sum_{t=1}^{T} (s_k \cdot \gamma_{k,t} + h_k \cdot y_{k,t}^E).$$

Restriktionen:

$y_{k,t-1}^E + q_{k,t-z_k} - d_{k,t}^A = y_{k,t}^E \;\forall\, 1 \leq k \leq K$ und $1 \leq t \leq T$ Lagerbilanzgleichungen.

$q_{k,t} - M \cdot \gamma_{k,t} \leq 0 \;\forall\, 1 \leq k \leq K$ und $1 \leq t \leq T$ Rüstbedingungen.

$\sum_{k=1}^{K} (tb_{k,j} \cdot q_{k,t} + tr_{k,j} \cdot \gamma_{k,t}) \leq b_{j,t} \;\forall\, 1 \leq j \leq J$ und $1 \leq t \leq T$ Kapazitätsrestriktionen.

$y_{k,0}^E = LA_k$ und $y_{k,T}^E = 0 \;\forall\, 1 \leq k \leq K$ Lageranfangs- und endbestände.

$q_{k,t}$ und $y_{k,t}^E$ sowie $y_{k,0}^E \geq 0 \;\forall\, 1 \leq k \leq K$ und $1 \leq t \leq T$ Nichtnegativität.

$\gamma_{k,t} \in \{0,1\} \;\forall\, 1 \leq k \leq K$ und $1 \leq t \leq T$ binäre Rüstvariable.

Minimierungsproblem:

Minimiere Z.

Die Umsetzung dieses linearen Optimierungsproblems in ILOG ist im folgenden Listing 4.1 angegeben und zwar als „mod"-Datei. Genauso wie beim MLCLSP, s. Abschnitt 3.1.3, kann innerhalb der Mindestvorlaufzeit eines Produkts kein Los für dieses Produkt aufgesetzt werden, da dann vor dem Planungsintervall produziert werden würde. Dazu existiert im folgenden Listing 4.1 die Fallunterscheidung bei den Lagerbilanzgleichungen, s. auch das Listing 3.1 zum MLCLSP im Abschnitt 3.1.3.

```
1  // Parameter, Teil 1:
2  int T = ...;              // Planungszeitraum.
3  int K = ...;              // Produkte.
4  int J = ...;              // Ressourcen.
5  int M = ...;              // Große Zahl.
6
7  // Wertebereiche:
8  range Produkt = 1..K;
9  range Ressource = 1..J;
10 range Planungszeitraum = 1..T;
```

```
11   range PlanungszeitraumNull = 0..T;

12

13   // Variablen:
14   dvar int+ q[Produkt][Planungszeitraum];           // Losgrössen.
15   dvar int+ y[Produkt][PlanungszeitraumNull];        // Lagerbestände.
16   dvar boolean gamma[Produkt][Planungszeitraum];     // Rüstvariablen.

17

18   // Parameter, Teil 2:
19   int b[Ressource][Planungszeitraum] = ...;          // Kapazitäten.
20   int d[Produkt][Planungszeitraum] = ...;            // Nettobedarfe.
21   float h[Produkt] = ...;                            // Lagerkostensätze.
22   float s[Produkt] = ...;                            // Rüstkostensätze.
23   int tb[Produkt][Ressource] = ...;              // Stückbearbeitungszeiten.
24   int tr[Produkt][Ressource] = ...;                  // Rüstzeiten.
25   int z[Produkt] = ...;                              // Mindestvorlaufzeiten.
26   int y0[Produkt] = ...;                             // Anfangslagerbestände.

27

28   // Minimierung der Gesamtkosten
29   minimize
30      sum (k in Produkt, t in Planungszeitraum)
31      (s[k] * gamma[k][t] + h[k] * y[k][t]);

32

33   constraints {
34      // Lagerbilanzgleichungen:
35      forall(k in Produkt){
36         forall(t in 1..(z[k])){
37            y[k][t-1] - d[k][t] == y[k][t];
38         }
39         forall(t in (z[k]+1)..T){
40            y[k][t-1] + q[k][t-z[k]] - d[k][t] == y[k][t];
41         }
42      }
43      // Kapazitätsbedingungen:
44      forall(j in Ressource, t in Planungszeitraum){
45         sum(k in Produkt)(tb[k][j] * q[k][t] + tr[k][j] * gamma[k][t])
46                         <= b[j][t];
47      }
48      // Rüstbedingungen:
49      forall(k in Produkt, t in Planungszeitraum){
50         q[k][t] - M * gamma[k][t] <= 0;
51      }
52      // Lageranfangsbestände:
53      forall(k in Produkt){
54         y[k][0] == y0[k];
55      }
```

```
56    // Lagerendbestände:
57    forall(k in Produkt){
58      y[k][T] == 0;
59    }
60  };
```

Listing 4.1: Implementierung vom Modell CLSP in ILOG.

Die Parameter für die Fallstudie sind in der folgenden „dat"-Datei angegeben. Zur Vereinfachung sind nicht alle 12 Perioden vor dem Planungsintervall angegeben, sondern nur fünf. Damit die Bedarfe zu Beginn der jeweiligen Periode gedeckt werden, haben beide Produkte eine Mindestvorlaufzeit von 1.

```
1   T = 5;   // Anzahl an Perioden.
2   K = 2;   // Anzahl an Produkten.
3   J = 1;   // Anzahl an Ressourcen.
4   // M muss wenigstens so groß wie die Summe an Bedarfen sein.
5   M = 170;
6   // Nettobedarfe:
7   d = [[0, 0, 0, 40, 45]
8        [0, 0, 0, 45, 40]];
9   // Kapazitäten:
10  b = [[100, 100, 100, 100, 100]];
11  h = [100, 100];     // Lagerkostensätze.
12  s = [1, 1];         // Rüstkostensätze.
13  tb = [[1], [1]];    // Stückbearbeitungszeiten.
14  tr = [[0], [0]];    // Rüstzeiten.
15  z = [1, 1];         // Mindestvorlaufzeiten.
16  y0 = [0, 0];        // Anfangslagerbestände.
```

Listing 4.2: Verwendete ILOG Parameter.

Eine optimale Lösung sind die in der folgenden Tabelle 4.2 angegebenen terminierten Planaufträge. Dabei steht die Bezeichnung „Pn_i(m)" für i-ter Planauftrag zu Produkt n mit Menge m in Mengeneinheiten.

Plan-auftrag	Start-termin	End-termin	Bearbei-tungszeit	Deckt Bedarf zu Beginn von einer Periode
P1_1(40)	1100 ZE	1200 ZE	40 ZE	von P1 für Periode 13
P2_1(45)	1100 ZE	1200 ZE	45 ZE	von P2 für Periode 13
P1_2(45)	1200 ZE	1300 ZE	45 ZE	von P1 für Periode 14
P2_2(40)	1200 ZE	1300 ZE	40 ZE	von P2 für Periode 14

Tabelle 4.2: Terminierte Planaufträge in Zeiteinheiten (ZE).

257

Als „big bucket"-Modell liefert die Lösung des CLSP keine Aussage darüber, in welcher Reihenfolge die Produkte bearbeitet werden sollen. Da die verfügbare Kapazität nicht überschritten wird, können die durch die Lose gebildeten Planaufträge stets in einer beliebigen Reihenfolge termingerecht erfüllt werden. In diesem Fall ist die Summe aus der Produktionsmenge der beiden Produkte jeweils multipliziert mit deren Stückbearbeitungszeit (also: $40 \cdot 1\,\text{ZE} + 45 \cdot 1\,\text{ZE} = 85\,\text{ZE}$) geringer als die Kapazität des Produktionssystems. In Abbildung 4.1 ist eine mögliche Abarbeitung angegeben.

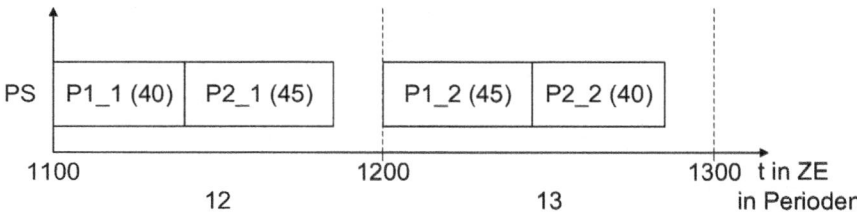

Abbildung 4.1: Mögliche Abarbeitung der Lösung vom CLSP.

Die terminierten Planaufträge, s. Tabelle 4.2, werden jeweils zu ihren Startzeitpunkten freigegeben; es sei daran erinnert, dass dadurch Produktionsaufträge entstehen, die wie bisher wie die Planaufträge bezeichnet werden – dies ist im Detail im Abschnitt 1, insbesondere in seinem Unterabschnitt 1.2, erläutert worden. Dadurch ergibt sich für die Minimierung der mittleren Verspätung (Gesamtverspätung) ein Ressourcenbelegungsplanungsproblem für die Fertigungslinie. Die Bearbeitungszeiten, Freigabetermine und Soll-Endtermine sind in der folgenden Tabelle 4.3 angegeben. Die Bezeichnung „Pn_i,k(m)" steht für k-te Operation vom i-ten Produktionsauftrag zu Produkt n mit Menge m in Mengeneinheiten.

Produktions-auftrag	Freigabe-termin	Bearbeitungszeit von Pn_i,1(m)	Bearbeitungszeit von Pn_i,2(m)	Soll-End-termin
P1_1(40)	1100 ZE	40 ZE	40 ZE	1200 ZE
P2_1(45)	1100 ZE	45 ZE	45 ZE	1200 ZE
P1_2(45)	1200 ZE	45 ZE	45 ZE	1300 ZE
P2_2(40)	1200 ZE	40 ZE	40 ZE	1300 ZE

Tabelle 4.3: Ressourcenbelegungsplanungsproblem der Fertigungslinie.

Die in Abbildung 4.2 angegebene Produktion minimiert die Verspätung. Auf Station S1 kann die Produktion wie geplant und damit ohne Verspätung erfolgen. Da auf Station S2 erst ab dem Zeitpunkt produziert werden kann, an dem die Produktion des ersten Auftrags auf Station S1 abgeschlossen ist, treten auf Station S2 Verspätungen auf; dies ist durch die Schraffur ausgedrückt. Dadurch sind die beiden Produktionsaufträge P2_1(45) und P2_2(40) um jeweils 30 Zeiteinheiten verspätet.

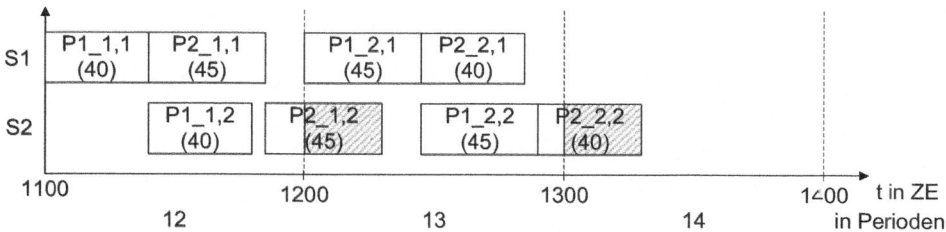

Abbildung 4.2: Belegung mit minimaler mittlerer Verspätung; eine Schraffur bezeichnet den verspäteten Teil eines Produktionsauftrags.

Die Optimalität der Lösung lässt sich wie folgt begründen. Eine optimale Lösung muss eine Permutation sein, da eine unterschiedliche Reihenfolge auf Station 2 im Vergleich zu der auf Station 1 eine zusätzliche Verspätung bewirkt. Bezogen auf die exemplarische Permutation in Abbildung 4.2 ergibt sich dies wie folgt: Wird der Produktionsauftrag P1_1 (i.e. Operation P1_1,2) nach dem Produktionsauftrag P2_1 (i.e. Operation P2_1,2) auf Station S2 bearbeitet, so ist dieser Produktionsauftrag P1_1 verspätet und die Produktionsaufträge P1_2 und P2_2 (i.e. Operationen P1_2,2 und P2_2,2) beginnen später, wodurch sich die Verspätung von dem Produktionsauftrag P2_2 erhöht bei unveränderter Verspätung von dem Produktionsauftrag P2_1 – auch der Produktionsauftrag P1_2 ist verspätet. Eine Bearbeitung von dem Produktionsauftrag P1_2 (i.e. Operation P1_2,2) nach dem Produktionsauftrag P2_2 (i.e. Operation P2_2,2) auf Station S2 ermöglicht einen früheren Beginn von dem Produktionsauftrag P2_2 (i.e. Operation P2_2,2) und damit eine Reduktion seiner Verspätung, mit der die dadurch auftretende Verspätung von dem Produktionsauftrag P1_2 nur marginal kompensiert wird – die Verspätung von dem Produktionsauftrag P2_1 bleibt unverändert. Weitere Abweichungen von der Permutation auf Station S2 führen zu noch stärkeren Verspätungen. Wie bereits erwähnt, ist bei jeder Permutation der jeweils verspätete Produktionsauftrag in Periode 13 bzw. in Periode 14 noch 30 Zeiteinheiten zu bearbeiten. Dadurch kann einer der beiden Bedarfe zu Beginn von Periode 13 und zu Beginn von Periode 14 nicht termingerecht ausgeliefert werden, sondern wird wegen der Einlagerungsregel erst zu Beginn der Periode 14 beim Fall für den Bedarf zu Beginn von Periode 13 und entsprechend beim Bedarf zu Beginn von Periode 14 erst zu Beginn der Periode 15 ausgeliefert. (Es sei daran erinnert, dass die Einlagerungsregel bei einer Fertigstellung eines Produktionsauftrags (PA) in Periode t bewirkt, dass die durch den PA produzierte Menge zu Beginn der Periode $t+1$ verfügbar ist.) Dies bewirkt, dass die um eine Periode zu spät ausgelieferten Periodenbedarfe jeweils in dieser Periode eine Fehlmenge verursachen. Damit unterscheiden sich die einzelnen optimalen Pläne (für die Minimierung der mittleren Verspätung) in den verursachten kumulierten Fehlmengen. Diese lauten, für die möglichen Permutationen: 80 ME, 85 ME, wie in diesem Fall, und 90 ME.

Selbst durch eine optimale Abarbeitungsreihenfolge wurde somit die tatsächlich nutzbare Kapazität reduziert. Damit hat das Losgrößenproblem die benötigte Kapazität unterschätzt. Dass dies nicht immer so ist, belegt der Fall, bei dem die beiden Produkte auf den beiden Stationen in einer unterschiedlichen Reihenfolge zu produzieren sind. Beide Möglichkeiten verhalten sich im Hinblick auf eine minimale mittlere Verspätung gleich. Es wird der Fall betrachtet, bei dem Produkt P1 zuerst durch Station S1 bearbeitet wird und dann durch Station S2. Produkt P2 demgegenüber wird zuerst durch Station S2 bearbeitet und danach durch Station S1. Da ein Arbeitsplan im Model CLSP nicht berücksichtigt wird, sind die in Tabelle 4.2 angegebenen terminierten Planaufträge weiterhin die optimalen Lose. Damit unterscheidet sich dieses Ressourcenbelegungsplanungsproblem von dem vorhergehenden, s. Tabelle 4.3, nur um die Änderung der Stationenfolge. Eine Lösung ist in Abbildung 4.3 angegeben. Da diese keine Verspätung hat, löst sie das Ressourcenbelegungsplanungsproblem für die Minimierung der mittleren Verspätung optimal.

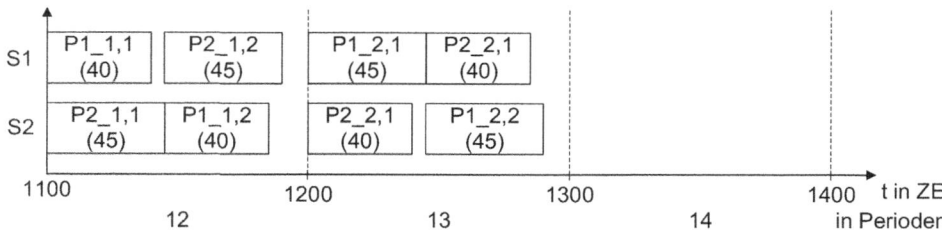

Abbildung 4.3: Belegung mit minimaler mittlerer Verspätung mit unterschiedlicher Stationenfolge für die Produkte.

Dass die tatsächlich nutzbare Kapazität kleiner ist, kann dadurch berücksichtigt werden, dass die verfügbare Kapazität in den Kapazitätsrestriktionen im CLSP reduziert wird. Die prinzipielle Vorgehensweise wird in Abschnitt 4.2 erläutert und in Abschnitt 4.3 werden Kapazitätsreduktionen in einer rollenden Planung analysiert. Optimal gelöst wird das Problem durch eine simultane Planung. Für sehr kurze Perioden hat sich ein Optimierungsmodell („small bucket"-Modell) etabliert, welches anhand eines Produktionssegments mit einer Station in Abschnitt 4.4 erläutert wird. Anhand seiner Erweiterung auf zwei parallele Stationen in Abschnitt 4.6 wird gezeigt, dass es einem CLSP gefolgt von einer optimalen Ressourcenbelegungsplanung überlegen ist. Weitere Unterschiede sind Gegenstand von Abschnitt 4.5. Verspätungen bei einer optimalen kapazitierten Losplanung und anschließender optimaler Ressourcenbelegungsplanung werden, durch die Lösung von einem mehrstufigen kapazitierten Losgrößenproblem, dass durch eine Ersetzung der Produktionssysteme im CLSP durch die Stationen von diesen Produktionssystem entsteht, vermieden. Im Abschnitt 4.7 wird dies vorgestellt und analysiert.

4.2 CLSP mit Kapazitätsreduktion und Ressourcenbelegungsplanung

Die Reduktion der verfügbaren Kapazität in den Kapazitätsrestriktionen erfolgt in der Fallstudie aus Abschnitt 4.1.

Die Aufgabe zu dem Folgenden lautet:
Reduzieren Sie in der Fallstudie aus Abschnitt 4.1 die Periodenkapazität des Produktionssegments PS so lange, bis bei der optimalen Lösung von dem CLSP und anschließender optimaler Ressourcenbelegungsplanung für die Minimierung der mittleren Verspätung alle Bedarfe, s. Tabelle 4.1, termingerecht ausgeliefert werden können.

Eine Verringerung der Gesamtkapazität im CLSP erfolgt durch folgende Erweiterung der Kapazitätsbedingung, bei der ein Reduktionsfaktor f eingeführt wird:
$$\sum_{k=1}^{K} (tb_{k,j} \cdot q_{k,t} + tr_{k,j} \cdot \gamma_{k,t}) \leq b_{j,t} \cdot f \ \forall \ 1 \leq j \leq J \text{ und } 1 \leq t \leq T \text{ und } 0 < f < 1.$$

Die Umsetzung in ILOG lautet – als „mod"-Datei:

```
1  // In Parameter, Teil 1:
2    float f = ...;
3  // In Modell unter subject to:
4  // erweiterte Kapazitätsrestriktion
5    forall(t in Planungszeitraum, j in Ressource){
6      //Kapazitätsrestriktion
7      sum(k in Produkt)
8        (tb[k,j] * q[k,t] + tr[k,j] * gamma[k,t]) <= b[j,t] * f;
9    }
10 }
```

Listing 4.3: Implementierung der Erweiterung der Kapazitätsbedingung in ILOG.

Der ideale Faktor wurde durch sequenzielles Verringern der Kapazität im CLSP und anschließender optimaler Lösung des resultierenden Ressourcenbelegungsplanungsproblems für die Minimierung der Verspätung mit Überprüfung der mittleren Verspätung ermittelt. Er lautet, auf zwei Nachkommastellen genau: 0.5.

Die Parameter für das konkrete Zahlenbeispiel lauten nun insgesamt – als „dat"-Datei:

```
 1  T = 5;    // Anzahl an Perioden.
 2  K = 2;    // Anzahl an Produkten.
 3  J = 1;    // Anzahl an Ressourcen.
 4  // M muss wenigstens so groß wie die Summe an Bedarfen sein.
 5  M = 170;
 6  // Nettobedarfe:
 7  d = [[0, 0, 0, 40, 45]
 8       [0, 0, 0, 45, 40]];
 9  // Kapazitäten:
10  b = [[100,100,100,100,100]];
11  h = [100, 100];        // Lagerkostensätze.
12  s = [1, 1];            // Rüstkostensätze.
13  tb = [[1], [1]];       // Stückbearbeitungszeiten.
14  tr = [[0], [0]];       // Rüstzeiten.
15  z = [1, 1];            // Mindestvorlaufzeiten.
16  y0 = [0, 0];           // Anfangslagerbestände.
17  f = 0.5;               // Reduktionsfaktor
```

Listing 4.4: Implementierung ILOG Parameter mit reduzierter Kapazität.

Durch die Verringerung der Kapazität um die Hälfte rechnet das CLSP in jeder Periode nur noch mit einer Kapazität von 50 ZE und da die Bearbeitungszeit für jedes Produkt 1 ZE für 1 ME beträgt, können in einer Periode nur höchstens 50 ME produziert werden. Für den kumulierten Bedarf von 170 ME werden daher mindestens vier Perioden benötigt.

Eine durch ILOG ermittelte optimale Lösung erzeugt in vier Perioden die in der folgenden Tabelle 4.4 angegebenen terminierten Planaufträge. Wiederum ist der Starttermin der Planaufträge auch ihr jeweiliger Freigabetermin. Dies bewirkt ein Ressourcenbelegungsplanungsproblem für die Minimierung der mittleren Verspätung, bei dem nur zu Beginn der Periode 13 eine Konkurrenzsituation vorliegt. Jede Auflösung führt zu einer Abarbeitung ohne Verspätung und in Abbildung 4.4 ist eine visualisiert. Folglich werden die Bedarfe termingerecht ausgeliefert.

Plan-auftrag	Start-termin	End-termin	Bearbei-tungszeit	Deckt Bedarf zu Be-ginn von einer Periode
P2_1(20)	900 ZE	1000 ZE	20 ZE	von P2 für Periode 13
P1_1(50)	1000 ZE	1100 ZE	50 ZE	von P1 für Perioden 13 und 14
P2_2(50)	1100 ZE	1200 ZE	50 ZE	von P2 für Perioden 13 und 14
P1_2(35)	1200 ZE	1300 ZE	35 ZE	von P1 für Periode 14
P2_3(15)	1200 ZE	1300 ZE	15 ZE	von P2 für Periode 14

Tabelle 4.4: Terminierte Planaufträge bei einem Kapazitätsreduktionsfaktor von 0.5 (ZE für Zeiteinheiten).

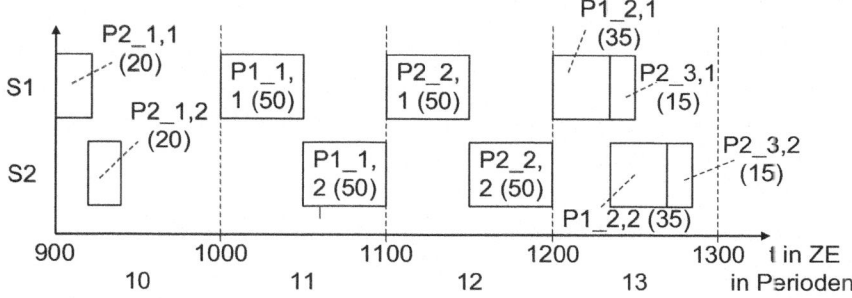

Abbildung 4.4: Eine Abarbeitung von einer Lösung von dem CLSP mit reduzierter Kapazität.

Die Vermeidung der Verspätung erfolgte durch eine Vorproduktion. So werden 20 Mengeneinheiten (ME) von Produkt P2 in Periode 11 und 12 gelagert, 50 ME von P1 werden in Periode 12 gelagert, 10 ME von P1 werden in Periode 13 gelagert und 25 ME von P2 werden in Periode 13 gelagert. Allerdings reicht ein Produktionszeitraum über 3 Perioden aus, wie die folgende Abbildung 4.5 belegt; diese Produktion vermeidet sogar eine Lagerung. Würde jedoch so früh wie möglich mit der Produktion in einer Periode begonnen, so würden folgende Lagerbestände auftreten: 40 ME von P1 werden in Periode 12 gelagert und 45 ME von P1 werden in Periode 13 gelagert; gegenüber der Lösung in Abbildung 4.4 werden somit über beide Produkte kumuliert in Summe 40 ME weniger gelagert.

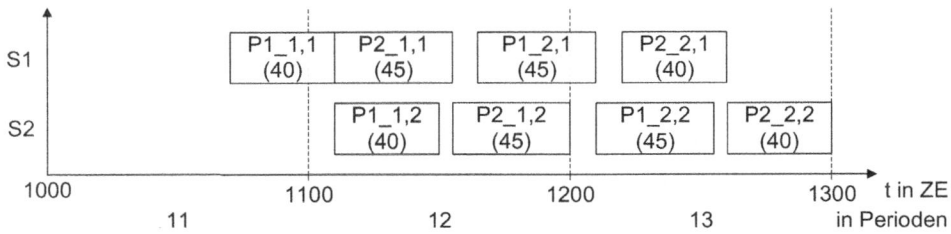

Abbildung 4.5: Lösung mit drei Perioden.

4.3 Kapazitätsreduktion für CLSP und Ressourcenbelegungsplanung in einer rollenden Planung

Eine Losbildung gefolgt von einer Ressourcenbelegungsplanung wird in einer rollenden Planung, s. einleitendes Kapitel, eingesetzt. Ohne eine rollende Planung zu simulieren, belegt die folgende Fallstudie, dass ein optimaler Kapazitätsreduktionfaktor im Zeitablauf sogar stark schwanken dürfte.

Die Fallstudie besteht aus 2 Stationen S1 und S2, deren Kapazitäten jeweils 100 Zeiteinheiten (ZE) pro Periode betragen. Es werden 2 Produkte produziert, und zwar beide zuerst auf Station S1 und anschließend auf Station S2 mit jeweils einer Bearbeitungszeit von je 1 ZE je Mengeneinheit (ME) und je Station. Ebenfalls für beide Produkte betragen die Rüstkosten 100 Geldeinheiten (GE) und die Lagerkosten 1 GE je ME und Periode. Rüstzeiten fallen keine an. Die Mindestvorlaufzeit beträgt 1 Periode. Der Planungszeitraum umfasst die Perioden 6 bis 20. Perioden mit (echt positiven) Bedarfen sind in der Tabelle 4.5 angegeben. Um die Möglichkeit zur Vorproduktion nicht einzuschränken, gibt es fünf Perioden ohne Bedarf – i.e. in den Perioden 6 bis 10.

k\t	11	12	13	14	15	16	17	18	19	20
P1	8 ME	14 ME	9 ME	10 ME	7 ME	19 ME	10 ME	1 ME	25 ME	6 ME
P2	7 ME	6 ME	7 ME	15 ME	8 ME	6 ME	9 ME	5 ME	7 ME	3 ME

Tabelle 4.5: Bedarfe von P1 und P2 zu Beginn der Perioden 11 bis 20 in Mengeneinheiten (ME).

Die Linienfertigung aus den beiden Stationen S1 und S2 bildet das Produktionssystem PS. Seine Periodenkapazität beträgt 100 ZE. Beide Produkte haben eine Bearbeitungszeit von je 1 ZE je ME auf PS.

264

Die Aufgabe zu dem Folgenden lautet:

Fassen Sie die Fallstudie als ein CLSP, s. Abschnitt 4.1, auf. Stellen Sie die zeitliche Anordnung der erhaltenen terminierten Planaufträge als Gantt-Diagramm dar. Führen Sie eine Ressourcenbelegungsplanung mit minimaler mittlerer Verspätung durch.

Zur Lösung wird das in Abschnitt 4.1 angegebene ILOG-Modell mit dem folgendem Datenfile verwendet.

```
1  T = 15;    // Anzahl an Perioden.
2  K = 2;     // Anzahl an Produkten.
3  J = 1;     // Anzahl an Ressourcen.
4  // M muss wenigstens so groß wie die Summe an Bedarfen sein.
5  M = 1000;
6  // Nettobedarfe:
7  d = [[0,  0,  0,  0,  0,  8,  14,  9,  10,  7,  19,  10,  1,  25,  6]
8       [0,  0,  0,  0,  0,  7,   6,  7,  15,  8,   6,   9,  5,   7,  3]];
9  // Kapazitäten:
10 b = [[100,100,100,100,100,100,100,100,100,100,100,100,100,100 100]];
11 h = [1,  1];         // Lagerkostensätze.
12 s = [100,  100];     // Rüstkostensätze.
13 tb = [[1],  [1]];    // Stückbearbeitungszeiten.
14 tr = [[0],  [0]];    // Rüstzeiten.
15 z = [1,  1];         // Mindestvorlaufzeiten.
16 y0 = [0,  0];        // Anfangslagerbestände.
```

Listing 4.5: Verwendete ILOG Parameter.

Eine Lösung ist in Abbildung 4.6 angegeben und besteht aus 4 Planaufträgen, die jeweils in einer Periode zu fertigen sind; in Klammern sind die zu produzierenden Mengeneinheiten angegeben und in den Perioden 6 bis 9 und 16 bis 20 ist kein Planauftrag, weswegen diese in Abbildung 4.6 nicht angegeben sind. Jede Periode hat noch freie Kapazität.

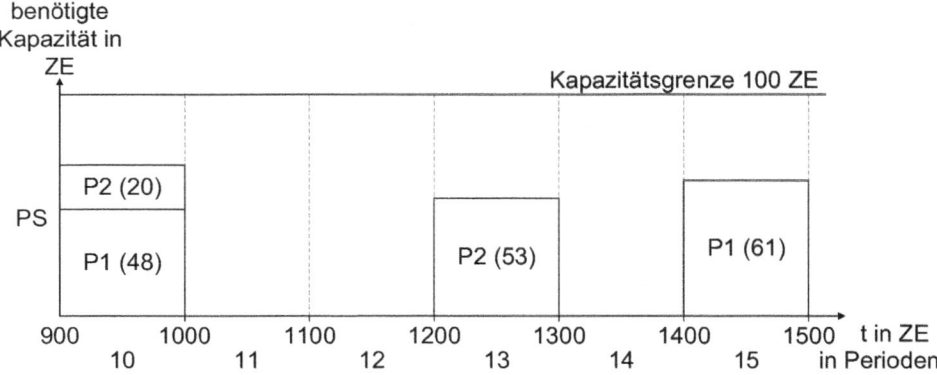

Abbildung 4.6: Lösung des CLSP.

Die vier terminierten Produktionsaufträge P1(48), P2(20), P2(53) und P1(61) bilden ein Ressourcenbelegungsplanungsproblem. Jeder Plan mit minimaler mittlerer Verspätung hat drei verspätete Produktionsaufträge. Eine dieser ist in Abbildung 4.7 angegeben, aus dem die verspäteten Auslieferungen ermittelt werden können.

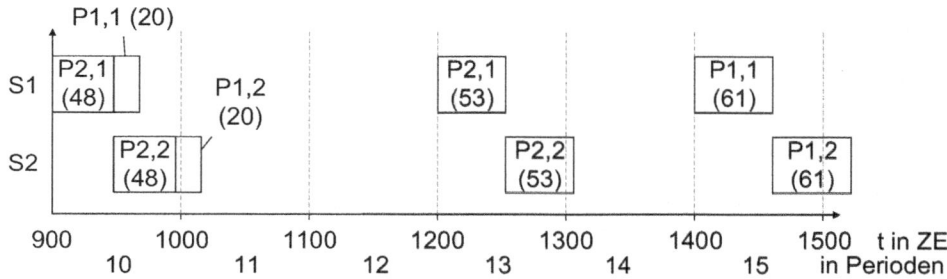

Abbildung 4.7: Ressourcenbelegung mit minimaler mittlerer Verspätung.

Nun wird die in der Fallstudie im Abschnitt 4.2 vorgestellte Reduktion der Periodenkapazität für ein Produktionssegment angewandt.

Die Aufgabe zu dem Folgenden lautet:
Reduzieren Sie die Periodenkapazität des Produktionssegments PS so lange, bis bei der optimalen Lösung des CLSP und anschließender optimaler Ressourcenbelegungsplanung für die Minimierung der mittleren Verspätung alle Bedarfe, s. Tabelle 4.5, termingerecht ausgeliefert werden können.

Eine Reduktion der Periodenkapazität des Produktionssegments PS mit dem Kapazitätsreduktionsfaktor von 0.5 ist notwendig (auf zwei Nachkommastellen genau), damit eine anschließende Ressourcenbelegungsplanung ohne Verspätung möglich ist. Die beiden folgenden Abbildungen geben die terminierten Planaufträge und eine Ressourcenbelegungsplanung (der Produktionsaufträge, die zu den Planaufträgen gehören) ohne Verspätung an.

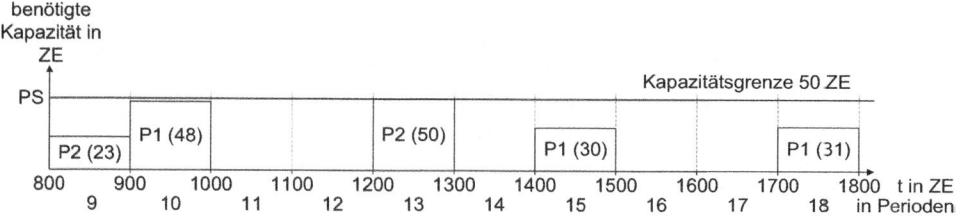

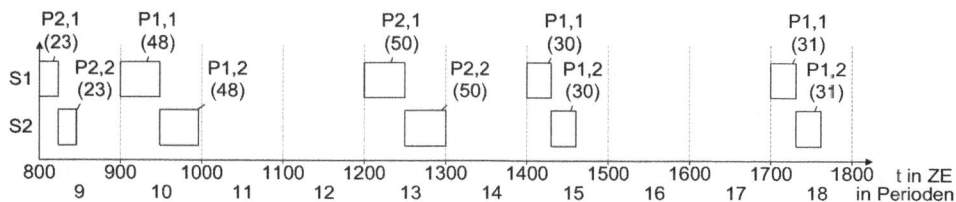

Abbildung 4.8: Lösung des CLSP mit einer um 50% reduzierten Periodenkapazität (oben) und einer Ressourcenbelegung ohne Verspätung (unten).

Die Aufgabe zu dem Folgenden lautet:

Bestimmen Sie die idealen Kapazitätsreduktionsfaktoren für verschiedene Teilplanungsprobleme durch Einschränkung von dem Planungszeitraum, durch:

- Planungszeitraum von Periode 6 bis Periode 15 sowie
- Planungszeitraum von Periode 12 bis Periode 16, wobei die ersten 5 Perioden davor keinen Bedarf haben – also ebenfalls ein Planungszeitraum über 10 Perioden vorliegt.

(I.e. Lösung vom CLSP und anschließende optimale Ressourcenbelegungsplanung ohne Verspätung.)

Bei einem Planungszeitraum von Periode 6 bis Periode 15, welches also aus den ersten 5 Perioden besteht – nämlich von Periode 11 bis Periode 15 – mit 5 Perioden davor ohne Bedarf, lautet der ideale Kapazitätsreduktionsfaktor 0.6 – auf zwei Nachkommastellen genau. Bei einer Planung mit den Bedarfen in den Perioden 12 bis 16 und wiederum 5 Perioden davor ohne Bedarf lautet der ideale Kapazitätsreduktionsfaktor 0.53 (wiederum auf zwei Nachkommastellen genau). Auf diese Weise wurden aus den aufeinanderfolgenden Bedarfen über 5 Perioden beginnend mit Periode 13, 14, 15 und 16 weitere 4

Probleme gebildet, deren ideale Kapazitätsreduktionsfaktoren 0.63, 0.59, 0.7 und 0.9 lauten; s. Tabelle 4.6 für eine Zusammenfassung. Für das letzte dieser 4 Probleme aus den Bedarfen in den Perioden 16 bis 20 enthält das Listing 4.6 das Datenfile zu dem ILOG-Modell aus Abschnitt 4.1.

```
1  T = 10;  // Anzahl an Perioden.
2  K = 2;   // Anzahl an Produkten.
3  J = 1;   // Anzahl an Ressourcen.
4  // M muss wenigstens so groß wie die Summe an Bedarfen sein.
5  M = 1000;
6  // Nettobedarfe:
7  d = [[0, 0, 0, 0, 0, 19, 10, 1, 25, 6]
8       [0, 0, 0, 0, 0,  6,  9, 5,  7, 3]];
9  // Kapazitäten:
10 b = [[100,100,100,100,100,100,100,100,100,100]];
11 h = [1, 1];         // Lagerkostensätze.
12 s = [100, 100];     // Rüstkostensätze.
13 tb = [[1], [1]];    // Stückbearbeitungszeiten.
14 tr = [[0], [0]];    // Rüstzeiten.
15 z = [1, 1];         // Mindestvorlaufzeiten.
16 y0 = [0, 0];        // Anfangslagerbestände.
17 f = 0.90;           // Reduktionsfaktor
```

Listing 4.6: Verwendete ILOG Parameter für das Problem aus den Bedarfen in den Perioden 16 bis 20.

Planungsproblem aus Periodenbedarfen	11-15	12-16	13-17	14-18	15-19	16-20
Kapazitätsreduktionsfaktor	0.60	0.58	0.63	0.59	0.70	0.90

Tabelle 4.6: Ideale Kapazitätsreduktionsfaktoren für Planungsprobleme über 5 Perioden, mit jeweils 5 Perioden davor ohne Bedarf.

Diese Experimente bilden keine rollende Planung nach, wie sie im Abschnitt 3.4 erläutert worden ist, da Produktionsaufträge nicht fixiert werden und deren Ergebnisse in den nachfolgenden Planungen nicht verwendet werden. Die im Rahmen der letzten Aufgabe (zu den Kapazitätsreduktionsfaktoren) vorgestellten beiden Planungsprobleme aus den Bedarfen in den Perioden 11 bis 15 und 16 bis 20 entstehen bei einer rollenden Planung auf die folgende Art und Weise. Zunächst werden die Bedarfe zu Beginn der Perioden 11 bis 15 mit 5 Perioden davor ohne Bedarf geplant; dies entspricht dem Planungsproblem mit einem Planungszeitraum von Periode 6 bis 15, bei dem der Kapazitätsreduktionsfaktor von 50% verwendet wird. Die Lösung ist ein Produktions-auftrag zu P1 über 48 ME in Periode 10 und ein Produktionsauftrag zu P2 über 43

ME in Periode 9. Dann werden nach der rollenden Planung die Bedarfe zu Beginn der Perioden 16 bis 20 geplant. Diese haben im Gegensatz zu dem im Rahmen der letzten Aufgabe betrachteten Planungsproblemen Bedarfe in den 5 Perioden davor, nämlich in den Perioden 11 bis 15. Für das resultierende Planungsproblem wirken die beiden Planaufträge über 48 ME von Produkt P1 in Periode 10 und über 43 ME von Produkt P2 in Periode 9 wie Anfangslagerbestände, mit denen genau die Bedarfe zu Beginn der Perioden 11 bis 15 gedeckt werden. Dadurch können diese Anfangslagerbestände und diese Bedarfe zu Beginn der Perioden 11 bis 15 eliminiert werden, wodurch im resultierenden äquivalenten Planungsproblem die Bedarfe zu Beginn der Perioden 16 bis 20 mit 5 Perioden davor ohne Bedarf geplant werden; also das oben genannte zweite Planungsproblem nun geplant wird, wobei der Kapazitätsreduktionsfaktor von 0,9 zu verwenden ist. Damit ist nachgewiesen, dass im Allgemeinen in einer rollenden Planung – und damit beim industriellen Einsatz – ein einheitlicher Kapazitätsreduktionsfaktor für die einzelnen sukzessive zu lösenden Planungsprobleme nicht optimal ist. Es sei betont, dass dieser Nachweis auch für stark ausgelastete Produktionssysteme gelingt. So können in dieser Fallstudie die vielen Perioden ohne Produktion, aufgrund der Losbildung, für die Produktion von weiteren Produkten genutzt werden – beispielsweise durch vier statt zwei Produkte, wobei eines der beiden neuen Produkte den gleichen Bedarf und die gleichen Planungsparameter wie P1 haben könnte und das andere den gleichen Bedarf und die gleichen Planungsparameter wie P2 haben könnte.

Aufgrund dieser Experimente dürfte bei einer rollenden Planung der ideale Kapazitätsreduktionsfaktor sehr stark schwanken. Möglich ist die Verwendung von einem einzigen, aber dann relativ kleinen Kapazitätsreduktionsfaktor. Dies impliziert, dass die am Ende des Abschnitts 4.2 bereits aufgezeigte zu geringe Nutzung der tatsächlich verfügbaren Periodenkapazität noch deutlich verstärkt auftreten dürfte. Ebenfalls dürfte eine Vorproduktion noch deutlich verstärkt auftreten, wie dies ebenfalls bereits am Ende des Abschnitts 4.2 aufgezeigt wurde, mit dem Nachteil von deutlich höheren vermeidbaren Lagerbeständen.

4.4 PLSP für eine Station

Eine simultane Planung von Losen- und Reihenfolgen bewirkt das in der Literatur, s. [Temp15], als **P**roportional **L**otsizing and **S**cheduling **P**roblem (PLSP) bezeichnete Optimierungsmodell. Es löst die in der Fallstudie zum CLSP mit anschließender Reihenfolgeplanung, s. Abschnitt 4.1, demonstrierte Schwierigkeit, durch die Grundannahme, nach der in jeder Periode maximal einmal umgerüstet werden kann, wodurch in einer Periode maximal zwei unterschiedliche Produkte auf einer Station produziert werden können. Dadurch enthält die Lösung eines PLSP nicht nur die einzelnen Lose, sondern auch einen vollständigen Ablaufplan.

Die Aufgabe zu dem Folgenden lautet:
Geben Sie ein PLSP an, und zwar neben einer mathematischen Formulierung auch noch eine Implementierung in ILOG.

Gegenüber dem CLSP, s. Abschnitt 4.1 und [Herr09], sind Rüstvorgänge geeignet zu modellieren. Überflüssige Rüstvorgänge werden im PLSP-Modell durch die binäre Variable $\omega_{k,t}$ vermieden. Diese beschreibt den Rüstzustand einer Ressource für ein Produkt k am Ende einer Periode t. Bei $\omega_{k,t} = 1$ kann das Produkt k sowohl am Ende der Periode t als auch zu Beginn der Periode t + 1 produziert werden. Der eigentliche Rüstvorgang wird durch die Variable $\gamma_{k,t}$ abgebildet. Eine Periode ist mindestens so lang wie ein Rüstvorgang; die deswegen als Mikroperiode bezeichnet wird, s. [Temp15] – es wird sich zeigen, dass dies konsistent zu der in Abschnitt 2.1 eingeführten Mikroperiode und auch zu seiner Verwendung im Modell RCPSP-MP-E ist. Rüstkosten fallen nur einmal vor Beginn der Produktion an; das Rüsten muss nicht unmittelbar vor dem Produktionsbeginn erfolgen – ein Rüsten in einer früheren Perioden ist möglich. Gegenüber dem PLSP nach [Temp15] liegen Mindestvorlaufzeiten mit der gleichen Intention wie beim (ML)CLSP, s. die Abschnitte 3.1.3 und 4.1, vor. Es sei erinnert – dort wurde es ausführlich diskutiert (eben um zu realisieren, dass ein Bedarf zu Beginn einer Periode zu decken ist) –, dass jede Mindestvorlaufzeit mindestens 1 Periode beträgt. Das PLSP hat nun folgende Gestalt, wobei die Restriktionen mit denen von dem Modell CLSP übereinstimmen, bis auf die Rüstrestriktionen, die im Anschluss an dieser Modellbeschreibung erläutert werden:

Parameter:

T   Länge des Planungszeitraums ($1 \leq t \leq T$).

K   Anzahl der Produkte ($1 \leq k \leq K$).

M   Große Zahl (mindestens so groß wie die größtmögliche Losgröße).

b_t Verfügbare Kapazität der Ressource in Periode t $\forall\ 1 \leq t \leq T$.

$d_{k,t}^A$ Nettobedarfsmenge des Produkts k zu Beginn von Periode t $\forall\ 1 \leq k \leq K$ und $1 \leq t \leq T$.

h_k Lagerkostensatz für Produkt k $\forall\ 1 \leq k \leq K$.

s_k Rüstkostensatz für Produkt k $\forall\ 1 \leq k \leq K$.

tb_k Bearbeitungszeit für eine Mengeneinheit von Produkt k $\forall\ 1 \leq k \leq K$.

tr_k Rüstzeit für Produkt k $\forall\ 1 \leq k \leq K$.

z_k Mindestvorlaufzeit eines Planauftrags (Loses) für Produkt k mit $z_k \geq 1$
$\forall\, 1 \leq k \leq K$.

LA_k Anfangslagerbestand für Produkt k $\forall\, 1 \leq k \leq K$.

Variablen:

$q_{k,t}$ Losgröße des Produkts k in Periode t $\forall\, 1 \leq k \leq K$ und $1 \leq t \leq T$.
(Das Los wird in Periode t produziert. Damit ist der Beginn von Periode
t sein möglicher Starttermin – kurz Starttermin – und sein Endtermin
ist stets zu Beginn von Periode $t + 1$. Seine Produktionsmenge steht zu
Beginn von Periode $t + z_k$ im Lager zur Bedarfsdeckung zur Verfügung.)

$y_{k,t}^E$ Lagerbestand für Produkt k am Ende der Periode t $\forall\, 1 \leq k \leq K$ und $0 \leq t \leq T$.

$\gamma_{k,t}$ $= \begin{cases} 1, & \text{wenn die Ressource in Periode t für Produkt k gerüstet wird} \\ 0, & \text{sonst} \end{cases}$
$\forall\, 1 \leq k \leq K$ und $1 \leq t \leq T$.

$\omega_{k,t}$ $= \begin{cases} 1, & \text{wenn die Ressource am Ende der Periode t für Produkt k gerüstet ist} \\ 0, & \text{sonst} \end{cases}$
$\forall\, 1 \leq k \leq K$ und $0 \leq t \leq T$.

Zielfunktion:

$$Z = \sum_{k=1}^{K} \sum_{t=1}^{T} (s_k \cdot \gamma_{k,t} + h_k \cdot y_{k,t}^E).$$

Restriktionen:

$y_{k,t-1}^E + q_{k,t-z_k} - d_{k,t}^A = y_{k,t}^E \;\forall\, 1 \leq k \leq K$ und $1 \leq t \leq T$ \hfill Lagerbilanzgleichungen.

$\sum_{k=1}^{K} (tb_k \cdot q_{k,t} + tr_k \cdot \gamma_{k,t}) \leq b_t \;\forall\, 1 \leq t \leq T$ \hfill Kapazitätsrestriktionen.

$\sum_{k=1}^{K} \omega_{k,t} = 1 \;\forall\, 1 \leq t \leq T$ \hfill Rüst-

$\gamma_{k,t} \geq \omega_{k,t} - \omega_{k,t-1} \;\forall\, 1 \leq k \leq K$ und $1 \leq t \leq T$ \hfill restrik-

$q_{k,t} \leq M \cdot (\omega_{k,t-1} + \omega_{k,t}) \;\forall\, 1 \leq k \leq K$ und $1 \leq t \leq T$ \hfill tionen.

$\omega_{k,0} = 0 \;\forall\, 1 \leq k \leq K$ \hfill Anfangsrüstzustände.

$y_{k,0}^E = LA_k$ und $y_{k,T}^E = 0 \;\forall\, 1 \leq k \leq K$ \hfill Lageranfangs- und endbestände.

$q_{k,t}$ und $y_{k,t}^E$ sowie $y_{k,0}^E \geq 0 \;\forall\, 1 \leq k \leq K$ und $1 \leq t \leq T$ \hfill Nicht-

$\gamma_{k,t}, \omega_{k,t} \in \{0,1\} \;\forall\, 1 \leq k \leq K$ und $1 \leq t \leq T$ \hfill negativität.

Minimierungsproblem:

Minimiere Z.

Die zuerst genannte Gruppe an Rüstrestriktionen bewirken, dass die Ressource bzw. Station – zur Betonung, dass es sich um eine reale Maschine oder Anlage etc. auf der Produktionsebene handelt – am Ende jeder Periode genau für ein Produkt gerüstet ist. Die zweite Gruppe an Rüstrestriktionen bewirkt zusammen mit der Minimierung der Zielfunktion, durch die die Rüstvariablen so wenig wie möglich gesetzt werden, dass die Station genau dann in Periode t für ein Produkt k gerüstet wird, wenn der Rüstzustand der Station für Produkt k von nicht gerüstet in der Vorperiode t − 1 auf gerüstet in Periode t wechselt. Der umgekehrte Fall von (für Produkt k) in (Periode) t − 1 gerüstet zu (für Produkt k) in (Periode) t nicht gerüstet ist immer möglich. In Verbindung mit der ersten Gruppe an Rüstrestriktionen wird der Rüstzustand der Station in einer Periode t von seiner Vorperiode übernommen, sofern in der Periode t nicht gerüstet wird (für kein Produkt). Dies bewirkt auch, dass in einer Periode höchstens einmal gerüstet wird. Die dritte und letzte Gruppe an Rüstrestriktionen bewirkt, dass nur dann ein echt positives Los in einer Periode t für ein Produkt k erlaubt ist, wenn die Station zu Beginn der Periode t für das Produkt k gerüstet ist – i.e. $\omega_{k,t-1} = 1$ – oder die Station innerhalb der Periode t gerüstet wird, dann ist, da in einer Periode höchstens einmal gerüstet wird, $\omega_{k,t} = 1$. Dass im letzten Fall genügend Produktionszeit besteht, wird über die Kapazitätsrestriktionen sichergestellt. Eine Initialisierung des Rüstzustands der Station für jedes Produkt zu Beginn des Planungszeitraums erfolgt durch die Restriktionen für Anfangsrüstzustände. Die Zahl M ist – wieder – so zu wählen, dass die Losgröße nicht beschränkt ist. Sie lässt sich je Produkt und Periode durch: $M_{k,t} = min\left\{ \frac{b_t}{tb_k}, \sum_{i=t}^{T} d_{k,i} \right\}$ $\forall$ $1 \leq k \leq K$ und $1 \leq t \leq T$ abschätzen – das größte mögliche Los ist beschränkt durch die Summe an noch zu deckenden Bedarfen von Produkt k und der maximal möglichen Produktionsmenge von Produkt k in Periode t.

Die Umsetzung dieses linearen Optimierungsproblems in ILOG ist im folgenden Listing 4.7 angegeben und zwar als „mod"-Datei. Genauso wie beim (ML)CLSP, s. Abschnitte 3.1.3 und 4.1, kann innerhalb der Mindestvorlaufzeit eines Produkts kein Los für dieses Produkt aufgesetzt werden, da dann vor dem Planungsintervall produziert werden würde. Dazu existiert im folgenden Listing 4.7 die Fallunterscheidung bei den Lagerbilanzgleichungen, s. auch das Listing 3.1 zum MLCLSP im Abschnitt 3.1.3 und das Listing 4.1 zum CLSP im Abschnitt 4.1.

```
 1  // Parameter, Teil 1:
 2  int T = ...;          // Planungszeitraum.
 3  int K = ...;          // Produkte.
 4
 5  // Wertebereiche:
 6  range Produkt = 1..K;
 7  range Planungszeitraum = 1..T;
 8  range PlanungszeitraumNull = 0..T;
 9
10  //Variablen:
11  dvar int+ q[Produkt, Planungszeitraum];              // Losgrößen.
12  dvar int+ y[Produkt, PlanungszeitraumNull];          // Lagerbestände.
13  dvar boolean gamma[Produkt, Planungszeitraum];       // Rüstvariablen.
14  dvar boolean omega[Produkt, PlanungszeitraumNull];   // Rüstzustände.
15
16  // Parameter, Teil 2:
17  int b[Planungszeitraum]=...;             // Kapazitäten.
18  int d[Produkt, Planungszeitraum] = ...;  // Nettobedarfe.
19  int h[Produkt] = ...;                    // Lagerkostensätze.
20  int s[Produkt] = ...;                    // Rüstkostensätze.
21  int tb[Produkt] = ...;                   // Stückbearbeitungszeiten.
22  int tr[Produkt] = ...;                   // Rüstzeiten.
23  int z[Produkt] = ...;                    // Mindestvorlaufzeiten.
24  int y0[Produkt] = ...;                   // Anfangslagerbestände.
25  // große Zahl M:
26  float M[Produkt, Planungszeitraum] =
27  [ k : [ t : (minl(b[t]/tb[k],(sum(i in t..T) d[k,i])))] | k in 1..K, t
        in 1..T];
28
29  // Minimierung der Gesamtkosten:
30  minimize sum(k in Produkt, t in Planungszeitraum)
31              (s[k] * gamma[k,t] + h[k] * y[k,t]);
32
33  subject to{
34      // Lagerbilanzgleichungen:
35      forall(k in Produkt){
36        forall(t in 1..(z[k])){
37          y[k][t-1] - d[k][t] == y[k][t];
38        }
39        forall(t in (z[k]+1)..T){
40          y[k][t-1] + q[k][t-z[k]] - d[k][t] == y[k][t];
41        }
42      }
43
```

```
44  // Kapazitätsrestriktionen :
45    forall(t in Planungszeitraum){
46      sum(k in Produkt) (tb[k] * q[k,t] + tr[k] * gamma[k,t]) <= b[t];
47    }
48
49  // Rüstrestriktionen :
50    forall(t in Planungszeitraum){
51      // Ein Rüstzustand je Periode:
52      sum(k in Produkt) omega[k,t] == 1;
53    }
54    forall(k in Produkt, t in Planungszeitraum){
55      // Setzen der Rüstvariablen :
56      gamma[k,t] >= omega[k,t] - omega[k,t-1];
57      // Notwendigkeit der Rüstung :
58      q[k,t] <= M[k,t] * (omega[k,t-1] + omega[k,t]) ;
59    }
60
61  // Initialisierungen von
62    forall(k in Produkt){
63      // Rüstzuständen:
64      omega[k,0] == 0;
65      // Anfangslagerbeständen:
66      y[k,0] == y0[k];
67      // Endlagerbeständen:
68      y[k,T] == 0;
69    }
70  }
```

Listing 4.7: Implementierung vom Modell PLSP in ILOG.

Folgendes Beispiel möge die Arbeitsweise vom PLSP verdeutlichen. Ein Chiphersteller liefert 6 unterschiedliche Produkte an mehrere Kunden aus. Alle Erzeugnisse werden auf der selben Anlage produziert, deren Kapazität 100 Zeiteinheiten (ZE) je Periode beträgt. Die zu Beginn der nächsten 11 Perioden zu deckenden Bedarfe in Mengeneinheiten (ME) sind in der folgenden Tabelle 4.7 angegeben; Periode 1 steht für eine Vorproduktion zur Verfügung und hat keinen Bedarf.

| | Perioden | | | | | | | | | | |
	1	2	3	4	5	6	7	8	9	10	11
1	0	30	0	0	0	0	0	0	70	0	0
2	0	0	0	0	0	0	10	0	0	0	20
3	0	0	0	10	0	0	0	30	0	0	0
4	0	0	5	0	0	5	0	0	20	100	0
5	0	0	0	0	20	0	0	10	0	0	5
6	0	0	0	0	0	30	0	0	0	10	0

(Zeilenbeschriftung links: Produkte)

Tabelle 4.7: Bedarfe eines Chipherstellers in Mengeneinheiten (ME).

Die Stückbearbeitungszeiten aller Produkte betragen einheitlich $2\ \frac{ZE}{ME}$. Rüstkosten fallen direkt keine an, sondern werden durch Rüstzeiten berücksichtigt. Diese sind ebenfalls bei jedem der Produkte gleich und betragen 8 ZE. Zusätzlich fallen produktspezifische Lagerkostensätze in Geldeinheiten (GE) je ME und Periode an und sind in der folgenden Tabelle 4.8 aufgelistet.

Produkt k	1	2	3	4	5	6
Lagerkostensatz h $\left[\frac{GE}{ME\cdot Periode}\right]$	2	5	1	4	3	2

Tabelle 4.8: Lagerkostensätze vom Chiphersteller.

Die Aufgabe zu dem Folgenden lautet:
Fassen Sie diese Fallstudie als ein PLSP auf und lösen Sie es. Stellen Sie die zeitliche Anordnung der erhaltenen Planaufträge (Lose) als Gantt-Diagramm dar und geben dabei die Rüstvorgänge geeignet an.

Die Parameter für das konkrete Zahlenbeispiel lauten – als „dat"-Datei:

```
 1 T = 11;   // Anzahl an Perioden.
 2 K = 6;    // Anzahl an Produkten.
 3 // Nettobedarfe:
 4 d = [[0,  30, 0,  0,   0,  0,  0,  0,  70,  0,   0],
 5      [0,  0,  0,  0,   0,  0,  10, 0,  0,   0,   20],
 6      [0,  0,  0,  10,  0,  0,  0,  30, 0,   0,   0],
 7      [0,  0,  5,  0,   0,  5,  0,  0,  20,  100, 0],
 8      [0,  0,  0,  0,   20, 0,  0,  10, 0,   0,   5],
 9      [0,  0,  0,  0,   0,  30, 0,  0,  0,   10,  0]];
10 // Kapazitäten:
11 b = [100, 100, 100, 100, 100, 100, 100, 100, 100, 100, 100];
12 h = [2, 5, 1, 4, 3, 2];       // Lagerkostensätze.
13 s = [0, 0, 0, 0, 0, 0];       // Rüstkostensätze.
```

```
14   tb = [2, 2, 2, 2, 2, 2];      // Stückbearbeitungszeiten.
15   tr = [8, 8, 8, 8, 8, 8];      // Rüstzeiten.
16   z = [1, 1, 1, 1, 1, 1];       // Mindestvorlaufzeiten.
17   y0 = [0, 0, 0, 0, 0, 0];      // Anfangslagerbestände.
```

Listing 4.8: Verwendete ILOG Parameter beim Chiphersteller.

Die Kosten der optimalen Lösung dieses Problems betragen 1375 GE. Ihre Planaufträge können, wie in der Abbildung 4.9 dargestellt, bearbeitet werden, wobei die Daten folgende Bedeutung haben: Auf der Abzisse ist die Zeit t aufgetragen und auf der Ordinate sind die Produkte aufgetragen. Die Balken zeigen die Bearbeitung der Erzeugnisse auf. Tritt eine Rüstzeit auf, so ist die Zeitangabe eine Summe aus einer Rüstzeit und einer Bearbeitungszeit (in dieser Reihenfolge). Verschiedene Rüstzustandswechsel und Nutzungen von Rüstzuständen treten auf. So wird der Rüstzustand einer Anlage in einer Folgeperiode verwendet, z.B. von Periode 1 auf Periode 2 oder von Periode 3 auf Periode 4, wobei in beiden Fällen die Anlage zwischenzeitlich leer steht. Periode 2 beginnt mit einem Rüstzustand für Produkt 1. Nach dem Rüsten für Produkt 4 erfolgt noch in Periode 2 eine Produktion von Produkt 4 zur Deckung des Bedarfs in Periode 2. (Es sei angemerkt, dass alternative Pläne sich ergeben, sofern die Planaufträge nicht so früh wie möglich begonnen werden.)

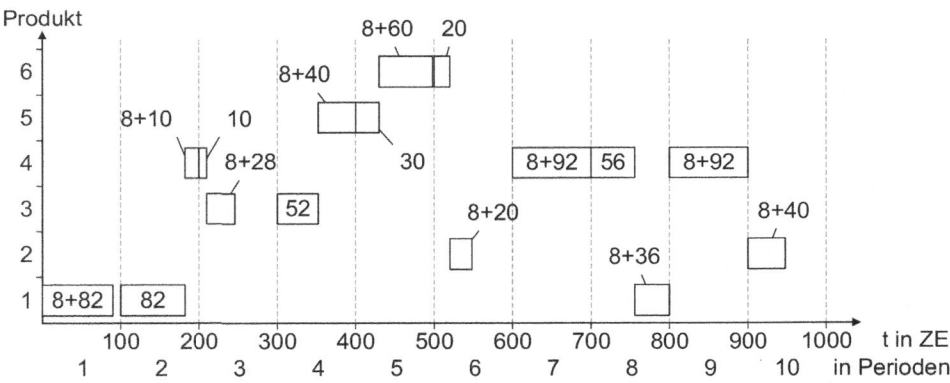

Abbildung 4.9: Abarbeitung einer optimalen Lösung beim Chiphersteller.

Für weiterführende Informationen zu dem linearem Optimierungsmodell PLSP sei auf [DrHa95], [Haas94], [Suer06] verwiesen.

4.5 Unterschiede zwischen CLSP und PLSP

Eine Lösung von einem PLSP hat in einer Periode maximal zwei Lose (Planaufträge) – für unterschiedliche Produkte – auf einer Station. Um eine möglichst hohe Auslastung der Stationen zu erreichen, impliziert diese kleine Periodengrößen. Deswegen wird in der Literatur, s. [Temp15], von einem „small bucket"-Modell gesprochen. Demgegenüber sind beim CLSP und beim MLCLSP die Perioden in der Regel deutlich größer, weswegen von „big bucket"-Modellen gesprochen wird, was auch bereits im Abschnitt 4.1 erfolgte. Wie dort und bei der Definition von einem MLCLSP, s. Abschnitt 3.1.3, erläutert wurde, liegt die Abarbeitungsreihenfolge der Planaufträge in einer Periode nicht fest. Zur Analyse von diesem wesentlichsten Unterschied zwischen den beiden Modellen wird eine Fallstudie durch beide Modelle mit unterschiedlichen Periodengrößen gelöst.

Die Fallstudie besteht aus einer Produktionsstation mit einer Kapazität von 200 Zeiteinheiten (ZE) für die Produktion von fünf unterschiedlichen Produkten. Jedes Produkt hat eine Stückbearbeitungszeit von 1 ZE je Mengeneinheit (ME), Lagerkosten von 5 Geldeinheiten (GE) je ME und Periode, Rüstkosten von 500 GE und keine Rüstzeiten. Die zu Beginn der Perioden 8 bis 11 zu deckenden Bedarfe in ME sind in der folgenden Tabelle 4.9 angegeben; Perioden ohne Bedarf stehen für eine Vorproduktion zur Verfügung – ihre Anzahl ist für kleinere Periodengrößen, nämlich 100 ZE und 50 ZE, notwendig.

		1	2	3	4	5	6	7	8	9	10	11
	1	–	–	–	–	–	–	–	30 ME	20 ME	25 ME	20 ME
	2	–	–	–	–	–	–	–	25 ME	25 ME	30 ME	25 ME
Produkte	3	–	–	–	–	–	–	–	20 ME	30 ME	30 ME	20 ME
	4	–	–	–	–	–	–	–	30 ME	20 ME	20 ME	20 ME
	5	–	–	–	–	–	–	–	20 ME	30 ME	30 ME	25 ME

Tabelle 4.9: Bedarfe in Mengeneinheiten (ME).

Die Aufgabe zu dem Folgenden lautet:
Fassen Sie diese Fallstudie als ein CLSP und als ein PLSP auf und lösen Sie es, wie in den beiden Abschnitten 4.1 und 4.4 beschrieben. Stellen Sie die zeitliche Anordnung der erhaltenen Planaufträge als Gantt-Diagramm dar. Vergleichen Sie die beiden Ergebnisse.

Die Parameter für das konkrete Zahlenbeispiel lauten – als „dat"-Datei:

```
1 T = 11;   // Anzahl an Perioden.
2 K = 5;    // Anzahl an Produkten.
3 J = 1;    // Anzahl an Ressourcen.
4 // M muss wenigstens so groß wie die Summe an Bedarfen zu
5 // einem Produkt sein.
6 M = 110;
7 // Nettobedarfe:
```

```
 8  d = [[0,  0,  0,  0,  0,  0,  0,  30, 20, 25, 20],
 9        [0,  0,  0,  0,  0,  0,  0,  25, 25, 30, 25],
10        [0,  0,  0,  0,  0,  0,  0,  20, 30, 30, 20],
11        [0,  0,  0,  0,  0,  0,  0,  30, 20, 20, 20],
12        [0,  0,  0,  0,  0,  0,  0,  20, 30, 30, 25]];
13  // Kapazitäten:
14  b = [[200, 200, 200, 200, 200, 200, 200, 200, 200, 200, 200]];
15  h = [5, 5, 5, 5, 5];          // Lagerkostensätze.
16  s = [500, 500, 500, 500, 500];  // Rüstkostensätze.
17  tb = [[1], [1], [1], [1], [1]]; // Stückbearbeitungszeiten.
18  tr = [[0], [0], [0], [0], [0]]; // Rüstzeiten.
19  z = [1, 1, 1, 1, 1];          // Mindestvorlaufzeiten.
20  y0 = [0, 0, 0, 0, 0];         // Anfangslagerbestände.
```

Listing 4.9: Verwendete ILOG Parameter für das CLSP (Periodengröße von 200 ZE).

Die Lösung des CLSP mit Kosten von 6375 GE bestimmt Lose (bzw. Planaufträge), die jeweils in einer Periode in einer beliebigen Reihenfolge bearbeiten werden können. Eine Abarbeitung, bei der die Planaufträge so früh wie möglich beginnen, ist in Abbildung 4.10 angegeben. Damit werden die Bedarfe in 600 ZE (d.h. 3 Perioden) produziert. Die kumulierte Durchlaufzeit, für deren Definition s. Abschnitt 3.2.3 (die kumulierte Durchlaufzeit zu einem Bedarf d ist die maximale Differenz zwischen dem Beginn der Periode, in der ein Planauftrag (i.d.R. einer von mehreren Planaufträgen) zur Deckung von d beginnt, bis zum Bedarfszeitpunkt von d) schwankt zwischen 200 ZE und 600 ZE (also zwischen einer und drei Perioden).

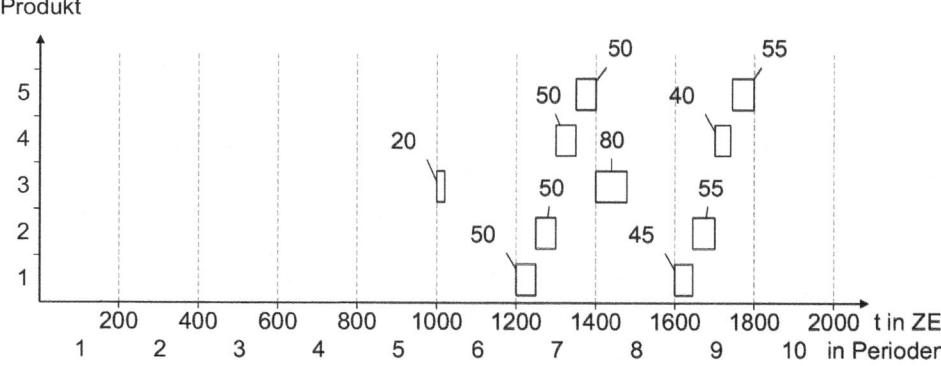

Abbildung 4.10: Abarbeitung der Lösung vom CLSP bei einer Periodenlänge von 200 ZE.

Für das PLSP lauten die Parameter – als „dat"-Datei:

278

```
1  T = 11;    // Anzahl an Perioden.
2  K = 5;     // Anzahl an Produkten.
3  // Nettobedarfe:
4  d = [[0,  0,  0,  0,  0,  0,  0,  30,  20,  25,  20],
5       [0,  0,  0,  0,  0,  0,  0,  25,  25,  30,  25],
6       [0,  0,  0,  0,  0,  0,  0,  20,  30,  30,  20],
7       [0,  0,  0,  0,  0,  0,  0,  30,  20,  20,  20],
8       [0,  0,  0,  0,  0,  0,  0,  20,  30,  30,  25]];
9  // Kapazitäten:
10 b = [200,  200,  200,  200,  200,  200,  200,  200,  200,  200,  200];
11 h = [5,  5,  5,  5,  5];           // Lagerkostensätze.
12 s = [500,  500,  500,  500,  500];  // Rüstkostensätze.
13 tb = [1,  1,  1,  1,  1];           // Stückbearbeitungszeiten.
14 tr = [0,  0,  0,  0,  0];           // Rüstzeiten.
15 z = [1,  1,  1,  1,  1];            // Mindestvorlaufzeiten.
16 y0 = [0,  0,  0,  0,  0];           // Anfangslagerbestände.
```

Listing 4.10: Verwendete ILOG Parameter für das PLSP (Periodengröße von 200 ZE).

Die Lösung des PLSP hat (gegenüber der vom CLSP) um 225 GE höhere Kosten (von 6600 GE) und sie bestimmt Lose (bzw. Planaufträge) in Perioden einschließlich deren Reihenfolge – aufgrund der Rüstzustände. Eine Abarbeitung, bei der die Planaufträge so früh wie möglich beginnen, ist in Abbildung 4.11 angegeben. Damit werden die Bedarfe in 1400 ZE (7 Perioden) produziert und die kumulierte Durchlaufzeit zu den einzelnen Bedarfen schwankt zwischen 200 ZE und 1000 ZE (also zwischen einer und fünf Perioden). Diese Vorproduktion wird verursacht durch die Grundannahme des Modells, nach der in jeder Periode maximal einmal umgerüstet werden kann – damit können in einer Periode maximal zwei unterschiedliche Produkte auf einer Station produziert werden. Dies bewirkt höhere Lagerkosten gegenüber der Lösung von dem CLSP, die durch geringere Rüstkosten, da der Rüstzustand über eine Periodengrenze erhalten bleibt, teilweise kompensiert werden. Eine mögliche Erweiterung von einem CLSP um die Erhaltung des Rüstzustands über eine Periodengrenze bewirkt, dass die Kosten von einer Lösung von dem CLSP noch wesentlich günstiger als eine Lösung von diesem PLSP ist. Da die Periodenkapazität in einem hohen Maße nicht genutzt wird, dürfte sich die ungünstige hohe kumulierte Durchlaufzeit durch eine Verringerung der Periodengröße beim PLSP reduzieren lassen.

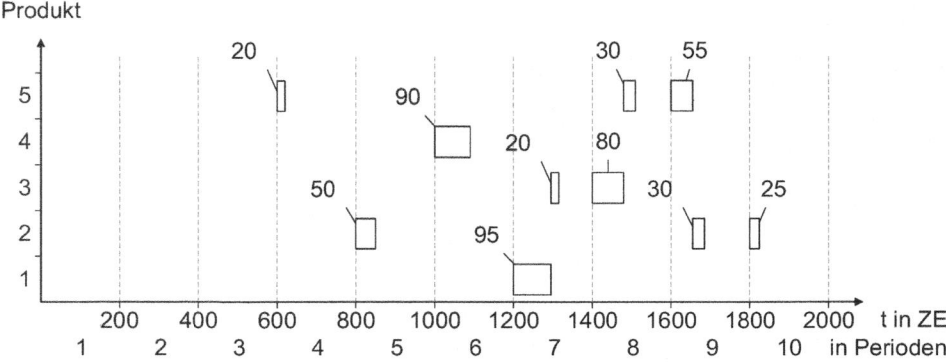

Abbildung 4.11: Abarbeitung der Lösung vom PLSP bei einer Periodenlänge von 200 ZE.

Die Aufgabe zu dem Folgenden lautet:

Reduzieren Sie die Periodengröße und zwar auf 100 Zeiteinheiten und auf 50 Zeiteinheiten. Fassen Sie diese beiden resultierenden Fallstudien als ein CLSP und als ein PLSP auf und lösen Sie es, wie in den beiden Abschnitten 4.1 und 4.4 beschrieben. Stellen Sie die zeitliche Anordnung der erhaltenen Planaufträge als Gantt-Diagramm dar. Vergleichen Sie die Ergebnisse – zu den gleichen Periodengrößen.

Für eine Periodengröße von 100 Zeiteinheiten ist beim CLSP die Belegung von b in der bisherigen „dat"-Datei, s. das Listing 4.9, wie folgt zu korrigieren:

```
1  // Kapazitäten:
2  b = [[100, 100, 100, 100, 100, 100, 100, 100, 100, 100, 100]];
```

Listing 4.11: Kapazitätsangebot in ILOG für das CLSP (Periodengröße von 100 ZE).

Die Lösung des CLSP mit Kosten von 7750 GE bestimmt nun höchstens zwei Planaufträge in einer Periode. Eine Abarbeitung, bei der die Planaufträge so früh wie möglich beginnen, ist in Abbildung 4.12 angegeben. Damit werden die Bedarfe weiterhin innerhalb von 600 ZE produziert und die kumulierte Durchlaufzeit zu den einzelnen Bedarfen schwankt zwischen 100 ZE und 600 ZE.

Produkt

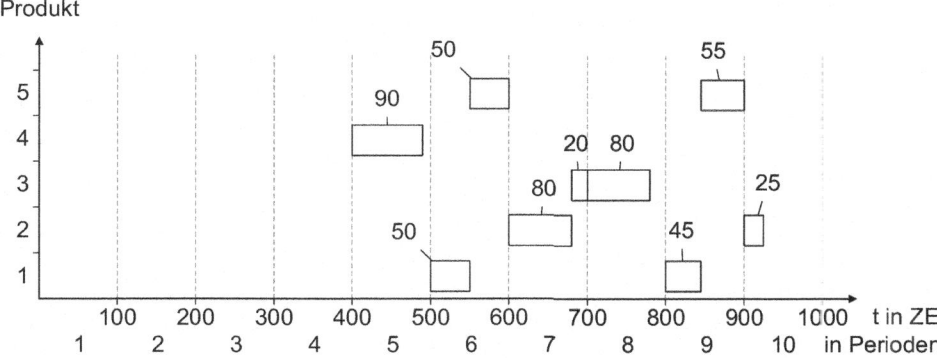

Abbildung 4.12: Abarbeitung einer Lösung vom CLSP bei einer Periodenlänge von 100 ZE.

Für eine Periodengröße von 100 Zeiteinheiten ist für das PLSP die Belegung von b in der bisherigen „dat"-Datei, s. das Listing 4.10, wie folgt zu korrigieren:

```
1  // Kapazitäten:
2  b = [100, 100, 100, 100, 100, 100, 100, 100, 100, 100, 100];
```

Listing 4.12: Kapazitätsangebot in ILOG für das PLSP (Periodengröße von 100 ZE).

Für die Lösung von dem PLSP ist eine Abarbeitung, bei der die Planaufträge so früh wie möglich beginnen, in Abbildung 4.13 angegeben. Damit werden die Bedarfe innerhalb von 700 ZE produziert und die kumulierte Durchlaufzeit zu den einzelnen Bedarfen schwankt zwischen 100 ZE und 500 ZE. Ihre Kosten sind gegenüber denen vom CLSP um 900 GE geringer (sie betragen 6850 GE); da durch die Erhaltung eines Rüstzustands über eine Periodengrenze Rüstaufwände vermieden werden – die Lösung vom CLSP hat 9 Rüstvorgänge und die vom PLSP hat 7 Rüstvorgänge.

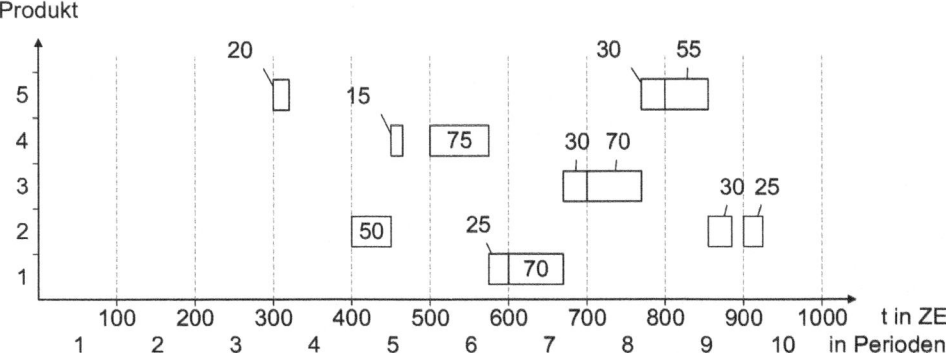

Abbildung 4.13: Abarbeitung einer Lösung vom PLSP bei einer Periodenlänge von 100 ZE.

Gegenüber dem Kapazitätsangebot von 200 ZE verursacht die Grundannahme des PLSP, nach der in jeder Periode maximal zwei unterschiedliche Produkte auf einer Station produziert werden können, nun eine deutlich geringere Leerzeit – im Wesentlichen ist diese halbiert. Durch eine weitere Reduktion des Kapazitätsangebot auf nur noch 50 ZE dürfte die Leerzeit weiter reduziert werden. Dies wird nun betrachtet.

Für eine Periodengröße von 50 Zeiteinheiten ist beim CLSP die Belegung von b in der ursprünglichen „dat"-Datei, s. das Listing 4.9, wie folgt zu korrigieren:

```
1  // Kapazitäten :
2  b = [[50 ,  50,  50,  50,  50,  50,  50,  50,  50,  50,  50]];
```

Listing 4.13: Kapazitätsangebot in ILOG für das CLSP (Periodengröße von 50 ZE).

Die Lösung des CLSP mit Kosten von 13725 GE bestimmt nun wie zuvor höchstens zwei Planaufträge in einer Periode. Eine Abarbeitung, bei der die Planaufträge so früh wie möglich beginnen, ist in Abbildung 4.14 angegeben. Damit werden die Bedarfe nun innerhalb von 500 ZE produziert und die kumulierte Durchlaufzeit zu den einzelnen Bedarfen schwankt zwischen 50 ZE und 400 ZE.

Produkt

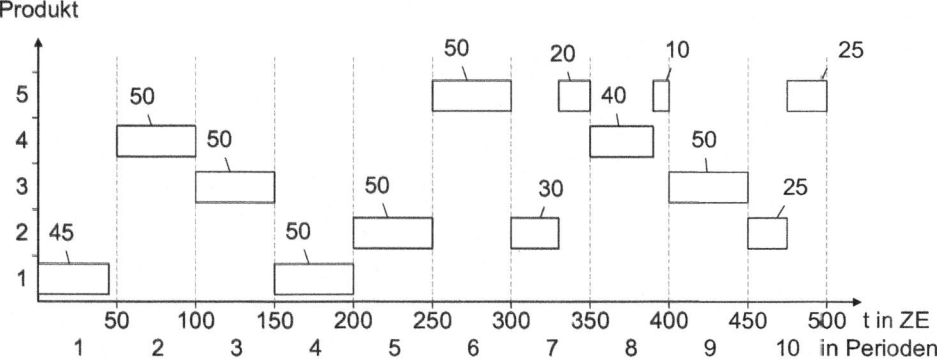

Abbildung 4.14: Abarbeitung einer Lösung vom CLSP bei einer Periodenlänge von 50 ZE.

Für eine Periodengröße von 50 Zeiteinheiten ist für das PLSP die Belegung von b in der ursprünglichen „dat"-Datei, s. das Listing 4.9, wie folgt zu korrigieren:

```
1  // Kapazitäten:
2  b = [50, 50, 50, 50, 50, 50, 50, 50, 50, 50, 50];
```

Listing 4.14: Kapazitätsangebot in ILOG für das PLSP (Periodengröße von 50 ZE).

Für die Lösung von dem PLSP ist eine Abarbeitung, bei der die Planaufträge so früh wie möglich beginnen, in Abbildung 4.15 angegeben. Damit werden die Bedarfe ebenfalls innerhalb von 500 ZE produziert und die kumulierte Durchlaufzeit zu den einzelnen Bedarfen schwankt zwischen 50 ZE und 450 ZE. Beide Lösungen haben in allen Perioden den gleichen maximal möglichen Kapazitätsverbrauch, bis auf die Periode 1 mit einer Nutzung von 90%. Ebenfalls haben beide Lösungen die gleichen kumulierten Lagerbestände von 1445 ME mit Kosten von 7225 GE. Die weitgehende Nutzung von Rüstzuständen beim PLSP bewirkt deutlich geringere Kosten gegenüber denen vom CLSP, so sind die Gesamtkosten um 3000 GE geringer (und betragen 10725 GE) – die Lösung vom CLSP hat 13 Rüstvorgänge und die vom PLSP hat lediglich 7 Rüstvorgänge.

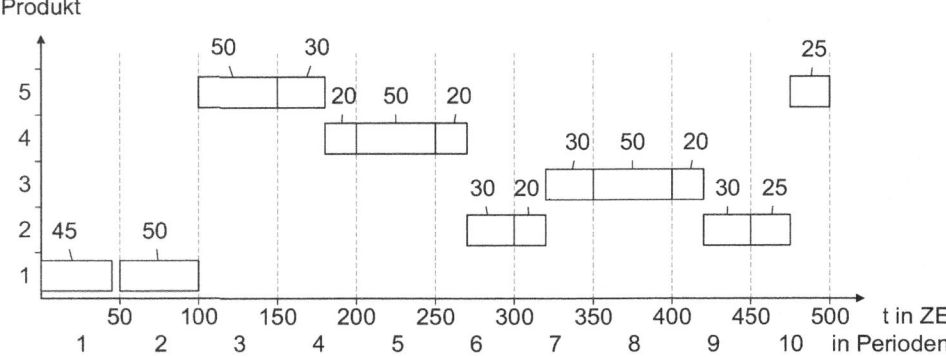

Abbildung 4.15: Abarbeitung einer Lösung vom PLSP bei einer Periodenlänge von 50 ZE.

Die Übertragbarkeit des Rüstzustands und die Beschränkung der Anzahl der in einer Periode zu produzierenden Planaufträge auf 2 bewirken die unterschiedlichen Planaufträge (Lose) und Kosten der Lösungen von den beiden Modellen. In der Regel dürften die Rüstkosten bei einer Lösung vom PLSP geringer als die bei einer Lösung vom CLSP sein. Dabei tendieren Lösungen vom CLSP zu größeren Losen – wegen der Nicht-Übertragbarkeit des Rüstzustands; s. hierzu auch das Beispiel in der Arbeit von Suerie in [Suer05b] im Rahmen seines Vergleichs zwischen den beiden Modellen. Ferner kann die Übertragung des Rüstzustands den Kapazitätsbedarf reduzieren, wodurch ein PLSP eine zulässige Lösung hat, das entsprechende CLSP jedoch nicht. Ansonsten haben beide Modelle viele Gemeinsamkeiten, die beispielsweise in der Arbeit von Suerie in [Suer05b] angegeben sind. Dort wird als grundsätzlicher Nachteil eines PLSP genannt, dass ihre Pläne so detailliert sind, dass keine Puffer für zufällige Schwankungen (Unsicherheit) im Bedarf existieren und die Freiheit zur Änderung eines Plans sehr limitiert ist, was in einer rollenden Planungsumgebung aufgrund von häufigen Änderungen der Daten zu häufig modifizierten Plänen führt und als Nervosität des Planungssystems bezeichnet wird.

In der Literatur finden sich verschiedene Erweiterungen des CLSP um die Übertragung des Rüstzustands. Ein Überblick wurde von Tempelmeier in [Temp15] angegeben. Drexl und Haase wiesen in [DrHa95] nach, dass für eine konkrete Datensituation die Lösung des Modells CLSP nicht besser sein kann als die Lösung des Modells PLSP. Von den Erweiterungen zum PLSP sei die Erfassung von periodenübegreifenden Rüstzeiten, die von Suerie in [Suer05b] und [Suer05a] vorgeschlagen wurde, genannt, mit der die bei der Definition eines PLSP (in Abschnitt 4.4) genannte Bedingung, dass eine Mikroperiode mindestens so lang wie ein Rüstvorgang ist, entfällt. Haase, vor allem, in [Haas94], und

284

darüber hinausgehend Suerie in [Suer05b] und [Suer05a] haben das PLSP weiter erweitert.

4.6 PLSP für mehrere, simultan verwendbare Stationen

Stehen mehrere Stationen zur Verfügung, so kann ein Bedarf eines Produkts auch aus einer simultanen Produktion auf mehreren Stationen gedeckt werden. Bei einem PLSP ist dies durch seine Erweiterung um ressourcenspezifische Losgrößen je Produkt möglich.

Die Aufgabe zu dem Folgenden lautet:
Erweitern Sie das PLSP aus Abschnitt 4.4 um mehrere, simultan verwendbare Stationen. Geben Sie neben einer mathematischen Formulierung auch noch eine in ILOG an.

Ressourcenspezifische Losgrößen je Produkt erfordern eine ressourcenspezifische Erweiterung der Entscheidungsvariablen zur Losgröße und dadurch eine ebensolche für γ und ω. Da die Lagerbestände nicht ressourcenspezifisch sind, werden die Entscheidungsvariablen zum Lagerbestand übernommen. Die Kapazitäten sowie Bearbeitungs- und Rüstzeiten sind ressourcenspezifisch und ändern sich entsprechend. Ferner werden die Lagerbilanzgleichungen so angepasst, dass der Lagerzugang eines Produkts aus der Produktion auf mehreren Stationen erfolgen kann. Ansonsten werden in den Restriktionen aus dem PLSP in Abschnitt 4.4 die neuen Entscheidungsvariablen an die Stelle der Alten gesetzt. Im Einzelnen lautet das **P**roportional **L**otsizing and **S**cheduling **P**roblem with **P**arallel **S**tations (PLSP-PS) (wie bei [Temp15], jedoch wiederum um Mindestvorlaufzeiten erweitert, aus den beim MLCLSP angegebenen Gründen, s. den Abschnitt 3.1.3):

Parameter:

T   Länge des Planungszeitraums ($1 \leq t \leq T$).

K   Anzahl der Produkte ($1 \leq k \leq K$).

J   Anzahl der Ressourcen ($1 \leq j \leq K$).

M   Große Zahl (mindestens so groß wie die größtmögliche Losgröße).

$b_{j,t}$ Verfügbare Kapazität der Ressource j in Periode t $\forall\, 1 \leq j \leq J$ und $1 \leq t \leq T$.

$d_{k,t}^{A}$ Nettobedarfsmenge des Produkts k zu Beginn von Periode t $\forall\, 1 \leq k \leq K$
        und $1 \leq t \leq T$.

h_k Lagerkostensatz für Produkt k $\forall\, 1 \leq k \leq K$.

s_k Rüstkostensatz für Produkt k $\forall\, 1 \leq k \leq K$.

$tb_{k,j}$ Bearbeitungszeit für eine Einheit von Produkt k auf Ressource j
        $\forall\, 1 \leq k \leq K$ und $1 \leq j \leq J$.

$tr_{k,j}$ Rüstzeit für Produkt k auf Ressource j $\forall\, 1 \leq k \leq K$ und $1 \leq j \leq J$.

z_k Mindestvorlaufzeit eines Planauftrags (Loses) für Produkt k mit $z_k \geq 1$

$$\forall\ 1 \le k \le K.$$

LA_k Anfangslagerbestand für Produkt k $\forall\ 1 \le k \le K$.

Variablen:

$q_{k,j,t}$ Losgröße des Produkts k auf Ressource j in Periode t $\forall\ 1 \le k \le K,\ 1 \le j \le J$ und $1 \le t \le T$. (Termine und Lagerzugänge sind wie beim PLSP.)

$y^E_{k,t}$ Lagerbestand für Produkt k am Ende der Periode t $\forall\ 1 \le k \le K$ und $0 \le t \le T$.

$$\gamma_{k,j,t} = \begin{cases} 1, & \text{wenn die Ressource j in Periode t für Produkt k gerüstet wird} \\ 0, & \text{sonst} \end{cases}$$

$$\forall\ 1 \le k \le K,\ 1 \le j \le J \text{ und } 1 \le t \le T.$$

$$\omega_{k,j,t} = \begin{cases} 1, & \text{wenn die Ressource j am Ende der Periode t für Produkt k gerüstet ist} \\ 0, & \text{sonst} \end{cases}$$

$$\forall\ 1 \le k \le K,\ 1 \le j \le J \text{ und } 0 \le t \le T.$$

Zielfunktion:

$$Z = \sum_{k=1}^{K} \sum_{j=1}^{J} \sum_{t=1}^{T} (s_k \cdot \gamma_{k,j,t} + h_k \cdot y^E_{k,t}).$$

Restriktionen:

$y^E_{k,t-1} + \sum\limits_{j=1}^{J} q_{k,j,t-z_k} - d^A_{k,t} = y^E_{k,t}\ \forall\ 1 \le k \le K \text{ und } 1 \le t \le T$ Lagerbilanzgleichungen.

$\sum\limits_{k=1}^{K} (tb_{k,j} \cdot q_{k,j,t} + tr_{k,j} \cdot \gamma_{k,j,t}) \le b_{j,t}\ \forall\ 1 \le j \le J \text{ und } 1 \le t \le T$ Kapazitätsrestriktionen.

$\sum\limits_{k=1}^{K} \omega_{k,j,t} = 1\ \forall\ 1 \le j \le J \text{ und } 1 \le t \le T$ Rüst-

$\gamma_{k,j,t} \ge \omega_{k,j,t} - \omega_{k,j,t-1}\ \forall\ 1 \le k \le K,\ 1 \le j \le J \text{ und } 1 \le t \le T$ restrik-

$q_{k,j,t} \le M \cdot (\omega_{k,j,t-1} + \omega_{k,j,t})\ \forall\ 1 \le k \le K,\ 1 \le j \le J \text{ und } 1 \le t \le T$ tionen.

$\omega_{k,j,0} = 0\ \forall\ 1 \le k \le K \text{ und } 1 \le j \le J$ Anfangsrüstzustände.

$y^E_{k,0} = LA_k \text{ und } y^E_{k,T} = 0\ \forall\ 1 \le k \le K$ Lageranfangs- und endbestände.

$q_{k,j,t} \text{ und } y^E_{k,t} \text{ sowie } y^E_{k,0} \ge 0\ \forall\ 1 \le k \le K,\ 1 \le j \le J \text{ und } 1 \le t \le T$ Nicht-

$\gamma_{k,j,t}, \omega_{k,j,t} \in \{0,1\}\ \forall\ 1 \le k \le K,\ 1 \le j \le J \text{ und } 1 \le t \le T$ negativität.

Minimierungsproblem:

Minimiere Z.

Es sei angemerkt, dass wiederum die Zahl M je Produkt, Ressource und Periode ab-

geschätzt werden kann, durch: $M_{k,j,t} = min \left\{ \frac{b_{j,t}}{tb_{k,j}}, \sum_{i=t}^{T} d_{k,i} \right\}$ $\forall\ 1 \leq k \leq K$ und $1 \leq j \leq J$
und $1 \leq t \leq T$ – das größte mögliche Los auf Ressource j ist beschränkt durch die
Summe an noch zu deckenden Bedarfen von Produkt k und der maximal möglichen
Produktionsmenge von Produkt k auf Ressource j in Periode t.

Die Umsetzung dieses linearen Optimierungsproblems in ILOG ist im folgenden Listing
4.15 angegeben und zwar als „mod"-Datei. Genauso wie beim PLSP, s. Abschnitt 4.4,
kann innerhalb der Mindestvorlaufzeit eines Produkts kein Los für dieses Produkt
aufgesetzt werden, da dann vor dem Planungsintervall produziert werden würde. Dazu
existiert im folgenden Listing 4.15 die Fallunterscheidung bei den Lagerbilanzgleichungen,
s. auch das Listing 4.7 zum PLSP im Abschnitt 4.4.

```
1   // Parameter , Teil 1:
2   int T = ...;        // Planungszeitraum .
3   int K = ...;        // Produkte .
4   int J = ...;        // Ressourcen .
5   int M = ...;        // Große Zahl .
6
7   // Wertebereiche :
8   range Produkt = 1..K;
9   range Ressource = 1..J;
10  range Planungszeitraum = 1..T;
11  range PlanungszeitraumNull = 0..T;
12
13  //Variablen :
14  dvar int+ q[Produkt , Ressource , Planungszeitraum ]; // Losgrößen .
15  dvar int+ y[Produkt , PlanungszeitraumNull ];         // Lagerbestände .
16  // Rüstvariablen :
17  dvar boolean gamma[Produkt , Ressource , Planungszeitraum ];
18  // Rüstzustände :
19  dvar boolean omega[Produkt , Ressource , PlanungszeitraumNull ];
20
21  // Parameter , Teil 2:
22  int b[Ressource , Planungszeitraum ]=...;        // Kapazitäten .
23  int d[Produkt , Planungszeitraum ] = ...;        // Nettobedarfe .
24  int h[Produkt] = ...;                            // Lagerkostensätze .
25  int s[Produkt] = ...;                            // Rüstkostensätze .
26  int tb[Produkt , Ressource ] = ...;              // Stückbearbeitungszeiten .
27  int tr[Produkt , Ressource ] = ...;              // Rüstzeiten .
28  int z[Produkt] = ...;                            // Mindestvorlaufzeiten .
29  int y0[Produkt] = ...;                           // Anfangslagerbestände .
30
```

```
31    // Minimierung der Gesamtkosten:
32    minimize sum(k in Produkt, j in Ressource, t in Planungszeitraum)
33              (s[k] * gamma[k,j,t] + h[k] * y[k,t]);
34
35    subject to{
36        // Lagerbilanzgleichungen:
37        forall(k in Produkt){
38            forall(t in 1..(z[k])){
39                y[k][t-1] - d[k][t] == y[k][t];
40            }
41            forall(t in (z[k]+1)..T){
42                y[k][t-1] + sum(j in Ressource) q[k][j][t-z[k]] - d[k][t] == y[k][
                    t];
43            }
44        }
45
46    // Kapazitätsrestriktionen:
47        forall(j in Ressource, t in Planungszeitraum){
48            sum(k in Produkt) (tb[k,j] * q[k,j,t] + tr[k,j] * gamma[k,j,t]) <= b
                [j,t];
49        }
50
51    // Rüstrestriktionen:
52        forall(j in Ressource, t in Planungszeitraum){
53            // Ein Rüstzustand je Periode:
54            sum(k in Produkt) omega[k,j,t] == 1;
55        }
56        forall(k in Produkt, j in Ressource, t in Planungszeitraum){
57            // Setzen der Rüstvariablen:
58            gamma[k,j,t] >= omega[k,j,t] - omega[k,j,t-1];
59            // Notwendigkeit der Rüstung:
60            q[k,j,t] <= M * (omega[k,j,t-1] + omega[k,j,t]);
61        }
62
63    // Initialisierungen von
64    // Rüstzuständen:
65        forall(k in Produkt, j in Ressource){
66            omega[k,j,0] == 0;
67        }
68    // Anfangslagerbeständen:
69        forall(k in Produkt){
70            y[k,0] == y0[k];
71        }
72    // Endlagerbeständen:
73        forall(k in Produkt){
```

```
74    y[k,T] == 0;
75    }
76  }
```

Listing 4.15: Implementierung vom Modell PLSP-PS in ILOG.

Folgendes Beispiel möge die Arbeitsweise vom PLSP-PS verdeutlichen. Ein Hersteller von Druckerpatronen produziert auf zwei Stationen 4 unterschiedliche Patronen. Die Kapazitäten auf beiden Stationen betragen jeweils 50 Zeiteinheiten (ZE) je Periode. Die zu Beginn der nächsten 11 Perioden zu deckenden Bedarfe in Mengeneinheiten (ME) sind in der folgenden Tabelle 4.10 angegeben; Periode 1 steht für eine Vorproduktion zur Verfügung und hat keinen Bedarf.

Perioden

		1	2	3	4	5	6	7	8	9	10	11
Produkte	1	0	0	0	0	60	0	20	50	0	0	0
	2	0	30	0	10	0	30	0	0	0	0	70
	3	0	0	20	0	20	0	30	60	0	10	0
	4	0	0	0	0	20	0	15	0	0	80	20

Tabelle 4.10: Bedarfe von einem Druckerpatronen-Hersteller in Mengeneinheiten (ME).

Die Stückbearbeitungszeiten sind stationenspezifisch und betragen auf Station 1 $1 \frac{ZE}{ME}$ und auf Station 2 $4 \frac{ZE}{ME}$. Ebenfalls stationenspezifisch sind die Rüstzeiten und betragen auf Station 1 10 ZE und auf Station 2 5 ZE. Die produktspezifischen Rüst- und Lagerkostensätze in Geldeinheiten (GE) und GE je Mengeneinheit (ME) und Periode sind in der folgenden Tabelle 4.11 angegeben.

Produkt (k)	1	2	3	4
Rüstkostensatz (s) [GE]	250	300	120	80
Lagerkostensatz (h) $\left[\frac{GE}{ME \cdot Periode}\right]$	5	8	3	2

Tabelle 4.11: Kostensätze vom Hersteller von Druckerpatronen in GE.

Die Aufgabe zu dem Folgenden lautet:
Fassen Sie diese Fallstudie als ein PLSP-PS auf und lösen Sie es. Stellen Sie die zeitliche Anordnung der erhaltenen Planaufträge (Lose) als Gantt-Diagramm dar und geben dabei die Rüstvorgänge geeignet an.

Die Parameter für das konkrete Zahlenbeispiel lauten – als „dat"-Datei:

```
1  T = 11;      // Anzahl an Perioden.
2  K = 4;       // Anzahl an Produkten.
3  J = 2;       // Anzahl an Ressourcen.
4  // M muss wenigstens so groß wie die Summe an Bedarfen sein:
5  M = 1000;
6  // Nettobedarfe:
7  d = [[0,   0, 0,   0, 60,  0, 20, 50, 0,  0,  0],
8        [0,  30, 0,  10,  0, 30,  0,  0, 0,  0, 70],
9        [0,   0,20,   0, 20,  0, 30, 60, 0, 10,  0],
10       [0,   0, 0,   0, 20,  0, 15,  0, 0, 80, 20]];
11 // Kapazitäten:
12 b = [[50, 50, 50, 50, 50, 50, 50, 50, 50, 50, 50],
13       [50, 50, 50, 50, 50, 50, 50, 50, 50, 50, 50]];
14 h = [5, 8, 3, 2];                          // Lagerkostensätze.
15 s = [250, 300, 120, 80];                   // Rüstkostensätze.
16 tb = [[1, 4], [1, 4], [1, 4], [1, 4]];     // Stückbearbeitungszeiten.
17 tr = [[10, 5], [10, 5], [10, 5], [10, 5]]; // Rüstzeiten.
18 z = [1, 1, 1, 1];                          // Mindestvorlaufzeiten.
19 y0 = [0, 0, 0, 0];                         // Anfangslagerbestände.
```

Listing 4.16: Verwendete ILOG Parameter beim Hersteller von Druckerpatronen.

Die Kosten der optimalen Lösung dieses Problems betragen 4830 GE. Ihre Planaufträge können wie in den Abbildungen 4.16 und 4.17 dargestellt bearbeitet werden, wobei die Daten folgende Bedeutung haben: Auf der Abzisse ist die Zeit t aufgetragen und auf der Ordinate sind die Produkte aufgetragen. Die Balken zeigen die Bearbeitung der Erzeugnisse auf. Tritt eine Rüstzeit auf, so ist die Zeitangabe eine Summe aus einer Rüstzeit und einer Bearbeitungszeit (in dieser Reihenfolge).

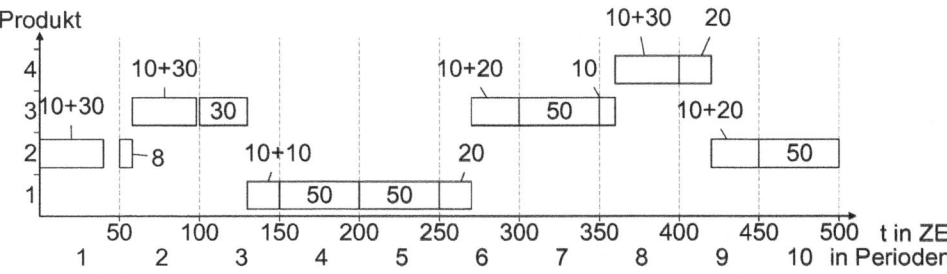

Abbildung 4.16: Eine optimale Lösung vom Hersteller von Druckerpatronen für Station 1.

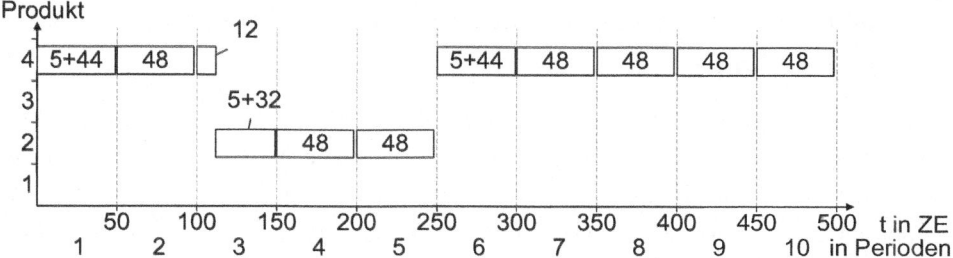

Abbildung 4.17: Eine optimale Lösung vom Hersteller von Druckerpatronen für Station 2.

Eine Lösung vom PLSP verteilt die zu produzierenden Mengeneinheiten (ME) auf die beiden Stationen. Dabei werden die Bedarfe für die beiden Produkte 1 und 3 ausschließlich auf Station 1 produziert. Bei den anderen beiden Produkten werden die zu deckenden Bedarfe auf beiden Stationen produziert. Beispielsweise werden von dem Bedarf für Produkt 2 über 10 ME, der zu Beginn der Periode 4 zu decken ist, 8 ME auf Station 1 in Periode 2 und 2 Mengeneinheiten auf Station 2 in Periode 3 produziert, letzteres als Teil eines größeren Produktionsauftrags. Die simultane Produktion eines Produkts auf beiden Stationen in einer Periode findet beispielsweise für Produkt 4 in den Perioden 8 und 9 statt.

In dem in Abschnitt 4.1 angegebenen CLSP können bereits Stückbearbeitungszeiten für mehrere Stationen angegeben werden. Dies bedeutet aber, dass ein Produkt durch mehrere Stationen zu produzieren ist – und es handelt sich daher nicht um die in diesem Abschnitt vorgestellte simultane Verwendung von Stationen. Da bei Losgrößenproblemen, vor allem motiviert durch die hierarchische Planung, eine Ressource ein Produktionssystem ist, wird ein Produkt lediglich auf einem Produktionssystem (im Sinne von Abschnitt 1.2) produziert. Unter dieser Prämisse kann ein CLSP auf die gleiche Art und Weise wie beim PLSP um eine simultane Produktion auf mehreren Stationen erweitert werden.

Mehrere Stationen können eine Werkstattproduktion bilden. Dass eine simultane Planung von Losen und Reihenfolgen möglich ist, wird über die Verwendung von einem Produktionsprozessmodell anhand einer Fallstudie für eine Linienfertigung im folgenden Abschnitt angegeben – und zwar im Unterabschnitt 4.7.5 zur „Lösung durch ein MLPLSP mit Produktionsprozessmodell und Mikroperioden" von dem Abschnitt 4.7 über „kapazitierte Losgrößenplanung bei einer dreistufigen Linienfertigung". Aus der Beschreibung wird klar, dass das Vorgehen auch bei einer Werkstattproduktion möglich ist.

4.7 Kapazitierte Losgrößenplanung bei einer dreistufigen Linienfertigung

Die in der Fallstudie zum CLSP mit anschließender Reihenfolgeplanung, s. Abschnitt 4.1, demonstrierte Schwierigkeit lässt sich dadurch lösen, indem die Resultate der einzelnen Operationen zur Herstellung eines Produkts auf einzelnen Stationen in einem Produktionssystem als Komponenten dieses Produkts interpretiert werden. Anhand einer Fallstudie aus 6 Produkten und einer Linienfertigung aus drei Stationen wird dieser Ansatz vorgestellt und analysiert. Zugleich wird die bisherige Vorgehensweise auf diese Fallstudie angewendet. Als weitere, vielversprechende, Lösung wird die Erweiterung eines PLSP vorgestellt und analysiert. Wiederum schließen Betrachtungen zum Stand der Forschung diesen Abschnitt ab.

4.7.1 Fallstudie

Eine Linie aus den drei Stationen S1, S2 und S3 bildet ein Produktionssystem (PS) zur Herstellung von sechs Produkten. Die Kapazität jeder Station beträgt 1000 ZE in jeder Periode. Jedes Produkt wird auf jeder der drei Stationen in der gleichen Reihenfolge bearbeitet. Die dabei auf den einzelnen Stationen auftretenden Bearbeitungszeiten je Mengeneinheit (ME) in Zeiteinheiten (ZE) sind in der folgenden Tabelle 4.12 angegeben. Die Summe der Bearbeitungszeiten zu den Operationen eines Produkts ist die Bearbeitungszeit des Produkts auf dem PS. Die durch das PS zu Beginn einer Periode zu deckenden Bedarfe in ME enthält die Tabelle 4.12 ebenfalls.

		Bearbeitungszeit auf Station			Bearbeitungszeit auf PS (Summe der Bearbeitungszeiten)	Bedarf zu Beginn von Periode		
		S1	S2	S3		8	9	10
Produkte	P1	7 ZE	7 ZE	5 ZE	19 ZE	16 ME	10 ME	22 ME
	P2	9 ZE	7 ZE	7 ZE	23 ZE	16 ME	13 ME	20 ME
	P3	6 ZE	7 ZE	8 ZE	21 ZE	12 ME	12 ME	21 ME
	P4	8 ZE	6 ZE	6 ZE	20 ZE	9 ME	11 ME	23 ME
	P5	4 ZE	7 ZE	6 ZE	17 ZE	10 ME	12 ME	23 ME
	P6	7 ZE	8 ZE	5 ZE	20 ZE	13 ME	10 ME	23 ME

Tabelle 4.12: Bearbeitungszeiten in Zeiteinheiten (ZE) und zu deckende Bedarfe in Mengeneinheiten (ME).

Das Produktionssystem hat eine aggregierte Kapazität von 3000 ZE je Periode – also die Summe der Kapazitäten der einzelnen Stationen je Periode; auf diese Periodengröße wird im nächsten Absatz näher eingegangen. Für das Produktionssystem fallen für jedes Produkt Lagerkosten von 100 GE je ME und Periode an. Ferner ist das Produktionssystem für jedes Produkt zu rüsten, wobei keine Rüstzeiten anfallen, und die Rüstkosten betragen jeweils 1 GE. Der Planungszeitraum umfasst 10 Perioden über jeweils 1000 ZE und geht von Periode 1 bis Periode 10. (Welche Zeiteinheiten die einzelnen Perioden enthalten, ergibt sich aus Folgendem: Die erste Periode beginnt mit 0 ZE und geht bis zur 999 ZE einschließlich, endet also mit dem Zeitpunkt 1000 ZE. Damit beginnt Periode 10 mit 9000 ZE und geht bis zur 9999 ZE einschließlich, endet also mit dem Zeitpunkt 10000 ZE.)

Um auch beim Produktionssystem PS eine aggregierte Kapazität, und damit eine Periodengröße von 1000 Zeiteinheiten zu haben, also so, wie bisher vorgegangen wurde, sind die Bearbeitungszeiten auf PS mit dem Faktor $\frac{1}{3}$ zu reduzieren. (Es sei angemerkt, dass die Daten in der Fallstudie im Abschnitt 4.1 sich durch dieses Vorgehen ergeben.) Das hier verwendete Vorgehen korreliert mit einem alternativen Konzept, bei dem für jedes Produkt ein Kapazitätsbedarf – statt einem Zeitverbrauch – angegeben wird und jede Periode eine Kapazitätsgrenze – statt eine Zeitdauer – hat. In diesem Fall würde beispielsweise der Kapazitätsbedarf für Produkt P1 19 Kapazitätseinheiten (KE) betragen und die Kapazitätsgrenze wäre 3000 KE je Periode – für alle Produkte. Weiterhin betrüge die Periodendauer 1000 ZE.

4.7.2 Lösung durch ein CLSP

Die Aufgabe zu dem Folgenden lautet:
Fassen Sie diese Fallstudie im Abschnitt 4.7.1 als ein CLSP auf und lösen Sie es, wie im Abschnitt 4.1 beschrieben. Geben Sie die Planaufträge mit zu deckenden Primärbedarfen an. Stellen Sie die Kapazitätsbelastung für das Produktionssystem (PS) dar. Führen Sie eine Ressourcenbelegungsplanung mit minimaler mittlerer Verspätung durch und stellen das Ergebnis als Gantt-Diagramm dar.

Zur Lösung von dem CLSP zur Fallstudie durch ILOG ist die erforderliche „dat"-Datei (mit allen Parametern) nachfolgend angegeben. Sie ergibt sich nach dem im Abschnitt 4.1 vorgestellten Vorgehen. Damit die Bedarfe zu Beginn der jeweiligen Periode gedeckt werden, haben alle Produkte eine Mindestvorlaufzeit von 1.

```
1  T = 10;  // Anzahl an Perioden.
2  K = 6;  // Anzahl an Produkten.
3  J = 1;  // Anzahl an Ressourcen.
4  // M muss wenigstens so groß wie die Summe an Bedarfen sein.
5  M = 1000;
6  // Nettobedarfe:
7  d = [[ 0, 0, 0, 0, 0, 0, 0, 16, 10, 22],
```

```
 8    [ 0, 0, 0, 0, 0, 0, 0, 16, 13, 20],
 9    [ 0, 0, 0, 0, 0, 0, 0, 12, 12, 21],
10    [ 0, 0, 0, 0, 0, 0, 0,  9, 11, 23],
11    [ 0, 0, 0, 0, 0, 0, 0, 10, 12, 23],
12    [ 0, 0, 0, 0, 0, 0, 0, 13, 10, 23]];
13  // Kapazitäten:
14  b = [[3000, 3000, 3000, 3000, 3000, 3000, 3000, 3000, 3000, 3000]];
15  h = [100, 100, 100, 100, 100, 100];           // Lagerkostensätze.
16  s = [1, 1, 1, 1, 1, 1];                        // Rüstkostensätze.
17  tb = [[19], [23], [21], [20], [17], [20]];     // Stückbearbeitungszeiten.
18  tr = [[0], [0], [0], [0], [0], [0]];           // Rüstzeiten.
19  z = [1,1,1,1,1,1];                             // Mindestvorlaufzeiten.
20  y0 = [0, 0, 0, 0, 0, 0];                        // Anfangslagerbestände.
```

Listing 4.17: Verwendete ILOG Parameter.

Die Planaufträge einer optimalen Lösung mit den durch diese zu deckenden Primärbedarfen sind in der folgenden Tabelle 4.13 angegeben. Die Zahlen in den Klammern sind die Planauftragsnummern, die in den folgenden Abbildungen, um Platz zu sparen, verwendet werden. Es liegt eine bedarfssynchrone Produktion vor und ein Planauftrag zu einem Bedarf zu Beginn von Periode $(t+1)$ liegt in Periode t $(7 \leq t \leq 9)$.

		Perioden			
		7	8	9	10
P1	Primärbedarf		16 ME	10 ME	22 ME
	Planauftrag	16 ME (1)	10 ME (2)	22 ME (3)	
P2	Primärbedarf		16 ME	13 ME	20 ME
	Planauftrag	16 ME (4)	13 ME (5)	20 ME (6)	
P3	Primärbedarf		12 ME	12 ME	21 ME
	Planauftrag	12 ME (7)	12 ME (8)	21 ME (9)	
P4	Primärbedarf		9 ME	11 ME	23 ME
	Planauftrag	9 ME (10)	11 ME (11)	23 ME (12)	
P5	Primärbedarf		10 ME	12 ME	23 ME
	Planauftrag	10 ME (13)	12 ME (14)	23 ME (15)	
P6	Primärbedarf		13 ME	10 ME	23 ME
	Planauftrag	13 ME (16)	10 ME (17)	23 ME (18)	

Tabelle 4.13: Planaufträge einer optimalen Lösung mit zu deckenden Primärbedarfen.

In der folgenden Abbildung ist die durch diese Lösung vom CLSP verbrauchte Kapazität von PS in den einzelnen Perioden angegeben. Die ersten beiden Perioden 7 und 8 sind recht schwach ausgelastet (zu 51.13% und 45.5%) und die dritte (i.e. Periode 9) mit 264ꞯ ZE zu 88.3%.

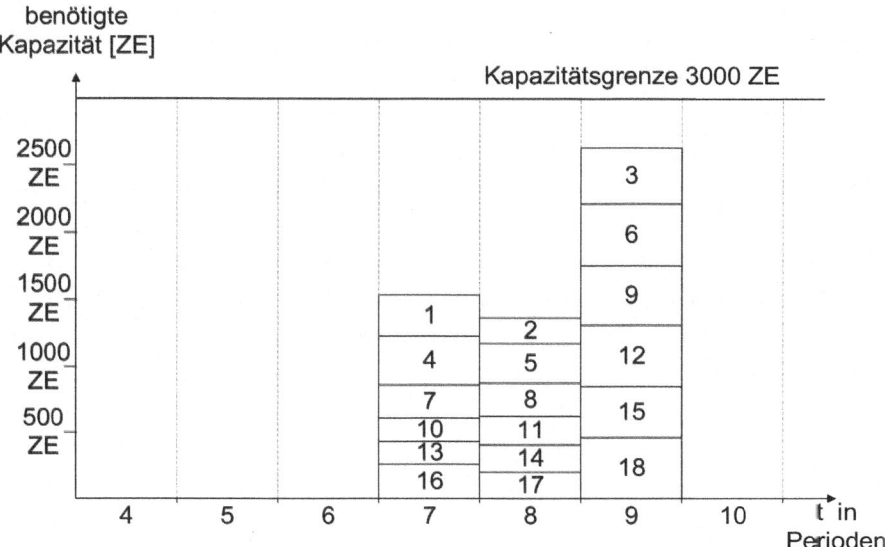

Abbildung 4.18: Kapazitätsbelastung von PS.

Die Planaufträge werden zu ihrem frühesten Startzeitpunkt freigegeben und die dadurch bestimmten Produktionsaufträge bestimmen ein Ressourcenbelegungsplanungsproblem (nach dem bisherigen Vorgehen). Eine für die Minimierung der mittleren Verspätung optimale Ressourcenbelegungsplanung ist in den folgenden drei Gantt-Diagrammen in den Abbildungen 4.19, 4.20 und 4.21 angegeben. In den ersten beiden Perioden 7 und 8 tritt keine Verspätung auf, weswegen jede Permutation optimal ist. In Periode 9 muss eine Verspätung auftreten, da die Summe der Bearbeitungszeiten auf Station 1 bereits 8897 Zeiteinheiten (ZE) benötigt. Ferner benötigt jeder der Aufträge auf den beiden Stationen mehr als 9000 ZE − 8897 ZE = 103 ZE; tatsächlich zwischen 264 ZE und 315 ZE. Folglich verspätet sich mindestens ein Auftrag. Die Lösung in der Abbildung 4.21 ergab sich tatsächlich durch ein lineares Optimierungsmodell zur Permutationslinienfertigung, welches hier nicht angegeben ist, – mit ILOG – und sie hat eine Gesamtverspätung von 173 ZE. Nach dieser Lösung tritt in Periode 9 eine Verspätung vom Produktionsauftrag 12 auf, der den Bedarf vom Produkt P4 zu Beginn von Periode 10 deckt. Jeder andere Produktionsauftrag ist termingerecht mit der (vorgesehenen) kumulierten Durchlaufzeit von einer Periode. Es gibt insgesamt 10 Permutationen, bei denen nur 1 Auftrag verspätet ist; nämlich die genannte Permutation (15, 9, 18, 3, 6, 12) mit einer Gesamtverspätung von 173 ZE, die Permutationen (15, 18, 12, 9, 3, 6), (15, 18, 9, 12, 3, 6) und (15, 9, 18, 12, 3, 6), die jeweils eine Gesamtverspätung von 177 ZE haben, und die Permutationen (9, 15, 12, 6, 3, 18), (9, 15, 6, 12, 3, 18), (15, 6, 9, 12, 3, 18), (15, 9, 6, 12, 3, 18), (15, 9, 12, 6, 3, 18), (15, 12, 9, 6, 3, 18), die jeweils eine Gesamtverspätung von 196 ZE haben. Da diese Gesamtverspätungen kleiner als die Nettobearbeitungszeiten von allen 6 Produktionsaufträgen (also die Summe der Bearbeitungszeiten ihrer Operationen) sind, bewirkt eine Vorproduktion von einem der Produktionsaufträge, der in einer dieser 10 Permutationen an der letzten Stelle auftritt – in Periode 8 –, dass alle Bedarfe nach der Abarbeitung einer optimalen Ressourcenbelegungsplanung termingerecht erfüllt werden können. Es handelt sich um die Produktionsaufträge 6, 12 und 18, die jeweils eine Nettobearbeitungszeit von 460 ZE haben. Sie können in der freien Kapazität in Periode 8 produziert werden, da die Bearbeitungszeiten (für die drei Planaufträge) auf den drei Stationen zwischen 115 ZE und 184 ZE schwanken. Es sei angemerkt, dass eine Vorproduktion von 2 Operationen von einem der genannten 3 Produktionsaufträge in Periode 8 ausreichend und möglich ist, da die Bearbeitungsdauern der jeweils letzten Operation auf Station S3 von diesen Produktionsaufträgen – und sogar von allen – kürzer als die Summe an Bearbeitungszeiten der ersten beiden Operationen auf den beiden Stationen 1 und 2 von allen Produktionsaufträgen ist – eine solche dritte Operation wird dann in Periode 9 als erstes auf der Station S3 produziert.

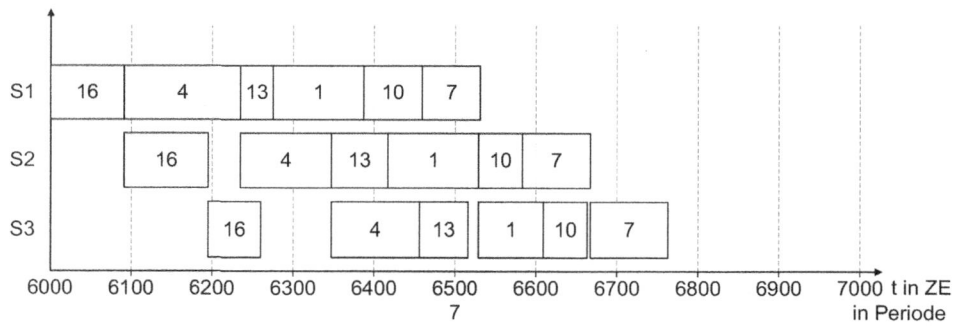

Abbildung 4.19: Optimale Ressourcenbelegungsplanung in Periode 7.

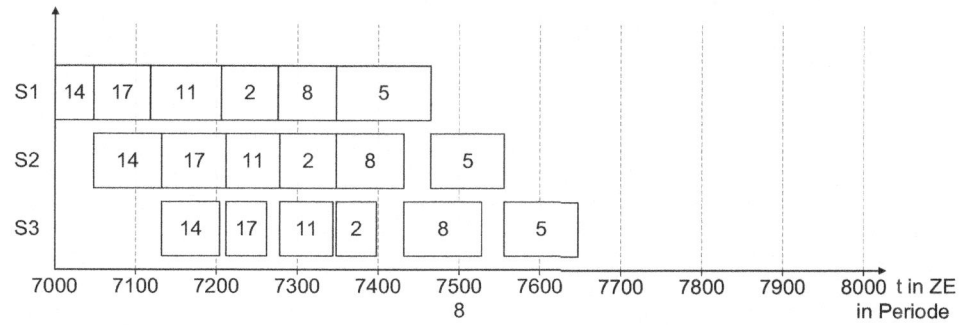

Abbildung 4.20: Optimale Ressourcenbelegungsplanung in Periode 8.

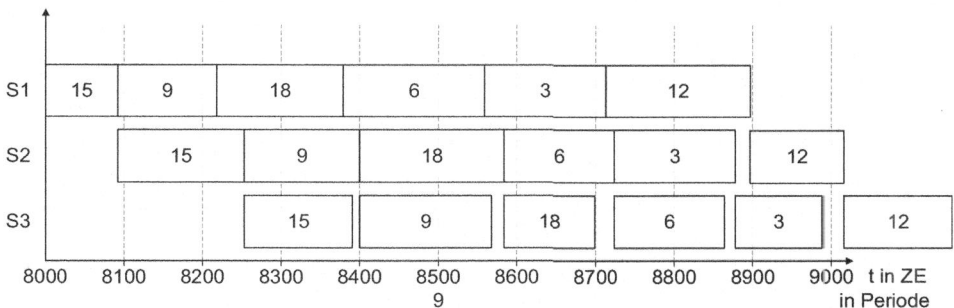

Abbildung 4.21: Optimale Ressourcenbelegungsplanung in Periode 9.

4.7.3 Lösung durch ein CLSP mit reduzierter Kapazität

Die Aufgabe zu dem Folgenden lautet:

Reduzieren Sie die Periodenkapazität des Produktionssegments PS so lange. bis bei der optimalen Lösung von dem CLSP und anschließender optimaler Ressourcenbelegungsplanung für die Minimierung der mittleren Verspätung alle Bedarfe, s. Tabelle 4.12 in der Fallstudie im Abschnitt 4.7.1, termingerecht ausgeliefert werden können. Geben Sie die Planaufträge mit zu deckenden Primärbedarfen an, stellen Sie die Kapazitätsbelastung für das Produktionssystem (PS) dar und geben das Ergebnis ihrer (optimalen) Ressourcenbelegungsplanung als Gantt-Diagramm an.

Eine Verringerung der Periodenkapazität des Produktionssystems PS auf 0 63 bewirkt, dass die Lösung von dem CLSP ohne Verspätung produziert werden kann – bei jedem höheren Kapazitätsreduktionfaktor ist keine Produktion ohne Verspätung möglich. Dann bestimmt das CLSP die in der folgenden Tabelle 4.14 angegebenen Planaufträge mit den durch diese zu deckenden Primärbedarfen. Die Zahlen in den Klammern sind wiederum die Planauftragsnummern, die in den folgenden Abbildungen verwendet werden. Ferner ist jede auftretende Vorratsproduktion in der Tabelle 4.14 eingetragen.

<table>
<tr><td></td><td colspan="2"></td><td colspan="4" align="center">Perioden</td></tr>
<tr><td></td><td colspan="2"></td><td align="center">7</td><td align="center">8</td><td align="center">9</td><td align="center">10</td></tr>
<tr><td rowspan="16">Produkte</td><td rowspan="2">P1</td><td>Primärbedarf</td><td></td><td>16 ME</td><td>10 ME</td><td>22 ME</td></tr>
<tr><td>Planauftrag</td><td>16 ME (1)</td><td>10 ME (2)</td><td>22 ME (3)</td><td></td></tr>
<tr><td rowspan="3">P2</td><td>Primärbedarf</td><td></td><td>16 ME</td><td>13 ME</td><td>20 ME</td></tr>
<tr><td>Planauftrag</td><td>26 ME (4)</td><td>23 ME (5)</td><td></td><td></td></tr>
<tr><td>Lagerbestand am Periodenende</td><td></td><td>10 ME</td><td>20 ME</td><td></td></tr>
<tr><td rowspan="2">P3</td><td>Primärbedarf</td><td></td><td>12 ME</td><td>12 ME</td><td>21 ME</td></tr>
<tr><td>Planauftrag</td><td>12 ME (6)</td><td>12 ME (7)</td><td>21 ME (8)</td><td></td></tr>
<tr><td rowspan="2">P4</td><td>Primärbedarf</td><td></td><td>9 ME</td><td>11 ME</td><td>23 ME</td></tr>
<tr><td>Planauftrag</td><td>9 ME (9)</td><td>11 ME (10)</td><td>23 ME (11)</td><td></td></tr>
<tr><td rowspan="2">P5</td><td>Primärbedarf</td><td></td><td>10 ME</td><td>12 ME</td><td>23 ME</td></tr>
<tr><td>Planauftrag</td><td>10 ME (12)</td><td>12 ME (13)</td><td>23 ME (14)</td><td></td></tr>
<tr><td rowspan="2">P6</td><td>Primärbedarf</td><td></td><td>13 ME</td><td>10 ME</td><td>23 ME</td></tr>
<tr><td>Planauftrag</td><td>13 ME (15)</td><td>10 ME (16)</td><td>23 ME (17)</td><td></td></tr>
</table>

Tabelle 4.14: Planaufträge einer optimalen Lösung mit zu deckenden Primärbedarfen.

Gegenüber der Lösung ohne Kapazitätsreduktion wird eine Verspätung durch eine Vorproduktion von Produkt P2 vermieden. Im Detail werden in Periode 7 10 ME mehr produziert als zu Beginn der Periode 8 benötigt werden und in Periode 8 werden die zu Beginn der Periode 10 benötigten 20 ME produziert und die 3 ME, die zu Beginn der Periode 9 benötigt werden und nicht in Periode 7 produziert werden. Damit verlängern sich die kumulierte Durchlaufzeit für zwei Bedarfe – jeweils – von einer Periode auf zwei Perioden. (Es sei angemerkt, dass bei einer anderen Auslieferung nur für einen Bedarf die kumulierte Durchlaufzeit erhöht ist, dann aber auf drei Perioden, wodurch die beiden Summen an kumulierten Durchlaufzeiten gleich sind.) Dies führt zu der in Tabelle 4.14 angegebenen Lagerproduktion. Ansonsten werden für die anderen Produkte die gleichen Planaufträge bestimmt. Damit sind die Kapazitätsauslastungen auf PS in den drei Perioden (7, 8 und 9) nahezu gleich hoch; dies ist im Einzelnen in der folgenden Abbildung 4.22 angegeben.

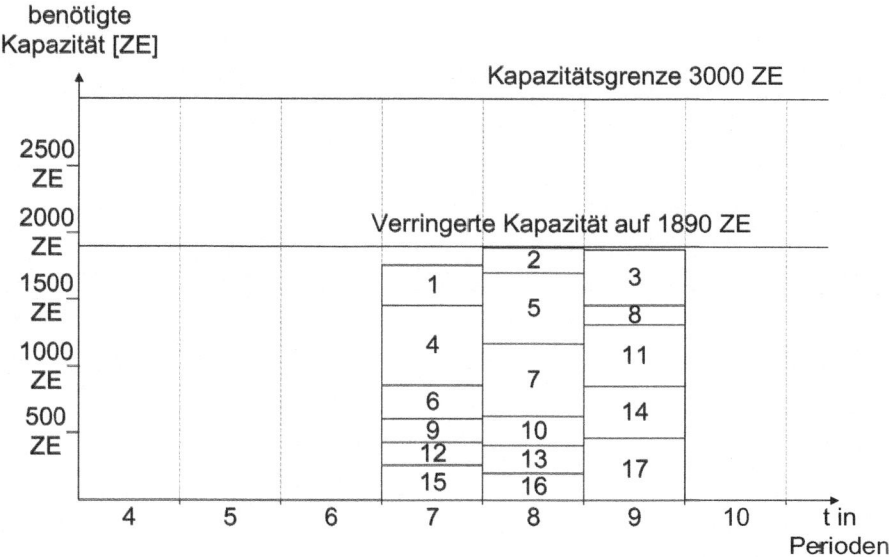

Abbildung 4.22: Kapazitätsbelastung von PS.

Für die Abarbeitung der Arbeitsvorräte in den drei Perioden bedeutet dies, dass nahezu die gesamte jeweilige Periode benötigt wird. Eine Abarbeitung ist in den folgenden drei Gantt-Diagrammen in den Abbildungen 4.23, 4.24 und 4.25 angegeben; auch hier ergab sich diese durch eine Lösung des dazugehörenden Ressourcenbelegungsplanungsproblems durch das oben genannte lineare Optimierungsmodell zur Permutationslinienfertigung, welches hier nicht angegeben ist, – mit ILOG.

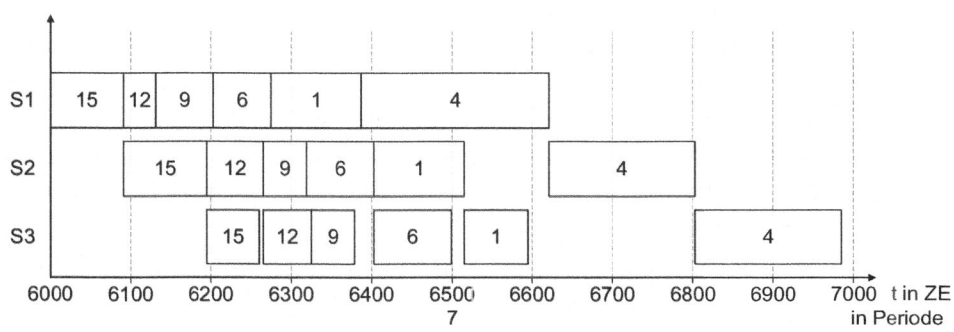

Abbildung 4.23: Optimale Ressourcenbelegungsplanung in Periode 7.

299

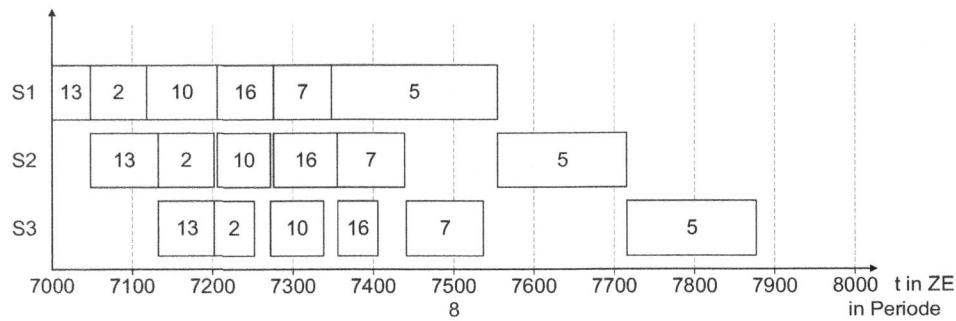

Abbildung 4.24: Optimale Ressourcenbelegungsplanung in Periode 8.

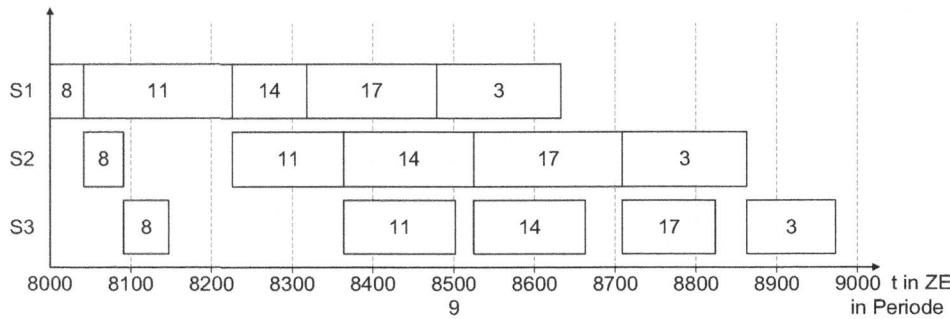

Abbildung 4.25: Optimale Ressourcenbelegungsplanung in Periode 9.

4.7.4 Lösung durch ein MLCLSP mit Produktionsprozessmodell

Die durch die einzelnen Operationen zur Herstellung eines Produkts auf den einzelnen Stationen angearbeiteten Werkstücke können als Komponenten dieses Produkts interpretiert werden. Dadurch ergibt sich eine operationsbezogene Darstellung des Gozintographen. Bei dieser Fallstudie ist, wegen der Reihenfolge der Abarbeitung der einzelnen Operationen (in den Arbeitsplänen zu den einzelnen Produkten bzw. dem Durchlauf durch die Linie), das Resultat der letzten Operation auf der Dispositionsstufe 0, das Resultat der zweiten Operation auf der Dispositionsstufe 1 und das Resultat der ersten Operation auf der Dispositionsstufe 2. Für alle Produkte ist dies in Abbildung 4.26 angegeben. Damit handelt es sich bei dieser Darstellung um eine Kombination aus einem Gozintographen und den produktbezogenen Arbeitsplänen. Sie wird im SAP®-System als „Production Process Model (PPM)" bezeichnet – als Teil des „Advanced Planner and Optimizer" im SAP®-System. Daher wird sie im Folgenden als Produktionsprozessmodell bezeichnet. Von Tempelmeier in [Temp15] ist ausgeführt, dass eine solche operationsbezogene Darstellung des Gozintographen für eine detaillierte Kapazitätsbelegung notwendig ist.

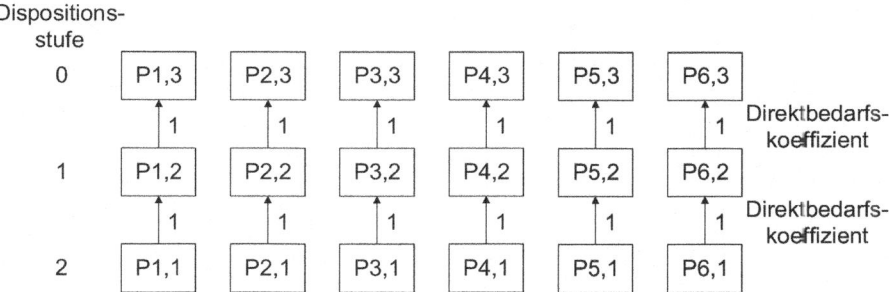

Abbildung 4.26: Produktionsprozessmodell.

Die Aufgabe zu dem Folgenden lautet:
Fassen Sie diese Modifikation der Fallstudie aus Abschnitt 4.7.1 als ein MLCLSP auf und lösen Sie es, wie im Abschnitt 3.1.3 beschrieben. Geben Sie die Planaufträge mit zu deckenden Primärbedarfen an und stellen ihre Peggingstruktur graphisch dar, wie in Abbildung 1.5 im Abschnitt 1.2. Führen Sie eine Ressourcenbelegungsplanung mit minimaler mittlerer Verspätung durch und stellen das Ergebnis als Gantt-Diagramm dar.

Damit eine zulässige Lösung von dem MLCLSP ohne Verspätung bearbeitet werden kann, hat jedes Produkt in dem Produktionsprozessmodell eine Mindestvorlaufzeit von 1; dass dies eine notwendige und hinreichende Bedingung ist, wurde im Abschnitt 3.1.3 bewiesen. Ansonsten werden die Bearbeitungszeiten und Kostensätze übernommen, s. die Fallstudie im Abschnitt 4.7.1. Diese Parameter enthält die nachfolgend angegebene „dat"-Datei, die für eine Lösung von dem MLCLSP durch ILOG erforderlich ist.

```
1  T = 10;   // Anzahl an Perioden.
2  K = 18;   // Anzahl an Produkten.
3  J = 3;    // Anzahl an Ressourcen.
4  // M muss wenigstens so groß wie die Summe an Bedarfen sein.
5  M = 1000;
6  // Direktbedarfskoeffizienten:
7  a = #[
8      1: [0 0 0 0 0 0 0 0 0 0 0 0 0 0 0 0 0 0]
9      2: [0 0 0 0 0 0 0 0 0 0 0 0 0 0 0 0 0 0]
10     3: [0 0 0 0 0 0 0 0 0 0 0 0 0 0 0 0 0 0]
11     4: [0 0 0 0 0 0 0 0 0 0 0 0 0 0 0 0 0 0]
12     5: [0 0 0 0 0 0 0 0 0 0 0 0 0 0 0 0 0 0]
13     6: [0 0 0 0 0 0 0 0 0 0 0 0 0 0 0 0 0 0]
```

```
14      7:  [1 0 0 0 0 0 0 0 0 0 0 0 0 0 0 0 0 0]
15      8:  [0 1 0 0 0 0 0 0 0 0 0 0 0 0 0 0 0 0]
16      9:  [0 0 1 0 0 0 0 0 0 0 0 0 0 0 0 0 0 0]
17     10:  [0 0 0 1 0 0 0 0 0 0 0 0 0 0 0 0 0 0]
18     11:  [0 0 0 0 1 0 0 0 0 0 0 0 0 0 0 0 0 0]
19     12:  [0 0 0 0 0 1 0 0 0 0 0 0 0 0 0 0 0 0]
20     13:  [0 0 0 0 0 0 1 0 0 0 0 0 0 0 0 0 0 0]
21     14:  [0 0 0 0 0 0 0 1 0 0 0 0 0 0 0 0 0 0]
22     15:  [0 0 0 0 0 0 0 0 1 0 0 0 0 0 0 0 0 0]
23     16:  [0 0 0 0 0 0 0 0 0 1 0 0 0 0 0 0 0 0]
24     17:  [0 0 0 0 0 0 0 0 0 0 1 0 0 0 0 0 0 0]
25     18:  [0 0 0 0 0 0 0 0 0 0 0 1 0 0 0 0 0 0]
26   ]#;
27   // Nettobedarfe:
28   d = [[ 0, 0, 0, 0, 0, 0, 0, 16, 10, 22],
29        [ 0, 0, 0, 0, 0, 0, 0, 16, 13, 20],
30        [ 0, 0, 0, 0, 0, 0, 0, 12, 12, 21],
31        [ 0, 0, 0, 0, 0, 0, 0,  9, 11, 23],
32        [ 0, 0, 0, 0, 0, 0, 0, 10, 12, 23],
33        [ 0, 0, 0, 0, 0, 0, 0, 13, 10, 23],
34        [ 0, 0, 0, 0, 0, 0, 0,  0,  0,  0],
35        [ 0, 0, 0, 0, 0, 0, 0,  0,  0,  0],
36        [ 0, 0, 0, 0, 0, 0, 0,  0,  0,  0],
37        [ 0, 0, 0, 0, 0, 0, 0,  0,  0,  0],
38        [ 0, 0, 0, 0, 0, 0, 0,  0,  0,  0],
39        [ 0, 0, 0, 0, 0, 0, 0,  0,  0,  0],
40        [ 0, 0, 0, 0, 0, 0, 0,  0,  0,  0],
41        [ 0, 0, 0, 0, 0, 0, 0,  0,  0,  0],
42        [ 0, 0, 0, 0, 0, 0, 0,  0,  0,  0],
43        [ 0, 0, 0, 0, 0, 0, 0,  0,  0,  0],
44        [ 0, 0, 0, 0, 0, 0, 0,  0,  0,  0],
45        [ 0, 0, 0, 0, 0, 0, 0,  0,  0,  0]];
46   // Kapazitäten:
47   b = [[1000, 1000, 1000, 1000, 1000, 1000, 1000, 1000, 1000, 1000],
48        [1000, 1000, 1000, 1000, 1000, 1000, 1000, 1000, 1000, 1000],
49        [1000, 1000, 1000, 1000, 1000, 1000, 1000, 1000, 1000, 1000]];
50   // Lagerkostensätze:
51   h = [100, 100, 100, 100, 100, 100, 100, 100, 100, 100, 100, 100,
52        100, 100, 100, 100, 100, 100];
53   // Rüstkostensätze:
54   s = [1, 1, 1, 1, 1, 1, 1, 1, 1, 1, 1, 1, 1, 1, 1, 1, 1, 1];
55   // Stückbearbeitungszeiten:
56   tb = [[0,0,5], [0,0,7], [0,0,8], [0,0,6], [0,0,6], [0,0,5],
57         [0,7,0], [0,7,0], [0,7,0], [0,6,0], [0,7,0], [0,8,0],
58         [7,0,0], [9,0,0], [6,0,0], [8,0,0], [4,0,0], [7,0,0]];
```

```
59  // Rüstzeiten:
60  tr = [[0,0,0], [0,0,0], [0,0,0], [0,0,0], [0,0,0], [0,0,0],
61        [0,0,0], [0,0,0], [0,0,0], [0,0,0], [0,0,0], [0,0,0],
62        [0,0,0], [0,0,0], [0,0,0], [0,0,0], [0,0,0], [0,0,0]];
63  // Mindestvorlaufzeiten:
64  z = [1, 1, 1, 1, 1, 1, 1, 1, 1, 1, 1, 1, 1, 1, 1, 1, 1, 1];
65  // Anfangslagerbestände:
66  y0 = [0, 0, 0, 0, 0, 0, 0, 0, 0, 0, 0, 0, 0, 0, 0, 0, 0, 0];
```

Listing 4.18: Verwendete ILOG Parameter.

Die Planaufträge der optimalen Lösung sind in der Tabelle 4.15 angegeben und durch die Pegging-Struktur in Abbildung 4.27 dargestellt. Jede der 3 Bedarfe für die sechs Produkte (P1 bis P6) ist angegeben und zwar für Produkte zu den jeweils letzten Operationen der Arbeitspläne zu diesen Produkten – z.B. ist der Bedarf zu Beginn der Periode 8 für Produkt P3 ein Bedarf für P3,3 zu Beginn der Periode 8. Jeder dieser 18 Bedarfe zu den Produkten P1,3, P2,3, P3,3, P4,3, P5,4 und P6,3 wird gedeckt durch einen Planauftrag für diese Produkte. Jeder dieser Planaufträge impliziert einen abgeleiteten Bedarf, der nach der Terminologie zur Materialbedarfsplanung als Sekundärbedarf bezeichnet ist. Diese Sekundärbedarfe und damit diese Planaufträge wiederum werden gedeckt durch Planaufträge für die Produkte P1,2, P2,2, P3,2, P4,2, P5,2 und P6,2, die ihrerseits durch Planaufträge für die Produkte P1,1, P2,1, P3,1, P4,1, P5,1 und P6,1 gedeckt werden. Diese Beziehungen sind am leichtesten aus der Pegging-Struktur in Abbildung 4.27 ablesbar, die auch die Perioden enthält, in der die Bedarfe bzw. Planaufträge anfallen. Die Tabelle 4.15 ist nach Dispositionsstufen sortiert und enthält die Nummern der Planaufträge, die im Folgenden verwendet werden. Eine Losbildung erfolgt nicht und Lagerbestände treten daher nicht auf.

Periode (Periodengröße von 1000 ZE)

		5	6	7	8	9	10
P1,3	Primärbedarf in ME				16	_0	22
	Planauftrag in ME			16 (1)	10 (2)	22 (3)	
P2,3	Primärbedarf in ME				16	_3	20
	Planauftrag in ME			16 (4)	13 (5)	20 (6)	
P3,3	Primärbedarf in ME				12	_2	21
	Planauftrag in ME			12 (7)	12 (8)	21 (9)	
P4,3	Primärbedarf in ME				9	_1	23
	Planauftrag in ME			9 (10)	11 (11)	23 (12)	

Tabelle 4.15: Planaufträge einer optimalen Lösung mit zu deckenden Bedarfen (wird fortgesetzt).

	Periode (Periodengröße von 1000 ZE)					
		5	6	7	8	9	10
P5,3	Primärbedarf in ME				10	12	23
	Planauftrag in ME			10 (13)	12 (14)	23 (15)	
P6,3	Primärbedarf in ME				13	10	23
	Planauftrag in ME			13 (16)	10 (17)	23 (18)	
P1,2	Sekundärbedarf in ME			16	10	22	
	Planauftrag in ME		16 (19)	10 (20)	22 (21)		
P2,2	Sekundärbedarf in ME			16	13	20	
	Planauftrag in ME		16 (22)	13 (23)	20 (24)		
P3,2	Sekundärbedarf in ME			12	12	21	
	Planauftrag in ME		12 (25)	12 (26)	21 (27)		
P4,2	Sekundärbedarf in ME			9	11	23	
	Planauftrag in ME		9 (28)	11 (29)	23 (30)		
P5,2	Sekundärbedarf in ME			10	12	23	
	Planauftrag in ME		10 (31)	12 (32)	23 (33)		
P6,2	Sekundärbedarf in ME			13	10	23	
	Planauftrag in ME		13 (34)	10 (35)	23 (36)		
P1,1	Sekundärbedarf in ME		16	10	22		
	Planauftrag in ME	16 (37)	10 (38)	22 (39)			
P2,1	Sekundärbedarf in ME		16	13	20		
	Planauftrag in ME	16 (40)	13 (41)	20 (42)			
P3,1	Sekundärbedarf in ME		12	12	21		
	Planauftrag in ME	12 (43)	12 (44)	21 (45)			
P4,1	Sekundärbedarf in ME		9	11	23		
	Planauftrag in ME	9 (46)	11 (47)	23 (48)			
P5,1	Sekundärbedarf in ME		10	12	23		
	Planauftrag in ME	10 (49)	12 (50)	23 (51)			
P6,1	Sekundärbedarf in ME		13	10	23		
	Planauftrag in ME	13 (52)	10 (53)	23 (54)			

Tabelle 4.15: Planaufträge einer optimalen Lösung mit zu deckenden Bedarfen.

Periode

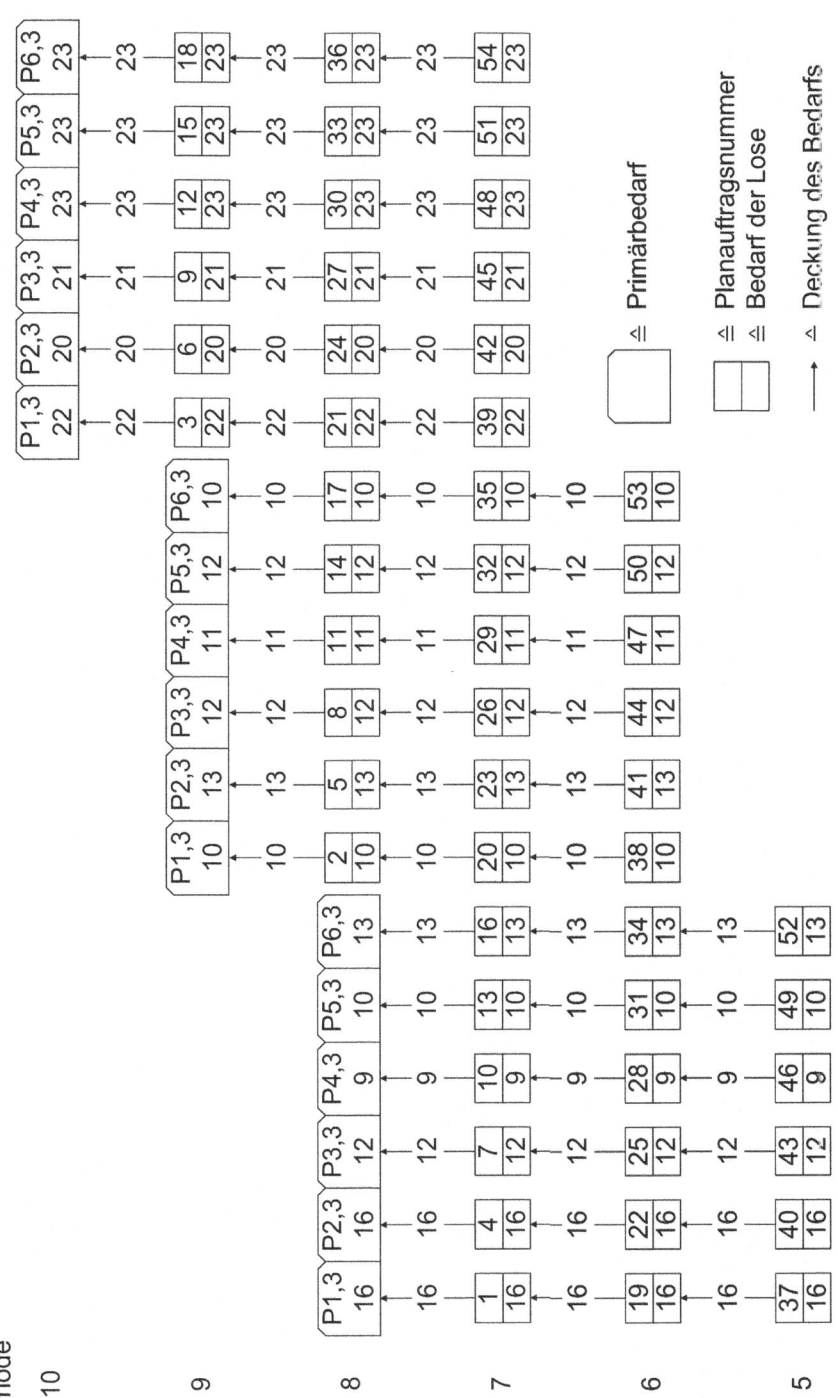

Abbildung 4.27: Pegging-Struktur zur optimalen Lösung – Periodengröße von 1000 ZE.

305

Auf die Angabe der Kapazitätsbelastung von dem Produktionssystem PS in den einzelnen Perioden wird verzichtet, da diese relativ einfach aus den folgenden Gantt-Diagrammen in den Abbildungen 4.28, 4.29, 4.30, 4.31 und 4.32 zur Lösung von dem durch diese Planaufträge in Tabelle 4.15 nach dem bisherigen Verfahren bestimmten Ressourcenbelegungsplanungsproblem ermittelt werden können, indem die Belegungen der 3 Stationen für jede Periode aufsummiert werden – bei einer Periodenkapazität von 3000 Zeiteinheiten (ZE). Bei jeder Abarbeitungsreihenfolge der Planaufträge in den einzelnen Perioden tritt keine Verspätung auf. Eine, relativ willkürliche, Abarbeitungsreihenfolge ist in den genannten Gantt-Diagrammen angegeben.

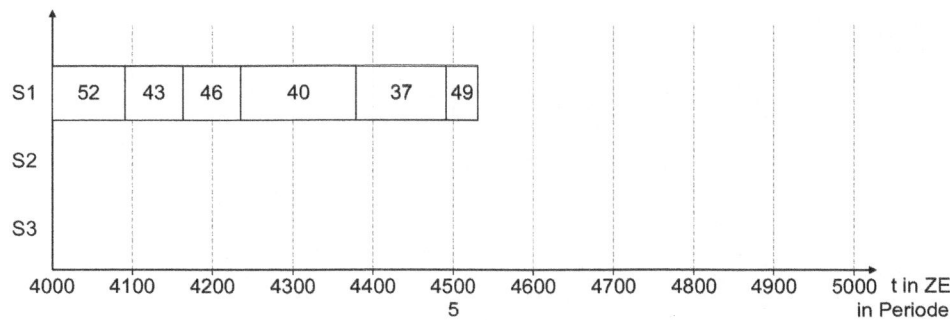

Abbildung 4.28: Ressourcenbelegungsplan für Periode 5 ohne Verspätung – Lösung für eine Periodengröße von 1000 ZE.

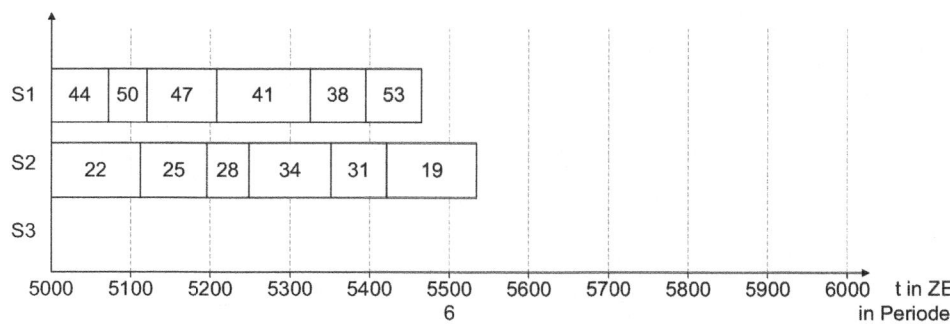

Abbildung 4.29: Ressourcenbelegungsplan für Periode 6 ohne Verspätung – Lösung für eine Periodengröße von 1000 ZE.

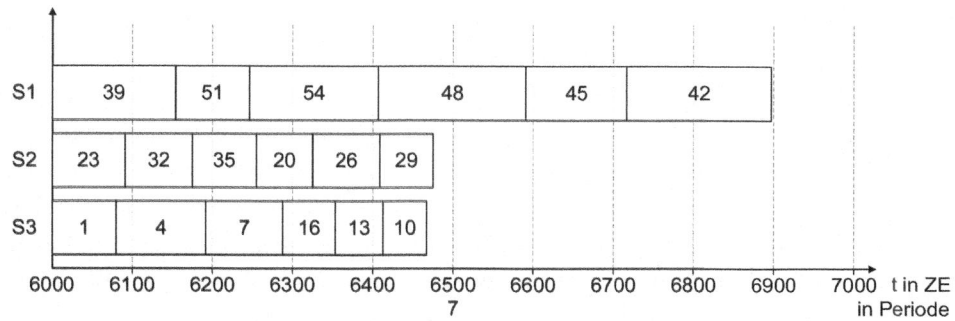

Abbildung 4.30: Ressourcenbelegungsplan für Periode 7 ohne Verspätung – Lösung für eine Periodengröße von 1000 ZE.

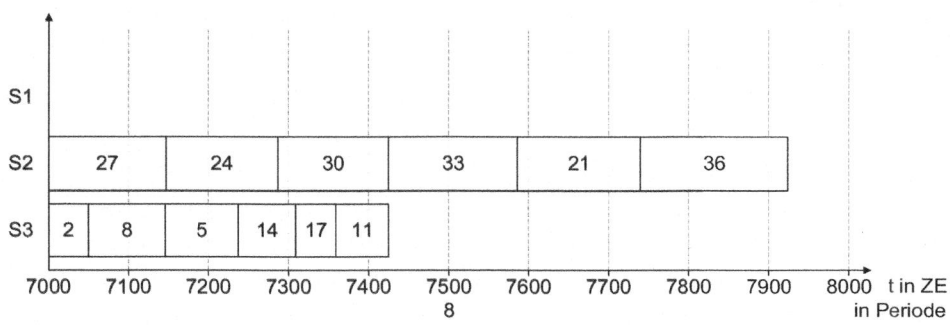

Abbildung 4.31: Ressourcenbelegungsplan für Periode 8 ohne Verspätung – Lösung für eine Periodengröße von 1000 ZE.

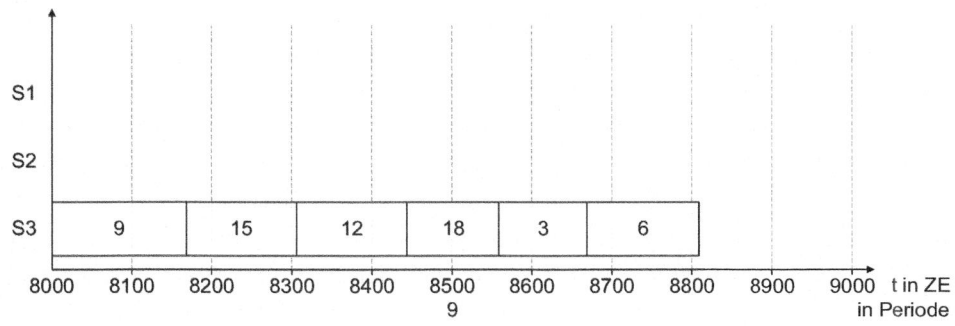

Abbildung 4.32: Ressourcenbelegungsplan für Periode 9 ohne Verspätung – Lösung für eine Periodengröße von 1000 ZE.

Diese Gantt-Diagramme – s. die Abbildungen 4.28, 4.29, 4.30, 4.31 und 4.32 – zeigen, dass, wie zu erwarten, in diesen Perioden viele Stationen recht schwach ausgelastet sind.

Ausnahmen sind die Perioden 7, 8 und 9 jeweils nur für eine Station, nämlich S1 bei Periode 7, S2 bei Periode 8 und S3 bei Periode 9.

Durch die Verwendung von dem Produktionsprozessmodell statt der Endprodukte im MLCLSP und einer Mindestvorlaufzeit von 1 Periode für jedes Produkt im Produktionsprozessmodell ist die Lösung von dem MLCLSP ohne Verspätung umsetzbar. Allerdings zeigt sich bei dieser Fallstudie bereits der häufig zu beobachtende Nachteil von diesem Vorgehen, dass die kumulierte Durchlaufzeit signifikant länger als nötig ist. Wegen der Mindestvorlaufzeit von 1 Periode beträgt sie einheitlich drei Perioden, s. die Tabelle 4.15 bzw. die Abbildung 4.27, und die Produktionsaufträge liegen in den 5 Perioden von Periode 5 bis zur Periode 9. Demgegenüber zeigt die Lösung im Abschnitt 4.7.3, s. die Tabelle 4.14 und die Abarbeitung in den Abbildungen 4.19, 4.20, und 4.21, dass, außer bei zwei Bedarfen, eine kumulierte Durchlaufzeit von 1 Periode zur Deckung eines Bedarfs möglich ist und bei den beiden Ausnahmen beträgt die kumulierte Durchlaufzeit 2 Perioden. Trotz der Ausnahme wird lediglich in den 3 Perioden von Periode 7 bis zur Periode 9 produziert.

Eine Verringerung der Periodendauer im MLCLSP reduziert zwangsläufig diese Durchlaufzeiten. Damit diese Bedarfe wieder zu den gleichen Zeitpunkten zu erfüllen sind, sind diese dann nicht mehr auf die letzten drei Perioden zu legen. So würde eine Periodendauer von 500 ZE (statt 1000 ZE) zu den Perioden 1 bis 19 (anstatt der Perioden 1 bis 10) führen und die Bedarfe wären dann zu Beginn der Periode 15 (statt Periode 8), der Periode 17 (statt Periode 9) und der Periode 19 (statt Periode 10) zu decken. (Zum Nachvollziehen seien beispielsweise die Perioden 10 und 19 betrachtet; s. auch die Argumentation im Abschnitt 4.7.1. Bei einer Periodengröße von 1000 ZE beginnt die Periode 10 mit 9000 ZE und geht bis zur 9999 ZE einschließlich, endet also mit dem Zeitpunkt 10000 ZE. Bei einer Periodengröße von 500 ZE beginnt Periode 19 mit 9000 ZE. Bei beiden Periodengrößen liegt somit der gleiche Beginn (-zeitpunkt) vor.) Dieses Vorgehen reduziert die Anzahl der verwendeten Perioden auf 4 Perioden mit einer Periodengröße von 1000 ZE – ganz genau reichen 3964 ZE. Wegen der angesprochenen Zuordnung von Bedarfen zu Perioden bietet sich als Periodengröße eine durch 1000 teilbare Zahl an. Die nächst kleinere Periodengröße ist dann 250 ZE. Diese reduziert die Anzahl der verwendeten ZE weiter und zwar auf 3246 ZE, aber es werden noch immer mehr als drei Perioden mit einer Periodengröße von 1000 ZE benötigt. Erst die Periodengröße von 200 ZE führt dazu, dass nur drei Perioden verwendet werden. Dies wird im Folgenden dargestellt. Dabei werden die bisherigen Kostensätze verwendet. Dadurch, dass die Lagerkosten für die neuen Perioden berechnet werden, beginnen die Lose spät und es dürften möglichst wenige erstellt werden. Die so erreichte Anzahl an verwendeten ZE beträgt ganz genau 2998 ZE. (Es sei angemerkt, dass eine Lösung mit drei verwendeten Perioden bei beliebigen Kostensätzen gefunden wird, wobei eventuell der Planungshorizont auf 3000 ZE zu limitieren ist; dieses Vorgehen ist in dem Abschnitt 3.1.3 an einer Fallstudie demonstriert worden.)

Die Aufgabe zu dem Folgenden lautet:
Gehen Sie nun von einer Periodengröße von 200 Zeiteinheiten aus und lösen das (gerade betrachtete) MLCLSP. Geben Sie die Planaufträge mit zu deckenden Primärbedarfen an und stellen ihre Peggingstruktur graphisch dar, wie in Abbildung 1.5 im Abschnitt 1.2. Führen Sie eine Ressourcenbelegungsplanung mit minimaler mittlerer Verspätung durch und stellen das Ergebnis als Gantt-Diagramm dar.

Die erforderlichen Parameter für das MLCLSP sind in dem folgenden Listing 4.19 aus den ILOG Parametern, als „dat"-Datei, angegeben, mit denen dieses MLCLSP durch ILOG mit der Verwendung der ILOG-Modelldatei im Listing 3.1 gelöst wird

```
1   T = 50;   // Anzahl an Perioden.
2   K = 18;   // Anzahl an Produkten.
3   J = 3;    // Anzahl an Ressourcen.
4   // M muss wenigstens so groß wie die Summe an Bedarfen sein.
5   M = 1000;
6   // Direktbedarfskoeffizienten:
7   a = #[
8      1:  [0 0 0 0 0 0 0 0 0 0 0 0 0 0 0 0 0 0]
9      2:  [0 0 0 0 0 0 0 0 0 0 0 0 0 0 0 0 0 0]
10     3:  [0 0 0 0 0 0 0 0 0 0 0 0 0 0 0 0 0 0]
11     4:  [0 0 0 0 0 0 0 0 0 0 0 0 0 0 0 0 0 0]
12     5:  [0 0 0 0 0 0 0 0 0 0 0 0 0 0 0 0 0 0]
13     6:  [0 0 0 0 0 0 0 0 0 0 0 0 0 0 0 0 0 0]
14     7:  [1 0 0 0 0 0 0 0 0 0 0 0 0 0 0 0 0 0]
15     8:  [0 1 0 0 0 0 0 0 0 0 0 0 0 0 0 0 0 0]
16     9:  [0 0 1 0 0 0 0 0 0 0 0 0 0 0 0 0 0 0]
17    10:  [0 0 0 1 0 0 0 0 0 0 0 0 0 0 0 0 0 0]
18    11:  [0 0 0 0 1 0 0 0 0 0 0 0 0 0 0 0 0 0]
19    12:  [0 0 0 0 0 1 0 0 0 0 0 0 0 0 0 0 0 0]
20    13:  [0 0 0 0 0 0 1 0 0 0 0 0 0 0 0 0 0 0]
21    14:  [0 0 0 0 0 0 0 1 0 0 0 0 0 0 0 0 0 0]
22    15:  [0 0 0 0 0 0 0 0 1 0 0 0 0 0 0 0 0 0]
23    16:  [0 0 0 0 0 0 0 0 0 1 0 0 0 0 0 0 0 0]
24    17:  [0 0 0 0 0 0 0 0 0 0 1 0 0 0 0 0 0 0]
25    18:  [0 0 0 0 0 0 0 0 0 0 0 1 0 0 0 0 0 0]
26    ]#;
```

```
27  // Nettobedarfe:
28  //     1 ... 35
29  d = [[0 ,  ...,0 ,16 ,0 ,0 ,0 ,0 ,10 ,0 ,0 ,0 ,0 ,22 ,0 ,0 ,0 ,0] ,
30       [0 ,  ...,0 ,16 ,0 ,0 ,0 ,0 ,13 ,0 ,0 ,0 ,0 ,20 ,0 ,0 ,0 ,0] ,
31       [0 ,  ...,0 ,12 ,0 ,0 ,0 ,0 ,12 ,0 ,0 ,0 ,0 ,21 ,0 ,0 ,0 ,0] ,
32       [0 ,  ...,0 ,  9 ,0 ,0 ,0 ,0 ,11 ,0 ,0 ,0 ,0 ,23 ,0 ,0 ,0 ,0] ,
33       [0 ,  ...,0 ,10 ,0 ,0 ,0 ,0 ,12 ,0 ,0 ,0 ,0 ,23 ,0 ,0 ,0 ,0] ,
34       [0 ,  ...,0 ,13 ,0 ,0 ,0 ,0 ,10 ,0 ,0 ,0 ,0 ,23 ,0 ,0 ,0 ,0] ,
35       [0 ,  ...,0 ,  0 ,0 ,0 ,0 ,0 ,  0 ,0 ,0 ,0 ,0 ,  0 ,0 ,0 ,0 ,0] ,
36       [0 ,  ...,0 ,  0 ,0 ,0 ,0 ,0 ,  0 ,0 ,0 ,0 ,0 ,  0 ,0 ,0 ,0 ,0] ,
37       [0 ,  ...,0 ,  0 ,0 ,0 ,0 ,0 ,  0 ,0 ,0 ,0 ,0 ,  0 ,0 ,0 ,0 ,0] ,
38       [0 ,  ...,0 ,  0 ,0 ,0 ,0 ,0 ,  0 ,0 ,0 ,0 ,0 ,  0 ,0 ,0 ,0 ,0] ,
39       [0 ,  ...,0 ,  0 ,0 ,0 ,0 ,0 ,  0 ,0 ,0 ,0 ,0 ,  0 ,0 ,0 ,0 ,0] ,
40       [0 ,  ...,0 ,  0 ,0 ,0 ,0 ,0 ,  0 ,0 ,0 ,0 ,0 ,  0 ,0 ,0 ,0 ,0] ,
41       [0 ,  ...,0 ,  0 ,0 ,0 ,0 ,0 ,  0 ,0 ,0 ,0 ,0 ,  0 ,0 ,0 ,0 ,0] ,
42       [0 ,  ...,0 ,  0 ,0 ,0 ,0 ,0 ,  0 ,0 ,0 ,0 ,0 ,  0 ,0 ,0 ,0 ,0] ,
43       [0 ,  ...,0 ,  0 ,0 ,0 ,0 ,0 ,  0 ,0 ,0 ,0 ,0 ,  0 ,0 ,0 ,0 ,0] ,
44       [0 ,  ...,0 ,  0 ,0 ,0 ,0 ,0 ,  0 ,0 ,0 ,0 ,0 ,  0 ,0 ,0 ,0 ,0] ,
45       [0 ,  ...,0 ,  0 ,0 ,0 ,0 ,0 ,  0 ,0 ,0 ,0 ,0 ,  0 ,0 ,0 ,0 ,0] ,
46       [0 ,  ...,0 ,  0 ,0 ,0 ,0 ,0 ,  0 ,0 ,0 ,0 ,0 ,  0 ,0 ,0 ,0 ,0]]
47  // Kapazitäten:
48  //     1   ...   18
49  b = [[200 , ...  ,200] ,
50       [200 , ...  ,200] ,
51       [200 , ...  ,200]];
52  // Lagerkostensätze:
53  //     1   ...   18
54  h = [100 , ...  , 100];
55  // Rüstkostensätze:
56  s = [1 , 1 , 1 , 1 , 1 , 1 , 1 , 1 , 1 , 1 , 1 , 1 , 1 , 1 , 1 , 1 , 1 , 1];
57  // Stückbearbeitungszeiten:
58  tb = [[0 ,0 ,5] , [0 ,0 ,7] , [0 ,0 ,8] , [0 ,0 ,6] , [0 ,0 ,6] , [0 ,0 ,5] ,
59        [0 ,7 ,0] , [0 ,7 ,0] , [0 ,7 ,0] , [0 ,6 ,0] , [0 ,7 ,0] , [0 ,8 ,0] ,
60        [7 ,0 ,0] , [9 ,0 ,0] , [6 ,0 ,0] , [8 ,0 ,0] , [4 ,0 ,0] , [7 ,0 ,0]];
61  // Rüstzeiten:
62  tr = [[0 ,0 ,0] , [0 ,0 ,0] , [0 ,0 ,0] , [0 ,0 ,0] , [0 ,0 ,0] , [0 ,0 ,0] ,
63        [0 ,0 ,0] , [0 ,0 ,0] , [0 ,0 ,0] , [0 ,0 ,0] , [0 ,0 ,0] , [0 ,0 ,0] ,
64        [0 ,0 ,0] , [0 ,0 ,0] , [0 ,0 ,0] , [0 ,0 ,0] , [0 ,0 ,0] , [0 ,0 ,0]];
65  // Mindestvorlaufzeiten:
66  z = [1 , 1 , 1 , 1 , 1 , 1 , 1 , 1 , 1 , 1 , 1 , 1 , 1 , 1 , 1 , 1 , 1 , 1];
67  // Anfangslagerbestände:
68  y0 = [0 , 0 , 0 , 0 , 0 , 0 , 0 , 0 , 0 , 0 , 0 , 0 , 0 , 0 , 0 , 0 , 0 , 0];
```

Listing 4.19: Verwendete ILOG Parameter.

Die Planaufträge der optimalen Lösung sind in der Tabelle 4.16 angegeben und durch die Pegging-Struktur über die Abbildungen 4.33, 4.34 und 4.35 dargestellt. Es gibt 46 Perioden. Die zum Zeitpunkt 7000 Zeiteinheiten (ZE) zu deckenden Bedarfe sind nun zu Beginn der Periode 36 (anstelle von Periode 8) zu decken, die zum Zeitpunkt 8000 ZE nun zu Beginn der Periode 41 (anstelle von Periode 9) und die zum Zeitpunkt 10000 ZE nun zu Beginn der Periode 46 (anstelle von Periode 10). Die Tabelle 4.16 und die Pegging-Teil-Strukturen in den Abbildungen 4.33, 4.34 und 4.35 sind genauso aufgebaut wie die Pegging-Teil-Strukturen bei einer Periodengröße von 1000 ZE; insbesondere ist die Tabelle 4.16 nach Dispositionsstufen sortiert und enthält die Nummern der Planaufträge, die im Folgenden verwendet werden, sowie die durch Planaufträge abgeleiteten Sekundär-Bedarfe. Ferner ist jede auftretende Vorratsproduktion in der Tabelle 4.16 eingetragen.

Periode (Periodengröße von 200 ZE)

		31	32	33	34	35	36	37	38	39	40	41	42	43	44	45	46
P1,3	Primärbedarf in ME						16										22
	Planauftrag in ME					16 (1)				10 (2)					22 (3)		
	Lagerbestand in ME															22	
P2,3	Primärbedarf in ME						16					13					20
	Planauftrag in ME			5 (4)	11 (5)					6 (6)	7 (7)		14 (8)		6 (9)		
	Lagerbestand in ME				5						6			14	14	20	
P3,3	Primärbedarf in ME						12					12					21
	Planauftrag in ME				4 (10)	8 (11)				12 (12)				21 (13)			
	Lagerbestand in ME					4					12				21	21	
P4,3	Primärbedarf in ME						9					11					23
	Planauftrag in ME					9 (14)					11 (15)				4 (16)	19 (17)	
	Lagerbestand in ME																
P5,3	Primärbedarf in ME						10					12					23
	Planauftrag in ME				10 (18)						12 (19)		5 (20)		4 (21)	14 (22)	
	Lagerbestand in ME					10								5	5	9	

Tabelle 4.16: Planaufträge der optimalen Lösung mit zu deckenden Bedarfen (wird fortgesetzt).

312

Periode (Periodengröße von 200 ZE)

		31	32	33	34	35	36	37	38	39	40	41	42	43	44	45	46
P6,3	Primärbedarf in ME						13					10					23
	Planauftrag in ME			13 (23)					10 (24)			9 (25)	14 (26)				
	Lagerbestand in ME				13	13				10	10		9	23	23	23	
P1,2	Sekundärbedarf in ME					16				10					22		
	Planauftrag in ME				16 (27)				10 (28)					22 (29)			
	Lagerbestand in ME																
P2,2	Sekundärbedarf in ME			5	11					6	7		14	5	6		
	Planauftrag in ME		5 (30)	11 (31)					6 (32)	7 (33)		14 (34)	5 (35)	1 (36)			
	Lagerbestand in ME					8								5			
P3,2	Sekundärbedarf in ME				4	9				12				21			
	Planauftrag in ME			4 (37)	8 (38)				12 (39)				21 (40)				
	Lagerbestand in ME																
P4,2	Sekundärbedarf in ME										11				4	19	
	Planauftrag in ME			4 (41)	5 (42)					11 (43)			3 (44)	3 (45)	17 (46)		
	Lagerbestand in ME				4									3	2		

Tabelle 4.16: Planaufträge der optimalen Lösung mit zu deckenden Bedarfen (wird fortgesetzt).

313

Periode (Periodengröße von 200 ZE)

		31	32	33	34	35	36	37	38	39	40	41	42	43	44	45	46
P5,2	Sekundärbedarf in ME				10						12		5	3	4	14	
	Planauftrag in ME			10 (47)						12 (48)		6 (49)		3 (50)	14 (51)		
	Lagerbestand in ME												1	1			
P6,2	Sekundärbedarf in ME			13					10			9	14				
	Planauftrag in ME		13 (52)					10 (53)			16 (54)	7 (55)					
	Lagerbestand in ME											7					
P1,1	Sekundärbedarf in ME				16				10					22			
	Planauftrag in ME			16 (56)				10 (57)					22 (58)				
	Lagerbestand in ME																
P2,1	Sekundärbedarf in ME	5		11					6	7		14	5	1			
	Planauftrag in ME	5 (59)	11 (60)					6 (61)	7 (62)		14 (63)	5 (64)	1 (65)				
	Lagerbestand in ME																
P3,1	Sekundärbedarf in ME			4	8				12				21				
	Planauftrag in ME		4 (66)	8 (67)				12 (68)				21 (69)					
	Lagerbestand in ME																

Tabelle 4.16: Planaufträge der optimalen Lösung mit zu deckenden Bedarfen (wird fortgesetzt).

Periode (Periodengröße von 200 ZE)

		31	32	33	34	35	36	37	38	39	40	41	42	43	44	45	46
P4,1	Sekundärbedarf in ME		4	4	5				11	11			3	3	17		
	Planauftrag in ME		4 (70)	5 (71)					11 (72)			3 (73)	3 (74)	17 (75)			
	Lagerbestand in ME																
P5,1	Sekundärbedarf in ME			10						12		6	3	3	14		
	Planauftrag in ME		10 (76)						12 (77)		6 (78)		3 (79)	14 (80)			
	Lagerbestand in ME																
P6,1	Sekundärbedarf in ME		13					10		16	16	7					
	Planauftrag in ME	13 (81)					10 (82)			16 (83)	7 (84)						
	Lagerbestand in ME																

Tabelle 4.16: Planaufträge der optimalen Lösung mit zu deckenden Bedarfen.

315

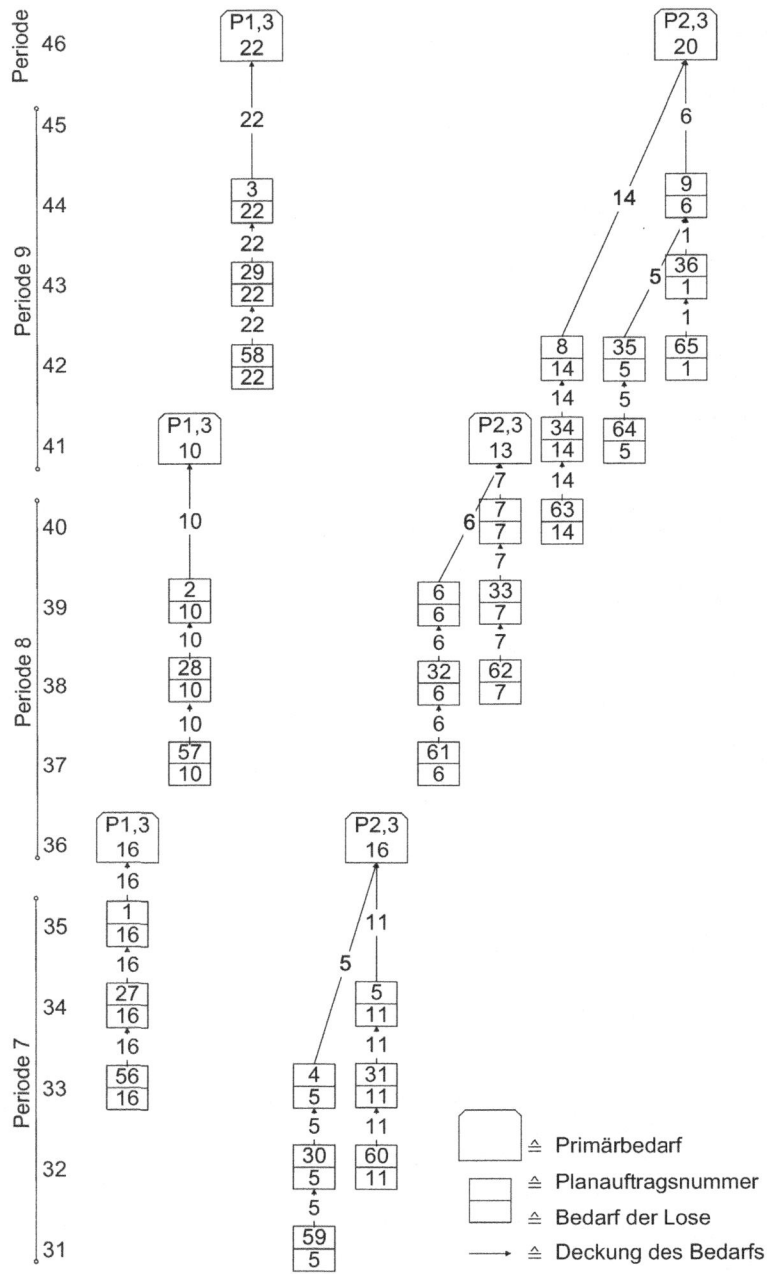

Abbildung 4.33: Pegging-Struktur für die Produkte P1 und P2 zur optimalen Lösung –
Periodengröße von 200 ZE.

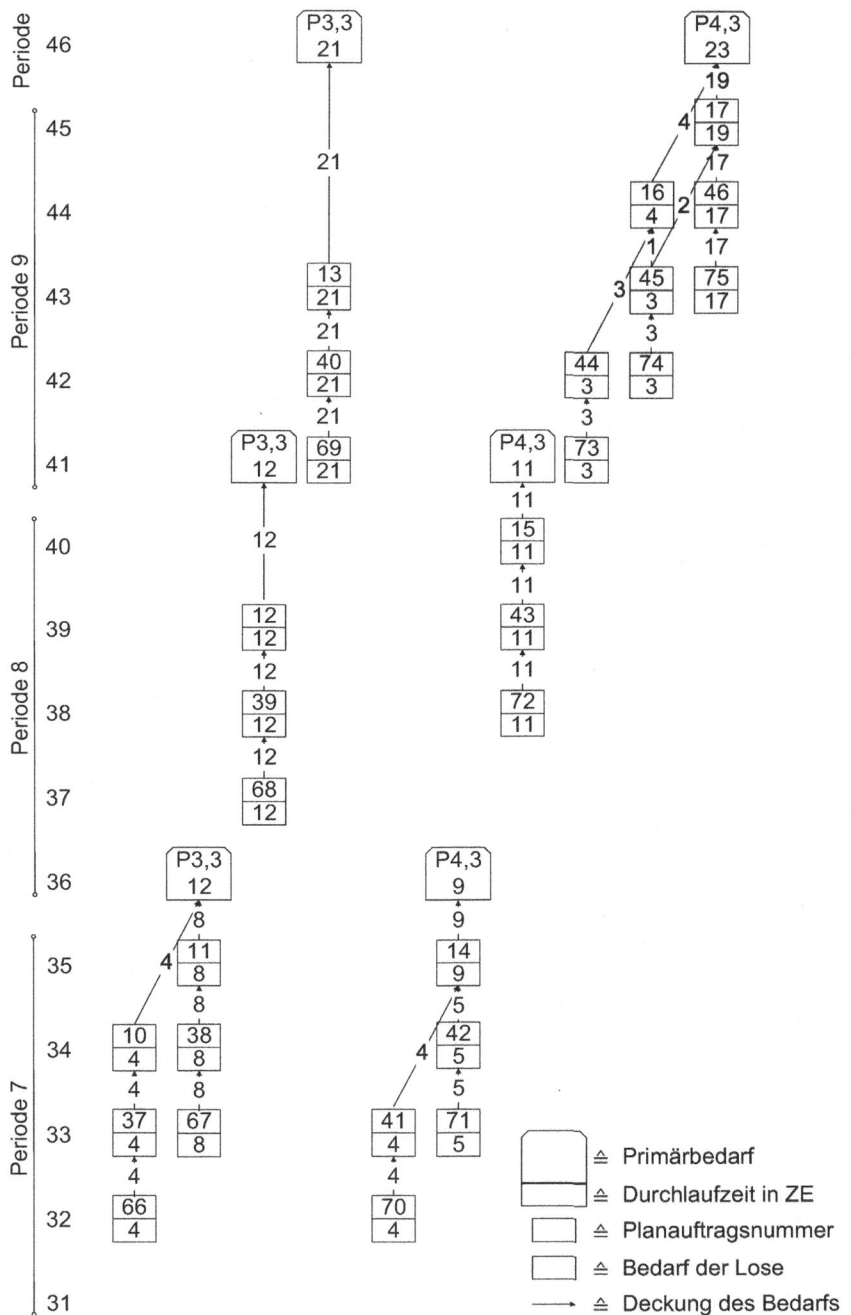

Abbildung 4.34: Pegging-Struktur für die Produkte P3 und P4 zur optimalen Lösung –
Periodengröße von 200 ZE.

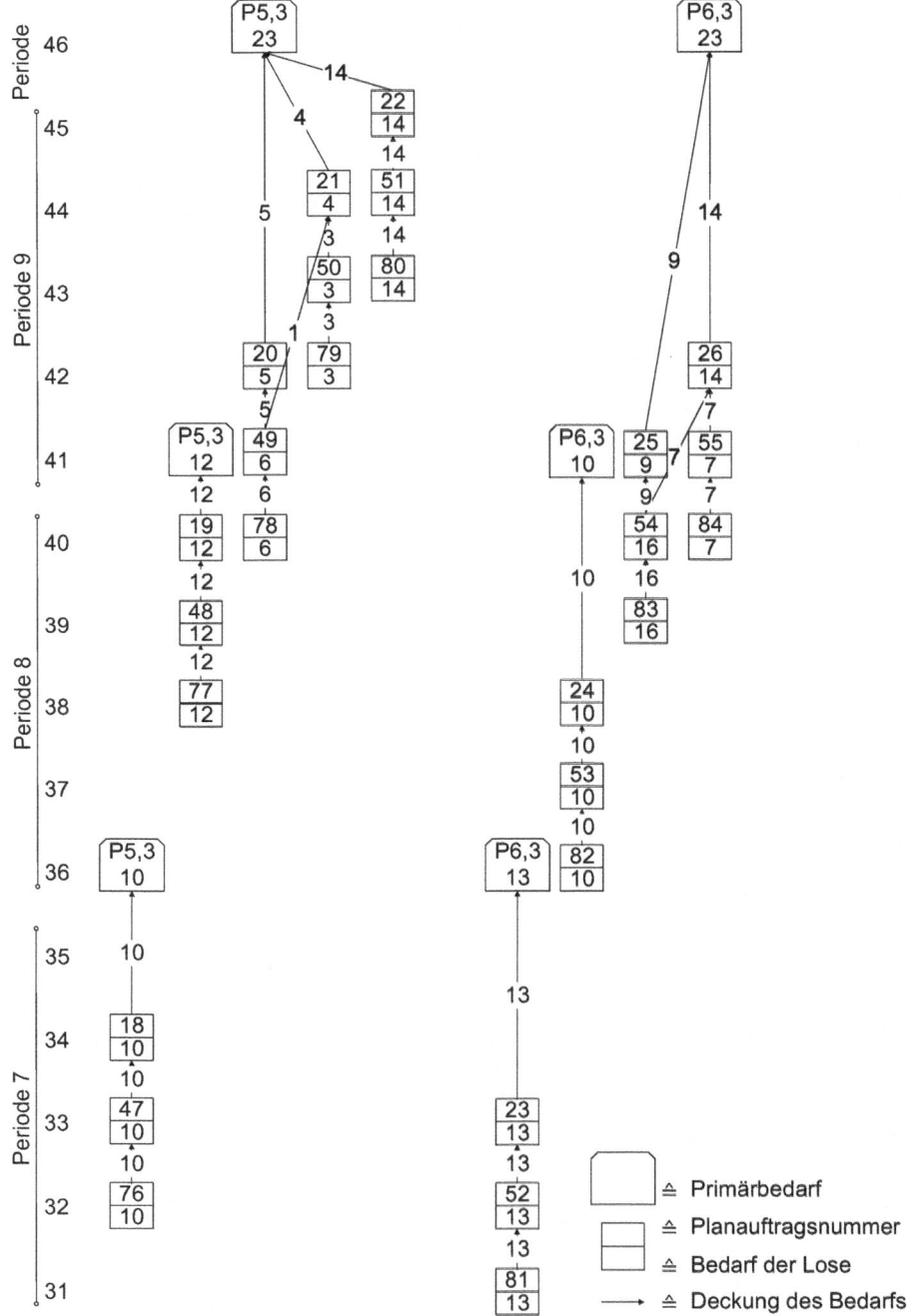

Abbildung 4.35: Pegging-Struktur für die Produkte P5 und P6 zur optimalen Lösung –
Periodengröße von 200 ZE.

Nach der bei der (vorhergehenden) Lösung (zur Periodengröße von 1000 ZE) angegebenen Vorgehensweise können auch in diesem Fall die Kapazitätsbelastungen für die einzelnen Stationen in den Perioden 7, 8 und 9 aus den nachfolgenden Gantt-Diagrammen in den Abbildungen 4.36, 4.37 und 4.38 ermittelt werden – diese Gantt-Diagramme geben eine Lösung von dem durch die Planaufträge in Tabelle 4.16 nach dem bisherigen Verfahren bestimmten Ressourcenbelegungsplanungsproblem an. Um den Bezug zu den 45 Perioden zu erkennen, sind sie in diesen Gantt-Diagrammen angegeben – für diese können ebenso die Kapazitätsbelastungen ermittelt werden.

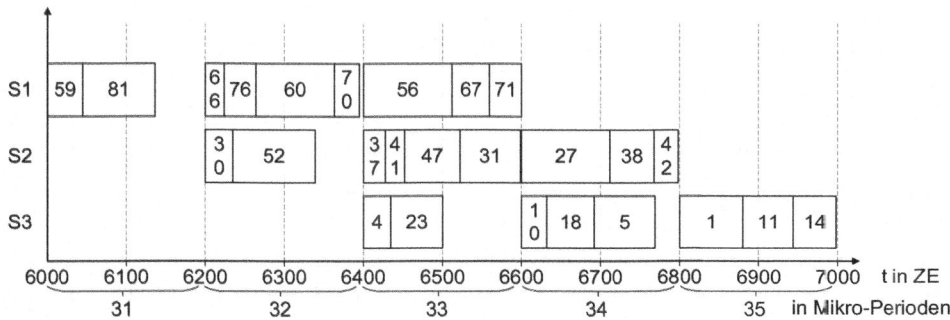

Abbildung 4.36: Ressourcenbelegungsplan für Periode 7 ohne Verspätung – Lösung für eine Periodengröße von 200 ZE.

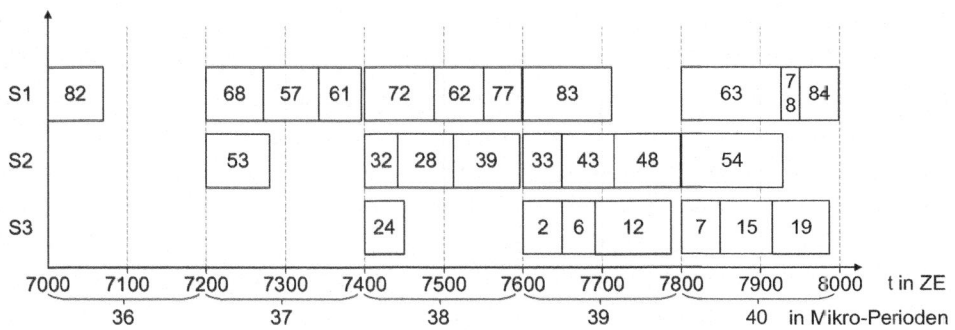

Abbildung 4.37: Ressourcenbelegungsplan für Periode 8 ohne Verspätung – Lösung für eine Periodengröße von 200 ZE.

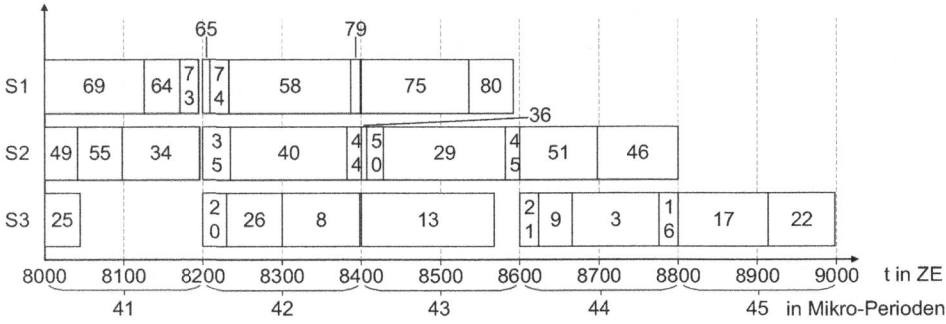

Abbildung 4.38: Ressourcenbelegungsplan für Periode 9 ohne Verspätung – Lösung für eine Periodengröße von 200 ZE.

Tabelle 4.16 und die Pegging-Teil-Strukturen in den Abbildungen 4.33, 4.34 und 4.35 zeigen, dass das Kapazitätsproblem durch Bildung kleinerer Lose gelöst wird; eine Zusammenfassung von zwei Bedarfen zu einem Los findet lediglich dreimal statt. Überwiegend werden die Bedarfe zu Beginn einer der Perioden 8, 9, und 10 durch eine vollständige Produktion in der entsprechenden direkten Vorperiode gedeckt – i.e. alle benötigten Operationen werden in der entsprechenden direkten Vorperiode bearbeitet. Wie in den Pegging-Teil-Strukturen zu sehen ist, gibt es nur wenige Ausnahmen. Folgende Planaufträge liegen in Periode 8 und decken – im Sinne der gerade vorgestellten vollständigen Produktion – Bedarfe zu Beginn von Periode 10: Planauftrag 63 zur Deckung des Bedarfs von Produkt P2, Planauftrag 78 zur Deckung des Bedarfs von Produkt P5 sowie Planaufträge 54, 83 und 84 zur Deckung des Bedarfs von Produkt P6. Diese Vorproduktion bewirkt einen erhöhten Kapazitätsverbrauch in Periode 8. Er berechnet sich aus der zu produzierenden Menge eines Planauftrags multipliziert mit der Bearbeitungszeit der zu diesem Planauftrag gehörenden Operation. Werden die Planaufträge in der oben aufgeführten Reihenfolge berücksichtigt, so ergibt sich eine Vorproduktion von $(14 \cdot 9)$ ZE $+ (6 \cdot 4)$ ZE $+ (16 \cdot 7)$ ZE $+ (16 \cdot 8)$ ZE $+ (7 \cdot 7)$ ZE $= 439$ ZE. Wird, wie im Abschnitt 4.7.2 vorgeschlagen, einer der aufgrund der Lösung durch ein CLSP für Periode 9 vorgesehenen drei Planaufträge 6, 12 und 18 in Periode 8 vorgezogen, so ist der zusätzliche Kapazitätsverbrauch in Periode 8 um 21 ZE etwas höher – er beträgt 460 ZE. Werden jedoch, wie ebenfalls im Abschnitt 4.7.2 vorgeschlagen, nur zwei Operationen von einem der drei Planaufträge 6, 12 und 18 – aufgrund der Lösung durch ein CLSP für Periode 9 – vorgezogen, so ist der dadurch verursachte zusätzliche Kapazitätsverbrauch deutlich niedriger und beträgt bei Planauftrag 6 320 ZE, bei Planauftrag 12 322 ZE und bei Planauftrag 18 345 ZE.

4.7.5 Lösung durch ein MLPLSP mit Produktionsprozessmodell und Mikroperioden

Wegen der simultanen Planung von Losen- und Reihenfolgen beim PLSP sollte seine Erweiterung um mehrstufige Erzeugnisstrukturen betrachtet werden. Wie im Abschnitt 4.5 über den Unterschied zwischen CLSP und PLSP dargelegt, kann die Limitierung auf zwei unterschiedliche Produkte, die innerhalb einer Periode produziert werden können, eine Vorproduktion verursachen, die im CLSP vermieden wird. Dies wird durch eine in diesem Abschnitt angegebene Modellerweiterung vom PLSP verhindert. Seine Wirkung wird anhand des folgenden Beispiels demonstriert.

Auf einem Produktionssystem PS aus einer Station werden fünf Produkte P1 bis P5 gefertigt. Jedes Produkt hat einen Arbeitsgang. Jede Stückbearbeitungszeit beträgt 1 Zeiteinheit (ZE) pro Mengeneinheit (ME). Zu Beginn von Periode 10 sind für P1 20 ME, für P2 35 ME, für P3 5 ME, für P4 25 ME und für P5 15 ME zu decken. Lager- und Rüstkostensätze sind vernachlässigbar und liegen daher nicht vor. Die Kapazität in einer Periode beträgt 100 ZE.

Die Aufgabe zu dem Folgenden lautet:
Fassen Sie diese Fallstudie als ein CLSP auf und lösen Sie es, wie im Abschnitt 4.1 beschrieben. Stellen Sie eine Abarbeitung der Planaufträge durch ein Gantt-Diagramm dar.

Der minimale Planungszeitraum beträgt zwei Perioden, nämlich 9 und 10, wobei nur in Periode 9 produziert werden kann. Die erforderlichen Parameter für das CLSP, aus Abschnitt 4.1, sind in dem Listing 4.20 aus den ILOG Parametern, als „dat"-Datei, angegeben, mit denen dieses CLSP durch ILOG mit der Verwendung der ILOG-Modelldatei aus Abschnitt 4.1, die im Listing 4.1 angegeben ist, gelöst wird – damit die Bedarfe zu Beginn der Periode 10 gedeckt werden, haben alle Produkte eine Mindestvorlaufzeit von 1. Da genügend Kapazität in der Periode 9 vorliegt, enthält diese für jeden der fünf Produkte einen Planauftrag, mit dem der Bedarf zu dem jeweiligen Produkt zu decken ist. Da nur ein Arbeitsgang vorliegt, tritt bei jeder Abarbeitungsreihenfolge der Planaufträge keine Verspätung auf; eine Abarbeitungsreihenfolge enthält Abbildung 4.39.

```
1  T = 2;   // Anzahl an Perioden.
2  K = 5;   // Anzahl an Produkten.
3  J = 1;   // Anzahl an Ressourcen.
4  // M muss wenigstens so groß wie die Summe an Bedarfen sein.
5  M = 100;
```

```
 6   // Nettobedarfe :
 7   d = [[  0,  20],
 8        [  0,  35],
 9        [  0,   5],
10        [  0,  25],
11        [  0,  15]];
12   // Kapazitäten :
13   b = [[100, 100]];
14   h = [0, 0, 0, 0, 0];                      // Lagerkostensätze .
15   s = [0, 0, 0, 0, 0];                      // Rüstkostensätze .
16   tb = [[1], [1], [1], [1], [1]];           // Stückbearbeitungszeiten .
17   tr = [[0], [0], [0], [0], [0]];           // Rüstzeiten .
18   z = [1,1,1,1,1];                          // Mindestvorlaufzeiten .
19   y0 = [0, 0, 0, 0, 0];                     // Anfangslagerbestände .
```

Listing 4.20: Verwendete ILOG Parameter zum CLSP über fünf Produkte.

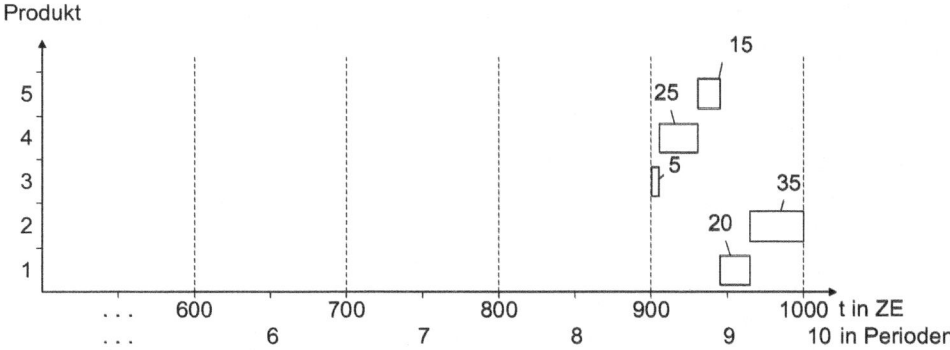

Abbildung 4.39: Abarbeitung einer Lösung vom CLSP über fünf Produkte.

Die Aufgabe zu dem Folgenden lautet:
Fassen Sie diese Fallstudie als ein PLSP auf und lösen Sie es, wie im Abschnitt 4.4 beschrieben. Stellen Sie eine Abarbeitung der Planaufträge durch ein Gantt-Diagramm dar.

Die erforderlichen Parameter für das PLSP, aus Abschnitt 4.4, sind in dem Listing 4.21 aus den ILOG Parametern, als „dat"-Datei, angegeben, mit denen dieses PLSP durch ILOG mit der Verwendung der ILOG-Modelldatei aus Abschnitt 4.4, die im Listing 4.7 angegeben ist, gelöst wird. Eine Lösung ist in Abbildung 4.40 angegeben. Periode 8 dient zur Herstellung des Rüstzustands für Produkt 1 zu Beginn von Periode 9; läge eine Rüstzeit vor, so fiele diese in Periode 8 an. Eine solche Periode wird zur Herstellung des

Rüstzustands für Produkt 3 zu Beginn von Periode 6 ebenfalls benötigt. Gegenüber der Lösung vom CLSP ist eine zusätzliche Vorproduktion von vier Perioden erforderlich, der minimale Planungszeitraum beträgt 6 Perioden.

```
 1  T = 6;   // Anzahl an Perioden.
 2  K = 5;   // Anzahl an Produkten.
 3  // Nettobedarfe:
 4  d = [[ 0, 0, 0, 0, 0, 20],
 5       [ 0, 0, 0, 0, 0, 35],
 6       [ 0, 0, 0, 0, 0,  5],
 7       [ 0, 0, 0, 0, 0, 25],
 8       [ 0, 0, 0, 0, 0, 15]];
 9  // Kapazitäten:
10  b = [100, 100, 100, 100, 100, 100];
11  h = [0, 0, 0, 0, 0];   // Lagerkostensätze.
12  s = [0, 0, 0, 0, 0];   // Rüstkostensätze.
13  tb = [1, 1, 1, 1, 1];  // Stückbearbeitungszeiten.
14  tr = [0, 0, 0, 0, 0];  // Rüstzeiten.
15  z = [1, 1, 1, 1, 1];   // Mindestvorlaufzeiten.
16  y0 = [0, 0, 0, 0, 0];  // Anfangslagerbestände.
```

Listing 4.21: Verwendete ILOG Parameter zum PLSP über fünf Produkte.

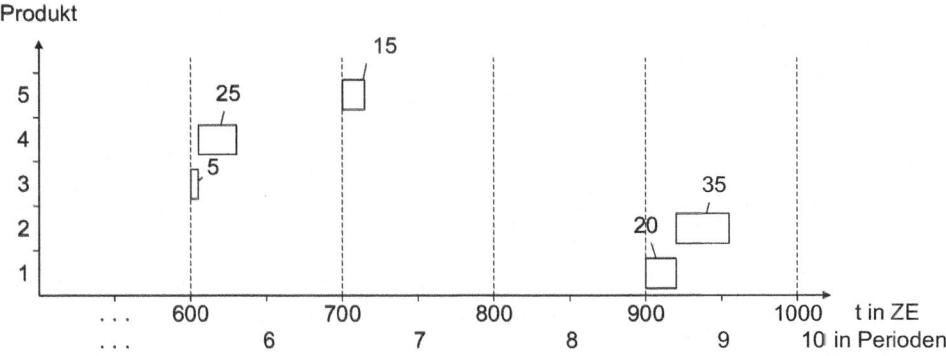

Abbildung 4.40: Abarbeitung einer Lösung vom PLSP über fünf Produkte.

Wie im Abschnitt über den Unterschieden zwischen CLSP und PLSP, s. den Abschnitt 4.5, bereits dargelegt, würden kleinere Perioden auch mit einer Produktionszeit von 100 ZE auskommen. Dazu könnten, wie im Abschnitt 4.7.4 demonstriert, statisch kleinere Perioden gebildet werden. Die einzelnen Perioden müssten solche Längen haben, dass maximal zwei unterschiedliche Produkte innerhalb einer Periode produziert werden und ggf., wie im Beispiel, Perioden existieren, in denen der Rüstzustand hergestellt wird (, der in der nachfolgenden Periode benötigt wird). In diesem Beispiel wird in diesen Perioden keine Zeit verbraucht. Da der kumulierte Zeitverbrauch in den anderen drei Perioden 6, 7 und 9 gerade 100 ZE ist, müssen diese Perioden eine Dauer von Null haben. Dies wird erreicht, indem Makroperioden in Mikroperioden mit variabler Länge zerlegt werden. Die Anzahl der Mikroperioden je Makroperiode ist ein extern vorgegebener Parameter und die Länge einer (bestimmten) Mikroperiode ist implizit durch eine Lösung festgelegt. Die Makroperioden enthalten die Bedarfe und die Mikroperioden die Planaufträge. Eine solche Modellformulierung wurde von Meyr in [Meyr99] für eine Erweiterung von einem PLSP zu einem „General Lotsizing and Scheduling Problem (GLSP)" vorgeschlagen. Bei Meyr wird in einer Periode, wenn überhaupt, genau ein Produkt produziert. Seine Produktion kann über eine Makroperiode fortgesetzt werden. Rüstkosten und Rüstzeiten sind reihenfolgeabhängig. Eine Analyse der Unterschiede zwischen einem CLSP, einem PLSP und einem solchen GLSP findet sich in [Suer05b]. Im Folgenden wird die Zerlegung von Makroperioden in Mikroperioden mit variabler Länge lediglich zur Erweiterung von einem PLSP genutzt - im Gegensatz zur Betrachtung eines neuen Modells wie dem GLSP.

Die Aufgabe zu dem Folgenden lautet:
Erweitern Sie das PLSP aus Abschnitt 4.4 um Mikroperioden. Geben Sie neben einer mathematischen Formulierung auch noch eine in ILOG an.

In der im Folgenden angegebenen Erweiterung von einem PLSP um Mikroperioden werden Bedarfe zu Beginn einer Makroperiode t auf den Beginn der ersten Mikroperiode von der Makroperiode t gelegt; dazu setzt die entsprechend bezeichnete erste Restriktionengruppe im folgenden Modell die Entscheidungsvariablen für Bedarfe zu Beginn von Mikroperioden. (Es sei betont, dass die nicht explizit gesetzten Entscheidungsvariablen den Wert 0 haben müssen, da ansonsten (mindestens) eine zusätzliche Produktionsmenge auftritt, die einen zusätzlichen Lagerbestand bewirkt, weswegen die Gesamtkosten nicht minimal sein können.) Zur Vereinfachung wird im folgenden Modell angenommen, dass die erlaubte Anzahl an Mikroperioden in allen Makroperioden gleich ist und durch MP bezeichnet ist. Ansonsten soll in allen Restriktionen jede Makroperiode durch eine Mikroperiode ersetzt werden. Dies ist mit Ausnahme der Kapazitätsrestriktionen möglich. Bei Kapazitätsrestriktionen ist eine solche direkte Ersetzung deswegen nicht möglich, da für die Mikroperioden keine Kapazität existiert. Allerdings unterliegt die Konkatenation der Mikroperioden zu einer Makroperiode einer Kapazitätsbegrenzung. Dazu wird in dem folgenden Modell der Kapazitätsverbrauch je Mikroperiode berechnet und die Summe der Kapazitätsverbräuche in allen Mikroperioden zu einer Makroperiode unterliegt dann der Kapazitätsbeschränkung für diese Makroperiode; s. die entsprechend bezeichneten beiden

Restriktionengruppen im folgenden Modell. Die Ersetzung von Makroperioden durch Mikroperioden ist auch für die periodenspezifischen Lagerkosten in der Zielfunktion nicht möglich – die Rüstkosten sind ohnehin nicht periodenspezifisch. Für das Folgende wird eine Mindestvorlaufzeit von einer Mikroperiode unterstellt. Dadurch bewirkt, wie bisher, ein Los in einer Mikro-Periode tmp einen Lagerzugang zu Beginn von Mikroperiode (tmp + 1) und einen Lagerbestand in (der kompletten) Mikroperiode (tmp + 1) – sofern kein Bedarf zu Beginn von Mikroperiode (tmp + 1) zu decken ist. Da ein Bedarf stets zu Beginn der ersten Mikroperiode von einer Makroperiode zu decken ist, bedeutet dies, dass alle in den Mikroperioden zur Makroperiode t zu produzierenden Lose – und auch die Lose sowie Lagerzugänge in den früheren Mikroperioden, sofern damit kein Bedarf gedeckt worden ist – zur Deckung des Bedarfs zu Beginn der Makroperiode (t + 1) bzw. zu Beginn der ersten Mikroperiode in dieser Makroperiode (t + 1) – also zu Beginn der Mikroperiode (t·MP+1) – zur Verfügung stehen. Ferner bewirkt ein Los in der Mikroperiode (t·MP+1) einen Lagerzugang zu Beginn der nächsten Mikroperiode, nämlich der Mikroperiode (t·MP+2) und damit der zweiten Mikroperiode in der Makroperiode (t+1); es sei daran erinnert, dass die Anzahl der Mikroperioden vorgegeben ist und größer als 0 ist. Damit ist der Lagerbestand am Ende der ersten Mikroperiode in der Makroperiode (t + 1) – also der Lagerbestand am Ende der Mikroperiode (t·MP + 1) – der Lagerbestand der in der (kompletten) Makroperiode (t + 1) gelagert wird – und führt zu der gleichnamigen Restriktionengruppe im folgenden Modell. Diese Aussage gilt auch bei einer höheren Mindestvorlaufzeit – es sei betont, dass, wie bisher, die Fallstudien mit einer Mindestvorlaufzeit von 1 gelöst werden und dass deswegen nie zu Beginn der Makroperiode 1 ein Bedarf liegt. Die Erweiterung von einem PLSP mit Mikroperioden (i.e. **P**roportional **L**otsizing and **S**cheduling **P**roblem with **M**icro **P**eriods (PLSP-MP) hat folgende Gestalt:

Parameter:

T   Länge des Planungszeitraums in Makroperioden $(1 \leq t \leq T)$.

MP   Anzahl an Mikroperioden je Makroperiode.

TMP   Länge des Planungszeitraums in Mikroperioden; $TMP = MP \cdot T$
      $(1 \leq tmp \leq TMP)$.

K   Anzahl der Produkte $(1 \leq k \leq K)$.

M   Große Zahl (mindestens so groß wie die größtmögliche Losgröße).

b_t Verfügbare Kapazität der Ressource in Makroperiode t $\forall\, 1 \leq t \leq T$.

$d_{k,t}^A$ Nettobedarfsmenge des Produkts k zu Beginn von Makroperiode t $\forall\, 1 \leq k \leq K$
      und $1 \leq t \leq T$.

h_k Lagerkostensatz für Produkt k $\forall\, 1 \leq k \leq K$.

s_k Rüstkostensatz für Produkt k $\forall\, 1 \leq k \leq K$.

tb_k Bearbeitungszeit für eine Mengeneinheit von Produkt k $\forall\, 1 \leq k \leq K$.

tr_k Rüstzeit für Produkt k $\forall\, 1 \leq k \leq K$.

z_k Mindestvorlaufzeit in Mikroperioden eines Planauftrags (Loses) für Produkt k mit $z_k \geq 1\ \forall\, 1 \leq k \leq K$.

LA_k Anfangslagerbestand für Produkt k $\forall\, 1 \leq k \leq K$.

Variablen:

$q_{k,tmp}$ Losgröße des Produkts k in Mikroperiode tmp $\forall\, 1 \leq k \leq K$ und $1 \leq tmp \leq TMP$. (Termine und Lagerzugänge sind zuvor erläutert worden.)

$y^E_{k,t}$ Lagerbestand für Produkt k am Ende der Makroperiode t $\forall\, 1 \leq k \leq K$ und $0 \leq t \leq T$.

$y^{E,MP}_{k,tmp}$ Lagerbestand für Produkt k am Ende der Mikroperiode tmp $\forall\, 1 \leq k \leq K$ und $0 \leq tmp \leq TMP$.

$\gamma_{k,tmp} = \begin{cases} 1, & \text{wenn die Ressource in Mikroperiode tmp für Produkt k gerüstet wird} \\ 0, & \text{sonst} \end{cases}$

     $\forall\, 1 \leq k \leq K$ und $1 \leq tmp \leq TMP$.

$\omega_{k,tmp} = \begin{cases} 1, & \text{wenn die Ressource am Ende der Mikroperiode tmp für Produkt k} \\ & \text{gerüstet ist} \\ 0, & \text{sonst} \end{cases}$

     $\forall\, 1 \leq k \leq K$ und $0 \leq tmp \leq TMP$.

$dd^A_{k,tmp}$ Nettobedarfsmenge des Produkts k zu Beginn von Mikroperiode tmp

     $\forall\, 1 \leq k \leq K$ und $1 \leq tmp \leq T$.

KP_{tmp} Kapazitätsverbrauch in Mikroperiode tmp $\forall\, 1 \leq tmp \leq TMP$.

Zielfunktion:

$$Z = \sum_{k=1}^{K} \sum_{tmp=1}^{TMP} s_k \cdot \gamma_{k,tmp} + \sum_{k=1}^{K} \sum_{t=1}^{T} h_k \cdot y^E_{k,t}.$$

Restriktionen:

$dd^A_{k,(t-1) \cdot MP+1} = d^A_{k,t}\ \forall\, 1 \leq k \leq K$ und $2 \leq t \leq T$ Bedarf von einer Makroperiode in die erste Mikroperiode von dieser Makroperiode.

$y^{E,MP}_{k,tmp-1} + q_{k,tmp-z_k} - dd^A_{k,tmp} = y^{E,MP}_{k,tmp}\ \forall\, 1 \leq k \leq K$ und $1 \leq tmp \leq TMP$ Lagerbilanzgleichungen für Mikroperioden.

$y^E_{k,t} = y^{E,MP}_{k,(t-1) \cdot MP+1}\ \forall\, 1 \leq k \leq K$ und $1 \leq t \leq T$ Lagerbestand in der Makroperiode.

$$\sum_{k=1}^{K}(tb_k \cdot q_{k,tmp} + tr_k \cdot \gamma_{k,tmp}) = KP_{tmp} \ \forall \ 1 \leq tmp \leq TMP \qquad \text{Kapazitätsverbrauch je}$$

Mikroperiode.

$$\sum_{tmp=(t-1)\cdot MP+1}^{t\cdot MP} KP_{tmp} \leq b_t \ \forall \ 1 \leq t \leq T \qquad \text{Kapazitätsrestriktionen je Makroperiode.}$$

$$\sum_{k=1}^{K} \omega_{k,tmp} = 1 \ \forall \ 1 \leq tmp \leq TMP \qquad \text{Rüst-}$$

$$\gamma_{k,tmp} \geq \omega_{k,tmp} - \omega_{k,tmp-1} \ \forall \ 1 \leq k \leq K \text{ und } 1 \leq tmp \leq TMP \qquad \text{restrik-}$$

$$q_{k,tmp} \leq M \cdot (\omega_{k,tmp-1} + \omega_{k,tmp}) \ \forall \ 1 \leq k \leq K \text{ und } 1 \leq tmp \leq TMP \qquad \text{tionen.}$$

$$\omega_{k,0} = 0 \ \forall \ 1 \leq k \leq K \qquad \text{Anfangsrüstzustände.}$$

$$y_{k,0}^{E,MP} = LA_k \text{ und } y_{k,TMP}^{E,MP} = 0 \ \forall \ 1 \leq k \leq K \qquad \text{Lageranfangs- und endbestände.}$$

$$y_{k,t}^{E} \geq 0 \ \forall \ 1 \leq k \leq K \text{ und } 0 \leq t \leq T \qquad \text{Nicht-}$$

$$q_{k,tmp}, KP_{tmp}, dd_{k,tmp}^{A}, y_{k,tmp}^{E,MP} \text{ sowie } y_{k,0}^{E,MP} \geq 0 \ \forall \ 1 \leq k \leq K \text{ und } 1 \leq tmp \leq TMP \qquad \text{nega-}$$

$$\gamma_{k,tmp} \text{ und } \omega_{k,tmp} \in \{0,1\} \ \forall \ 1 \leq k \leq K \text{ und } 1 \leq tmp \leq TMP. \qquad \text{tivität.}$$

Minimierungsproblem:

Minimiere Z.

Die Umsetzung dieses linearen Optimierungsproblems in ILOG ist im folgenden Listing 4.22 angegeben und zwar als „mod"-Datei. Genauso wie beim PLSP, s. Abschnitt 4.4, kann innerhalb der Mindestvorlaufzeit eines Produkts kein Los für dieses Produkt aufgesetzt werden, da dann vor dem Planungsintervall produziert werden würde. Dazu existiert im folgenden Listing 4.7 die Fallunterscheidung bei den Lagerbilanzgleichungen, s. auch das Listing 4.7 zum PLSP im Abschnitt 4.4. Die Übertragung der Bedarfe von Makroperioden in Mikroperioden wurde durch Restriktionen ergänzt, durch die alle anderen Mikroperioden einen Bedarf von 0 erhalten.

```
1   // Parameter, Teil 1:
2   int T = ...;        // Länge des Planungszeitraums in Makroperioden.
3   int MP = ...;       // Anzahl an Mikroperioden je Makroperiode.
4   int TMP = ...;      // Länge des Planungszeitraums in Mikroperioden.
5   int K = ...;        // Produkte.
6   int M = ...;        // Große Zahl.
7
8   // Wertebereiche:
9   range Produkt = 1..K;
10  range Planungszeitraum = 1..T;
11  range PlanungszeitraumMP = 1..TMP;
12  range PlanungszeitraumNullMP = 0..TMP;
13
14  //Variablen:
```

```
15  // Losgröße für Produkt k in Mikroperiode t:
16  dvar int+ q[Produkt, PlanungszeitraumMP];
17  // Lagerbestand für Produkt k am Ende der
18  // Makroperiode t:
19  dvar int+ y[Produkt, Planungszeitraum];
20  // und der Mikroperiode t:
21  dvar int+ ymp[Produkt, PlanungszeitraumNullMP];
22  // Rüstvariable für Produkt k in Periode t:
23  dvar boolean gamma[Produkt, PlanungszeitraumMP];
24  // Rüstzustand für Produkt k am Ende der Mikroperiode t:
25  dvar boolean omega[Produkt, PlanungszeitraumNullMP];
26  // Variable zur Belegung des Bedarfs in Mikroperioden:
27  dvar int+ dd[Produkt, PlanungszeitraumMP];
28  // Kapazitätsverbrauch je Mikroperiode:
29    dvar int+ KP[PlanungszeitraumMP];
30
31  // Parameter, Teil 2:
32  // Verfügbare Kapazität der Ressource in Makroperiode t:
33  int b[Planungszeitraum] = ...;
34  // Nettobedarfsmenge (Primärbedarf) für Produkt k in Makroperiode t:
35  int d[Produkt, Planungszeitraum] = ...;
36  // Mindestvorlaufzeiten:
37  int z[Produkt] = ...;
38  // Lagerkostensatz des Produkts k:
39  int h[Produkt] = ...;
40  // Rüstkostensatz des Produkts k:
41  int s[Produkt] = ...;
42  // Stückbearbeitungszeit für Produkt k:
43  int tb[Produkt] = ...;
44  // Rüstzeit für Produkt k:
45  int tr[Produkt] = ...;
46  // Anfangslagerbestand für Produkt k
47  int y0[Produkt] = ...;
48
49  // Minimierung der Gesamtkosten:
50  minimize sum(k in Produkt, tmp in PlanungszeitraumMP)
51          (s[k] * gamma[k,tmp])
52      + sum(k in Produkt, t in Planungszeitraum)
53              (h[k] * y[k,t]);
54  subject to{
55
56  // Zuweisen der Bedarfe auf die Mikroperioden:
57  // Schritt 1: Zuweisung der Mikroperioden mit vorgegebenen Bedarfen.
58    forall(k in Produkt){
59      forall(t in 2..T){ // Kein Bedarf in Periode 1!
```

```
60        dd[k, (t-1) * MP + 1] == d[k,t];
61        }
62    }
63
64  // Schritt 2: Alle anderen Mikroperioden haben einen Bedarf von 0.
65  // Sichergestellt dadurch, dass die Gesamtsumme nicht überschritten
66  // wird und der Wertebereich der Variablen nicht negativ ist.
67    forall(k in Produkt){
68        sum (tmp in 1..TMP) dd[k, tmp] == sum (t in 1..T) d[k,t];
69    }
70
71  //  Lagerbilanzgleichungen:
72    forall(k in Produkt){
73        forall(tmp in 1..(z[k])){
74            ymp[k,tmp-1] - dd[k,tmp] == ymp[k,tmp];
75        }
76        forall(tmp in (z[k]+1)..TMP){
77            ymp[k,tmp-1] + q[k,tmp-z[k]] - dd[k,tmp]
78              == ymp[k,tmp];
79        }
80    }
81
82  // Lagerbestand in der Makroperiode:
83    forall(k in Produkt, t in Planungszeitraum){
84        y[k,t] == ymp[k,(t-1)*MP+1];
85    }
86
87  // Kapazitätsrestriktionen:
88  // Kapazitätsverbrauch je Mikroperiode:
89    forall(tmp in (1..TMP)){
90        sum(k in Produkt) (tb[k] * q[k,tmp] + tr[k] * gamma[k,tmp]) == KP[
              tmp];
91    }
92  // Kapazitätsverbrauch je Makroperiode:
93    forall(t in Planungszeitraum){
94        sum (tmp in (t-1)*MP+1 .. t*MP) KP[tmp] <= b[t];
95    }
96
97  // Rüstrestriktionen:
98    forall(tmp in PlanungszeitraumMP){
99        // Ein Rüstzustand je Mikroperiode:
100       sum(k in Produkt) omega[k,tmp] == 1;
101   }
102   forall(k in Produkt, tmp in PlanungszeitraumMP){
103       // Setzen der Rüstvariable:
```

```
104    gamma[k,tmp] >= omega[k,tmp] − omega[k,tmp−1];
105    // Notwendigkeit der Rüstung:
106    q[k,tmp] <= M * (omega[k,tmp−1] + omega[k,tmp]);
107    }
108
109  // Initialisierungen von
110    forall(k in Produkt){
111    // Rüstzuständen:
112    omega[k,0] == 0;
113    // Anfangslagerbestände in der ersten Mikroperiode:
114      ymp[k,0] == y0[k];
115    // Endlagerbestände in der letzten Mikroperiode:
116      ymp[k,TMP] == 0;
117    }
118  }
```

Listing 4.22: Implementierung vom Modell PLSP-MP in ILOG.

Die Aufgabe zu dem Folgenden lautet:

Fassen Sie die Fallstudie in diesem Abschnitt als ein PLSP mit Mikroperioden (PLSP-MP) auf und lösen Sie es. Stellen Sie eine Abarbeitung der Planaufträge durch ein Gantt-Diagramm dar.

Die erforderlichen Parameter für das PLSP-MP sind in dem folgenden Listing 4.23 aus den ILOG Parametern, als „dat"-Datei, angegeben, mit denen dieses PLSP-MP durch ILOG mit der Verwendung der ILOG-Modelldatei im Listing 4.22 gelöst wird.

```
1   T = 2;        // Anzahl an Perioden.
2   MP = 5;
3   TMP = 10;  // TMP = T * MP;
4   K = 5;        // Anzahl an Produkten.
5   // M muss wenigstens so groß wie die Summe an Bedarfen sein.
6   M = 100;
7   // Nettobedarfe:
8   d = [[  0,  20],
9        [  0,  35],
10       [  0,   5],
11       [  0,  25],
12       [  0,  15]];
13  // Kapazitäten:
14  b = [100, 100];
15  h = [0, 0, 0, 0, 0];  // Lagerkostensätze.
16  s = [0, 0, 0, 0, 0];  // Rüstkostensätze.
17  tb = [1, 1, 1, 1, 1]; // Stückbearbeitungszeiten.
```

330

Listing 4.23: Verwendete ILOG Parameter zum PLSP-MP über fünf Produkte.

Die durch ILOG ermittelte Lösung ist in Tabelle 4.17 und in Abbildung 4.41 angegeben. In der Tabelle 4.17 sind die Bedarfe zu Beginn von Makroperiode 10 bzw. zu Beginn von Mikroperiode 6 angegeben. Sie enthält auch die Lose je Mikroperiode bzw. der zur Mikroperiode gehörenden Makroperiode. Wie zuvor (und aus dem gleichen Grund) werden 5 Mikroperioden benötigt – das PLSP-MP mit 4 Mikroperioden hat keine Lösung. Der Kapazitätsverbrauch in einer Mikoperiode ist identisch mit seiner Periodenlänge. Zwei Mikroperioden haben eine Periodenlänge von 0 ZE. Die Lose in den Mikroperioden bestimmt die Abarbeitung in Makroperiode 9 und ist in Abbildung 4.41 angegeben; es sei betont, dass aufgrund der Rüstvariablen die Abarbeitung eindeutig ist – der Wert der Rüstvariablen ist somit implizit angegeben.

			Makroperioden									
			9					10				
			Mikroperioden									
			1	2	3	4	5	6	7	8	9	10
Produkte	P1	Bedarf [ME]	0	0	0	0	0	20	0	0	0	0
		Los [ME]	0	0	0	0	20	0	0	0	0	0
	P2	Bedarf [ME]	0	0	0	0	0	35	0	0	0	0
		Los [ME]	0	0	0	0	35	0	0	0	0	0
	P3	Bedarf [ME]	0	0	0	0	0	5	0	0	0	0
		Los [ME]	0	5	0	0	0	0	0	0	0	0
	P4	Bedarf [ME]	0	0	0	0	0	25	0	0	0	0
		Los [ME]	0	25	0	0	0	0	0	0	0	0
	P5	Bedarf [ME]	0	0	0	0	0	15	0	0	0	0
		Los [ME]	0	0	15	0	0	0	0	0	0	0
Kapazitätsverbrauch = Periodenlänge [ZE]			0	30	15	0	55	0	0	0	0	0

Tabelle 4.17: Lose zum PLSP-MP über fünf Produkte.

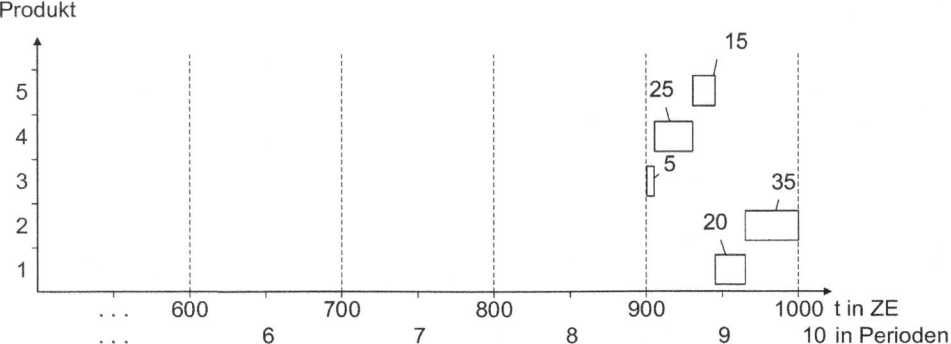

Abbildung 4.41: Abarbeitung einer Lösung vom PLSP-MP über fünf Produkte.

Die Aufgabe zu dem Folgenden lautet:
Erweitern Sie das PLSP mit Mikroperioden (PLSP-MP) um die Berücksichtigung mehrstufiger Erzeugnisstrukturen. Geben Sie neben einer mathematischen Formulierung auch noch eine in ILOG an.

Für die Erweiterung von dem PLSP mit Mikroperioden um die Berücksichtigung mehrstufiger Erzeugnisstrukturen sind die Lagerbilanzgleichungen um den Verbrauch durch Sekundärbedarfe zu erweitern – wie beim MLCLSP, nur für Mikroperioden. Um die Stationen in den einzelnen Mikroperioden möglichst gut auszulasten, müssen die PLSP-Bedingungen auf die einzelnen Stationen im Sinne von Produktionssegmenten bzw. Produktionssystemen angewendet werden. Letzteres führt zu einer Erweiterung der Rüstvariablen um das Produktionssegment. Dadurch müssen die Lose, wie beim PLSP mit simultan verwendbaren Stationen, ebenfalls produktionssegmentspezifisch sein. Deswegen sind für den Lagerzugang in einer Lagerbilanzgleichung durch ein Los alle Ressourcen zu berücksichtigen – wie beim PLSP mit simultan verwendbaren Stationen. Für die Einhaltung der beschränkten Kapazität wird wie folgt vorgegangen. Da die Planung auf Ressourcenbelegungsplanungsebene erfolgt, ist die Kapazitätsbeschränkung die Makroperiodengröße; d.h. nur innerhalb einer Makroperiode dürfen die Stationen bzw. Ressourcen belegt werden. Der maximale Zeitverbrauch auf den Ressourcen in einer Mikroperiode tmp ist der Zeitverbrauch in dieser Mikroperiode tmp. Er wird abgeschätzt, indem für jede Ressource j der Zeitverbrauch $KR_{j,tmp}$ berechnet wird – s. die entsprechend bezeichnete Restriktionengruppe im folgenden Modell – und eine obere Schranke für diese Zeitverbräuche ($KR_{j,tmp} \forall 1 \leq j \leq J$) KP_{tmp} gebildet wird – s. die entsprechend bezeichnete Restriktionengruppe im folgenden Modell. Die Summe dieser Schranken (Längen) der Mikroperioden in einer Makroperiode darf die Kapazität (Länge) dieser Makroperiode nicht überschreiten; s. die entsprechend bezeichnete Restriktionengruppe im folgenden Modell. Wie beim PLSP mit Mikroperioden ist auch hier nie ein Bedarf zu Beginn der Makroperiode 1 zu decken. Das resultierende **M**ulti-**L**evel **P**roportional **L**otsizing and **S**cheduling **P**roblem with **M**icro **P**eriods (MLPLSP-MP) hat folgende Gestalt:

Parameter:

T	Länge des Planungszeitraums in Makroperioden ($1 \leq t \leq T$).
MP	Anzahl an Mikroperioden je Makroperiode.
TMP	Länge des Planungszeitraums in Mikroperioden; $TMP = MP \cdot T$ $(1 \leq tmp \leq TMP)$.
K	Anzahl der Produkte ($1 \leq k \leq K$).
M	Große Zahl (mindestens so groß wie die größtmögliche Losgröße).
b_t	Länge (und damit Kapazität) der Makroperiode t $\forall\, 1 \leq t \leq T$.
$d_{k,t}^A$	Nettobedarfsmenge des Produkts k zu Beginn von Makroperiode t $\forall\, 1 \leq k \leq K$ und $1 \leq t \leq T$.
$a_{k,i}$	Direktbedarfskoeffizient zwischen Produkt k und i $\forall\, 1 \leq i, k \leq K$.
$\mathcal{N}_k$	Indexmenge der Nachfolger des Produkts k $\forall\, 1 \leq k \leq K$.
J	Anzahl an Ressourcen ($1 \leq j \leq J$).
h_k	Lagerkostensatz für Produkt k $\forall\, 1 \leq k \leq K$.
s_k	Rüstkostensatz für Produkt k $\forall\, 1 \leq k \leq K$.
$tb_{k,j}$	Bearbeitungszeit für eine Mengeneinheit von Produkt k durch Ressource j $\forall\, 1 \leq k \leq K$ und $1 \leq j \leq J$.
$tr_{k,j}$	Rüstzeit für Produkt k auf Ressource j $\forall\, 1 \leq k \leq K$ und $1 \leq j \leq J$.
z_k	Mindestvorlaufzeit in Mikroperioden eines Planauftrags (Loses) für Produkt k mit $z_k \geq 1$ $\forall\, 1 \leq k \leq K$. (Mindestvorlaufzeiten werden wie beim PLSP-MP verwendet.)
LA_k	Anfangslagerbestand für Produkt k $\forall\, 1 \leq k \leq K$.

Variablen:

$q_{k,j,tmp}$	Losgröße des Produkts k auf Ressource j in Mikroperiode tmp $\forall\, 1 \leq k \leq K$, $1 \leq j \leq J$ und $1 \leq tmp \leq TMP$. (Termine und Lagerzugänge sind wie beim PLSP-MP.)
$y_{k,t}^E$	Lagerbestand für Produkt k am Ende der Makroperiode t $\forall\, 1 \leq k \leq K$ und $1 \leq t \leq T$.
$y_{k,tmp}^{E,MP}$	Lagerbestand für Produkt k am Ende der Mikroperiode tmp $\forall\, 1 \leq k \leq K$ und $0 \leq tmp \leq TMP$.

$$\gamma_{k,j,tmp} = \begin{cases} 1, & \text{wenn die Ressource j in Mikroperiode tmp für Produkt k gerüstet} \\ & \text{wird} \\ 0, & \text{sonst} \end{cases}$$

$\forall \, 1 \leq k \leq K, 1 \leq j \leq J \text{ und } 1 \leq tmp \leq TMP.$

$$\omega_{k,j,tmp} = \begin{cases} 1, & \text{wenn die Ressource j am Ende der Mikroperiode tmp für Produkt k} \\ & \text{gerüstet ist} \\ 0, & \text{sonst} \end{cases}$$

$\forall \, 1 \leq k \leq K, 1 \leq j \leq J \text{ und } 0 \leq tmp \leq TMP.$

$dd^A_{k,tmp}$ Nettobedarfsmenge des Produkts k zu Beginn von Mikroperiode tmp

$\forall \, 1 \leq k \leq K \text{ und } 1 \leq tmp \leq T.$

$KR_{j,tmp}$ Kapazitätsverbrauch für Ressource j in Mikroperiode tmp $\forall \, 1 \leq j \leq J$ und

$1 \leq tmp \leq TMP.$

KP_{tmp} Kapazitätsverbrauch über alle Ressourcen in Mikroperiode tmp

$\forall \, 1 \leq tmp \leq TMP.$

Zielfunktion:

$$Z = \sum_{k=1}^{K} \sum_{j=1}^{J} \sum_{tmp=1}^{TMP} s_k \cdot \gamma_{k,j,tmp} + \sum_{k=1}^{K} \sum_{t=1}^{T} h_k \cdot y^E_{k,t}.$$

Restriktionen:

$dd^A_{k,(t-1)\cdot MP+1} = d^A_{k,t} \; \forall \, 1 \leq k \leq K \text{ und } 2 \leq t \leq T$ Bedarf von einer Makroperiode in die erste Mikroperiode von dieser Makroperiode.

$y^{E,MP}_{k,tmp-1} + \sum_{j=1}^{J} q_{k,j,tmp-z_k} - dd^A_{k,tmp} - \sum_{i \in \mathcal{N}_k} a_{k,i} \cdot \sum_{j=1}^{J} q_{i,j,tmp} = y^{E,MP}_{k,tmp}$ Lagerbilanzgleichungen

$\forall \, 1 \leq k \leq K \text{ und } 1 \leq tmp \leq TMP$ für Mikroperioden.

$y^E_{k,t} = y^{E,MP}_{k,(t-1)\cdot MP+1} \; \forall \, 1 \leq k \leq K \text{ und } 1 \leq t \leq T$ Lagerbestand in der Makroperiode.

$\sum_{k=1}^{K} (tb_{k,j} \cdot q_{k,j,tmp} + tr_{k,j} \cdot \gamma_{k,j,tmp}) = KR_{j,tmp} \; \forall \, 1 \leq j \leq J \text{ und } 1 \leq tmp \leq TMP$ Zeitverbrauch je Mikroperiode und je Ressource.

$KR_{j,tmp} \leq KP_{tmp} \; \forall \, 1 \leq j \leq J \text{ und } 1 \leq tmp \leq TMP$ Zeitverbrauch auf allen Ressourcen in einer Mikroperiode.

$\sum_{tmp=(t-1)\cdot MP+1}^{t\cdot MP} KP_{tmp} \leq b_t \; \forall \, 1 \leq t \leq T$ Zeitverbrauch je Makroperiode.

$\sum_{k=1}^{K} \omega_{k,j,tmp} = 1 \; \forall \, 1 \leq j \leq J \text{ und } 1 \leq tmp \leq TMP$ Rüstres-

$q_{k,j,tmp} \leq M \cdot (\omega_{k,j,tmp-1} + \omega_{k,j,tmp}) \; \forall \, 1 \leq k \leq K, 1 \leq j \leq J \text{ und } 1 \leq tmp \leq TMP$ trik-

$\gamma_{k,j,tmp} \geq \omega_{k,j,tmp} - \omega_{k,j,tmp-1} \; \forall \, 1 \leq k \leq K, 1 \leq j \leq J \text{ und } 1 \leq tmp \leq TMP$ tionen.

$\omega_{k,j,0} = 0 \ \forall \ 1 \leq k \leq K$ und $1 \leq j \leq J$ ⟶ Anfangsrüstzustände.

$y_{k,0}^{E,MP} = LA_k$ und $y_{k,TMP}^{E,MP} = 0 \ \forall \ 1 \leq k \leq K$ ⟶ Lageranfangs- und endbestände.

$y_{k,t}^{E} \geq 0 \ \forall \ 1 \leq k \leq K$ und $1 \leq t \leq T$ ⟶ Nicht-

$dd_{k,tmp}^{A}, y_{k,tmp}^{E,MP}$ sowie $y_{k,0}^{E,MP} \geq 0 \ \forall \ 1 \leq k \leq K$ und $1 \leq tmp \leq TMP$ ⟶ nega-

$q_{k,j,tmp}, KR_{j,tmp}$ und $KP_{tmp} \geq 0 \ \forall \ 1 \leq k \leq K, 1 \leq j \leq J$ und $1 \leq tmp \leq TMP$. ⟶ tivi-

$\gamma_{k,j,tmp}$ und $\omega_{k,j,tmp} \in \{0,1\} \ \forall \ 1 \leq k \leq K, 1 \leq j \leq J$ und $1 \leq tmp \leq TMP$. ⟶ tät.

Minimierungsproblem:

Minimiere Z.

Die Umsetzung dieses linearen Optimierungsproblems in ILOG ist im folgenden Listing 4.24 angegeben und zwar als „mod"-Datei. Genauso wie beim PLSP-MP kann innerhalb der Mindestvorlaufzeit eines Produkts kein Los für dieses Produkt aufgesetzt werden, wozu eine Fallunterscheidung bei den Lagerbilanzgleichungen wie beim PLSP-MP (s. auch das Listing 4.22 zum PLSP-MP) dient. Für die Implementierung vom MLPLSP-MP in ILOG wird die Zulässigkeit von Ressourcen durch ein Fähnchen (ER) je Produkt und Ressource gekennzeichnet. Seine Multiplikation mit einer ressourcenspezifischen Losgröße für ein Produkt verhindert, dass ein Bedarf durch ein Los, welches auf einer unzulässigen Ressource produziert wird, also ohne eine Kapazitätsbelastung zu verursachen, gedeckt wird; und zwar über die Lagerbilanzgleichungen. Es sei angemerkt: Durch eine Indexmenge, wie sie beim MLCLSP verwendet wird, die für jede Resscurce die auf sie produzierbaren Produkte angibt, wäre ein solches Fähnchen nicht erforderlich; s. auch die Anmerkung zur Indexmenge im Abschnitt 4.1.

```
1   // Parameter, Teil 1:
2   int T = ...;        // Länge des Planungszeitraums in Makroperioden.
3   int MP = ...;       // Anzahl an Mikroperioden je Makroperiode.
4   int TMP = ...;      // Länge des Planungszeitraums in Mikroperioden.
5   int K = ...;        // Produkte.
6   int J = ...;        // Ressourcen.
7   int M = ...;        // Große Zahl.
8
9   // Wertebereiche:
10  range Produkt = 1..K;
11  range Ressource = 1..J;
12  range Planungszeitraum = 1..T;
13  range PlanungszeitraumMP = 1..TMP;
14  range PlanungszeitraumNullMP = 0..TMP;
15
16  // Variablen:
```

```
17   // Losgröße für Produkt k in Mikroperiode t:
18   dvar int+ q[Produkt, Ressource, PlanungszeitraumMP];
19   // Lagerbestand für Produkt k am Ende der
20   // Makroperiode t:
21   dvar int+ y[Produkt, Planungszeitraum];
22   // und der Mikroperiode t:
23   dvar int+ ymp[Produkt, PlanungszeitraumNullMP];
24   // Rüstvariable für Produkt k in Periode t:
25   dvar boolean gamma[Produkt, Ressource, PlanungszeitraumMP];
26   // Rüstzustand für Produkt k am Ende der Mikroperiode t:
27   dvar boolean omega[Produkt, Ressource, PlanungszeitraumNullMP];
28   // Variable zur Belegung des Bedarfs in Mikroperioden:
29   dvar int+ dd[Produkt, PlanungszeitraumMP];
30   // Kapazitätsverbrauch je Mikroperiode:
31   dvar int+ KR[Ressource, PlanungszeitraumMP];   // für Ressource.
32   dvar int+ KP[PlanungszeitraumMP];   // über alle Ressourcen.
33
34   // Parameter, Teil 2:
35   // Verfügbare Kapazität der Ressource in Makroperiode t:
36   int b[Planungszeitraum] = ...;
37   // Nettobedarfsmenge (Primärbedarf) für Produkt k in Makroperiode t:
38   int d[Produkt, Planungszeitraum] = ...;
39   // Direktbedarfskoeffizienten:
40   int a[Produkt][Produkt] = ...;
41   // Mindestvorlaufzeiten:
42   int z[Produkt] = ...;
43   // Lagerkostensatz des Produkts k:
44   int h[Produkt] = ...;
45   // Rüstkostensatz des Produkts k:
46   int s[Produkt] = ...;
47   // Stückbearbeitungszeit für Produkt k:
48   int tb[Produkt][Ressource] = ...;
49   // Rüstzeit für Produkt k:
50   int tr[Produkt][Ressource] = ...;
51   // Erlaubte Ressource für Produkt k:
52   int ER[Produkt][Ressource] = ...;
53   // Anfangslagerbestand für Produkt k:
54   int y0[Produkt] = ...;
55
56   // Minimierung der Gesamtkosten:
57   minimize sum(k in Produkt, j in Ressource, tmp in PlanungszeitraumMP) (s
         [k] * gamma[k,j,tmp])
58       + sum(k in Produkt, t in Planungszeitraum) (h[k] * y[k,t]);
59
60   subject to{
```

336

```
61
62  // Zuweisen der Bedarfe auf die Mikroperioden:
63  // Schritt 1: Zuweisung der Mikroperioden mit vorgegebenen Bedarfen.
64     forall(k in Produkt){
65        forall(t in 2..T){ // Kein Bedarf in Periode 1!
66           dd[k, (t−1) * MP + 1] == d[k,t];
67           }
68        }
69
70  // Schritt 2: Alle anderen Mikroperioden haben einen Bedarf von 0.
71  // Sichergestellt, dass Gesamtsumme nicht überschritten wird und
72  // Wertebereich der Variablen nicht negativ ist.
73     forall(k in Produkt){
74        sum (tmp in 1..TMP) dd[k, tmp] == sum (t in 1..T) d[k,t];
75        }
76
77  //   Lagerbilanzgleichungen:
78     forall(k in Produkt){
79        forall(tmp in 1..(z[k])){
80           ymp[k,tmp−1] − dd[k,tmp]
81           − sum(i in Produkt) (a[k][i] * (sum(j in Ressource) q[i,j,tmp]*
                 ER[i,j]))
82           == ymp[k,tmp];
83           }
84        forall(tmp in (z[k]+1)..TMP){
85           ymp[k,tmp−1] + sum(j in Ressource) q[k,j,tmp−z[k]]*ER[k,j] − dd[
                 k,tmp]
86           − sum(i in Produkt) (a[k][i] * (sum(j in Ressource) q[i,j,tmp]*
                 ER[i,j]))
87           == ymp[k,tmp];
88           }
89        }
90
91  // Lagerbestand in der Makroperiode:
92     forall(k in Produkt, t in Planungszeitraum){
93           y[k,t] == ymp[k,(t−1)*MP+1];
94        }
95
96  // Kapazitätsrestriktionen:
97  // Zeitverbrauch je Mikroperiode
98     // und je Ressource:
99     forall(j in Ressource, tmp in (1..TMP)){
100       // Kapazitätsrestriktion:
101          sum(k in Produkt) (tb[k][j] * q[k,j,tmp] + tr[k][j] * gamma[k,j,
                 tmp]) == KR[j,tmp];
```

```
102      }
103      // aufgrund von allen Ressourcen:
104      forall(j in Ressource, tmp in (1..TMP)){
105          KR[j,tmp] <= KP[tmp];
106      }
107      // Zeitverbrauch je Makroperiode:
108      forall(j in Ressource, t in Planungszeitraum){
109          sum (tmp in (t-1)*MP+1 .. t*MP) KP[tmp] <= b[t];
110      }
111
112      // Rüstrestriktionen:
113      forall(j in Ressource, tmp in PlanungszeitraumMP){
114          // Ein Rüstzustand je Mikroperiode:
115          sum(k in Produkt) omega[k,j,tmp] == 1;
116      }
117      forall(k in Produkt, j in Ressource, tmp in PlanungszeitraumMP){
118          // Setzen der Rüstvariablen:
119          gamma[k,j,tmp] >= omega[k,j,tmp] - omega[k,j,tmp-1];
120          // Notwendigkeit der Rüstung:
121          q[k,j,tmp] <= M * (omega[k,j,tmp-1] + omega[k,j,tmp]);
122      }
123
124      // Initialisierungen von
125      // Rüstzuständen zu Beginn des Planungszeitraums:
126      forall(k in Produkt, j in Ressource){
127          omega[k,j,0] == 0;
128      }
129      forall(k in Produkt){
130          // Anfangslagerbestände in der ersten Mikroperiode:
131          ymp[k,0] == y0[k];
132          // Endlagerbestände in der letzten Mikroperiode:
133          ymp[k,TMP] == 0;
134      }
135  }
```

Listing 4.24: Implementierung vom Modell MLPLSP-MP in ILOG.

Die Aufgabe zu dem Folgenden lautet:
Fassen Sie die Fallstudie im Abschnitt 4.7.1 als PLSP mit Mikroperioden und mehrstufigen Erzeugnisstrukturen (MLPLSP-MP) auf und lösen Sie es. Geben Sie die Planaufträge
mit zu deckenden Primärbedarfen an und stellen ihre Peggingstruktur graphisch dar,
wie in Abbildung 1.5 im Abschnitt 1.2. Führen Sie eine Ressourcenbelegungsplanung mit
minimaler mittlerer Verspätung durch und stellen das Ergebnis als Gantt-Diagramm dar.

Die erforderlichen Parameter für das MLPLSP-MP sind in dem folgenden Listing 4.25 aus den ILOG Parametern, als „dat"-Datei, angegeben, mit denen dieses MLPLSP-MP durch ILOG mit der Verwendung der ILOG-Modelldatei im Listing 4.24 gelöst wird. Da es im Grunde nur darauf ankommt eine zulässige Lösung zu haben, wurde nun auf Rüstkosten verzichtet.

```
 1  T = 4;      // Anzahl an Perioden.
 2  MP = 10;    // Anzahl an Mikroperioden je Makroperiode.
 3  TMP = 40;   // TMP = T * MP.
 4  K = 18;     // Anzahl an Produkten.
 5  J = 3;      // Anzahl an Ressourcen.
 6  // M muss wenigstens so groß wie die Summe an Bedarfen sein:
 7  M = 100000;
 8  //Direktbedarfskoeffizienten:
 9  a = #[
10      1:  [0 0 0 0 0 0 0 0 0 0 0 0 0 0 0 0 0 0]
11      2:  [0 0 0 0 0 0 0 0 0 0 0 0 0 0 0 0 0 0]
12      3:  [0 0 0 0 0 0 0 0 0 0 0 0 0 0 0 0 0 0]
13      4:  [0 0 0 0 0 0 0 0 0 0 0 0 0 0 0 0 0 0]
14      5:  [0 0 0 0 0 0 0 0 0 0 0 0 0 0 0 0 0 0]
15      6:  [0 0 0 0 0 0 0 0 0 0 0 0 0 0 0 0 0 0]
16      7:  [1 0 0 0 0 0 0 0 0 0 0 0 0 0 0 0 0 0]
17      8:  [0 1 0 0 0 0 0 0 0 0 0 0 0 0 0 0 0 0]
18      9:  [0 0 1 0 0 0 0 0 0 0 0 0 0 0 0 0 0 0]
19     10:  [0 0 0 1 0 0 0 0 0 0 0 0 0 0 0 0 0 0]
20     11:  [0 0 0 0 1 0 0 0 0 0 0 0 0 0 0 0 0 0]
21     12:  [0 0 0 0 0 1 0 0 0 0 0 0 0 0 0 0 0 0]
22     13:  [0 0 0 0 0 0 1 0 0 0 0 0 0 0 0 0 0 0]
23     14:  [0 0 0 0 0 0 0 1 0 0 0 0 0 0 0 0 0 0]
24     15:  [0 0 0 0 0 0 0 0 1 0 0 0 0 0 0 0 0 0]
25     16:  [0 0 0 0 0 0 0 0 0 1 0 0 0 0 0 0 0 0]
26     17:  [0 0 0 0 0 0 0 0 0 0 1 0 0 0 0 0 0 0]
27     18:  [0 0 0 0 0 0 0 0 0 0 0 1 0 0 0 0 0 0]
28  ]#;
29  // Nettobedarfe:
30  d = [[  0,  16,  10,  22],
31       [  0,  16,  13,  20],
32       [  0,  12,  12,  21],
33       [  0,   9,  11,  23],
34       [  0,  10,  12,  23],
35       [  0,  13,  10,  23],
36       [  0,   0,   0,   0],
37       [  0,   0,   0,   0],
38       [  0,   0,   0,   0],
```

```
39        [  0,    0,    0,    0],
40        [  0,    0,    0,    0],
41        [  0,    0,    0,    0],
42        [  0,    0,    0,    0],
43        [  0,    0,    0,    0],
44        [  0,    0,    0,    0],
45        [  0,    0,    0,    0],
46        [  0,    0,    0,    0],
47        [  0,    0,    0,    0]];
48   // Kapazitäten:
49   b = [1000, 1000, 1000, 1000];
50   // // Lagerkostensätze:
51   h = [100, 100, 100, 100, 100, 100, 100, 100, 100, 100, 100, 100,
52        100, 100, 100, 100, 100, 100];
53   // Rüstkostensätze:
54   s = [0, 0, 0, 0, 0, 0, 0, 0, 0, 0, 0, 0, 0, 0, 0, 0, 0, 0];
55   // Stückbearbeitungszeiten:
56   tb = [[0,0,5], [0,0,7], [0,0,8], [0,0,6], [0,0,6], [0,0,5],
57         [0,7,0], [0,7,0], [0,7,0], [0,6,0], [0,7,0], [0,8,0],
58         [7,0,0], [9,0,0], [6,0,0], [8,0,0], [4,0,0], [7,0,0]];
59   // Rüstzeiten:
60   tr = [[0,0,0], [0,0,0], [0,0,0], [0,0,0], [0,0,0], [0,0,0],
61         [0,0,0], [0,0,0], [0,0,0], [0,0,0], [0,0,0], [0,0,0],
62         [0,0,0], [0,0,0], [0,0,0], [0,0,0], [0,0,0], [0,0,0]];
63   // Fähnchen zur Zulässigkeit von Ressourcen:
64   ER = [[0,0,1], [0,0,1], [0,0,1], [0,0,1], [0,0,1], [0,0,1],
65         [0,1,0], [0,1,0], [0,1,0], [0,1,0], [0,1,0], [0,1,0],
66         [1,0,0], [1,0,0], [1,0,0], [1,0,0], [1,0,0], [1,0,0]];
67   // Mindestvorlaufzeiten:
68   z = [1, 1, 1, 1, 1, 1, 1, 1, 1, 1, 1, 1, 1, 1, 1, 1, 1, 1];
69   //Anfangslagerbestände:
70   y0 = [0, 0, 0, 0, 0, 0, 0, 0, 0, 0, 0, 0, 0, 0, 0, 0, 0, 0];
```

Listing 4.25: Verwendete ILOG Parameter.

Die Planaufträge der optimalen Lösung sind in der Tabelle 4.18 angegeben und durch die Pegging-Struktur in den Abbildungen 4.42, 4.43 und 4.44 dargestellt. Nach der Logik des MLPLSP-MP Modells führt jede mögliche Abarbeitungsreihenfolge von allen Planaufträgen in jeder Periode zu einer Produktion bzw. Abarbeitung ohne Verspätung; es sei daran erinnert, dass diese Eigenschaft beim Modell MLCLSP im Abschnitt 3.1.3 im Detail begründet worden ist. Eine ist in den Gantt-Diagrammen in den Abbildungen 4.45, 4.46 und 4.47 angegeben. In der Tabelle 4.18 sind die Produkte aufgrund des Produktionsprozessmodells zu den einzelnen ursprünglichen Produkten gruppiert. Wiederum enthält die Tabelle 4.18 die Nummern der Planaufträge, die im Folgenden verwendet werden. Die Nummerierung ergab sich durch die Abarbeitung der Produktionsaufträge; s. die Gantt-Diagramme in den Abbildungen 4.45, 4.46 und 4.47. Die Planaufträge zu den Endprodukten implizieren jeweils einen abgeleiteten Bedarf, der nach der Terminologie zur Materialbedarfsplanung als Sekundärbedarf bezeichnet ist. Die Sekundärbedarfe sind kumuliert angegeben und – zur leichteren Nachvollziehbarkeit – sind zusätzlich in Klammern die zu deckenden Einzelbedarfe angegeben. Auf Makroebene treten keine Lagerbestände auf.

Periode (Periodengröße von 1000 ZE)

			7	8	9	10
P1	P1,3	Primärbedarf in ME		16	10	22
		Planauftrag in ME	16 (27)	10 (32)	14 (53), 8 (68)	
	P1,2	Sekundärbedarf in ME	16	10	22 (14,8)	
		Planauftrag in ME	16 (21), 10 (25)	6 (45)	11 (49), 5 (61)	
	P1,1	Sekundärbedarf in ME	26 (16,10)	6	16 (11,5)	
		Planauftrag in ME	16 (16), 10 (19)	6 (38), 16 (43)		
P2	P2,3	Primärbedarf in ME		16	13	20
		Planauftrag in ME	2 (8), 4 (11), 10 (28)	13 (42)	20 (63)	
	P2,2	Sekundärbedarf in ME	16 (2,4,10)	13	20	
		Planauftrag in ME	9 (5), 7 (17)	13 (39)	10 (55), 10 (57)	
	P2,1	Sekundärbedarf in ME	16 (9,7)	13	20 (10,10)	
		Planauftrag in ME	9 (2), 7 (12)	13 (37)	10 (51), 10 (54)	

Tabelle 4.18: Planaufträge einer optimalen Lösung mit zu deckenden Primär- und Sekundärbedarfe (wird fortgesetzt).

Periode (Periodengröße von 1000 ZE)

			7	8	9	10
P3	P3,3	Primärbedarf in ME		12	12	21
		Planauftrag in ME	12 (22)	12 (47)	15 (50), 6 (59)	
	P3,2	Sekundärbedarf in ME	12	12	21 (15,6)	
		Planauftrag in ME	12 (3)	12(41), 21 (46)		
	P3,1	Sekundärbedarf in ME	12	33 (12,21)		
		Planauftrag in ME	12 (1)	33 (33)		
P4	P4,3	Primärbedarf in ME		9	11	23
		Planauftrag in ME	9 (14)	11 (40)	23 (69)	
	P4,2	Sekundärbedarf in ME	9	11	23	
		Planauftrag in ME	9 (7)	11 (34)	23 (65)	
	P4,1	Sekundärbedarf in ME	9	11	23	
		Planauftrag in ME	9 (4), 1 (23)	10 (29)	6 (56), 17 (60)	
P5	P5,3	Primärbedarf in ME		10	12	23
		Planauftrag in ME	10 (15)	12 (36)	23 (66)	
	P5,2	Sekundärbedarf in ME	10	12	23	
		Planauftrag in ME	10 (10), 11 (26)	1 (31)	10 (52), 4 (58), 9 (62)	
	P5,1	Sekundärbedarf in ME	21 (10,11)	1	23 (10,4,9)	
		Planauftrag in ME	10 (6), 11 (20), 1 (24)	23 (44)		
P6	P6,3	Primärbedarf in ME		13	10	23
		Planauftrag in ME	13 (18)	10 (48)	23 (70)	
	P6,2	Sekundärbedarf in ME	13	10	23	
		Planauftrag in ME	13 (13)	10 (35)	23 (67)	
	P6,1	Sekundärbedarf in ME	13	10	23	
		Planauftrag in ME	13 (9)	10 (30)	23 (64)	

Tabelle 4.18: Planaufträge einer optimalen Lösung mit zu deckenden Primär- und Sekundärbedarfe.

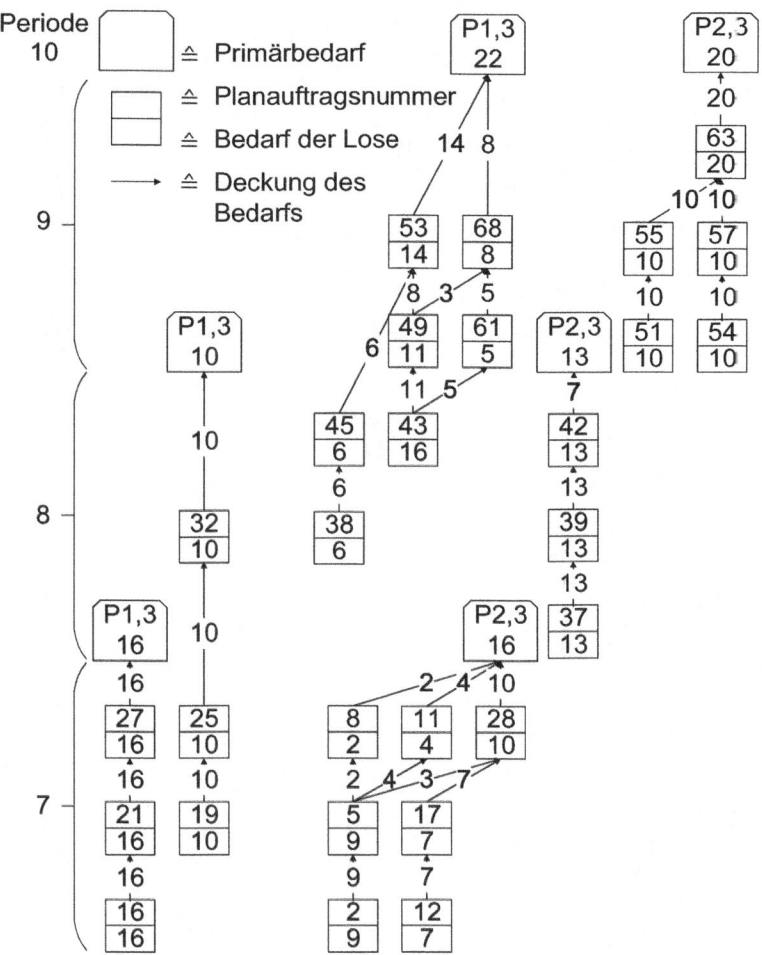

Abbildung 4.42: Pegging-Struktur für die Produkte P1 und P2 zur optimalen Lösung – Periodengröße von 1000 ZE.

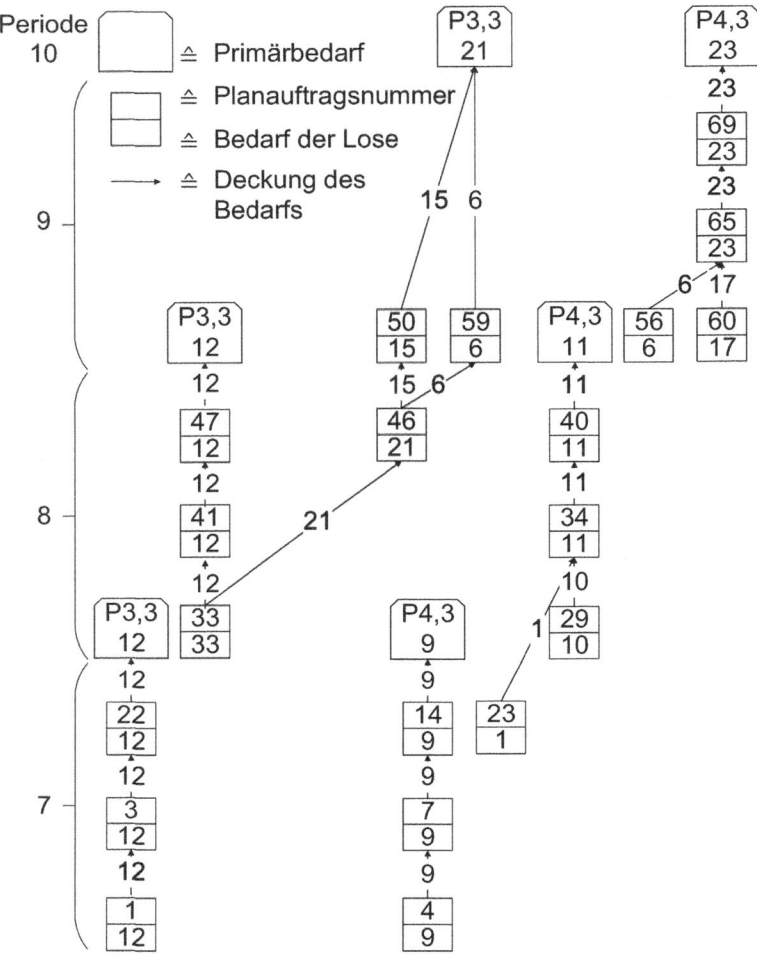

Abbildung 4.43: Pegging-Struktur für die Produkte P3 und P4 zur optimalen Lösung – Periodengröße von 1000 ZE.

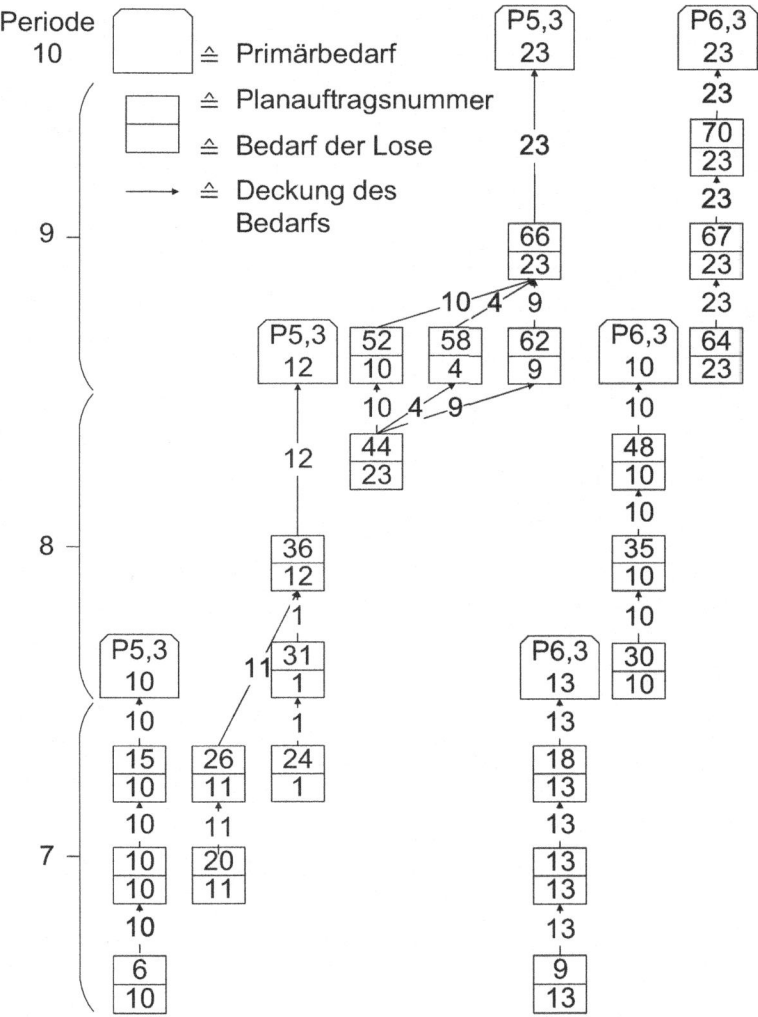

Abbildung 4.44: Pegging-Struktur für die Produkte P5 und P6 zur optimalen Lösung –
Periodengröße von 1000 ZE.

Wie bei den (vorhergehenden) Lösungen (zur Periodengröße von 1000 ZE und 200 ZE)
können die Kapazitätsauslastungen für die einzelnen Stationen in den Mikro- und Makroperioden aus den nachfolgenden Gantt-Diagrammen für die Perioden 7 (i.e. Abbildung
4.45), 8 (i.e. Abbildung 4.46) und 9 (i.e. Abbildung 4.47) ermittelt werden – diese Gantt-
Diagramme geben eine Lösung von dem durch die Planaufträge in Tabelle 4.28 nach dem
bisherigen Verfahren bestimmten Ressourcenbelegungsplanungsproblem an. Diese Gantt-
Diagramme enthalten die einzelnen Mikroperioden, allerdings wurde auf die Darstellung

345

von solchen mit einer Länge von 0 verzichtet. Solche echten Mikroperioden treten in den drei Makroperioden in unterschiedlicher Anzahl auf; so haben die Periode 7 und 9 jeweils 9 Mikroperioden und bei der Periode 8 reichen 6 Mikroperioden aus. Es sei angemerkt, dass die Belegung der Mikroperioden die für ein Modell vom Typ „PLSP" typische Eigenschaft zeigt, nach der in einer Periode maximal zwei unterschiedliche Produkte auf einer Station produziert werden können.

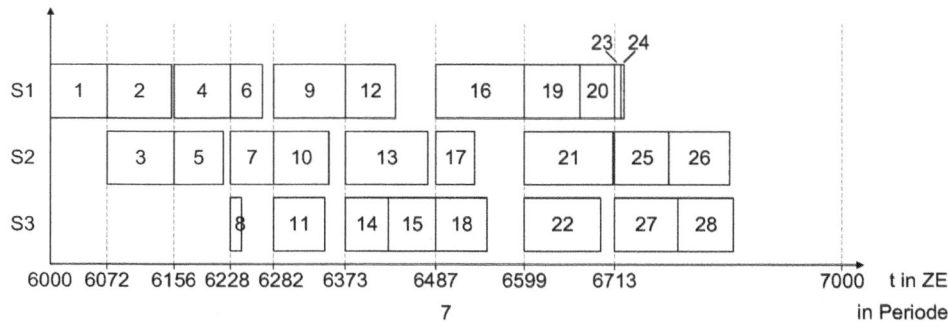

Abbildung 4.45: Ressourcenbelegungsplan für Periode 7 ohne Verspätung.

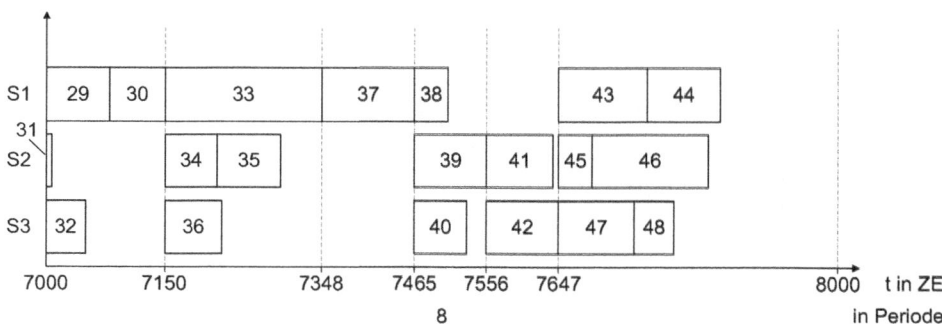

Abbildung 4.46: Ressourcenbelegungsplan für Periode 8 ohne Verspätung.

346

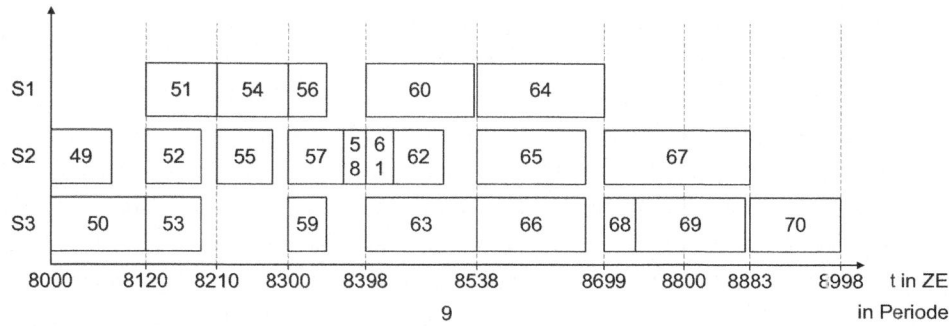

Abbildung 4.47: Ressourcenbelegungsplan für Periode 9 ohne Verspätung.

Tabelle 4.18 und die Pegging-Teil-Strukturen in den Abbildungen 4.42, 4.43 und 4.44 zeigen, dass das Kapazitätsproblem wie beim MLCLSP mit einer Periodenlänge von 200 Zeiteinheiten (ZE), s. Abschnitt 4.7.4, durch Bildung kleinerer Lose gelöst wird; eine Zusammenfassung von Bedarfen zu einem Los findet häufiger statt – i.e. zwei oder mehr Planaufträge werden teilweise zusammengefasst: nun sechsmal (statt dreimal). Ferner werden auch Bedarfe gesplittet – in ein oder mehrere Bedarfe: nämlich elfmal (statt neunmal). Auch bei diesem Vorgehen werden überwiegend die Bedarfe zu Beginn einer der Perioden 8, 9, und 10 durch eine vollständige Produktion in der entsprechenden direkten Vorperiode gedeckt - bei 12 von 18 Bedarfen. Wie in den Peggingstrukturen zu sehen ist, gibt es nur einige Ausnahmen, allerdings mehr als beim MLCLSP mit einer Periodenlänge von 200 ZE (s. Abschnitt 4.7.4), nämlich: Planaufträge 25 und 19, in Periode 7, zur Deckung des Bedarfs von Produkt P1 zu Beginn von Periode 9, Planaufträge 45, 38 und 43, jeweils in Periode 8, zur Deckung des Bedarfs von Produkt P1 zu Beginn von Periode 10, Planaufträge 46 und 33, jeweils in Periode 8, zur Deckung des Bedarfs von Produkt P3 zu Beginn von Periode 10, Planauftrag 23, in Periode 7, zur Deckung des Bedarfs von Produkt P4 zu Beginn von Periode 9, Planaufträge 26, 20 und 24, jeweils in Periode 7, zur Deckung des Bedarfs von Produkt P5 zu Beginn von Periode 9 sowie Planauftrag 44, in Periode 8, zur Deckung des Bedarfs von Produkt P5 zu Beginn von Periode 10. Diese Vorproduktion bewirkt einen erhöhten Kapazitätsverbrauch in Periode 7 von $(10 \cdot 7)$ ZE = 70 ZE (durch Planauftrag 25), von $(10 \cdot 5)$ ZE = 50 ZE (durch Planauftrag 19), von $(1 \cdot 6)$ ZE = 6 ZE (durch Planauftrag 23), $(11 \cdot 7)$ ZE = 77 ZE (durch Planauftrag 26), $(11 \cdot 6)$ ZE = 66 ZE (durch Planauftrag 20) und $(1 \cdot 6)$ ZE = 6 ZE (durch Planauftrag 24), wodurch die Erhöhung des Gesamt-Kapazitätsverbrauchs 275 ZE beträgt. Für Periode 8 beträgt der erhöhte Kapazitätsverbrauch $(6 \cdot 7)$ ZE = 42 ZE (durch Planauftrag 45), $(6 \cdot 5)$ ZE = 30 ZE (durch Planauftrag 38), $(16 \cdot 5)$ ZE = 80 ZE (durch Planauftrag 43), $(21 \cdot 7)$ ZE = 147 ZE (durch Planauftrag 46), $(21 \cdot 8)$ ZE = 168 ZE

347

(durch Planauftrag 33) und $(23 \cdot 6)$ ZE $= 138$ ZE (durch Planauftrag 44), wodurch die Erhöhung des Gesamt-Kapazitätsverbrauchs 605 ZE beträgt. Diese kumulierte Kapazitätsverbrauchserhöhung von 880 ZE ist deutlich höher als die im Abschnitt 4.7.2 (aufgrund der Lösung durch ein CLSP) vorgeschlagene Vorproduktion (in Periode 8) von einem dieser drei Produktionsaufträge 6, 12, und 18 in Periode 9 mit einem Kapazitätsbedarf von jeweils 460 ZE und noch deutlich höher als die ebenfalls im Abschnitt 4.7.2 vorgeschlagene noch geringere Vorproduktion (in Periode 8) von den ersten beiden Operationen von einem der drei Produktionsaufträge 6, 12, und 18 in Periode 9 mit einem Kapazitätsbedarf von 320 ZE bei Planauftrag 6 von 322 ZE bei Planauftrag 12 und von 345 ZE bei Planauftrag 18. Ebenfalls ist diese Vorproduktion höher als die beim MLCLSP mit einer Periodenlänge von 200 ZE auftretende Vorproduktion von 439 ZE; s. Abschnitt 4.7.4.

Durch Verzicht auf die Rüstkosten liefert ILOG für diese Fallstudie eine zulässige Lösung (also Lose ohne Verspätung bzw. Fehlmenge) innerhalb von weniger als 1 Sekunde auf einem handelsüblichen PC. Durch positive Lagerkosten wird eine Vorratsproduktion vermieden. Eine solche (Vorratsproduktion) ist bei hinreichend hohen Rüstkosten zur Vermeidung von Rüstaufwänden – durch Losbildung – sinnvoll. Deswegen dürfte das Optimierungsproblem aufwendiger zu lösen sein. Bei einem einheitlichen Rüstkostensatz von 10 GE und einem von 100 GE erreichte ILOG nach mehr als 24 Stunden lediglich ein GAP, also den Abstand der besten ganzzahligen Lösung und der besten reellwertigen Lösung, von über 87% auf einem PC mit zwei Prozessoren mit jeweils 3,3 GHz. Damit ist dieses Verfahren unter industriellen Randbedingungen nicht anwendbar. Eine schnell gefundene Lösung könnte der Ausgangspunkt von einem heuristischen Verfahren sein. Almeder und Traxler diskutieren in [AlTr15] heuristische Verfahren im weiteren Sinne für ein MLCLSP. Die Überlegungen dürften auch auf ein MLPLSP anwendbar sein.

Die Analyse dieser vorgestellten Ansätze anhand dieser sehr einfachen Fallstudie zeigen, dass ein hoher methodischer Aufwand (für die Erweiterung vom MLCLSP) und eine unverhältnismäßig hohe Rechenzeit erforderlich sind, um die Losbildung und die Ressourcenbelegungsplanung zu synchronisieren. So überrascht es nicht, dass es zu den aktuellen Forschungsthemen gehört – beispielsweise wird es in [CHM15] über aktuelle Forschungsansätze behandelt. In [AlTr15] schlagen Almeder und Traxler vor, die Produktion zwischen Produktionsstufen innerhalb einer langen Periode – also im Rahmen von „big-bucket"-Modellen vom Typ MLCLSP – durch eine Entscheidungsvariable zu realisieren, welche die Startzeiten der Lose berechnet. Almeder und Traxler demonstrieren dies – in [AlTr15] – anhand eines kleinen Beispiels, allerdings enthält [AlTr15] kein Optimierungsmodell dafür.

Für dieses Beispiel wird die Wirkung von einem MLCLSP angegeben und sie nennen ein von Stadler vorgeschlagenes Vorgehen, bei dem keine explizite Mindestvorlaufzeit erforderlich ist. Almeder und Traxler dürften diese Ansätze ausarbeiten und weiter erforschen, und es dürften weitere Ansätze hinzukommen. Dies schließt die Nutzung von heuristischen Verfahren ein, mit denen zwar keine optimale Lösung erzielt wird, aber für viele Probleme signifikant bessere Ergebnisse erzielt werden dürften, als mit einem MLCLSP oder dem MRP II-Vorgehen und einer Ressourcenbelegungsplanung eventuell mit einem einfachen heuristischen Verfahren wie eine Prioritätsregel.

Literaturverzeichnis

[AlTr15]   Christian Almeder und Renate Traxler: „Das mehrstufige kapazitierte Los-
            größenprobelm". In: *Produktionsplanung und -steuerung: Divergierende For-
            schungsansätze, Methoden und deren Anwendungen.* Hrsg. von Thorsten
            Claus, Frank Herrmann und Michael Manitz. Berlin: Springer Berlin, 2015.
            S. 89–107.

[BrSö15]   Dirk Briskorn und Hartmann Sönke: „Anwendungen des Resource-
            Constrained Project Scheduling Problem in der Produktionsplanung". In:
            *Produktionsplanung und -steuerung: Divergierende Forschungsansätze, Me-
            thoden und deren Anwendungen.* Hrsg. von Thorsten Claus, Frank Herrmann
            und Michael Manitz. Berlin: Springer Berlin, 2015, S. 109–129.

[CHM15]   Thorsten Claus, Frank Herrmann und Michael Manitz, Hrsg.: *Produktions-
            planung und -steuerung: Divergierende Forschungsansätze, Methoden und de-
            ren Anwendungen.* Aufl. 2014. Berlin: Springer Berlin, 2015.

[CoGö12]   Hans Corsten und Ralf Gössinger: *Produktionswirtschaft: Einführung in das
            industrielle Produktionsmanagement.* 13. Aufl. Oldenbourg, 2012.

[DrHa95]   Andreas Drexl und Knut Haase: „Proportional lotsizing and scheduling". In:
            International Journal of Production Economics 40.1 (1995), S. 73–87.

[FFS09]   Günter Fandel, Allegra Fistek und Sebastian Stütz: *Produktionsmanagement.*
            Springer-Lehrbuch. Berlin und Heidelberg: Springer, 2009.

[GrLi10]   Norbert Gronau und Marcus Lindemann: *Einführung in das Produktionsma-
            nagement.* Berlin: Gito, 2010.

[GüTe12]   Hans-Otto Günther und Horst Tempelmeier: *Produktion und Logistik.* 9., ak-
            tualisierte und erw. Aufl. Springer-Lehrbuch. Berlin und Heidelberg: Sprin-
            ger, 2012.

[Haas94]   Knut Haase: *Lotsizing and scheduling for production planning.* Bd. 408.
            Lecture notes in economics and mathematical systems. Berlin u.a: Springer,
            1994.

[HeMa15]   Frank Herrmann und Michael Manitz: „Ein hierarchisches Planungskonzept
            zur operativen Produktionsplanung und -steuerung". In: *Produktionsplanung
            und -steuerung: Divergierende Forschungsansätze, Methoden und deren An-*

wendungen. Hrsg. von Thorsten Claus, Frank Herrmann und Michael Manitz. Berlin: Springer Berlin, 2015, S. 7–22.

[Herr09]   F. Herrmann: *Logik der Produktionslogistik.* Oldenbourg, 2009.

[Herr11]   Frank Herrmann: *Operative Planung in IT-Systemen für die Produktionsplanung und -Steuerung: Wirkung, Auswahl und Einstellhinweise von Verfahren und Parametern.* Vieweg+Teubner Verlag, 2011.

[Herr15]   Frank Herrmann: *Schwankende Durchlaufzeiten in Produktionssystemen.* Internes Manuskript OTH Regensburg, 2015.

[Karm87]   Uday S. Karmarkar: „Lot sizes, lead times and in-process inventories". In: *Management Science* 33.3 (1987), S. 409–418.

[Kurb05]   Karl Kurbel: *Produktionsplanung und -steuerung im Enterprise-Resource-Planning und Supply-Chain-Management.* 6., völlig überarb. Aufl. München: Oldenbourg, 2005.

[LaSc11]   Rainer Lasch und Gregor Schulte: *Quantitative Logistik-Fallstudien: Aufgaben und Lösungen zu Beschaffung, Produktion und Distribution Mit Planungssoftware auf CD-ROM.* 3., aktualis. u. erw. Aufl. Gabler Verlag, 2011.

[Meyr99]   Herbert Meyr: *Simultane Losgrößen- und Reihenfolgeplanung für kontinuierliche Produktionslinien.* Wiesbaden: Deutscher Universitätsverlag, 1999.

[Suer05a]   Christopher Suerie: „Campaign planning in time-indexed model formulations." In: *International Journal of Production Research* 43 (2005), S. 49–66.

[Suer05b]   Christopher Suerie: *Time Continuity in Discrete Time Models: New Approaches for Production Planning in Process Industries.* Springer Verlag, 2005.

[Suer06]   Christopher Suerie: „Modeling of period overlapping setup times". In: *European Journal of Operational Research* 174.2 (2006), S. 874–886.

[Temp03]   Horst Tempelmeier: *Material-Logistik: Modelle und Algorithmen für die Produktionsplanung und -steuerung und das Supply Chain Management ; mit 148 Tabellen.* 5., neubearb. Aufl. Berlin [u.a.]: Springer, 2003.

[Temp15]   Horst Tempelmeier: *Produktionsplanung in Supply Chains.* Norderstedt: Books on Demand, 2015.

[Wemm81]   U. Wemmerlöv: „The ubiquitous EOQ - its relation to discrete lot sizing heuristics". In: *Journal of Operations & Production Management* 1 (1981). S. 161–179.

[Wemm82]   U. Wemmerlöv: „A comparison of discrete single stage lot-sizing heuristics with special emphasis on rules based on the marginal cost principle". In: *Engineering Costs and Production Economics* 7 (1982), S. 45–53.

Stichwortverzeichnis

Es sei angemerkt, dass nicht jedes Vorkommen eines Begriffs angegeben ist. Beispielsweise gibt es viele tabellarische Darstellungen einer Peggingstruktur. Die einzelnen sind speziell für die einzelnen Fallstudien. Deswegen wird nur auf die erste im Abschnitt 1.2 verwiesen. Alle anderen finden sich über Verweise auf die einzelnen Fallstudien in den einzelnen Abschnitten. Entsprechend wird nur auf die Definition der Algorithmen und Optimierungsmodelle verwiesen. Für andere Begriffe gilt dies sinngemäß. Um Algorithmen über ihre Nummer zu finden, ist diese im Stichwortverzeichnis angegeben.

The manufacturer's authorised representative in the EU is Springer
Nature Customer Service Centre GmbH, Europaplatz 3, 69115 Heidelberg,
Germany. If you have any concerns regarding our products, please
contact ProductSafety@springernature.com

Printed and bound by CPI Group (UK) Ltd, Croydon, CR0 4YY
23/04/2026
02095635-0013